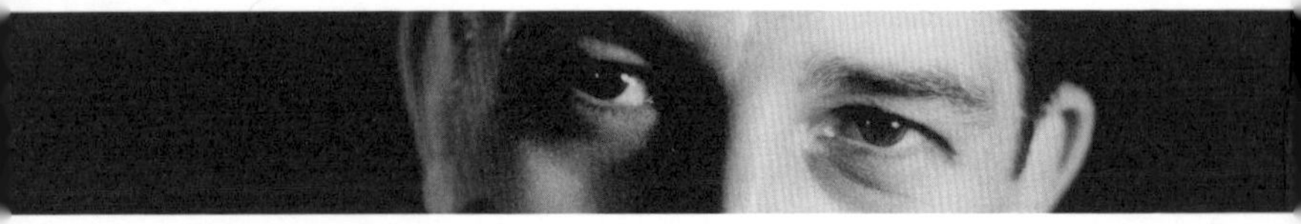

Crítica da Razão Teatral

Coleção Estudos
Dirigida por J. Guinsburg

Equipe de realização – Preparação e revisão de originais: Nanci Fernandes; Revisão de provas: Lilian Myoko Kumai; Produção: Ricardo W. Neves, Sergio Kon e Raquel Fernandes Abranches.

Alessandra Vannucci (org.)

CRÍTICA DA RAZÃO TEATRAL

O TEATRO NO BRASIL VISTO POR RUGGERO JACOBBI

PERSPECTIVA

Istituto Italiano di Cultura São Paulo

Dados Internacionais de Catalogação na Publicação (CIP)
(Câmara Brasileira do Livro, SP, Brasil)

Jacobbi, Ruggero
Crítica da razão teatral : o teatro no Brasil visto por Rugero Jaggero Jacobbi / organização Alessandra Vannucci. — São Paulo : Perspectiva, 2005. — (Estudos ; 211)

Bibliografia.
ISBN 85-273-0723-5

1. Crítica teatral 2. Jacobbi, Ruggero 3. Teatro - História e crítica I. Vannucci, Alessandra. II. Título. III. Série.

05-3248 CDD-809.2

Índices para catálogo sistemático:
1. Teatro : História e crítica 809.2

EDITORA PERSPECTIVA S.A.
Av. Brigadeiro Luís Antônio, 3025
01401-000 – São Paulo – SP – Brasil
Telefax: (0--11) 3885-8388
www.editoraperspectiva.com.br
2005

Ao Professor Jacó Guinsburg
que neste livro aparece como estimado interlocutor pelo crítico,
resoluto estimador do autor e feliz anjo protetor da obra.

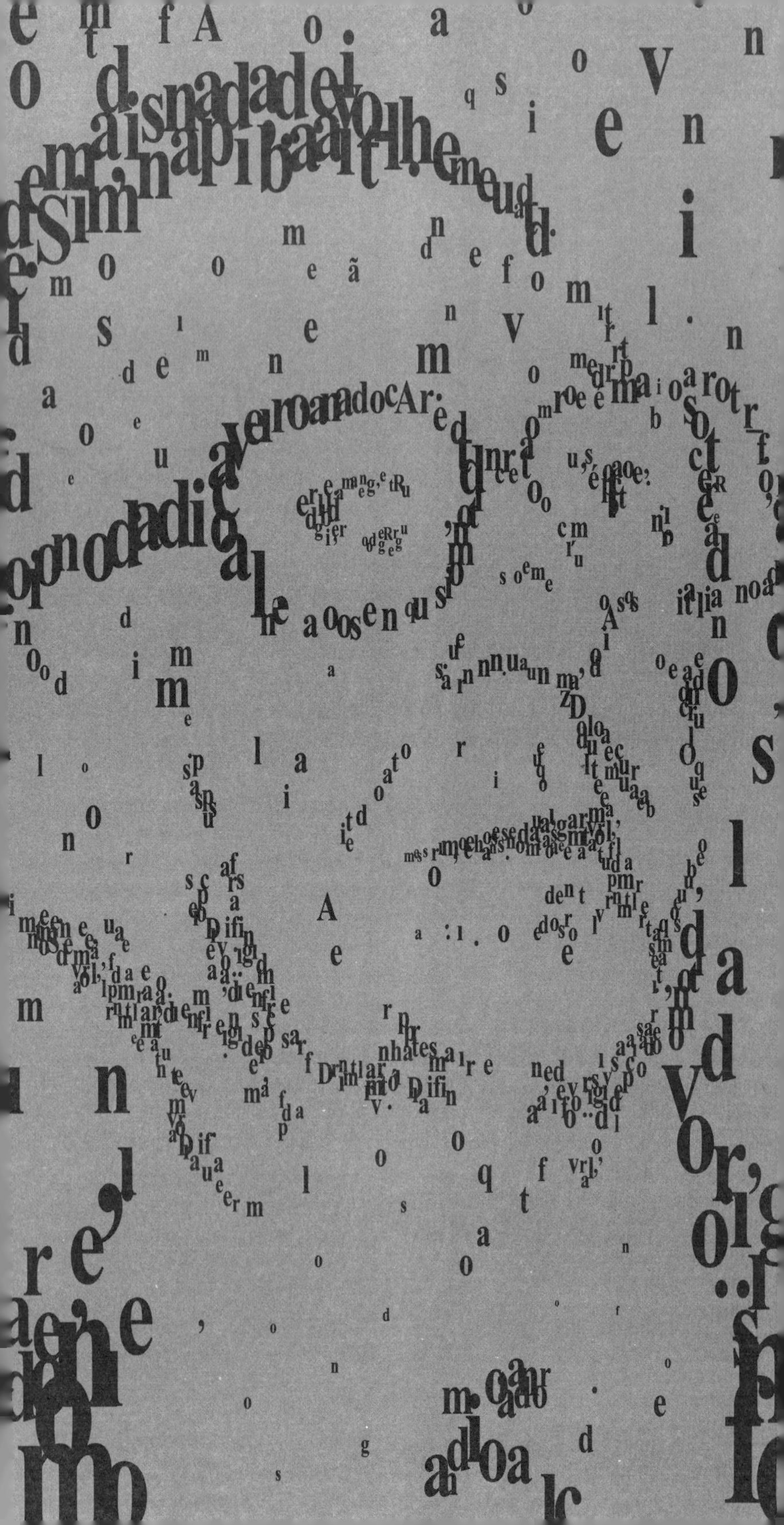

Diário de Copacabana[1]

Rio, 1 de janeiro de 1949

Na noite de Ano Novo as mulatas entraram na água com suas roupas brancas, e de manhã flutuam ainda no Atlântico as prendas florais para Iemanjá, deusa africana sincretizada à cristã Stella Maris. Afinal, Maria não é branca e azul como as ondas do mar?

Do lado de uma barcaça, no chão, os resíduos de uma oferenda mais funesta. Cabeça e patas de um galo, algumas plumas pretas espalhadas pela areia. Cotos de velas amareladas. A correnteza do mar vai-se oblíqua e leva-as para oeste, ao longo de todo o arco do litoral. Apenas o capricho da onda marca essa areia impalpável. Os mosaicos em branco e preto do calçadão imitam aquele movimento do mar.

2 de janeiro

Nas vitrines, nas janelas, nas grinaldas suspensas entre casa e casa ainda estão ornatos, fantoches, decorações natalinas. Natal com quarenta graus, Natal no clima mais quente do ano. Mas a simbologia é a mesma nossa: ursos brancos, neve de chumaço, anãos de barba branca e capuz vermelho que empurram trenós debaixo das árvores.

1. Publicado, em italiano, em *Arte e Poesia*, n. 1, jan./fev. 1969, pp. 12-20. Republicado com o título "Diario Brasiliano" em A. Dolfi (org.), *Journal intime e letteratura moderna*, Roma, Bulzoni, 1989, pp. 339-350. Trad. Alessandra Vannucci.

Um surreal que ninguém percebe, escandido por sininhos ianques, por canções alemãs de Santa Klaus.

3 de janeiro

Ar imóvel, denso. Os *flamboyants* mexem-se de vez em quando, só para mostrar que não conseguem se mexer mesmo. E aquele fio de vento como o sopro de uma boca febril. Fitar longamente a quadra de uma janela, os cantos de um móvel ou de uma caixa, pode fazer devanear, pode suscitar um delírio de imagens brancas e trêmulas como borboletas.

4 de janeiro

A noite desceu sobre Copacabana com um dilúvio de estrelas. Os cheiros de terra e mar se misturam, gerando uma nuvem caótica, inebriante, que se perde no infinito. Tem-se a impressão de que nunca chegará a madrugada: que viveremos para sempre nesta sombra, naquela nuvem, na cadência das melodias filtradas por todas as portas e janelas acesas. Pensa-se no amor como numa fábula que devemos nos apressar a inventar, a por em marcha antes que seja tarde: para não perder uma ocasião que quer parecer única.

5 de janeiro

O tempo fecha-se em sua concha e as coisas remanescentes na memória começam a fazer-se incômodas, hostis. Melhor fabular um porvir qualquer. Mas o porvir está fora da concha, portanto o futuro não existe.

6 de janeiro

Avarento consome-se o dia
nesta margem: percebes esvaziar-se
a areia. Cada nome pronunciado
é um rosto antigo, dissolve-se em vento.

7 de janeiro

Não é verdade que o diário, como dizia Bigongiari nos tempos do hermetismo, seja a placenta da obra. O diário ocupa o lugar dela. Dissipa um homem inteiro, o reduz a não ser outra coisa que o seu diário.

8 de janeiro

Os suores e as babas do amor. Trópicos. Lá fora as *bougainvilles* piscam penetrando a sombra.

9 de janeiro

O sentido avarento, o sentido igual à lua. Aqui se sobrevive, não se existe. Tudo tomou a dimensão carioca do calor e do vazio. As faces desvanecem, o véu de suor é igual às teias de aranha do sono. Tudo, talvez, recomeçará amanhã.

10 de janeiro

De novo, do emaranhado das folhas destaca-se aquele grito que evoca o pássaro da madrugada e o revela. A este sinal, Heródoto interrompia as histórias, Petrarca recomeçava o jogo dos sonetos. Estamos perdidos numa natureza dimensionada e parcial, mas enfim, sempre natureza, imanência de cada coisa eterna em nós.

11 de janeiro

A quieta espera das madrugadas que dissolvem o nó noturno. Faz anos, um manco chegou até meu banco, num parque público. Para sentar-se, deitou-se todo, e ficou longo e seco a fazer sombra no saibro, a servir de obstáculo para as corridas das crianças. Estas aprenderam logo as regras da nova olimpíada, sendo obrigadas a pular aquela perna para alcançar a meta, enquanto ele fitava o céu com um rosto de madeira. Tudo pareceu imóvel e condenado até que o som de um sino levou o manco a reavivar-se e a retomar o seu caminho. Avançava pela alameda como o perfil de um navio na tempestade, preto e mastreado, até que se perdeu nas Antilhas.

12 de janeiro

Eis que morre e desfalece o pensamento.
No vago espaço que acolhe a terra
os nomes são extintos, o sentido amargo
das coisas repete a demência.
Num vórtice fantástico de folhas,
Esvai-se e se perde até a ausência.

13 de janeiro

Vão andando em casais, com as camisas coloridas, de *blue-jeans* e sandália. Levam consigo a juventude, ou o delírio do não saber, como cegos; qual será sua ventura? Levam uma pena. Eu a levei sempre. Por isso, serei sempre jovem. Uma sorte tremenda.

14 de janeiro

Reconhecer o espaço como medida daquilo que o tempo não pode dar: como medida aquém de tudo, natureza e forma do presente. Cada movimento nosso é espacial, até na alma, e somente os pintores sempre souberam esta verdade. Sabê-la fisicamente é um jeito de adequar-se à substância maior das coisas, uma via para substituir, à noção improvável de destino, aquela de *presença*. Ou, de memória, que enfim é uma maneira de existir apenas corrigido e circunscrito no tempo. Memória como espaço magnetizado, memória-raio.

15 de janeiro

Não dá mais para crer na memória psicológica, porém. Que hórrida literatura e subliteratura temos criado, concedendo-nos o viço das lembranças, da *self-pity*, do patético! Tem mais a fazer, no mundo, do que "recompor a própria sepulta e patética infância", como Carlos Drummond de Andrade recomenda, explicitamente, no mais extraordinário texto de poética ativa (normativa até, no seu paradoxal transcender-se) do século XX: *Procura da Poesia*. (Nenhum italiano jamais teria ousado tal gesto teorizante, pelo menos no arco entre Pascoli e nós).

16 de janeiro

As prostitutas paradas nos dois lados da avenida Atlântica (melhor deste, porque do outro lado está o mar, e o vento e a umidade podem embaralhar os elaborados penteados) são quase todas negras, exageradamente apertadas nos panos de cores cintilantes. Nunca sorriem. O estrangeiro dá um sentido trágico a essa impassibilidade de ídolos. Mas a razão é banal: a maior parte delas têm pouquíssimos dentes; e se envergonham, temem causar repugnância, parecer velhas, estragar o negócio. Algumas dessas negras são belas, de uma tenebrosa e agressiva densidade carnal. E as mulatas são belíssimas. Os padres portugueses souberam apreciar sem hesitações esses corpos, e os preferiram às insossas, flácidas matronas lusitanas. A miscigenação aconteceu imediatamente; e assim acabou, ou não surgiu, qualquer conflito de raça.

17 de janeiro

Recordação de Trieste no Rio, cantada no motivo de *Asa Branca*, uma *toada* de Luís Gonzaga, neguinho reluzente e melancólico, de genial saudade:

Lá na Praça da Unidade
cantando a valsa *du temps jadis*
eu conheci esta cidade
esta cidade que nunca vi
Era o parque da lembrança
de nenhuma aparição –
no ritmo certo da velha dança
no ritmo vago do coração.

18 de janeiro

Villa-Lobos fitou o tempo nos olhos e o esculpiu em música.

19 de janeiro

É a lição das árvores, perto da noite, para viver, para seguir! Estávamos lá, ou não estávamos... Oscilando, com astuciosa potência.

20 de janeiro

O calor faz, em volta das lâmpadas do jardim Carlos Gomes, um halo branco e enfumaçado como a labareda de magnésio dos fotógrafos de cinqüenta anos atrás. Cada globo ressalta e se alastra de uma só vez sobre a massa das árvores, como numa pintura impressionista. Até as balaustradas de ferro perfurado e o poste canelado das lâmpadas, em puríssimo estilo Torre Eiffel, pertencem a esta velhice de cartão postal, de álbum. Agora eleva os olhos, e vê os arranha-céus, além das árvores, e os cartazes luminosos dos cinemas, de cores brilhantes. O relógio da Mesbla está parado há dias, mas continua a dominar com a sua grosseria modernista de olho quadrado. O anúncio dos seguros Novo Mundo é visível através de toda a orla. O serpentão da avenida se desdobra, se desdobra ao infinito até os mosaicos de Copacabana, até as torres dos postos de salva-vidas, e é todo um zunir, um derrapar de carros. Porém, do Jardim Carlos Gomes se enxerga bem pouco: ficamos parados, por um instante, no mundo tolo e parnasiano de ontem.

21 de janeiro

O apartamento no Posto 5. A fileira de balcões externos. O cheiro implacável do lixo. Os insetos. Desde ontem falta água. Sobre uma mesinha escangalhada ficou um par de livros, *Macau, Inferno do Jogo*, de Dekobra, e *Uma Rua de Moscou*, de Ehrenburg. A quem pertenciam? Ficam por ali com suas capas desbotadas. O que significa esperar uma mulher nesta toca, no zumbido do ventilador, fumando um acre Continental, ninguém saberia dizer. Uma tétrica mania. Ou sim, o próprio espelho do nada.

22 de janeiro

Dos morros, o ritmo da ancestral batucada, ritmo neutro e constante que pode resolver-se neste instante, dilatando-se para anunciar uma festa, marcando forte para acompanhar um funeral... Os morros pontuados de fogos são como os próprios olhos dos miseráveis que os habitam. São como olhos de feras numa floresta, espiando de longe o campo dos homens, à espera de devorá-los no sono.

23 de janeiro

De repente começou a chover. O aguaceiro despertou as pessoas no meio da noite. Janelas que batem, bandeiras como trapos nas paliçadas. Os jatos do oceano chegam até o asfalto, fustigam as grades das lojas. O mar irou-se, ferve debaixo da chuva como um caldeirão de bruxas.

Uma grande frescura entra nos quartos. Alguém renuncia alegremente ao sono, atira-se seminu na varanda para enxaguar-se na chuvarada. Com o rosto encharcado olhando para o alto, ri sozinho, como os loucos. No apartamento, o rádio recomeça a tocar sambas, *jazz* sinfônico, *jingles* de propaganda.

O oceano intumesce, sobe às estrelas. O farol da Ilha Rasa continua a piscar branco, vermelho, branco, vermelho, à distância. Depois, um cheiro ferroso sobe dos calçadões. Como se a chuva tivesse cavado fundo na pedra e na terra, até encontrar-lhe o coração.

24 de janeiro

Os retratos dos jogadores de futebol como retratos de falecidos. Antepassados sisudos ou joviais, de camisa listrada, atrás do balcão do bar.

25 de janeiro

Piedade, piedade do homem que não descansa
na prisão de seu tórrido quarto.
Na noite densíssima e enorme
tudo que sussurra é a lembrança.

26 de janeiro

A insônia gera figuras – como dizer? – metafísicas e históricas. À primeira espécie pertencem umas imóveis sacerdotisas brancas. E o anão de olhos negríssimos, que anda num chão cheio de lagartixas. Quer catá-las, pisá-las, feri-las. Ri e joga como uma criança, mas tem olhos de adulto sádico numa grande cabeça calva. Seu olhar me ameaça.

Figuras da outra espécie: um soldado deitado na neve, à espera dos maqueiros; não se queixa, até sorri pálido devaneando em palavras: "Não, quem tem cinco filhos não vai morrer. Eu os vi, muitas vezes! Falo até um pouco de francês. Não, não, fique tranqüilo: quem tem cinco filhos não morre". E a dançarina do Municipal que ensaiava sozinha no grande palco, de meia alta preta, tocando um disco. Quase uma criança, raptada em vertiginoso êxtase. As mulheres da limpeza, na platéia, nem a olhavam. Fiquei contemplando-a longamente: flutuava numa tênue poeira, entre madeiras claras e cordas suspensas. Cortes bruscos de sol choviam das coxias e da lucarna aberta. Ela abanava os cabelos pretos, em rabo-de-cavalo; provocava o espaço a golpes de braços e de quadris; tinha um sorriso fixo no rosto, um sorriso inapagável, imortal.

E também minha mãe em lágrimas, uma vez, em Gênova.

27 de janeiro

Alguém começa, com os dedos numa caixa de fósforos, a marcar o ritmo, que sai abafado, porém preciso. Outro rebita com uma percussão mais sonora, batendo na mesa com a mão aberta. Aos outros, os fósforos servem como sistros: é só sacudir a caixa que vem o enxágüe, o rolar, o roçar patético que envolve a fundamental ironia do desenho rítmico.

A mesma ironia, embora carinhosa, está em todos os rostos, escuros e lúcidos, debruçados no mármore desta mesa de botequim. O samba brota como uma mensagem cerrada, como uma conversa maliciosa entre amigos ou namorados. Ombros, quadris e pernas acompanham discretos, porém continuamente. Os rufos das cadeiras, o balanço das cabeças impedem as moscas de chegar perto demais: participam do samba à meia altura, desejosas de se atirarem sobre alguma apetitosa brilhantina.

28 de janeiro
Loira, altíssima, com os olhos verdes que segregam uma luz venenosa até as orelhas. Os cabelos soltos até a cintura. Sai de um portão com a roupa de banho, segurando a mão de duas crianças queimadas e gordinhas, quietas, que balançam os seus baldes.

Assim, nua e altiva, espera longamente que passe a onda de automóveis, depois atravessa a avenida Atlântica e desce para a areia. Só dá ela, descendo: as crianças são dois membros da estátua que ela é.

Uma turma de garotos ficou olhando boquiabertos, com um riso desvairado nos olhos. Logo que ela se põe em marcha, eles começam a cantar, agitando as pernas. O canto não é para ela ouvir: surge deles e para eles, festeja o acontecimento.

29 de janeiro
A morte é uma saúde. A morte é uma praia, um descanso. A morte é uma boa companhia.

30 de janeiro
Com o sal no umbigo,
com a areia nos dentes.
Com as algas dos cabelos
secas pela madrugada.
Com o olhar deslizante
como peixe elétrico.
Com a alegria desmedida
de um mundo sem história.

31 de janeiro
Os jornais relatam o assassinato de um dançarino sueco, residente em São Paulo e filho de uma italiana, por parte de um músico alemão casado com uma portuguesa, numa pensão de propriedade de uma senhora turca.

Ruggero Jacobbi, o Espectador Apaixonado

Entre as várias definições com que nos últimos anos a crítica italiana procurou recuperar, para a literatura e para a vivência espiritual do nosso país, uma extraordinária personagem quase esquecida durante duas décadas como a de Ruggero Jacobbi (o eclético Jacobbi, o ítalo-brasileiro Jacobbi, o crítico impuro Jacobbi, o dramaturgo-poeta Jacobbi), a mais apropriada parece ser a que figura como título de um dos livros de Ruggero publicados no Brasil: O *Espectador Apaixonado* (1962).

Espectador apaixonado pela vida em todas as suas manifestações, ele foi sempre, ao longo de uma trajetória marcada em cada gesto pela genialidade criadora e por aquela invenção que caracteriza o surgimento transgressor da poesia. Neste sentido, a escolha precoce do teatro como profissão primeira e isotopia existencial do crítico, poeta e dramaturgo, irá receber confirmação nos quatorze anos (1946-1960) que Ruggero viveu no Brasil, sempre ligado às atividades cênicas de que o presente livro constitui a prova mais luminosa.

No "Diário de Copacabana", que aparece na abertura destas páginas e que se ocupa de todo o mês de janeiro de 1949, sentimos ainda a maravilha do homem da Europa perante o espetáculo de um Natal com quarenta graus, em que a simbologia se conserva idêntica à européia: ursos brancos, neve de algodão, um surreal escandido pelas canções alemãs de Santa Klaus que o estrangeiro não consegue muitas vezes identificá-las com o Papai Noel da tradição nacional. Voltamos a encontrar esta maravilha quando, imediatamente após o seu regresso à Itália, Ruggero-Marco Polo se dispõe a ilustrar para seus compatriotas, ainda a jejum de Brasil, o país mágico de onde acaba de regressar. Surge então aquele seu imaginoso *Immagine del Brasile* (*Retrato do Brasil*) que daí a pouco irá encabeçar o volume pioneiro do *Teatro in Brasile* (1961) (*Teatro no Brasil*) com que muitos na Itália ainda o identificam.

Mas, nos anos de 1940, na nova fase da sua peregrinação, a maravilha tinha cedido depressa o espaço à vontade de fazer. O primeiro interesse de Ruggero no Brasil, o motivo que o levou ao Brasil foi o teatro: um teatro que, já dois anos depois da sua chegada, lhe parecia, otimisticamente, em franca crise de crescimento. Ele vinha de uma Itália e de uma Europa que tinham acabado de sair da guerra, e se dispunha a importar no novo país latino-americano uma experiência e sabedoria teatral de séculos. Nesta ótica, a crise brasileira lhe parecia sim uma crise, mas crise de desenvolvimento, especialmente no tocante ao repertório. Naqueles primeiros anos que marcam a passagem da fase polêmica à fase construtiva, o jovem diretor italiano se declarava, disposto a empregar toda a sua experiência e genialidade.

Os artigos aqui publicados sob o título "Profissão: Espectador" e inteligentemente selecionados por Alessandra Vannucci entre os aparecidos nas folhas paulistas da época dedicadas ao teatro (*Folha da Noite*, *Última Hora*), são testemunhas da imediata e prodigiosa integração do jovem diretor italiano no meio teatral paulistano, em particular quando, referindo-se ao "desânimo" de críticos, atores e diretores-empresários perante a suposta crise, ele fala de dificuldades dos "nossos palcos": palcos brasileiros, naturalmente, por ele adotados. E a conclusão é sempre a mesma: "Não, esta não é a crise do teatro. Este é o teatro da crise". Para a auspiciada "renovação" daquele teatro a receita de Jacobbi começa então pelo repertório, que o TBC (Teatro Brasileiro de Comédia) se preparava a revigorar montando títulos bem longínquos das chanchadas, dramalhões e mesmo do teatro de *boulevard* até então privilegiado pelos públicos carioca e paulista. E parte também da consciência do valor de ensino que os diretores estrangeiros, entre os quais ele se inclui, podem ministrar aos novos diretores nacionais:

> Um diretor não é fruto apenas do talento, mas também da cultura, da técnica e da experiência. Para que pudessem aparecer diretores brasileiros era necessário que alguns jovens (nas posições de ator, crítico ou mesmo de autor) tivessem a oportunidade de ver de perto o trabalho de diretores estrangeiros aqui radicados, a fim de terem uma noção prática do que realmente é direção.

Reconheçamos que há uma certa altivez intelectual em afirmações deste teor que aparecem nas crônicas do jovem Jacobbi dos seus exórdios brasileiros.

Mas reconheçamos também que, imediatamente após o seu regresso à Itália, em 1960, ele irá mitificar aqueles anos, com a constatação da mudança que eles tinham introduzido no seu "eu" mais profundo. E lembremos que, a partir daí, cada futura escolha de vida, desde a decisão de escrever a história do teatro brasileiro, de traduzir tantos poetas (Bandeira, Drummond, João Cabral, Murilo Mendes, Jorge de Lima), os quais ainda hoje devem, quase que exclusivamente a ele, suas presenças no imaginário poético italiano, e, afinal, a decisão de se tornar professor de língua e literatura brasileiras nas universidades italianas, serão frutos da circunstância de Ruggero ter se tornado nos anos de Brasil um dos maiores conhecedores italianos da cultura brasileira e, *in primis*, do seu teatro. Devemos essencialmente a pesquisadores apaixonados como Anna Dolfi e, agora, Alessandra Vannucci, a dedicação, nas últimas décadas, à recuperação da obra literária completa (poesia, jornalismo, crítica, teatro) de um autor que a arte italiana celebra agora como um precursor (mas até que ponto ouvido?) da busca pelo sentido das proporções e da moralidade: "Algum dia, vocês também vão saber, por experiência própria, que toda a grande arte moderna nasce em teatrinhos, em salinhas, em porões, em sótãos, em escolas, em clubes, em centros distantes dos medalhões, dos intrigantes, dos incompetentes e dos políticos".

O leitor das páginas deste livro irá deixar-se arrastar, na prosa brasileira do italiano Ruggero Jacobbi, pela reevocação de um passado próximo que às vezes nos aparece extremamente longínquo no seu entusiasmo por tudo que é popular ("Teatro Popular de Arte: posso dizer que jamais um nome de grupo teatral me entusiasmou e comoveu tanto como estas quatro palavras. Nelas está encerrado tudo o que acho do teatro, tudo aquilo que espero, tudo aquilo que corresponde às minhas menos modestas ambições"), na sua fidelidade ao "mestre" Pirandello, na sua aguda e precursora avaliação do realismo ("quando o realismo se torna um mito, ao invés de meio de experiência, é uma grandiosa escola de mediocridade"), na sua capacidade de ilustrar para um público latino-americano as origens de um teatro italiano, das *atellanas* e dos *canovacci* da *commedia dell'arte* até Goldoni, na sua sabedoria em entrar nas malhas de um teatro brasileiro por ele revisitado com cultura e estranhamento de estrangeiro (*Leonor de Mendonça*).

Todos nós que fomos amigos de Ruggero Jacobbi, que participamos de algumas das suas aventuras literárias (a paixão pelo "Novecentos", aquele século XX que era o século da sua vida e que se tornaria, especialmente nos seus reflexos italianos, o lugar privilegiado da sua inesgotável pesquisa poética e filológica, da sua escolha de um estilo de vida e de escrita e que agora existe postumamente entre as suas obras graças ao paciente trabalho de reconstituição de Anna Dolfi, *L'avventura del Novecento*, 1984) e de algumas das suas aventuras poéticas (para nós, amigos "lusófilos", a sua descoberta de Portugal e de um poeta congenial como Fernando Pessoa), todos nós consideramos os "anos de Ruggero" como alguns dos anos mais vitais da nossa existência. Punge-nos ainda hoje, após mais de vinte anos do seu desaparecimento, a saudade (bela palavra portuguesa que ele, no Brasil, tinha aprendido a diferenciar da nostalgia italiana enquanto a saudade era carregada não só de lembranças do passado mas também, como um *disío* dantesco, de expectativas do futuro), punge-nos a saudade das horas extraordinárias passadas na sua companhia, a saudade da sua bela voz, da sua gestualidade de ator, que instituía para nós pontes entre os pensamentos e as coisas, e fazia isso recitando os poemas mais impensáveis de todas as literaturas e recitando-os em italiano e em português, mas também em francês, pois este "veneziano" era realmente um sábio plurilíngue. Enfim, no meio cinzento que nos rodeia, temos imensa saudade da verticalidade política de Ruggero, daquela intransigência moral que o manteve durante toda a vida fiel aos ideais da sua, da nossa, primeira juventude.

Luciana Stegagno Picchio

Sumário

Agradecimentos

Este livro, longamente gestado, recolhe a paixão de algumas mulheres extraordinárias que viveram o Brasil, como também eu, por meio da paixão de Ruggero: Mara Jacobbi, Anna Dolfi, Luciana Stegagno Picchio. Se finalmente, o livro chega ao leitor, deve muito, à paciência da senhora Fany Kon, ao alto astral de Nanci Fernandes e às provocações da minha querida Tânia Brandão. Foi, ainda, resolutiva a sensível e culta intervenção do professor Guido Clemente, diretor do Istituto Italiano di Cultura de São Paulo. A eles, e mais à intuição (ontem) do meu mestre o professor Ezio Raimondi e (hoje) do professor Jacó Guinsburg, estou agradecida se me absolvi da missão de viajar ao encalço de Jacobbi que, há sete anos, fez-me atravessar o oceano rumo ao Brasil. Parece óbvio, se não houvessem outras coincidências como o fato de ser, eu mesma, uma "literata de passagem pelo teatro", com identidade em trânsito entre biblioteca e palco-cênico.

O livro, me parece, fecha o círculo das paixões numa perfeita ciranda no cruzamento das latitudes.

Prefácio

LONGA VIAGEM PARA DENTRO DO TEATRO

Narra Jacobbi que, ao se despedir de seu mestre Anton Giulio Bragaglia para uma viagem ao Brasil que previa breve, recebeu de presente um chicote. O "cetro antiborbônico" – era assim que o apresentava Bragaglia – havia sido por ele proficuamente usado na sua terceira (e última) excursão latino-americana, em 1939, para domar a primeira-dama, a atriz Paola Borboni. O *maestro* achava que o pupilo, ao levar para América Latina a primeira companhia italiana em turnê após o fim da guerra, mereceria tamanho troféu. Assim, meio sem graça e um pouco orgulhoso, levando o cetro que o iniciaria enquanto diretor, Jacobbi aos 26 anos embarca no transatlântico Lugano para viver sua aventura de viajante no signo de uma viagem intelectual que faz dele um homem em viva comunhão com dois mundos, um arsenal nômade de idéias no cruzamento das latitudes, um incansável atravessador de fronteiras. Sua viagem para o outro lado do oceano será, também, uma "longa viagem para dentro do teatro"[1].

Era dezembro de 1946. Voltou apenas em 1960. Na jornada brasileira, encarada como um lapso até ontem (enquanto a crítica italiana

1. Assim titula sua primeira palestra pública no Rio de Janeiro, em julho de 1948, cujo texto em italiano, com trechos em português, é depositado no Gabinetto Vieusseux. Parcialmente publicada em português com o título: "A Direção: Texto e Espetáculo", em *Revista de Estudos Teatrais*, São Paulo, n. 1, abril 1958.

vem redescobrindo em Jacobbi um dos grandes *maitres à penser* do século XX)[2], o jovem amadurece sua paixão teatral por meio da prática de palco, vocação didática e ofício crítico. Desenvolve sua humanidade em torno do eixo da interrogação essencial sobre o fazer teatral enquanto ato e fato de cultura: ato que transforma em criaturas vivas as inquietações históricas e as grandes idéias humanas; fato artístico que interage com a sociedade, moldado por sua evolução, marcado por seus conflitos. Promessa das letras, *enfant gaté* da nova literatura italiana, Jacobbi havia aproado ao teatro "de passagem, mas uma passagem que durou a vida inteira". Sempre se declarara atraído pela instância social do palco, arte coletiva que exige a "harmonização coral" de técnica e inspiração, como possível compensação da "fundamental irresponsabilidade dos literatos"[3]. Fascinado pela técnica – que no teatro permanece sempre atrelada à produção artesanal e, portanto, à razão prática dos hábitos justificados pela tradição – considerava o palco um espaço potencialmente reativo, mais do que a literatura, à toda espécie de "profundismo" que, sob espécie de pretensa vanguarda, impede ao povo o acesso interativo à cultura. Sua opção pelo teatro surge como paixão democrática, numa Itália que ressurge das cinzas da ditadura; numa geração formada durante a guerra. À esta

2. O "lapso", causado pela dispersão das fontes brasileiras e pela ausência de resgate na historiografia, começa a ser preenchido a partir de duas publicações minhas no volume *L'eclettico Jacobbi* (Roma, Bulzoni, 2003): um ensaio que ilustra a vivência brasileira de Jacobbi e a bibliografia completa de sua produção intelectual no Brasil. O interesse editorial por Jacobbi vem se tornando relevante na Itália, estimulado pela dedicação de Mara Jacobbi e da profª. Anna Dolfi. O trabalho de algumas pesquisadoras orientadas por Anna Dolfi na Universidade de Florença deu à luz, recentemente, os volumes *Maschere in scena*, antologia de suas críticas teatrais da década de 1960 para o jornal *L'Avanti*; *Cinque testi per il teatro*, reunindo suas traduções de Shakespeare, Lope de Vega e Calderón; o citado *L'eclettico Jacobbi*, atas da jornada de estudos a ele dedicada em janeiro de 2002 (todos, Roma, Bulzoni, 2003); e *L'Italia simbolista*, antologia de inéditos (Trento, La Finestra, 2003). Em 2005 sairam *Brasile in scena*, com suas versões da dramaturgia brasileira dos anos de 1950 e 1960 (Dias Gomes, Augusto Boal, Guilherme Figueiredo e Pedro Bloch), organizado por Luciana Stegagno Picchio e por mim (Roma, Bulzoni) e a reedição anastática de *Teatro in Brasile* (Trento, La Finestra). Iminente a publicação de ampla antologia poética. No Brasil, à minha dissertação de mestrado, *Ruggero Jacobbi, ou a Transição Necessária* (UNI-RIO: 2000), publicada em extrato pela revista *Folhetim* (n. 11, set./dez. 2001, RJ) e na Itália no volume *Migrare* (Roma, Filef, 2000), seguiu-se o livro de Berenice Raulino, *Ruggero Jacobbi* (São Paulo, Perspectiva, 2002) dedicado à discutida atuação de Jacobbi como diretor. Surgiu assim a oportunidade da presente publicação, estimulada por renovado interesse do meio intelectual para que se ressaltasse a marcante função de Jacobbi crítico, na renovação do teatro brasileiro. Porquanto a seleção operada, necessariamente radical diante do gigantismo do acervo, não pretende esgotar sua complexidade, ela vem acompanhada pelo catálogo bibliográfico completo das fontes brasileiras de Jacobbi, no anexo. Lá também estão indicados os arquivos consultados e os critérios de organização adotados para o presente volume.

3. Jacobbi, *L'avventura del novecento*, Milão, Garzanti, 1984, p. 32.

geração coube refundar a cultura teatral na nova república e resgatar a direção de seu ambíguo aproveitamento, enquanto liderança autoritária da arte para as massas, pelo regime fascista.

Entretanto, é a intenção hermenêutica, própria do homem de letras, o impulso essencial das múltiplas atividades de Jacobbi, cuja presença proeminente em quase todos os ambientes do espetáculo no Rio de Janeiro, em São Paulo e em Porto Alegre há de espantar qualquer trabalhador compulsivo. Aparece simultaneamente como crítico, professor e diretor de teatro, cinema e televisão, consultor e jurado, espectador profissional (comandando as palmas), tradutor, dramaturgo e, ainda, poeta (monstruosamente inédito) pelas "virtudes" de uma implacável insônia. Sua presença, na memória das testemunhas, vem associada à irresistível eloqüência no exercício dialógico da conversa e coletivo do debate, ao prazer da sedução intelectual e da conquista de interlocutores, ao brilho das companhias femininas que sempre o acompanhavam. Como a nobreza, o teatro obriga.

Porém, sua imagem não atende à figura de um portador do pesado cargo da erudição, que aliás dominava com espantosa dinamicidade, mas, sim, à figura do viajante ligeiramente levado pela curiosidade, pelo espírito de provocação maiêutica, pela missão pioneira da exploração e pela vocação seminal. Tais ingredientes humanos, refogando sua atuação crítica (como o leitor poderá verificar) com uma saborosa qualidade de fluência na redação, astúcia retórica no trato polêmico e inteligência persuasiva de argumentos, se revelam soberanos, igualmente, na prática da direção. As narrações (por testemunhas e críticos) das inúmeras passagens de Jacobbi pelo teatro como diretor evidenciam sua obstinada desistência do chicote – ou seja, do poder autoritário da direção – doado pelo mestre Bragaglia; suas declarações manifestam, ao contrário, a atração conscientemente cultivada pela substância democrática e pelas modalidades coletivas do fazer teatral. A recusa do "cetro" da direção, uma de suas muitas provocações na década que afirma a primazia absoluta da nova cena do diretor sobre o velho sistema estrelar – aliás, uma verdadeira heresia, considerando a mobilização contra as práticas estruturais da tradição atorial de sua geração, no Brasil como na Itália – alcança em cheio o âmago da dita "renovação". "O diabo são as aspas" – comenta Jacobbi, ao lançar o termo já carregado de autoconsciência.

De fato, ao devolver o cetro da nova cena para os atores, Jacobbi visa atrelar o papel da direção ao ofício crítico, nisso obedecendo à própria fundamental vocação hermenêutica de diretor-intérprete e marcando limites substanciais para pretensa hegemonia autoral do diretor-criador. Seja influindo na exploração dos significados para a identificação do ator com o papel, seja interferindo na construção do pacto comunicativo entre palco e platéia, a presença do diretor é mediadora, não totalitária; sugestiva e não modelar – já que, de acordo com Jacobbi, "há atores que dirigir *demais* seria como deformar"[4]. Assim, embora formado por Bragaglia, o maior defensor italiano do "absoluto cênico"[5], em seus anos brasileiros Jacobbi desenvolveria extensa campanha em favor das "razões da palavra". Sua ação intelectual não perde a coerência pela versatilidade – há uma estratégia concreta que se desenvolve *in progress* e se destila em discurso crítico.

Jacobbi perfura o panorama do possível, numa América onde tudo parece possível, com um olhar dominado pela distância (geográfica, verificada como separação existencial nas secretas folhas noturnas, mas assumida, diuturnamente, em convergência comunicativa entre culturas). Assume sua tarefa intelectual como missão de mediação orgânica entre mundos, como ofício de transculturação e refundação de idéias por meio de palavras, operando com estratégia maiêutica. Denomina seu método de "pedagogia do gosto", inspirado nos *appels au moindre publique* de Copeau e no apostolado crítico de Silvio D'Amico. Em seus escritos, o raciocínio é indutivo, mas antidogmático; a organização do discurso é coerente, mas não hierárquica; seu alvo é o leitor/espectador médio – o povo. Não a platéia dos iniciados ao círculo dos poderosos intelectuais, mas o público amplo da metrópole (especialmente São Paulo) que, nesta fase, implanta a indústria do espetáculo diretamente nos moldes do mercado de massa. Neste panorama, sua polivalência de "espectador profissional", versado em todas as viagens que o mercado oferece, manifesta uma preponderante vocação seminal – coincidente com a desistência do poder de "diretor" – bem como uma irresistível curiosidade experimental. A curiosidade o expede para a descoberta do Brasil, onde ao passo que conquista é conquistado. Como homem de letras, abrasileira seu ser – suas idéias – pela língua, pela literatura, pela mediação das palavras, além de adaptar-se aos hábitos comportamentais, como todo (ou quase todo) emigrante.

Justamente sua versatilidade lhe permite um trânsito em mão dupla – ao qual também é obrigado pela "renovação" em "crise de desenvolvimento" – entre formulação de projetos de renovação estética e experimentação de estratégias de comunicação no gozo da preferência do público: gêneros, nomes, meios que garantam a bilheteria. Sua reflexão

4. Jacobbi, entrevista em N. Fernandez e M. T. Vargas, *Uma Atriz: Cacilda Becker*, São Paulo, Perspectiva, 1988, p. 138.

5. Na esteira de Reinhardt e Piscator e fazendo guerra a Silvio D'Amico, Bragaglia pregava o advento do teatro total contra o plurissecular domínio de *sire le mot*. Lançava suas polêmicas por meio de publicações na Itália e no exterior. No Brasil era traduzido, citado e colaborava quinzenalmente na revista paulista *Anhembi* (junho/1951-junho/1960).

intelectual deita raízes no território do teatro comercial, sua experimentação busca laços na tradição cômica local (hábitos atoriais, gêneros de repertório): todo seu movimento tende a ser orgânico, compensando o sentido de fracassos, hibridismos e aporias entre projeto e prática possível. A profissão do crítico militante garante ao homem de teatro a cotidiana "pílula filológica" da reflexão, provisória e fragmentária, para adequar a práxis ao projeto e o projeto às condições reais, organizando as contradições, compreendendo as exceções, resgatando invenções perdidas e heranças contestadas. Ao aplicar o conceito de "crise de desenvolvimento" como necessário utensílio crítico, Jacobbi teoriza as razões práticas do teatro a fim de integrá-las ao debate cívico, visando estimular no coletivo social uma vivência consciente da renovação das artes, prestes a serem integradas à indústria dos bens simbólicos. Com postura pioneira, reflete publicamente a respeito da ambigüidade da função do artista nesta fase: declara necessária sua histórica crise de identidade, dilacerada entre a vocação para a obra como um fim individual e transcendente e a vocação para a obra como veículo de engajamento orgânico na sociedade. Por sua parte, é claro, Jacobbi opta por desistir repetidamente da torre de marfim do criador absoluto. Prefere lançar-se ao "fazer todo o possível" – atravessando fronteiras e ocupando territórios alternativos, interpretando radicalmente a experiência como passagem (em latim *ex-perire*, passar por) e considerando necessária a transição para outra etapa de sua viagem pelo Brasil, que finalmente coincide com sua "longa viagem para dentro do teatro".

> Nel 1945, io viaggiavo per l'Italia, correndo a rivedere, dopo il tempo buio dell'oppressione, le città del Nord finalmente libere. Incontravo ad ogni passo brandelli ed il sangue della nazione convulsa, frammentata, ancora fumante di disastri. Vedevo gente andare e tornare per le vie ingombre e per le poche case. E pensavo: qualcosa bisognerà fare pure per loro. Che avremo da dire a loro, noi gente di teatro? Il teatro non può fare a meno dell'uomo, di tutto l'uomo, ed esalta la sua presenza dentro i suoi stessi mali. Non sarà venuta l'ora di buttare a mare il nostro intellettualismo, le nostre superstizioni estetiche e di andare in cerca del linguaggio di tutti? Aí, o hegeliano dentro de mim surgiu e disse friamente: "Calma, meu filho. Você não pode escapar a si mesmo. [...] Nós não somos nem sequer os primeiros de amanhã: somos, apenas, os últimos de ontem. Continue sendo o que é: velho e novo, antigo e futuro".
>
> "Que é que eu devo fazer, então?" perguntei.
>
> "Faça o possível, respondeu. Faça todo o possível"[6]

6. "Lungo viaggio dentro il teatro", cit. Rio de Janeiro, 26 julho 1948. Este trecho final, significativamente, transita do italiano para o português. "Em 1945, eu viajava pela Itália para rever, depois da longa noite da opressão nazista, as cidades do Norte finalmente livres. Encontrava a cada passo os frangalhos, o sangue da nação convulsa, fragmentada, ainda fumegante do desastre. Via gente ir e voltar pelas ruas cheias de destroços das casas destruídas. E pensava: o que faremos para eles, o que teremos a dizer

A TRANSIÇÃO NECESSÁRIA

Como diretor, Jacobbi participou da "renovação" com espírito pioneiro e irregular, buscando alternativas para subsistência de seus projetos teatrais e cinematográficos. Colaborou em quase todas as companhias de prosa, teatros de ópera e estúdios de televisão do país. Lançou, no mercado profissional, jovens estreantes com nomes quais Sérgio Britto, Paulo Goulart, Ítalo Rossi, Jaime Barcellos, Vera Nunes, Rubens Costa, Monah Delacy...; dirigidos por ele, consagraram-se Sérgio Cardoso (no *Arlequim, Servidor de Dois Amos*, pelo Teatro dos Doze) e Maria Della Costa (em *Tobacco Road*, pelo Teatro Popular de Arte). Não é para menos: ainda na Itália, em 1942, Jacobbi, em sua segunda direção, lançou Anna Proclemer em *Minnie la candida*, de Bontempelli. Levava jeito para caçador de talentos, seus assistentes (Antunes Filho, Zé Renato, Fernando Peixoto) que o digam. No Teatro Brasileiro de Comédia (TBC), assinou alguns dos maiores sucessos de crítica (*O Mentiroso*, de Goldoni) e de bilheteria (*Os Filhos de Eduardo*, de M.-G. Sauvajon, assinado com Cacilda Becker). Trata-se, por sinal, dos dois únicos títulos que serão remontados pelo TBC: um, comédia clássica e o outro, ligeiríssimo *boulevard*, marcando os dois pólos de oscilação do repertório da casa, "sofisticação" cultural e "concessões" ao gosto médio.

Criou também um dos mais memoráveis casos da renovação, ao se despedir do TBC e da Cinematográfica Vera Cruz após a retirada de cartaz da *Ronda dos Malandros*, de John Gay, que ele havia dirigido nos moldes de uma revista satírica – um desaforo frontal contra a platéia, segundo a opinião dominante na época; uma ousada provocação reprimida pela censura ideológica da casa, segundo alguns pesquisadores atuais. Se a política é ou não algo que atinge o mundo da arte este é um assunto essencial na ânsia comunicativa de Jacobbi, estrangeiro que quando diz *nós*, entende "nós, os brasileiros". É alto o preço que pagou por suas interferências provocatórias na auto-consciência da nação, defendendo a dignidade do ofício da palavra (e do espetáculo) como instrumento útil à construção democrática do povo (e da platéia). Creio, no entanto, que o divertiria saber que a polêmica em torno de sua *Ronda* traspassaria o milênio.

Espírito nômade, encabeçou aventuras destemidas entre as quais o Teatro dos Doze, em 1947 no Rio de Janeiro; o Teatro Royal, em 1951 em São Paulo; ou o Teatro do Sul, em 1958 em Porto Alegre – sempre levando a renovação para fora do eixo da constelação teatral brasileira. Em 1954, apadrinhando a fusão do Teatro Paulista do Estudante com o

a eles, nós, gente de teatro? O teatro não pode existir sem o homem, todos os homens, e exalta a sua presença em meio a suas próprias desgraças. Não será chegada a hora de lançar ao mar o nosso intelectualismo, as nossas superstições e de partir em busca da linguagem de todos?"

Teatro de Arena, promoveu a realização concreta, em cena, de sua veterana campanha de leitura crítica e divulgação, pelos jornais aos quais colaborava, da dramaturgia nacional. A necessidade de fazer transitar a "renovação" em uma segunda etapa democrática, nacional e popular é o fio que estrutura a rede de suas intervenções seminais, caracterizando sua presença sempre como uma fecunda missão – cuja atualidade alarma. Intelectual de bastidores, Jacobbi lê o panorama em que também age como uma fase de experiências dirigidas rumo à estabilização:

> O momento atual é justamente o da *transição necessária*, dos grupos dados a excursões ou vivendo de atividades descontínuas, para os teatros estáveis e elencos fixos. O exemplo do TBC, que primeiro teve a oportunidade de realizar este sonho, está começando a ter imitadores e continuadores. [...] Toda a melhor história do teatro contemporâneo é uma história de pequenas salas, de grupos estáveis, de tentativas feitas dia a dia num único lugar e sob única orientação, até a experiência se transformar na realidade de um estilo próprio. A posse de uma sede [...] proporciona aos elencos aquela estabilidade econômica que permite enfrentar, através da escolha e variação do repertório, as flutuações do público e o tempo [...] de que este necessita para adquirir um novo hábito em matéria de teatro. A crise teatral só pode ser enfrentada por companhias para as quais o fracasso de uma peça não signifique automaticamente a morte[7].

Como jornalista (na *Folha da Noite*, *Última Hora*, *Correio do Povo* e *Estado de S. Paulo*), Jacobbi descreveu a renovação com olhar panorâmico e alternativo, comentando com didática e apaixonada lucidez o primeiro clássico grego do TBC, bem como a revista escabrosa de Dercy Gonçalves e os musicais da Broadway; preparando com idêntica comoção a turnê paulista do Piccolo Teatro di Milano e a apresentação pública dos alunos da Escola de Arte Dramática de São Paulo; dedicando denso teor ensaístico à introdução de clássicos universais, quanto ao resgate de clássicos nacionais inexplicavelmente desqualificados ou esquecidos. Inimigo da seriedade quando imposta enquanto critério estético, combatia o teatro do "profundismo" em todas as suas componentes, tanto na dramaturgia (declara-se contra o *teatro para pensar* que "não faz pensar, muitas vezes porque os autores fazem questão de dizer tudo, sem deixar uma migalha sequer ao infelicíssimo espectador, por quem eles devem nutrir, evidentemente, um soberano desprezo")[8], como na direção (contra os diretores "de vanguarda" que aparecem e somem "como pé de vento, sem gravata, descabelados, suéter existencialista"[9] soltando pérolas de introversão intelectualística); na atuação (contra "o stanislavskismo suburbano dos atores que *sentem* o papel")[10] e até na recepção (contra os espec-

7. "Um Intelectual nos Bastidores", entrevista para *Visão*, São Paulo, 4.3.1955.
8. "Inimigos Íntimos", *Última Hora*, São Paulo, s/d (1952).
9. "Concerto para Cinco Vozes", *Folha da Noite*, São Paulo, 21.11.1952.
10. "Vá com Deus", *Folha da Noite*, São Paulo, 7.11.1952.

tadores "convictos de que o teatro só existe para lhes dar a ilusão da profundidade mental")[11].

Há saudades, alertas e heresias nesta contínua injeção de adrenalina que o crítico Jacobbi aplicava na "renovação". Colocando-se na contra-corrente do sectarismo típico da crítica especializada – que ignorava os gêneros ligeiros, desqualificado como "comerciais" –, não perdia ocasião para valorizar o perfeito artesanato de farsas, *vaudevilles* e *boulevards*, infalíveis testes de habilidade para os atores e pontos nevrálgicos de maturidade para o público. Com a máquina da renovação (artistas, crítica e autores) a todo vapor no lema da elevação cultural da platéia, avisava que o repertório dito "inconseqüente" – os Sauvajon, Verneuil, Roussin, a comédia americana e a revista nacional expulsos dos teatros renovados – faria a sua *rentrée* triunfal pela força pela bilheteria, premiado pelas persistentes inclinações do público e reconduzindo para o palco os hábitos estrelares do velho teatro, que acabariam por invalidar o impacto hegemônico da direção.

Transitando entre a prática cotidiana do palco e os projetos de modernidade, Jacobbi aplica o exercício diário da crítica como o melhor recurso de intermediação orgânica entre o intelectual e a sociedade. Ao longo dos anos, acumula um verdadeiro arsenal de ferramentas – um sistema, uma "crítica da razão teatral"[12] que exerce sem preconceitos, e recusando resultados pré-confeccionados. Leva na bagagem de sua viagem intelectual a tentação perpétua do explorador – uma missão de presença, mais do que um destino. Instigado pela compulsão historicista (gramsciana) de contextualizar as obras, persegue em sua teorização as conexões de causa-efeito entre os fatos da cultura e os territórios reais que percorre no dia-a-dia. Sua postura de arqueólogo da contemporaneidade leva-o a confessar algumas saborosas "heresias" (por parte de um *enfant gaté* dos herméticos); admite que prefere um bom samba a qualquer delírio dodecafônico, um belo *vaudeville* a uma metafísica peça de vanguarda. Alertando sobre os riscos de uma "renovação" atestada por petições de ruptura – uma reforma como substituição de estoque, feita *tábula rasa* da memória e do gosto da "velha" tradição local para implantar um novo teatro "de verdade" definido por hierarquia de valores referenciais importados de outra tradição – Jacobbi pesquisa estratégias alternativas de modernidade para a arte cênica, prestes a ser integrada ao consumo de massa e, no Brasil, iniciando uma concorrência de prestígio com a televisão. Escava abaixo da árvore frondosa de argumentos do novo teatro para dessepultar sua raiz, seu território, sua tradição memorial buscando anular o mito do "marco zero" – "que ia fazendo do moderno teatro do Brasil uma forma-

11. "Sermãozinho aos Espectadores", *Última Hora*, São Paulo, s/d (1952).

12. Devo o termo à V. Stella, em A. Dolfi (org.), *Diciotto saggi su Ruggero Jacobbi*, Florença, Vieusseux, 1987, p. 187.

ção telúrica, um território sem memória. Pois o teatro tem pai e mãe, nome e sobrenome, data de nascimento e moradia certa. Disso advém a sua dignidade, que é uma dignidade de povo"[13].

Entretanto, sua obstinada defesa da condição de excepcionalidade do teatro – enquanto serviço público e instrumento democrático – na indústria do espetáculo, empenha-o em inúmeras e vãs campanhas de sensibilização das instituições. Interpreta os fracassos como "bandeiras", troféus de teimosia e mementos da resistência do mercado brasileiro ao favorecimento de situações de excelência. Diante da persistência do gosto tradicional, inaugura um diálogo transitivo com a linguagem cênica nacional-popular, propiciando a transição entre velho e novo e renunciando a preclusões de "literato" contra os gêneros e as práticas julgadas "menores" ou obsoletas. Provoca a *intelligentsia* burguesa em sua suposta hegemonia sobre o "bom gosto" – "que parece tão audacioso, mas na verdade é desbotado": "Jamais, creio eu, o teatro chegou a um nível tão agradavelzinho de discrição, esperteza, elegância, respeito pelas regras do jogo social"[14]. Aos atores, avisa que "o realismo, quando se torna um mito, ao invés de meio de experiência, é uma grandiosa escola de mediocridade" (*ibidem*) – confundido com a sinceridade, o realismo leva o ator a "fazer sempre menos", esquecendo seu *métier*, sua arte; e aí, o melhor a fazer é "reaprender a representar". Surgidas de uma consciência inquieta, essas tentativas progressivas de adaptação do projeto à evolução do mercado amplo configuram outros tantos indícios de crise, diante das quais Jacobbi busca saídas e soluções. Crises assumidas conscientemente, como estandartes de um posicionamento anti-erudito e não como renúncias; fracassos tornando-se bandeiras do caminho percorrido e a seguir.

Deixar ressoar essa voz de "mestre que procura", resgatar este seu itinerário pelas margens e contra-mãos da "renovação" – propiciando o trânsito de idéias entre os diversos públicos e setores da cultura e da crítica teatral, questionando o projeto moderno à luz de sua crise face ao amplo público e iluminando alternativas em episódios "menores" que, mais tarde, revelariam-se emblemáticos – é ambição desta coletânea de artigos e ensaios de Jacobbi. Ambição de restituir ao leitor a complexa sutileza da arte hermenêutica de Jacobbi: reavivar o "prazer do texto" que surge em suas viagens de leitor por dentro do teatro universal, contagiando quem lê as suas páginas. Mostrar o teatro brasileiro, visto por Ruggero Jacobbi. Devolver ao pesquisador a persuasão retórica de seu discurso – uma lenda na geração teatral que o conheceu – e voltar a acionar os seus argumentos amplificados pelo prestígio do demorado silêncio em que caiu, sendo celebrado pelos

13. "O Milagre da Rua Paim", *Folha da Noite*, São Paulo, 3.11.1954.

14. "Do Ator e do Realismo", *Estado de S. Paulo*, 17.1.1959. Republicado em *Correio do Povo*, Porto Alegre, 27.6.1959.

contemporâneos ao passo que era omisso pela historiografia[15]. Trazer à tona a sua perspectiva peculiar, desterritorializada, de migrante voluntário, de ser humano em trânsito, de atravessador de fronteiras.

A SEGUNDA EUROPA

A longa viagem brasileira, vivida como emigração na sua dupla vertente, de ocasião para conquista pioneira (na esfera prática) e de reconhecimento de insanável estranhamento existencial (na esfera poética), pode também iluminar as aparentes aporias críticas de um olhar mais europeu na medida em que se torna capaz de julgar-se, à distância, enquanto europeu. Se, de um lado, a imponência do novo continente, seus espaços impenetráveis, sua mocidade romântica e tumultuada ilustram para o viajante a potencialidade criativa de um universo não tradicional e não pré-ordenado; por outro lado, o próprio olhar latino-americano, fito nas obras da tradição ocidental dos séculos XIX e XX como em modelos paradigmáticos de influência, corrobora a supremacia da cultura sobre a natureza, da história sobre o rito.

Com a sua curiosidade voraz de europeu colonizador, Jacobbi "antropofagiza" o Brasil, vestindo a sua língua e a sua cultura como uma segunda pele, capaz de novos registros expressivos, de outras conotações afetivas e estilísticas[16]. Neste complexo auto-exílio geopolítico, lingüístico e cultural, a distância é curiosamente anulada, ou melhor, traduzida em categoria existencial – a vida assume relevo de peregrinação à procura de si, por meio de qualquer lugar do mundo: "Parto da qui, rimango qui / sono io stesso il Qui"[17]. Penetrada no olhar, a distância ilumina convergências entre lugares, entre tempos e entre culturas, relativizando o sentido do pertencimento como critério hermenêutico para compreensão da modernidade. Em vez disso, surge a necessidade de lidar com o sentido do perpétuo deslocamento das idéias e com o conceito da transição entre lugares, visando configurar a modernidade como patrimônio migrante. A própria categoria de influência revela-se restritiva e insuficiente para uma genealogia da

15. A produção crítica de Jacobbi, parcialmente recolhida pelo próprio em coletâneas hoje raríssimas, entre as quais *A Expressão Dramática* (Rio de Janeiro, 1956), *Goethe, Schiller, Gonçalves Dias* (Porto Alegre, 1958) e *O Espectador Apaixonado* (Porto Alegre: 1961), tem sido pouco citada pela pesquisa especializada. O seu resgate, implicando a reinserção da *Folha da Noite* (vespertino da atual *Folha de S. Paulo*) e da *Última Hora* no catálogo das fontes sobre o teatro moderno, pretende provocar uma reorientação do panorama historiográfico traçado principalmente a partir das valiosas contribuições de críticos ligados ao *Estado de S. Paulo*.

16. Como sugere Luciana Stegagno Picchio, em *Diciotto saggi*, cit., p. 158.

17. "Parto daqui, fico aqui / sou eu mesmo o Aqui". Jacobbi, *E dove e quando e come*, Veneza, Rebellato, 1980.

história urbana contemporânea que leve em conta a contribuição de idéias e pessoas viajantes – cada vez menos exceção do que regra no processo capitalista de internacionalização de produtos e produtores culturais. Jacobbi amadurece, assim, no Brasil seu debate com as vanguardas históricas européias – ato final de uma civilização autodestruidora cuja única alternativa à barbárie lhe parece ser a irreverente reelaboração latino-americana[18].

Nesse cenário, em que o sul do mundo exibe a sua vocação pacifista e civilizadora de "segunda Europa" – onde quiçá sobreviva à herança do milênio –, Jacobbi percebe o significado de sua presença intelectual e estrangeira sob o foco de um papel humanista inadiável: como missão de exploração, transmissão, orientação, indicação de soluções e estímulo aos jovens. Mais uma vez escolhe, como lugar privilegiado dessa transferência de idéias, o teatro: dimensão em que a ideologia se faz contracena de personagens (no palco); lugar em que a estética se faz discurso de pertencimento a uma comunidade (na platéia). O teatro, como arena de luta e tribunal da consciência histórica – como cultura sintetizada em ritual coletivo de presença não mística, mas sim racional.

Neste regime de representação, percebe sua condição de protagonista como duplamente exposta, enquanto *intelectual* e *estrangeiro*. Os intelectuais têm papel preponderante, como críticos ou lacaios do poder, na difusão das ideologias, especialmente na época de monopólio da opinião pública pela mídia. A interferência de estrangeiros tende a impor hierarquias preconceituosas e mãos-únicas no trânsito entre civilizações – reduzido à opção exclusiva entre influência e emancipação, com as relativas angústias, Percebe à tempo: pois a polêmica antiintelectual e antiestrangeiros que penetra no Brasil de fim da década de 1950, estrangula o moderno na *querelle* político-temática do "brasileirismo" contra o "culturalismo" cosmopolita. Este "importado" – denunciava-se então – pelos diretores italianos, aparecia aos jovens ineficiente para compreensão das condições reais de subdesenvolvimento do país.

Jacobbi escapa ao dilúvio da incompreensão em virtude de sua contínua vigilância ideológica. Diante dos primeiros sintomas de homologação da modernidade em escala global, no final de sua longa viagem brasileira, Jacobbi preconizava a decadência da imagem auto-referencial do Ocidente, vertendo o pânico em anúncio da necessidade de novas configurações, que teriam como matrizes as contraculturas periféricas e a sua estética híbrida, entre heranças contestadas e informalidade:

> A nossa época é uma época de inquietações, de provações, mas, sobretudo, uma época de procura. Queremos ser os herdeiros e os conservadores de uma

18. Hermético quando de sua partida da Itália, Jacobbi encontra na literatura brasileira dois modernismos (aquele de 1922 e aquele da geração de 1945, sua contemporânea) e, também, um "neo-realismo" poético específico, já na esteira que será do neo-experimentalismo italiano do grupo de 1963.

> tradição e, ao mesmo tempo, queremos nos libertar da obrigação de dependermos unicamente dela. Outras épocas tiveram um estilo. A nossa não oferece que uma série, ou um caos, de propostas estilísticas [...]. Nossa falta de estilo nos apaixona por todos os estilos em outros tempos definidos. [...]. Sentimos que nossa época inquieta e incerta encontra um alívio e uma dignidade na exploração de todos os caminhos. [...]. Sentimos que há uma força nessa ausência de limites, que há nisso uma liberdade nova. Esse desejo de expansão está ligado a uma profunda exigência democrática que é bem nossa. [...]. Tudo acontece como se a nossa época fosse a condensação única e global de toda a cultura e toda a história[19].

A dimensão enciclopédica de seu movimento intelectual – atraído pelos atalhos, evitando a progressão linear – revela, e estimula nos alunos, a ambição de uma hermenêutica global que ousa confrontar-se com todas as possíveis teorias em campo. Na enciclopédia universal, Jacobbi reinventava então a "latinidade" enquanto tradição histórica fundada na convergência entre línguas, idéias, épocas e culturas, no espaço-tempo ou nas "nações verticais" (diria-se, com Jorge de Lima) onde tudo pode corresponder, decompor-se e recompor-se, oferecendo ao viajante panoramas alternativos, sincréticos, mutáveis. Nessa precognição de sabor humanista, Jacobbi percebeu que a sua experiência de viajante bem-aventurado na necessária transição entre velho e novo (mundo, teatro, tempo...) deveria se tornar mais regra do que exceção com vistas a um futuro não distante. Tal percepção da migração perpétua dos valores, que Jacobbi carregou em si como um risco e uma singular anomalia, tem-lhe reservado um destino de profeta pós-moderno em nosso tempo de cultura global e saber criativo:

> Não lerei mais senão os escritores cujas idéias venham a ser inopinadamente um livro[20].

Dir-se-ia que o ineditismo é o destino que um Jacobbi "lusitanizado" compartilharia com Pessoa, até porque, na arquitetura sempre lucidamente fragmentária dos livros por ele projetados, revela-se a condição necessária de uma mente em revisão permanente. De acordo com Pessoa, se o homem é provisório, o livro, então, torna-se impossível. Contudo, fugindo às aporias dos autores que se autopublicam, a edição desta antologia póstuma dos escritos em português de Jacobbi

19. R. Jacobbi, "Introdução à Poética do Espetáculo", *Diário de Notícias*, Porto Alegre, 20.4.1958. Aula inaugural do Instituto de Estudos Teatrais da Universidade do Rio Grande do Sul. Republicada em F. Peixoto, *Um Teatro Fora do Eixo*, São Paulo, Hucitec, 1993, pp. 355-362.

20. Jacobbi, introdução à reedição crítica da *Avventura novecentista*, de Massimo Bontempelli, Milão, Vallecchi, 1970.

revelou-se não somente possível como até necessária. A edição atende, como dissemos, à exigência de resgatar sua viva voz e confrontá-la com a corrente hegemônica da história da "renovação".

Entretanto, levando em conta (por respeito ao desejo jacobbiano de um livro "inopinado") o máximo grau de ineditismo – isto é, a menor incidência possível de republicação –, optamos por divergir dos critérios seletivos do próprio Jacobbi nos três livros de textos em português publicados sob seus cuidados (*A Expressão Dramática*, 1956; *Goethe, Schiller, Gonçalves Dias*, 1958; *O Espectador Apaixonado*, 1961). Nessas antologias, aplicando amplo instrumental hermenêutico na análise intertextual da história universal da expressão dramática, Jacobbi elege como eixo a dramaturgia e, como recorte, a dialética entre tradição e modernidade que resgata nos clássicos bem como em autores nacionais contemporâneos. Suas seleções, porém, evadem quase por completo o registro da "crítica da razão teatral" que aplicava ao ofício do jornalismo militante: o apanhado cotidiano, por um viés sempre alternativo e antiparadigmático, do panorama do teatro mundial, bem como da "renovação" paulista; os traços de seu gosto eclético e sensível de "espectador apaixonado" por todos os gêneros da expressão cênica, mas, principalmente, por atores e atrizes. Tornou-se, portanto, prioridade para a presente coletânea resgatar o olhar de Jacobbi sobre fatos e idéias teatrais suas contemporâneas; deixar emergir a emoção de sua lúcida inteligência provocada pelo improviso – posta diante do espetáculo: a audácia das sínteses, a ousadia das conexões, o fascinante risco dos grandes painéis da história e da cultura.

Ao remontar o mosaico de fragmentos críticos ao longo dos quinze anos da viagem de Jacobbi, cuja cronologia coincide com etapas de outra sua viagem por dentro da "renovação", percebe-se a repetida passagem por epicentros de reflexão, entrepostos de idéias em trânsito, que desencadeiam ondas dialéticas de "crise". Tais pílulas cotidianas de "crítica da razão teatral" provocam, questionam e dinamizam – em busca de fraturas e soluções – tanto o ofício jornalístico de Jacobbi como observador do panorama da "renovação" em crise de desenvolvimento[21] como, também, o exercício cotidiano de sua profissão e paixão de espectador[22]. Atento aos viés e às contramãos da modernidade em cena, comenta o teatro dos diretores de forma independente e antiparadigmática, deixando emergir um percurso de bandeiras alternativas – não correspondentes aos espetáculos ou nomes mais celebrados pela crítica contemporânea – que prefiguram a vocação da linguagem cênica brasileira em direção a uma estética nacional, popular e coletiva. Sua postura militante é seminal e construtiva na fase de instalação

21. Ver capítulo "Crise do Teatro, Teatro da Crise".
22. Ver capítulo "O Espectador Apaixonado".

da identidade teatral nacional[23]. As apresentações de peças amadas e de descobertas dramatúrgicas[24] estimulam a escrita de teor ensaístico em que mais aparece a generosa eloqüência a braço com que Jacobbi assina sua presença intelectual no panorama da "renovação" – emergindo igualmente de excursões em outros gêneros da cultura do espetáculo, como espectador apaixonado por todas as formas de expressão artística[25]. Declaradamente orientados para a "pedagogia do gosto" do público, os ensaios que surgem pela curiosidade de leitor – ou pela "magia dos nomes" – na busca arqueológica de fragmentos de modernidade no repertório dramatúrgico universal, visam a expansão da cultura teatral para além dos limites estéticos e ideológicos da platéia burguesa[26]. Solicitado por uma curiosidade hermenêutica propriamente teatral, que o faz ler a dramaturgia em voz alta e corpo inteiro, Jacobbi verifica, por meio da prova do palco, a simultaneidade orgânica de classicismo e modernidade em cada obra, em cada peça mais ou menos consagrada – pois em teatro "não se trata de dar vida a coisas mortas, mas de ver se ainda estão vivas"[27].

Como despedida do livro, o diário[28] apresenta-se como testemunha indiscreta da pluralidade contraditória, genialmente lúcida e heterônima desse homem de palco e de poesia, de público e de solidão.

23. Ver capítulo "Militância Crítica".
24. Ver capítulo "Tradição, 'Renovação'".
25. Ver capítulo "Dialética dos Gêneros".
26. Ver capítulo "Modernidades Alternativas".
27. Jacobbi, no programa da peça *Brasil Romântico*, TINB, São Paulo, 1953. Ver "Diagrama das Influências", p. 10.
28. Ver capítulo "Folhas da Memória".

O teatro brasileiro é um teatro em crise de desenvolvimento: a melhor, a mais simpática entre as crises. Nestes últimos anos houve um surto polêmico cujos resultados, especialmente no tocante ao repertório, são inegáveis. Talvez seja o momento de passar da fase polêmica à fase construtiva. Afinal as revoluções, que sempre começam dividindo, só podemos dizer que são bem-sucedidas quando acabam unificando.

RUGGERO JACOBBI, *Jornal do Brasil*, 12.6.1948.

Parte I

Profissão: Espectador

1. Crise do Teatro, Teatro da Crise

DESÂNIMO[1]

Um jovem crítico, dos mais honestos e inteligentes da imprensa teatral paulistana, acaba de deixar o jornal para o qual vinha escrevendo, quase que diariamente, suas impressões sobre os problemas e acontecimentos da cena teatral.

No mesmo dia, uma grande atriz, cuja estréia em nossos palcos fora saudada como a revelação de um talento dramático sem precedentes, declarava a um vespertino ter desistido definitivamente do palco em vista da crise teatral, alimentada pela concorrência do cinema, do rádio e da televisão.

Poucos dias antes, um ator e diretor de teatro, depois de lutar bravamente contra várias dificuldades, procurando manter em vida a sua companhia, desistira também, dedicando-se inteiramente à televisão.

Ainda: o mais interessante autor-diretor-empresário da nova geração firmou contrato com uma empresa cinematográfica que se encarregará de "salvar" o elenco, dando trabalho a todos os seus componentes durante vários meses, até que as coisas melhorem.

Há um desânimo geral. Dezenas de atores teatrais batem às portas das estações de rádio, de estúdios de televisão, das companhias de cinema. A preocupação pela sobrevivência, pelo pão de cada dia é tão forte, tão evidente, que se reflete até nos espetáculos, chegando a criar

1. *Folha da Noite*, São Paulo, 4.11.1952.

embaraço entre os próprios críticos que, se têm dois dedos de competência profissional – do lado do palco, quero dizer, e não apenas do lado da platéia ou da biblioteca –, hesitam em apontar defeitos tão evidentemente determinados por fatores econômicos.

Entretanto, centenas de rapazes e moças procuram ingressar nos vários cursos de arte dramática, sonhando com a glória, insistindo, pedindo, implorando por uma oportunidade, passando fome em pensões, decorando o *Hamlet* inteirinho, à espera do grande dia.

E os grupos de amadores continuam produzindo, a cada dia, valores novos, gente que, se não se perder, poderá fornecer ao teatro brasileiro um verdadeiro exército de forças inesperadas.

E o público, o tal público – que deveria ser o verdadeiro, senão o único culpado dessa situação –, consagra com doze semanas de sucesso uma tragédia de Sófocles... Quem é, então, o culpado? Que é que está acontecendo? Que paradoxo é esse?

Não sei. O que há é o desânimo. As nuvens do desânimo. As trevas de desânimo. Aquela horrível vontade de mandar tudo às favas, de dizer que o teatro está morto.

Pensando bem, volto sempre à mesma fórmula que, se não serve como curativo, serve como diagnóstico: "Não, esta não é a crise do teatro. Este é o teatro da crise".

CRÍTICA E INDULGÊNCIA[2]

Muitas referências já apareceram, nesta coluna, à situação paradoxal do crítico diante da crise que o teatro atravessa atualmente em São Paulo. Dois pontos parecem fundamentais, capazes de nortear toda a atividade crítica:

a) Evitar a excessiva severidade para com os elencos profissionais, hoje em dia tão atormentados pelas circunstâncias econômicas que não é possível, em sã consciência, exigir deles um esforço integral no sentido cultural e artístico. O seu problema é de sobrevivência. Nos casos mais graves, o melhor é ignorá-los na crítica e dar-lhes a devida publicidade nos noticiários.

b) Estimular, de todas as maneiras possíveis, a atividade amadorística que, não tendo finalidades comerciais, pode manter viva a chama de uma concepção de teatro como cultura e como arte.

São estes, como se vêem, dois princípios de indulgência. Para com quem, então, exercerá o crítico a sua inevitável severidade? Olhando bem para os dois itens acima, será fácil ver que cada um deles contém, dialeticamente, o outro lado da medalha:

2. *Folha da Noite*, São Paulo, 22.11.1952.

a) Severidade para com os grupos profissionais desonestos, isto é, para com aqueles que, embora tendo dinheiro (será que existem? é pura hipótese), porventura representem espetáculos tipo mambembe, nos moldes do pior teatro brasileiro de... antes do dilúvio. Severidade máxima para com o teatro de revista que ainda não tem motivo para se queixar da crise.

b) Severidade para com os grupos de amadores que se dedicam ao estrelismo, que procuram os caminhos escusos de um semi-comercialismo (no repertório e nas finalidades) e que, no segundo espetáculo, já se consideram profissionais, sem aceitar palpites de ninguém.

Como se vê, não faltam motivos para uma vigilância perpétua por parte do crítico. E outros, eu gostaria ainda de acrescentar aqui para esclarecimento total do público que, na maioria dos casos, desconhece as dificuldades que o crítico encontra em sua tarefa:

a) É preciso combater a vaidade em todas as suas formas. Uma das piores é a do empresário e dos encenadores que enfrentam levianamente textos literários superiores às suas forças intelectuais, artísticas e econômicas, tornando-os "inutilizáveis" para as demais companhias e incompreensíveis para o grande público. Deixem os empreendimentos ousados para os grupos amadores que agem em caráter experimental e que se dirigem a um pequeno público, em geral esclarecido. O perigo de cometer um erro cultural, no caso dos amadores, é mínimo – e, além do mais, a peça restará virgem, pronta para ser encenada seriamente no campo profissional.

b) É preciso combater os que estimulam essas vaidades, especialmente as vaidades dos atores. Entre eles, há autores e tradutores à procura de empresários que queiram encaminhar para os seus cofres, via SBAT, alguns benditos cobres; existem, infelizmente, alguns jornalistas que vivem nos bastidores dos teatros e que, depois, não sabem como se livrar de seus compromissos de cortesia; há, algumas vezes, os distribuidores de prêmios anuais criando falsos mitos – os "melhores", as "revelações" e outras coisas que, se desaparecessem de uma vez de nossa civilização teatral, seria melhor para todos.

E, antes de qualquer coisa, acima de tudo: é preciso amparar a inteligência, a cultura, a capacidade de aprender, o poder de raciocinar, tudo aquilo que é consciência e razão neste teatro assolado pelos estragos dos instintivos, pela religião da bossa e pela auto-suficiência dos gênios. Chegou a hora de pensar com a cabeça. E o crítico, que é ou deveria ser, por definição, um homem capaz de argumentar friamente, só tem uma coisa a fazer: alertar o público contra a demagogia. O resto é indulgência – nossas indulgências diárias, feitas de amor pelo teatro e do conhecimento de nossos próprios defeitos.

A HORA DO REPERTÓRIO[3]

O índex de maturidade e originalidade do teatro, em qualquer país do mundo, reside essencialmente em dois fatores: o repertório nacional e a interpretação dos clássicos. Entretanto, foram estes (e continuam sendo) os dois pontos mais difíceis de se alcançar na chamada "renovação" do teatro brasileiro.

A verdade é que os escritores dramáticos não se improvisam. Não adianta criar, de vez em quando, o "caso", o fenômeno, a revelação... Um teatrólogo revela-se por si mesmo à platéia através da sua ligação imediata com o espírito da época; ligação que pode ser até um contraste, um gesto de revolta, um protesto polêmico, mas que nunca deixará de existir. O teatro elimina os indiferentes e os parnasianos. É o público quem se encarrega disso através da sua própria indiferença; é o público quem reconhece e consagra os teatrólogos por todos os meios ao seu alcance, inclusive o tumulto e a vaia. Mais ainda: é o público quem obriga o verdadeiro autor dramático a produzir continuamente devido a um processo subterrâneo e instintivo. Aplaudido ou condenado, o escritor sabe que o povo reagiu, sentindo nele o espelho da consciência, o formador da época. A partir desse momento, ficará preso ao que dele se espera, o teatro deixará de ser para ele um exercício literário e se tornará uma necessidade, uma obrigação e uma luta. O autor de peças está no palco e diante da opinião pública, crucificado como Santo André no poema de Salmon: *On le laissait pendu et c'etait pour l'entendre – car il parlait bien...*

Ora, o surgimento dessa figura típica de escritor é fruto de liberdade, de tradição e cultura, de independência moral – circunstâncias essas que, no Brasil, custaram e custam, se não a se desenvolver, pelo menos a se generalizar. A renovação teatral brasileira foi trabalho de minoria: e as minorias muito dificilmente produzem dramaturgos. Chega-se a saber (ou quase) distinguir os originais estrangeiros que valem a pena divulgar; chega-se a criar diretores, atores e cenógrafos. Com autores, porém, o caso é outro, não sendo a estufa o ambiente ideal para o seu florescimento.

Igual dificuldade encontra o novo teatro brasileiro na representação de clássicos, pois também o ator capaz de enfrentar grandes textos do passado é resultado não só do talento, mas da escola, do apuro técnico e do conhecimento literário.

Apesar de todos estes obstáculos, não há outro caminho a seguir. Uma civilização teatral só existe, realmente, quando produz os seus próprios autores e quando descobre a própria maneira de interpretar Shakespeare, Maquiavel, Molière e Calderón.

3. *Última Hora*, São Paulo, s/d (1952).

Por isso, o programa deste ano do Teatro Brasileiro de Comédia representa não somente algo novo, como também algo transcendental na evolução da nossa arte dramática. É uma espécie de grande prova de exame de consciências e controle dos resultados. À prova estão submetidos, de um lado, os autores e intérpretes, do outro, o público, cuja capacidade de reconhecer os valores nacionais ou de entender os valores universais poderá ser medida de maneira decisiva. Clô Prado, Edgard da Rocha Miranda, Sófocles e Gogol estão aí: os novos e os clássicos. Depois da ditadura do ator, depois da revolução dos diretores, chegou a hora do repertório.

DINHEIRO É DINHEIRO[4]

Em nossa primeira crônica, escaparam-nos duas ou três vezes a palavra "renovação". O diabo foram as aspas. Alguns amigos acharam-nas irônicas ou desrespeitosas. Nada disso. Apenas não somos tão otimistas quanto os amigos gostariam. Uma renovação não se faz sem público, e o público tem estado ausente de quase todas as iniciativas renovadoras do teatro. Por uma *Chuva*, um *Desejo*, um *Hamlet*, um *Arlequim*, quantas *Rainhas Mortas*, quantas *Águias de Duas Cabeças*, quantas *Tragédias em Nova York*![5] Quantas casas vazias!

Os Comediantes, o Teatro do Estudante, o Teatro dos Doze, o Teatro de Câmara e outros grupos, ou morreram, ou continuam vivendo em permanente dificuldade. Quanto às companhias tradicionais, estamos voltando cada vez mais aos tempos de Leopoldo Fróis: ditadura do ator, cenários de papéis amarrotados e repertório da Casa dos Dois Vinténs. Dulcina teve que voltar ao teatro comercial; o público acompanha com o mesmo interesse de quinze anos atrás o teatro de Alda Garrido; Bibi teve que tentar a revista; o repertório de Henriette Morineau é cada dia menos interessante do ponto de vista artístico. Se Jaime Costa decidisse encenar alguma outra coisa do tipo *Morte do*

4. *Última Hora*, São Paulo, 24.3.1952.

5. Menciona peças produzidas pelo movimento renovador carioca no final da década de 1940, das quais algumas fizeram sucesso e outras fracassaram. *Chuva*, de O'Neill, montada pela Cia. Dulcina de Moraes na "temporada para intelectuais" do Teatro Municipal, 1945; *Desejo*, de O'Neill, montada por Ziembinski com os Comediantes, Teatro Ginástico, 1946; *Hamlet*, de Shakespeare, direção Hoffmann Harnish com o Teatro do Estudante, Teatro Municipal, 1946; *Arlequim Servidor de Dois Amos*, direção Jacobbi com o Teatro dos Doze, no Teatro Ginástico, 1949; *A Rainha Morta*, de Montherlant, direção Ziembinski com os Comediantes, Teatro Ginástico, 1946; *Tragédia em Nova York*, de M. Andersen, direção Jacobbi com o Teatro dos Doze, no Teatro Ginástico, 1949.

Caixeiro Viajante[6], não obteria o mesmo êxito e teria que voltar às boas e velhas chanchadas e dramalhões, para pagar as quinzenas.

O único grupo que conseguiu formar um novo público foi, até agora, o Teatro Brasileiro de Comédia. Isso prova que é preciso que se aliem uma reserva econômica e uma organização capaz de agüentar longos períodos de prejuízo, sem se contar com o lucro imediato. No fim desse aprendizado, a companhia firma-se e o lucro começa a aparecer. O TBC conseguiu até desviar uma parte do público do Santana, isto é, das companhias tradicionais. Foi o único caso em que a renovação se processou de maneira orgânica. Se houvessem mais capitalistas esclarecidos, seria possível repetir a façanha em outros lugares e com outros grupos, possivelmente visando a outro público: aquele que não vai ao TBC por causa do preço. É o que está tentando a Sociedade Paulista de Teatro[7] que, parece, entretanto, não ter uma orientação firme.

São ainda os motivos econômicos que determinam a diferença atualmente existente entre o teatro paulista e o carioca. Este é o que mais se ressente das dificuldades atuais. No Rio, as iniciativas são devidas quase sempre em razão dos esforços heróicos dos autores e atores. Não apareceu ainda por lá a figura do mecenas, ou simplesmente do homem de negócios de vistas largas. Resultado: os espetáculos paulistas, pelo menos os do TBC, são acabados, requintados, completos nos detalhes. No Rio, mesmo nos melhores espetáculos, ainda há paredes mal pintadas, cabeleiras do tempo da onça, iluminação deficiente etc. Pessoalmente, não dou muita importância a essas coisas: tendo dinheiro, qualquer empresário sabe onde encontrar bons cenógrafos, bons alfaiates, boas costureiras e bons refletores. Mas é, justamente, um sintoma da situação econômica. O pior é que uma companhia carioca, para sobreviver, vê-se obrigada continuamente a pular de Pirandello a Verneuil, de Tennessee Williams a Roussin, ao passo que o TBC, por exemplo, pode manter um nível constante, ou quase, de repertório. Além disso, o Rio está carecendo de diretores. A maioria mudou-se para cá, outros desapareceram, engolidos por outras atividades (mas o motivo é sempre econômico). O teatro carioca voltou à rotina dos chamados ensaiadores, enquanto que São Paulo se enriqueceu com a vinda de um Celi, de um Salce, de um Bollini, oferecen-

6. Em 1951, Jaime Costa fez uma inédita incursão no repertório moderno com *Morte do Caixeiro Viajante*, de Arthur Miller, para o qual ganhou o prêmio de melhor ator da Associação Brasileira de Críticos Teatrais (ABCT), a par com Cacilda Becker.

7. Em 1951, graças ao apoio da Secretaria de Educação e Cultura, a Sociedade Paulista de Teatro havia apresentado uma temporada popular de clássicos (quais o *Arlequim, Servidor de Dois Amos*, direção de Jacobbi) no Teatro Municipal e em salas periféricas como o Teatro São Paulo, o Colombo e o Brás-Politeama.

do ainda a elementos nacionais, como Armando Couto e Sérgio Britto, a oportunidade de que estavam precisando.

Parece-me que tudo isso reflete uma antiga verdade: o teatro depende do público e do dinheiro, muito mais do que os artistas, no seu incansável idealismo, queiram admitir. O teatro não existe por si mesmo, nem evolui por si próprio. Qualquer transformação na estrutura social e no poderio econômico de um país reflete-se no teatro, trazendo à tona tendências e fórmulas insuspeitas.

O teatro não transforma o mundo: é o mundo que, na sua evolução, transforma continuamente o teatro. Enquanto isso, o dever do teatro é o de ser um espelho fiel e honesto da realidade humana. O resto é metafísica, isto é, vaidade, narcisismo, impostura.

HERESIA EM DÓ MAIOR[8]

Já se passou o tempo em que nós, jovens e inexperientes, andávamos pelas exposições de pintura moderna com olhares abstratos, patéticos e metafísicos, à procura dos valores plásticos perdidos no purgatório das boas (ou más) intenções.

Já se passou o tempo em que, no silêncio do nosso quarto invadido pelas trevas noturnas, líamos, à luz fraca da lâmpada de cabeceira, poemas incompreensíveis, cheios de memória e de tempo, de Ausência e de presença.

Já se passou o tempo em que o adjetivo "psicanalítico", o substantivo "alucinação" e o advérbio "tragicamente" nos causavam arrepios até debaixo da pele.

Sim, já se passou o tempo. Respeitavam-nos, então; todo mundo achava que tínhamos uma fina sensibilidade e uma profunda inteligência; as senhoras olhavam para os nossos olhos de adolescentes predizendo-nos um grande futuro, cheio de delírios surrealísticos e angústias existencialistas... Agora, somos uns hereges, uns burgueses, uns cacetes, provavelmente vendidos a algum truste capitalista ou a qualquer potência estrangeira: gente sem lirismo, sem fantasia, capazes de chamar o pão de pão, o vinho de vinho, capazes de levar a sério a vulgaríssima vida diária, capazes de repetir lugares comuns – capazes de todos os crimes, enfim. Ninguém nos respeita. As senhoras estão à procura de novos *enfants gatés*. Que tristeza, meu Deus!

Do fundo de nossa inconsciência de heréticos, proclamaremos aqui, bem alto, a maior de nossas heresias: gostamos do teatro de *boulevard*, achamos Sacha Guitry mais importante do que Toller e Verneuil mais inteligente do que Andreiév.

8. *Última Hora*, São Paulo, s/d (1952).

Acreditamos no *métier* teatral, no valor social da sátira, na utilidade documentária das comédias que nascem da observação ou da utilização de nossa vida de últimos burgueses sobre a terra. Desconfiamos radicalmente de todo teatro que – com a desculpa da "eternidade" e dos valores metafísicos – procura disfarçar a sua incapacidade de criar personagens, de construir enredos, de manifestar um ponto de vista a respeito dos homens atuais: não do Homem, que não existe, mas dos homens, de vocês, de nós, de beltrano, limitados e condicionados pelos anos, pelas classes. Uma boa metade do teatro de *boulevard* é honesta. Três quartos do teatro de poesia são desonestos. Qualquer *movietone* é mais importante do que qualquer quadro abstracionista. Qualquer samba é mais importante do que qualquer delírio dodecafônico.

Eis aqui a nossa heresia-mor: parece-nos que a arte, qualquer arte, ainda é uma relação direta entre um homem e uma realidade. Homem histórico, realidade concreta – está dito. Atirem-nos pedras. *Oh, brave New World...*

DIAGRAMA DAS INFLUÊNCIAS[9]

Em todos os países de verdadeira tradição teatral – Inglaterra, Rússia, Alemanha, França etc. – setenta ou mesmo oitenta por cento do repertório das companhias é constituído por peças nacionais. Não sei se aqui no Brasil o teatro já chegou, algum dia, a uma porcentagem tão alta de produções indígenas. De qualquer maneira, a situação atual marca ainda notável freqüência, para não dizer excesso, de traduções. Traduções de qual teatro e de que línguas, preferencialmente?

Antigamente, o repertório francês reinava quase sem rivais. Os principais autores do começo do século e do *entre-deux-guerres*, especialmente os mestres do teatro de *boulevard*, foram todos representados, no Brasil, quase que com suas obras completas. Esses escritores acabaram exercendo, mesmo, uma influência espiritual e técnica sobre os teatrólogos brasileiros, muito visível ainda hoje na produção de homens profundamente diferentes um do outro, seja por idade, personalidade ou valor: Viriato Correia e Paulo Magalhães, Armando Gonzaga e Ernani Fornari, e assim por diante... (Sem falar nas duas experiências mais ousadas de teatro de arte, ou melhor, de teatro fora do *boulevard*, que houveram no Brasil no primeiro quarto do século: aquela de Roberto Gomes e a de Paulo Gonçalves – a primeira facilmente classificável entre Bataille e Bernstein, a segunda, sofrendo ao mesmo tempo a influência de Maeterlinck e de Rostand).

9. *Última Hora*, São Paulo, s/d (1952).

O teatro húngaro, introduzido pela companhia Eva Todor, permaneceu um episódio marginal, o mesmo acontecendo com as comédias alemãs que Mateus de Fontoura andou, num certo período, traduzindo por atacado. Peças italianas vieram e vêm ainda, de vez em quando, ao Brasil, porém sem a continuidade que um estrangeiro poderia imaginar, conhecendo a intensidade das relações entre os dois povos em outras esferas de atividade humana. Mais estranha ainda é a escassez, e a quase ausência, do teatro de língua castelhana ou mesmo portuguesa produzidos na Península Ibérica ou nas Américas.

O único repertório que conseguiu penetrar e impor-se definitivamente é o norte-americano, que chegou quase a suplantar o francês durante a guerra e imediatamente depois. Esta não é senão uma das tantas conseqüências da situação política internacional, e também de uma reviravolta da cultura brasileira em todos os campos – a começar pela filosofia, sociologia e economia que passaram lentamente de uma influência francesa quase total para as orientações anglo-saxônicas. Entretanto, do teatro americano a platéia brasileira aceita apenas ou as grandes obras de arte que têm caráter universal, ou aquelas que menos refletem a psicologia e o modo de viver dos Estados Unidos. Apesar da influência do cinema, que tem divulgado abundantemente os dados mais regionais e típicos da vida americana, a platéia brasileira sente-se mais à vontade diante de um "triângulo" francês do que diante do mundo incompreensível dos *gangsters* e dos *drug-stores*, dos *bookmakers* e das *bobby-soxers*.

Moral da história: hoje em dia, os dois autores cujas obras completas – ou quase – estão sendo traduzidas e representadas no Brasil são, no teatro de arte, Tennessee Williams e, no teatro de *boulevard*, André Roussin.

AUTORES NACIONAIS[10]

O ano teatral de 1952 não foi muito fecundo em matéria de peças nacionais, nem do ponto de vista da quantidade e nem – o que mais interessa – da qualidade. De maneira alguma poderíamos compará-lo com as temporadas de 1950 e 1951, tão ricas em originais de autores brasileiros, velhos e novos (Henrique Pongetti, Pedro Bloch, Lucia Benedetti, Abílio Pereira de Almeida, Silveira Sampaio, Nelson Rodrigues, Guilherme Figueiredo, Accioly Neto, Helena Silveira, Paschoal Carlos Magno, Raimundo Magalhães Jr. etc.), que deram a todo mundo a impressão de um florescimento destinado a continuar e aumentar cada vez mais.

10. *Folha da Noite*, São Paulo, 6.1.1953.

Refiro-me, naturalmente, à temporada paulista. No Rio, o Teatro Duse, sob a direção do incansável Paschoal Carlos Magno e com a interpretação dos melhores elementos do Teatro do Estudante do Brasil, tem apresentado cinco ou seis peças de autores novos, com grande êxito de crítica, levantando a bandeira de um movimento em prol do escritor teatral brasileiro, cujos desenvolvimentos serão, sem dúvida, de grande valor para a nossa literatura.

Falta, em São Paulo, alguma iniciativa do gênero – iniciativa, repetimos, que só pode ser tomada pelos amadores, especialmente neste momento de crise econômica generalizada. Falta, também, uma companhia profissional especializada na apresentação de peças nacionais, equilibradas entre o plano artístico e o plano comercial, como o foi, de maneira exemplar, a companhia empresada por Fernando de Barros.

O que preparam os autores para o ano de 1953?

Abílio Pereira de Almeida e Paschoal Carlos Magno, os autores das duas peças mais importantes das últimas temporadas (*Paiol Velho* e *Amanhã Será Diferente*), provavelmente não nos darão nenhuma novidade, devido aos compromissos que prendem, o primeiro ao cinema, e o segundo à complexa organização do TEB, à vida política e ao jornalismo. De Nelson Rodrigues, teremos no TBC a famosa *Senhora dos Afogados*, mais um capítulo deste fenômeno paradoxal que é o neo-expressionismo brasileiro[11]. As duas revelações paulistas dos últimos anos, Clô Prado e Vicente Catalano, já têm prontas duas comédias. *Neblina*, de Alfredo Mesquita, e *A Raposa e as Uvas*, de Guilherme Figueiredo, continuam inéditas. Raimundo Magalhães Jr. está ainda à espera (há quantos anos, meu Deus?) da representação da excelente *Imperador Galante* e já acabou de escrever *Primadonna* e a deliciosa *Canção Dentro do Pão*. Pedro Bloch continuará fornecendo aos empresários o mesmo número (impressionante) de originais que tem produzido nestes últimos anos.

E os moços? Os "novíssimos"? Aqui em São Paulo, dois estão se distinguindo por seus progressos espantosos na literatura dramática: José Renato e Jorge Andrade. Quem se encarregará de descobri-los? Que o 1953 seja o ano do autor nacional: é o que desejamos ardentemente.

11. A peça, apresentada em 1950 com título *Dama do Mar* ao concurso Adhemar de Barros, havia sido pivô de briga. Nelson Rodrigues acusou Jacobbi, jurado, de ter favorecido a vitória de *Paiol Velho* – comportando a montagem pelo TBC. Zampari, querendo agradar o autor carioca e mesmo contrariando o parecer de Celi, planejou a estréia da peça para agosto de 1951, com direção de Ziembinski, mas a montagem ficou pendurada durante duas temporadas, porque Nelson fazia questão que Celi a dirigisse. O casamento entre Nelson e o TBC acabou antes de começar: em junho de 1954, *Senhora dos Afogados* estreou pela Companhia Dramática Nacional no Teatro Municipal do Rio, sob direção de Bibi Ferreira.

A HORA DOS AMADORES[12]

Neste momento de crise teatral generalizada e orgânica, os problemas fundamentais apresentam-se de forma violentamente contraditória: de um lado, há a necessidade de se fazer teatro custe o que custar; há a luta pela sobrevivência, o esforço para conquistar ou "segurar" uma platéia. De outro lado, diametralmente oposto, há a necessidade de salvar o ideal da renovação do teatro nacional, sua função de cultura e seus aspectos de progresso estético.

Em situações desse gênero, a realidade econômica é aquela que acaba resolvendo as coisas, canalizando, quase que automaticamente, certas forças para o profissionalismo e outras para o amadorismo, a fim de cumprir missões diferentes – como se as duas turmas, bem divididas, de pessoas de talento ou simplesmente de boa vontade, se encarregassem cada uma da solução de um dos problemas.

Antes de tudo, a solução do problema cultural cabe, sem dúvida, aos grupos amadores, até que alguma calmaria sobrevenha na esfera do profissionalismo, facilitando a divulgação, entre o grande público, dos resultados conseguidos. O teatro amador ressente-se também da crise, mas pode mais facilmente agüentá-la, sendo as suas exigências materiais infinitamente menores e sua responsabilidade geral muito limitada. Entretanto, o movimento amador parece estar em crise. É bastante singular o fenômeno pelo qual, justamente no momento em que a condição de amador deveria ser considerada quase que como um privilégio, os amadores aspiram à criação de grupos profissionais de vida difícil e de preparação absolutamente imatura; ou já tende a se desagregar em pequenos núcleos formados em torno de "estrelas" recém-nascidas – estrelas da arte de representar ou, até, daquelas de dirigir ou escrever peças. (E pensar que a luta contra o estrelismo é uma tarefa exclusiva e tradicional do teatro amador em todos os países, o seu brasão de nobreza artística, seu imperativo religioso).

O melhor grupo paulista dos últimos tempos, o de Evaristo Ribeiro, desintegrou-se rapidamente e, agora, apresenta-se numa forma nova, rica de valores, do qual esperamos algum dia uma revelação definitiva. O melhor diretor de amadores da nova geração, Marcos Jourdan, deu um passo perigoso em direção ao profissionalismo – e as conseqüências ainda continuam, não sabemos até quando. Antunes Filho e Rubens Petrilli de Aragão já estão às voltas com conjuntos profissionais, embora nada tenham perdido daquela aspiração que é a primeira garantia de autenticidade do diretor estreante: a ambição de formar um grupo próprio, com características definidas, capaz de revelar a mentalidade coletiva de uma geração, seus gostos e seu endereço

12. *Folha da Noite*, São Paulo, 26.11.1952.

técnico. As universidades, clubes e as associações que sempre se interessam por teatro não conseguem, entretanto, escapar, na maioria dos casos, da atmosfera de festinha familiar.

No Rio de Janeiro, o Teatro do Estudante do Brasil, dirigido por Paschoal Carlos Magno, escolheu o rumo certo ao se constituir em teatro experimental para o lançamento de novos autores nacionais. É esta uma das funções principais do teatro amador. A outra função é manter viva a chama do teatro de vanguarda – não daquela vanguarda que é pura extravagância ou repetição de fórmulas obsoletas ainda vivas na memória dos esnobes, mas sim daquele espírito de renovação, ousado e paciente ao mesmo tempo, do qual quase sempre nascem as grandes e progressivas descobertas da arte cênica. Um grupo como o Teatro da Semana, por exemplo, que estréia com um Anouilh de valor indiscutível, porém todo baseado na sugestão e na sutileza da representação, estréia, sem dúvida alguma, mal, muito mal; então, logo assim de repente, decide ser "modesto" e vai cair na *Tia de Carlitos*. Quando volta a ter ambições, redescobre as surradíssimas *Mains sales*, que não podem mais servir de indicação estética ou ideológica para ninguém. Isso tudo revela uma falta substancial de orientação. Mais perto da verdadeira noção de teatro de vanguarda, encontra-se o Tablado, seja do ponto de vista do repertório, seja pelo gosto apurado e moderno das encenações.

Em todo caso, o teatro amador está mais vivo no Rio do que aqui entre nós. Há, sim, a Escola de Arte Dramática, mas uma escola não é teatro de amadores. Os seus problemas e a sua função pertencem a outra esfera, mais delicada, que impede, além do mais, certos excessos de entusiasmo ou de arrojo que, para o teatro amador, são às vezes necessários. (Os espetáculos mais importantes do amadorismo são, quase sempre, espetáculos errados. Os espetáculos "arrumadinhos" demonstram, em geral, certa covardia intelectual, ou certa *coquetterie*, igualmente condenáveis).

Despertai, amadores paulistas. Chegou a hora de uma contribuição definitiva, rigorosa, intransigente para a salvação do espírito moderno na atividade teatral.

AUTORES PAULISTAS[13]

A recente publicação do romance *Madrugada sem Deus*, de Mario Donato, parece ter reaberto o ciclo das obras dedicadas, pelos escritores paulistas, à dramática história da cidade, no período incluído entre o fim da Primeira Guerra Mundial e a instituição do Estado Novo. Aos dois grandes temas externos – a crise econômica e o esforço da eman-

13. *Folha da Noite*, São Paulo, 17.2.1955.

cipação democrática –, seguem-se os motivos de ordem íntima e psicológica, isto é, os reflexos, na consciência dos indivíduos, da transformação social que trouxe os homens do campo para a cidade e que criou uma nova classe de proletários, determinando conflitos entre as gerações, introduzindo perspectivas de desajustamento político e cultural, colocando em posição destacada os problemas da imigração e das reivindicações proletárias.

Ainda este ano, teremos a estréia de *A Moratória*, de Jorge Andrade, a reprise de *Paiol Velho* e o lançamento de *Santa Marta Fabril S/A*, de Abílio Pereira de Almeida. Desenvolvem estes autores, como já o fizera Alfredo Mesquita em *Neblina*, o tema da decadência moral de certas esferas da alta sociedade, em que predomina o lirismo indolente e fatalista, materializado em personagens incertas entre a saudade dos valores perdidos e a incapacidade de criar novos princípios.

São Paulo, através de seus escritores, faz o seu processo autocrítico. A primeira fase, prejudicada pela excessiva proximidade dos acontecimentos, pode ser vista em muitos romances de dez ou quinze anos atrás, desde aqueles de Oswald de Andrade até os de Tito Batini. Foi a fase impressionista, o documentário rápido, pitoresco, tumultuado. A fase atual, a que poderíamos chamar de fase psicológica, resume-se aos trabalhos dos teatrólogos, especialmente nos romances de Donato, sendo caracterizada pelo estudo das reações individuais ao impacto das agitações coletivas. É provável que uma terceira fase venha a se desenvolver mais tarde, em estruturas de mais rigorosa crítica histórica. O importante é que em São Paulo, e só aqui, começa a existir um realismo urbano destinado a alcançar, com outro estilo e outras formas, o mesmo nível de universalidade poética que já fora atingido pelo realismo regionalista, especialmente o nordestino.

Um aspecto ainda mais importante, para nós, é a presença, neste movimento, do teatro, sintoma certo de que os escritores não se subtraem ao contato mais direto e mais duro com a realidade social, ao debate público e físico dos problemas da época. Por isso, a próxima estréia da peça de Abílio Pereira de Almeida é um acontecimento de grande importância. Não conhecemos o texto de *Santa Marta Fabril S/A*; sabemos, porém, que Abílio é o mais talentoso teatrólogo de sua geração, e que desta vez também continua fiel aos seus temas, procurando até mesmo ampliá-los num vasto desenho que abrange anos e anos, além de muitas personagens representantes de diversas mentalidades. *Paiol Velho* foi um marco na nossa literatura dramática. Por isso, é lícito esperar do novo drama de Abílio uma indicação ainda mais clara dos rumos que o realismo vem tomando na difícil evolução do repertório nacional.

2. O Espectador Apaixonado

DIRETORES BRASILEIROS[1]

O problema do autor nacional tem sido, até aqui, o tema número um de nossas crônicas. Com efeito, continuamos pensando e dizendo que não há teatro nacional sem repertório próprio. Desejamos, agora, dedicar algumas poucas linhas a outro problema: o diretor nacional. É este um personagem surgido há bem pouco tempo na cena brasileira. Compreende-se facilmente o porquê. Um diretor não é fruto apenas do talento, mas também da cultura, da técnica e da experiência. Para que pudessem aparecer diretores brasileiros era necessário, antes de mais nada, que alguns jovens (nas posições de ator, crítico ou mesmo de autor) tivessem a oportunidade de ver de perto o trabalho de diretores estrangeiros aqui radicados, a fim de ter uma noção prática do que realmente é direção. Esta experiência não faltou e, hoje, começa a produzir resultados.

O que faltou, pelo contrário, foi a experiência, por assim dizer, cosmopolita: a possibilidade de viajar, de assistir a espetáculos dos mais diversos estilos, de ver a mesma peça encenada por três ou quatro diretores em línguas diferentes, de tomar conhecimento de escolas e dos sistemas europeu e americano. Faltou também aos novos diretores, na sua grande maioria, uma base cultural detalhada, que os pusesse em

1. *Última Hora*, São Paulo, s/d (1952).

condições de ler os seus textos com espírito crítico. Direção é, antes de qualquer coisa, uma atividade crítica.

Assim sendo, os novos diretores brasileiros baseiam-se, em suas atividades, apenas em dois elementos: o instinto teatral e a imitação dos diretores estrangeiros aqui radicados. Podemos dizer, desde já, que esses jovens diretores, mesmo com essa base tão frágil, conseguem verdadeiros milagres, demonstrando mais uma vez a riqueza de qualidades expressivas e o excepcional poder de intuição e assimilação que são típicos da mocidade brasileira. (É uma experiência comum de todos os encenadores estrangeiros o espanto e a admiração diante da capacidade do ator brasileiro em compreender e realizar, com pouco tempo de teatro, coisas que às vezes o ator europeu só alcança depois de anos de escola ou de palco). Entre esses candidatos ao título de futuros Stanislávskis nacionais, destacam-se Armando Couto, Sérgio Britto, Graça Mello, José Renato e Marcos Jourdan (sem contar o senhor Alfredo Mesquita, que já pertence à velha guarda dos pioneiros, nem as freqüentes incursões de atores na atividade diretorial).

O senhor Armando Couto é, de todos, o que mais rapidamente tem conseguido o favor do público e o respeito da crítica. Com efeito, o seu poder de intuição, especialmente no que se refere ao aspecto visual e rítmico do teatro, chega a ser prodigioso. Entretanto, falta-lhe ainda uma capacidade de trabalho interior menos nervosa, menos exuberante, mais pacata no sentido da escavação psicológica e estilística. Em poucas palavras, uma atenção mais penetrante ao lado literário do teatro. Por isso, a sua direção até hoje permanece ainda na esfera da "marcação pura", melhor em textos cômicos do que em peças dramáticas. Armando Couto tem à sua frente um grande futuro. O senhor Graça Mello é também fruto do instinto, puro instinto, muitas vezes confuso e até mesmo descontrolado. Tem vigor dramático, conhecimento do público e certa grandiosidade de concepção. Nunca terá a leveza necessária para enfrentar a comédia. No drama, porém, pode vir a realizar grandes espetáculos populares, dos quais *Massacre* já é um exemplo interessante. A falta de gosto e certa displicência tem sido até agora os seus *handicaps* principais, levando-o mesmo a fracassos clamorosos de direção (*O Fundo do Poço*, *O Magnífico*).

Personalidade estranha e complexa está se revelando, com seus espetáculos de amadores, o senhor Marcos Jourdan: personalidade em plena formação, ainda influenciada pelas soluções de "vanguarda" do problema teatral, entre o expressionismo e o surrealismo, com predileções evidentes por tudo o que é sombrio, indefinido e hermético. Por enquanto, temos apenas que aguardar o seu desenvolvimento, recomendando-lhe, desde já, que dê aos valores a mesma atenção que dá aos valores líricos do texto. Mais cultos, equilibrados e corretos, o senhores Sérgio Britto e José Renato produziram pouco, até agora, impressionando muito bem por suas seguranças profissionais que nos parecem prometer alguma coisa para além do nível da improvisação, o que pode ser genial, mas que nunca resolverá o problema central da direção: a "disponibilidade" do encenador diante dos seus textos, tão diferentes um do outro pela substância e pela linguagem. Parece que esses dois moços saberão resolvê-lo.

ZIEMBINSKI FAZ DAS SUAS[2]

A evolução de Ziembinski, na sua primeira fase no Brasil, parecia estar levando irresistivelmente o diretor polonês para uma forma de direção-criação, para aquela ditadura da concepção estética individual do encenador que faz do texto um pretexto e do ator um mero instrumento, conforme as poéticas do primeiro pós-guerra, quase à sombra de um Taírov ou de um Meierhold, de um Bragaglia, de um Gaston Baty. Esses diretores tiveram que impor, polemicamente, o próprio conceito de direção ao mundo teatral tradicional, dominado pelo ator, e acabaram criando um tipo de espetáculo no qual o próprio autor era, às vezes, o mais sacrificado, passando todas as suas responsabilidades para o novo demiurgo da arte cênica.

Quando Ziembinski começou a trabalhar no Brasil, a situação teatral brasileira era exatamente a mesma do teatro europeu de 1918, e a polêmica a ser desenvolvida era justamente em favor da imposição do diretor como centralizador das responsabilidades artísticas. Esse trabalho foi feito galhardamente por Ziembinski, através de uma série de inovações ou mesmo revoluções, que abriram caminho ao trabalho de toda uma geração de atores, cenógrafos e até escritores, e que facilitaram imensamente a tarefa dos encenadores estrangeiros aqui chegados depois de 1945. Hoje em dia, a fase polêmica já acabou para o teatro brasileiro – e para o próprio Ziembinski, em cuja atividade, a partir de *Uma Rua Chamada Pecado*, podemos constatar uma evolução natural em que à "mágica" ou ao "milagre", ao "efeito", outros valores vêm-se substituindo, dia a dia. O Ziembinski dos últimos anos pôs os seus fabulosos recursos técnicos a serviço de uma série de pesquisas estilísticas, cada uma dirigida para a focalização de determinado clima poético oferecido pelo texto. Ziembinski tem se preocupado essencialmente com a descoberta do "tom" musical e visual correspondente aos valores históricos e literários representados por textos muitos diferentes entre si, como *Paiol Velho* e *Poil de carotte (Pega-fogo)*, *Hello from Berta (Lembranças de Berta)* e, agora, *Divorçons (Divórcio para Três)*. O resultado é dos mais felizes, na maioria dos

2. *Folha da Noite*, São Paulo, 25.3, 23.3 e 26.3.1953. Críticas da peça *Divórcio para Três*, de Victorien Sardou, com Cacilda Becker e Ziembinski, dir. Ziembinski, no TBC-SP, março de 1953.

casos: *Paiol Velho* continua sendo uma das mais exatas interpretações de um texto e de um ambiente oferecidas pelo TBC; agora, este prodigioso *Divórcio para Três* acrescenta à antologia do diretor uma nota nova, uma página inédita e brilhante.

Divórcio para Três é conduzido com uma absoluta integração dos aspectos visuais e rítmicos do espetáculo, nos moldes estilísticos do *vaudeville* francês do século XIX. Aqui em São Paulo, só uma realização, até hoje, apresentou a mesma coerência formal, a mesma segurança técnica – e foi um espetáculo de franceses, em francês, dentro de uma tradição quase instintiva: *Occupe-toi d'Amélie*, de Jean-Louis Barrault.

Ter conseguido de atores, quase todos moços, e de si mesmo, ator da Europa Oriental, acostumado ao lirismo, ao drama, à farsa fortemente caracterizada, uma leveza tipicamente francesa, um brilho e uma rapidez capazes de valorizar todas as cambalhotas da imaginação teatral de Sardou, ter conseguido isso, não num clima de frio exercício cênico, mas dentro de um espírito de absoluta adaptação ao gosto, à compreensão e ao humor típico da platéia brasileira, é mais, muito mais do que um êxito. É, literalmente, um milagre.

A personalidade de Ziembinski, que por vezes pensamos, superficialmente, possa ser resolvida em poucos traços característicos, renova-se, pelo contrário, a cada novo contato com o teatro. Pensávamos conhecer "o âmago do frade", como diz Fausto, falando de Mefistófeles. Mas o diabo sai de dentro do frade, dá um pulo à frente e faz das suas.

***

A peça de Sardou começa como todas as peças da boa, pacata e inabalável tradição européia: com uma conversa entre criados. Por estes, ficamos sabendo, em pouquíssimos minutos, tudo: o gênio e as tendências das personagens principais, suas relações mútuas, a situação presente e os seus possíveis desenvolvimentos. O método tem a sua qualidade indiscutível: é uma convenção de grande valor econômico. Resume em poucas palavras a parte morta do enredo, os seus "dados" estáticos; põe todas as pedras no lugar sobre o tabuleiro onde o jogo vai se desenvolver. Põe imediatamente em movimento o mecanismo dramático. Essa convenção não impediu Molière e Goldoni de escrever peças imortais, assim como a "auto-declaração", a apresentação autobiográfica ou descritiva feita pelo coro não impediu que Ésquilo, Sófocles ou Eurípides alcançassem um nível artístico, e mesmo técnico, até hoje insuperados. O naturalismo e o cinema acabaram com essas convenções – e ainda agora não sabemos o que foi que o teatro ganhou com isso. A mais recente entre as tendências do teatro e do próprio cinema é a de reconstituir, embora cautelosamente e através de fórmulas originais, esta síntese elementar.

Depois, a peça encaminha-se através do diálogo e da surpresa. O diálogo predomina nas partes substanciais, definitivas. Fixa as personagens, cria o conflito central, expressa idéias do autor; brilha e corre como um rio, à procura do mar aberto da emoção coletiva. A surpresa intervém num tempo determinado, enriquecendo através dos fatos aquilo que a palavra, por si mesma, não expressa suficientemente – criando, em outras palavras, o símbolo teatral, a evidência física dos sentimentos. Mas o diálogo é soberano. Os truques da intriga, a intervenção dos pequenos coros de personagens secundárias (as visitas do primeiro ato de *Divórcio para Três*) não servem para realçar o momento em que duas personagens ficam sozinhas em cena. Então há silêncio na sala: silêncio súbito, propiciador, empolgado. E o jogo começa: a palavra cria a sua sucessão de ritmos, encarnando o fluxo das reações – e por cima de todas as aparências teatrais levantam-se os protagonistas seculares do ritual cênico: o Escritor, no seu prestígio de mágico que encaminha o público para onde ele quer, e o Ator, com as suas veemências materiais, que se impõe através de milhões de pretextos oferecidos pela situação. No ator, tudo converge; ele agora, aos olhos do público, *mène le jeu*, cria a libertação dos instintos, desencadeia o consentimento e a revolta.

Depois, a ação retoma a dianteira: se o autor não tomar cuidado, o mecanismo das surpresas poderá, muitas vezes, não alcançar o clima de entusiasmo criado pelo diálogo. Mas, se ele tiver a capacidade de movimentar os seus elementos da ação dentro de alguns esquemas funcionais, capazes de ser, a cada instante, a conseqüência dos fatores postos em jogo pelo diálogo, então teremos as grandes "perseguições" dos filmes de *far-west*, os grandes reconhecimentos do melodrama, as tremendas "danças finais" da farsa, os "crescendos" das protofonias rossinianas materializados numa alegria e dinamismo geral em que o ritmo é que capta o interesse e mexe com a estrutura nervosa, devolve ao espectador um estado de exaltação natural, fora de qualquer policiamento da consciência, renovando, mais uma vez, o milagre do aplauso.

O leitor reconhecerá neste esquema o traçado da técnica de Sardou em *Divórcio para Três*. E compreenderá, imediatamente, que esta ampliação de recursos, capaz de repetir o milagre antiqüíssimo da arte teatral, define-se, na prática, através da "classe" do diretor e da vocação dos intérpretes. Já fizemos o elogio a Ziembinski. Resta-nos dizer algo sobre a excepcional Cacilda Becker e seus ótimos companheiros: não executores, não alunos, não instrumentos – mas sim, forças físicas, verdadeiras chamas de alegria criadora. Já passou o tempo dos exercícios, já decaiu o pobre esforço da inteligência e da boa vontade. Chegou o momento da energia, da posse, da vida: chegou o teatro. Este, porém, é o nosso assunto de amanhã.

***

Falamos tão mal, quando mocinhos, desses autores tipo Sardou, campeões de bilheteria, reis do *métier*, ídolos da burguesia mundial através de gerações e gerações, que depois, passado o tempo das exaltações abstratas e do esnobismo (esnobismo é sinônimo de adolescência, nos indivíduos e nos povos), temos a tentação de nos penitenciarmos, reconhecendo o valor destes escritores, ou mesmo (o que seria nova forma de esnobismo, uma segunda adolescência) emprestando-lhes um valor ainda maior do que o real.

A verdade é que a experiência teatral, quando alcança um ponto médio de maturidade, conflui geralmente em dois pontos. O primeiro é quando, depois de ter desprezado o grande público e venerado a arte para poucos, o homem de teatro chega a compreender que nenhuma grande manifestação artística deixa de alcançar a multidão e, mais ainda, que nenhuma obra capaz de arrebatar realmente uma platéia (isto é, durante muitos anos, em muitos países, sob muitos aspectos, exceto motivos ocasionais), deixa de ter um valor artístico, seja ele maior ou menor. O segundo ponto é que, depois de lutar anos a fio com problemas de técnica, o homem de teatro aprende a respeitar os grandes especialistas pelo simples fato de ter constatado que a técnica, quando chega a uma certa esfera de perfeição, não é, e nem pode ser, a aplicação fria de uma fórmula, a operação matemática de um espírito árido, mas é, ela mesma, vocação, inspiração, dom natural, instinto, talento – coisas todas essas que podem existir no estado mais simples e superficial, mas que, em todo caso, existem e se manifestam de maneira fluida, clara e explosiva na arte mais profunda e elevada.

O grande homem do *métier* e o grande artista participam da mesma natureza; nunca poderemos contrapor um ao outro polemicamente: a diferença entre eles é impalpável, é o próprio segredo da poesia. A contraposição, além do mais, seria imprudentíssima, porque um belo dia o artista poderia nos oferecer uma obra de pura "fórmula", de puro *métier*, e o especialista, o técnico, uma obra rica de imprevisível vitalidade criadora. No conjunto das criações de Pirandello, O'Neill ou Strindberg, há um grupo de peças mortas, tão mortas (dentro do gosto do teatro moderno) quanto os dramalhões de Sardou, as *Toscas*, as *Fedoras*, as *Fernandas*, as *Odetes*...

A diferença começa depois, começa mais acima – começa quando os Pirandellos, de um lado, e os Sardous, do outro, alcançam o plano da arte. Arte grande e originalíssima naqueles, arte pequena e um tanto impessoal nestes. Arte, porém, em ambos os casos. Se *Rabagas* ou *Divorçons (Divórcio para Três)* não chegam a ser *Seis Personagens* ou *Strange Interlude (Estranho Interlúdio)*, também não caem no mundo espectral das peças de todos os dias, no vasto cemitério das "confecções" teatrais. Esta é a força, a grandeza das atividades que se desenvolvem entre comércio e poesia, entre o gênio e a diversão, que se desenrolam em praça pública e ao contato com o povo, tais como a ópera e o cinema. (Sempre esquecemos que o teatro moderno se dirige a um público numericamente inferior àquele do teatro antigo, que contava com todo o povo, inclusive a parte imensa que o cinema lhe roubou; e que o teatro e o melodrama, no século XIX, eram arte-indústria, mistura quase inseparável, como é hoje o filme).

Quanto a mim, acho que *Lucia di Lammermoor* e *Don Pasquale* resgatam todo o trabalho de Donizetti, e não sou daqueles que se escandalizam pelo simples fato de Cecil B. De Mille ter ganho o Oscar deste ano. Prefiro esperar pelo filme. Não me admiraria nada que De Mille tivesse feito uma obra prima. Em todo caso, é mais fácil que uma obra prima saia algum dia das mãos de um De Mille do que das mãos transparentes de algum poetazinho hermético. Por isso, se alguém me perguntar que peça é esta que os atores do TBC, estão representando responderei: "Para início de conversa: é Sardou". E não o Sardou que morreu, o Sardou que ninguém pensa mais em representar, mas sim o Sardou das comédias, vivíssimo, que os empresários e diretores de hoje continuam encenando, não por um absurdo capricho, mas porque, dentro dos seus limites, é admirável, é empolgante, é imortal.

INIMIGOS ÍNTIMOS[3]

Para quem não se deixa enganar pelas aparências – isto é, para quem não tem a obsessão provinciana pela "profundeza" e pela "mensagem" –, aí está uma peça, uma peça de verdade, uma peça capaz de induzir muita gente boa a tirar o chapéu e a ficar pensando.

O "teatro para pensar" é aquele que não faz pensar, muitas vezes porque os autores fazem questão de dizer tudo, sem deixar uma migalha sequer ao infelicíssimo espectador, por quem eles devem nutrir, evidentemente, um soberano desprezo. Porém, certo teatro, que parece fútil e que acaba revelando, em seu jogo cênico, o próprio jogo diabólico da intuição psicológica, revelada quase que em sua astúcia primordial – esse é um teatro que reserva, para qualquer observador inteligente e, sobretudo, livre, as surpresas e as delícias de um longo descobrimento.

Um momento! Um momento! Agora, vão dizer que falei mal de Íbsen... Nada disso: quero apenas dizer que o autor de teatro, seja ele Íbsen ou Labiche, está apenas preocupado com as realidades e os sentimentos com os quais vem lidando conforme a sua estrutura moral; que esse encontro entre uma "disponibilidade" da imaginação e a

3. *Última Hora*, São Paulo, s/d (1952). Crítica da peça *Inimigos Íntimos*, de Grédy e Barillet, com Cacilda Becker e Sérgio Cardoso, dir. Luciano Salce, no TBC-SP, junho de 1952.

"historicidade" da mente verifica-se em termos de *métier*, de artesanato, do prazer de fazer, de armar, de arrematar, e que isso, somente isso, é o ato espontâneo e paciente de se escrever uma peça. Ninguém saberia partir de um "problema" – a não ser os demagogos e os adolescentes. O teatro define-se, radicalmente, como um diálogo entre duas liberdades, a do autor diante da sua matéria, e a do espectador diante da peça. Através desse diálogo, sem forçar a sua naturalidade antiga e popular, redescobrem-se as ocultas necessidades universais. Em outras palavras, o "problema" vem depois. Tenho por mim esta verdade simplória: Rossini cumpria a missão essencial da música, a sua "mensagem" (oh, a linguagem descabida dos falsos místicos!), melhor do que qualquer Gustav Mahler, e quanto à missão do teatro – revelação do homem como natureza e como história –, Maurivaux revela e descobre tudo aquilo que escapa a Andreiév e Lenormand, e muitas vezes a O'Neill.

Enfim, aí está uma peça: *Inimigos Íntimos*, de Grédy e Barrillet. Dois moços franceses capazes de revelar alegremente os podres de uma sociedade, tal como faziam há quarenta anos os senhores De Fiers e Caillavet. Aí está a história de Yvonne, personagem felicíssima e complexa no seu frenético impulso de intrigante, que a leva a meter-se na vida dos outros com a mesma necessidade íntima, com o mesmo empenho com que o Dom Márcio, de Goldoni, espalha calúnias pela cidade e Harpagão guarda o seu dinheiro. Personagem construída com clareza clássica, aquela clareza que escolhe, sintetiza, simplifica e reduz a verdade humana à força popular de um provérbio. De agora em diante poderemos dizer desta ou daquela mulher, simplesmente: "é uma Yvonne". Não é pouco para uma comédia "fútil".

O teatro de *boulevard* vem sofrendo, há algum tempo, uma modificação substancial. O excesso de intriga, de enredo, de armação a que se tinha chegado, com Bernstein no drama e com Verneuil na comédia, está sendo lentamente substituído por outra forma de habilidade ou, se quiserem, de virtuosismo: a conquista do interesse do público exclusivamente através dos tipos e do diálogo, dentro de enredos deliberadamente inexistentes. Noel Coward tem conseguido, nesse sentido, alguns resultados excepcionais. Por esse caminho, a comédia de costumes vem recobrando a sua dignidade literária, até o dia em que um gênio da imaginação cênica, um Feydeau, venha a inventar as novas intrigas capazes de articular aqueles tipos, aquele diálogo, numa máquina teatral surgida por milagres da malícia e da fantasia, não por força de convenção. Grédy e Barrillet participam dessa experiência do teatro cômico atual com muita autoridade, que lhes vem sobretudo da lógica. As personagens seguem as suas linhas inconseqüentes até a última conseqüência. É por força disso que a peça, mesmo acusando certo cansaço à medida que o fim se aproxima, sustenta-se psicologicamente até a última fala. O cansaço é apenas teatral. As apostas fatigam. Mas os caracteres têm força de sobra, superando brilhantemente a crise aberta pela escassez crescente dos fatos. Jamais seria possível descobrir os autores em flagrante delito de trapaça dramática: o jogo, embora hábil, é limpo. Pudera! Com aquele trunfo – Yvonne – nas mãos! Yvonne faz rir à grande. Yvonne é uma pobre criatura. Yvonne é um encanto. Yvonne é uma peste. Meus amigos: Yvonne é um caso sério.

CAMAS GÊMEAS, CADÁVERES E VIGARISTAS[4]

A farsa não é um corpo: é um esqueleto. A farsa reduz o gênero humano ao mecanismo dos desejos físicos e dos interesses econômicos. O mundo da farsa é um mundo sem sonhos, racional, material, corriqueiro. O indivíduo deixa de existir: é igual a todos os outros, é um animal e nada mais. O que costumamos chamar de personalidade fica reduzida a um nome ou, mais freqüentemente, a um cacoete. Por isso, a farsa encontrou sua expressão definitiva no teatro improvisado, na *commedia dell'arte*, porque chegou à perfeição da máscara, do tipo invariável, resumo de uma categoria de interesses ou de apetites.

A farsa é uma perene lição de materialismo. É um mundo onde a literatura romântica não conseguiu penetrar. Renega as ideologias. Destrói as superestruturas. Rasga o véu das palavras bonitas, que os homens tomam por coisas. Entretanto, a farsa, tão lógica na origem, tão ligada à terra, acaba dando como resultado, todas as vezes em que alcança as raias da arte, em uma sensação de absurdo, de irracional, de loucura. O motivo é evidente. A farsa, que ainda não é arte, assim como a peça de circo, representam o homem enquanto natureza e ignoram o homem como história. É um caso de materialismo bruto, sem dialética nem psicologia. É determinista, cética, cínica: nega o poder criador do homem, o seu papel de autor da vida. A farsa artística, porém, exalta a vitalidade e mostra a perpétua transformação do instinto em vontade, em ação. O esqueleto está à procura de uma carne. A gargalhada cética, que põe em dúvida todos os valores, não os quer destruir: quer, apenas, reduzi-los à objetividade. O cinismo deixa o campo livre para o julgamento moral, depois de ter varrido as convenções moralistas. A passagem da farsa, do mecanismo da *pochade*, à alegria, à indignação da sátira social, corresponde, em filosofia, à passagem do pensamento da planície positiva à complexidade da dialética.

4. *Folha da Noite*, São Paulo, 6.11 e 7.11.1952. Apresentação da peça *Vá com Deus*, de Murray e Boretz, com Sérgio Cardoso e Cleyde Yáconis, dir. Flaminio Bollini, no TBC-SP, outubro de 1952. Republicado em *A Expressão Dramática*, p. 140.

No século passado, a burguesia produziu farsas e sátiras no seu lugar básico de afirmação e de irradiação: na França. Em nosso século, outra fonte inesgotável de comicidade elementar veio acrescentar-se à primeira, com espírito e técnica especiais: o *humour* anglo-saxônico. Hoje em dia, uma sociedade inteira aprende a rir de si mesma, contemporaneamente através das peças produzidas seja pelo país em que é mais aguda a sua crise moral e cultural (França), seja pelo país que defende, mais tenazmente, os seus valores tradicionais (Inglaterra), ou seja pelo país que representa a sua última esperança de consolidação econômica (Estados Unidos).

A comicidade americana é a mais aberta, a mais natural e irresistível de todas. Por evidentes motivos históricos, ignora a malícia, um tanto mórbida, como em Rossini, e a satisfação elegante como em Noel Coward. A comédia americana, hoje em dia, é a que mais se parece com a farsa tradicional em esquematismo popular, cheio de trapalhadas e de máscaras coloridas. Para repetir as palavras de antes: a farsa americana é a que mais tem de esqueleto na forma e de absurdo no resultado.

Tipos fixos, capazes de resumir todo um mundo social, exatamente como as antigas máscaras, têm sido divulgados em abundância pelo cinema cômico americano do período áureo, através dos filmes de Howard Hawks (*Século XX*, *Levada da Breca*), de Gregory La Cava (*O Incomparável Godfrey*) e, com certo intelectualismo ideológico, de Frank Capra. Os cacoetes capazes de formar um estilo coletivo de representação e de influenciar o próprio comportamento social de todos os dias são conhecidos por qualquer espectador de cinema, basta lembrar o caso mais comum, o da compreensão retardada de alguma fala que contém a revelação abrupta de uma nova situação.

Seria interessante examinar os vários aspectos que esse humor tem assumido no teatro, desde a ingênua alegria de *Tween Beds* (*Camas Gêmeas*), de Margaret Mayo, até o milagre de invenção mecânica e imperturbável que é *Arsenic and Old Lace* (*Arsênico e Alfazema*)[5], passando pelo frenesi erótico provinciano de *My Sister Eileen* e abrindo caminho para os delírios de *Helzapoppin* e dos irmãos Marx. Dentro desta tradição, *Room Service* (representado no Brasil sob o título *Vá com Deus*) está perfeitamente colocada em lugar de destaque, merecendo todas as honras devidas aos grandes mecanismos teatrais, capazes de nos revelar aquilo que há de irracional numa realidade inteiramente dominada por instintos e hábitos, numa humanidade reduzida a pura natureza. Não direi que *Room Service* possui aquela sinuosidade de linhas cômicas entrelaçadas que constitui a grandeza de um Labiche e de um Feydeau. Mas é uma grande comédia. É um jogo aberto, franco, sem hesitações, é uma festa de tipos e ritmos. *Arsenic and Old Laces* é a definitiva estilização do mundo convencio-

5. De J. Kesserling, montado pelo TBC-SP, dir. Celi, junho de 1949.

nal do mistério e do crime. *Room Service* é a saga do vigarista – essa personagem insubstituível do século XX. *Vá com Deus*...

***

... É um grande desafio à imbecilidade teatral, em todas as suas formas. A sua alegria sem malícia, criando uma comicidade irresistível através de temas profissionais e econômicos, sem história de amor, sem maridos enganados, sem aventuras donjuanescas, derrota os fetichistas do "triângulo", os autores "que conhecem o público". A sua superficialidade absoluta, que resolve os problemas psicológicos em puras formas externas, classicamente destrói o stanislavskismo suburbano dos atores que "sentem" o papel. O seu cenário inevitavelmente documentário afugenta os cenógrafos neo-expressionistas, com as suas cortinas pretas e as suas grades "misteriosamente" iluminadas. A sua clareza estrutural, sem tapeações, é um tabefe na cara dos espectadores obcecados pela mensagem, aqueles que usam a torto e a direito o adjetivo "profundo", aqueles que nunca querem saber o que uma coisa é, mas sim o que ela quer dizer – responsáveis pela absurda celebridade dos Andreiév, dos Pellérin, dos *Anjos Negros* e de outras trapalhadas herméticas que, a cada quinze anos, aparecem e desaparecem neste mundo de falsos loucos. E para finalizar, os seus problemas de direção, infinitos, minuciosos, todos de pura técnica e não de efeito ou de atmosfera, poderiam servir de teste para os novos ensaiadores, sempre à procura da pausa sugestiva, da atitude estática, da música de fundo e de outras maneiras de escapar às trágicas conseqüências da falta de *métier*.

Sempre achei que o público tem razão quando desconfia, diante de um quadro abstracionista, de que o pintor pinta "daquele jeito" porque não sabe desenhar. É uma suspeita legítima que só um grande pintor consegue cancelar. A mesma desconfiança sagrada recomendo-a aos espectadores com relação às peças e ao modo de encená-las. É preciso que todos se convençam de que Goldoni é mais profundo do que Lenormand. É preciso, também, que todos saibam como é difícil dirigir ou representar corretamente um *vaudeville* ou um drama naturalista. Todos os atores acertam no tom poético, declamam mais ou menos uma tirada, mas caem no ridículo ao tentar dizer um simples "boa noite", acender um cigarro ou sentar-se com naturalidade. Atores intelectualizados e que vivem com a boca cheia da palavra "arte", quando chega o dia de criarem um tipo característico, na margem exata entre a realidade e a estilização, acabam representando pior do que os atores de circo, que nessas coisas têm uma menor força de comunicação convencional, porém irresistível.

Tudo isso, a propósito da farsa americana de John Murray e Allen Boretz, parece um exagero, mas é apenas um desabafo. Em todo caso, viva o teatro comercial quando é honesto e quando reflete uma realidade humana. Murray e Boretz não quiseram ser eternos nem universais. Escreveram uma peça capaz de durar o tempo que durarem certas circunstâncias que a inspiraram. E é por esse caminho, digamos de passagem, que às vezes certas peças se tornam imortais, coisa que sempre acontece sem querer e que provavelmente não se dará com *Room Service*, mas que já se está verificando com outros autores do gênero. Brieux, Hervieu, De Curel morreram. Feydeau resiste a todos os golpes da história.

Inocente, cândida, inteligente, sadia. *Room Service* nos devolve um pouco daquele sabor do verdadeiro teatro. Dentro dos limites literários bem modestos, é verdade, mas também fora de qualquer literatice inútil. É ação, é invenção, é alegria criadora. Por isso *Room Service* merece um grande público: mesmo porque não teve que procurá-lo.

UMA GRANDE MENTIRA[6]

No intervalo entre o primeiro e o segundo atos de *A Milionária*, Décio de Almeida Prado chamou-me a atenção sobre um divertido cochilo do revisor de programa do Teatro Santana: o diretor Willy Kelly, de *metteur-en-scène*, passava a ser *menteur-en-scène*. De diretor a mentiroso, o passo é grande. Mas, no caso de *A Milionária*, talvez não o seja muito. Pois este espetáculo é, todo ele, uma grande mentira.

Mentira é, sem dúvida, a de quem pôs o nome de Shaw nos cartazes, nos anúncios, no programa e nas cópias da peça. De Shaw não há quase nada neste cacetíssimo bate-papo entre cidadãos cariocas com vagos sobrenomes britânicos; nem no diálogo, nem no conteúdo filosófico, psicológico ou satírico da peça. Apesar disso, o rosto de Shaw aparece pintado, desenhado, caricaturado sob vários disfarces em todos os cenários. E no fim do espetáculo, ele é chamado à cena (na forma de um boneco em branco e preto) para agradecer as palmas dirigidas a uma peça que não escreveu.

Mentira é a de quem diz que esta peça foi dirigida por alguém, e mentira deslavada a de quem afirma que esse alguém foi Willy Kelly, de quem sempre ouvimos as melhores referências por parte de pessoas inteligentes e dignas de confiança. Sem dúvida, Willy não fez, ou não pôde fazer, nada neste espetáculo.

Mentira é a de quem diz que esta peça foi "traduzida" por Raimundo Magalhães Júnior. Primeiro, porque não foi traduzida, mas sim reescrita; em segundo lugar, porque não achamos o nosso amigo Magalhães capaz de uma coisa dessas.

6. *Folha da Noite*, São Paulo, 3.9.1953. Crítica da peça *A Milionária*, de G. B. Shaw, com Eva Todor e Rodolfo Arena, dir. Willy Kelly, no Teatro Santana-SP, agosto de 1953.

Mentira é de quem deixou que se escrevesse no programa: "Cenários de Eros Gonçalves", isto é, de um dos homens de melhor gosto neste Brasil. Evidentemente, ele não tem nada com isso.

Mentira é a de quem pôs na porta do teatro a legenda: "Eva e seus artistas – apresentados por Luís Iglesias", deixando pensar que este fosse o espetáculo de um grupo de profissionais que sempre mereceu o nosso respeito, e de um empresário honesto, hábil e muitas vezes corajoso. Não: *A Milionária* é um mau espetáculo de amadores, interpretado por artistas que puseram no rosto máscaras semelhantes às de Eva Todor, Rodolfo Arena, Jorge Dória etc., para enganar a platéia.

Francamente, foi mau sonho. Este espetáculo não existiu, não existe. A companhia ainda não estreou. *A Milionária* não foi encenada. Os nomes anunciados são falsos. Foi um pesadelo, brincadeira de algum espírito sinistro. Esqueçamos este episódio, todos juntos pelo respeito que devemos ao empresário, aos atores, ao autor, ao ensaiador e ao cenógrafo, todos gente de bem e de quem esperamos as verdadeiras realizações.

ASSIM É, SE LHE PARECE[7]

Há espectadores que saem do TBC – onde assistiram à exemplar apresentação do texto pirandelliano: *Così è se vi pare* – preocupando-se ainda em estabelecer a verdade material dos fatos, discutindo sobre a loucura pretensa ou real do senhor Ponza e da senhora Frola, instituindo campeonatos de perspicácia e dando *shows* de sutileza, como se se tratasse de uma charada, de um romance policial ou de um jogo de palavras cruzadas. Acho que essa gente não tem coração, não tem nada que a ajude a se levantar um pouco acima do nível das preocupações diárias. A atitude desses espectadores ofende, não apenas a Pirandello, mas a todo o espetáculo e, especialmente, à direção de Adolfo Celi, cujo valor principal reside justamente na eliminação do interrogativo intelectualístico e na revalorização do mundo moral e sentimental pirandelliano, no que este tem de mais concreto e historicamente determinado – lágrimas e sangue de homens, *hic et nunc* crucificados às suas contradições existenciais.

Esses espectadores escolheram os piores papéis da peça: os papéis grotescos e antipáticos dos indiscretos e sádicos personagens de província que não souberam respeitar a dolorosa intimidade dos Ponza e dos Frola, abrindo-lhes inutilmente as mais graves feridas interiores.

7. *Folha da Noite*, São Paulo, 22.9.1953. Crítica da peça *Assim é, se lhe Parece*, de L. Pirandello, com Cleyde Yáconis e Paulo Autran, dir. Celi, no TBC-SP, setembro de 1953.

Insisto sobre este ponto, porque a originalidade da direção de Celi (a única radicalmente pirandelliana até hoje) consiste em deslocar a atenção geral sobre as personagens interpretadas por Cleyde Yáconis e Paulo Autran, deixando à margem o *raisonneur* Laudisi que, desta vez, não invade impertinentemente a ribalta, mas limita-se a constituir um contraponto, um *basso continuo*, um aviso constante. Nas interpretações intelectualísticas da peça, os espectadores identificaram-se com Laudisi e saem do teatro dizendo que "ele é quem tinha razão", que "a verdade não existe" etc. Na interpretação de Celi, o espectador sensível identifica-se com o senhor Ponza e com a senhora Frola, e sai do teatro dizendo que "era preciso deixá-los em paz" e que "o drama das criaturas é uma propriedade particular, que merece respeito *aquém* do conhecimento". É um grande passo à frente. Mas o que Pirandello nunca teria imaginado era que houvesse alguém disposto a identificar-se com as senhoras Cini e Nenni...

WEEK-END[8]

A temporada teatral deste ano ficará memorável em São Paulo por ter sido aquela que começou a mostrar, de maneira clara e evidente, os resultados de todo trabalho de renovação teatral realizado entre nós pelo TBC e pela EAD – as duas instituições principais do novo teatro paulista e nacional, das quais descendem, direta ou indiretamente, todas as novas iniciativas que tornam tão variado, interessante e rico o movimento atual. Os empresários começaram a não ter medo de empatar capitais, às vezes grandes, no bom teatro; alguns compreenderam a utilidade de um teatro próprio, com elenco permanente, e realizaram tal plano; o bom gosto e o minucioso capricho em matéria de cenários e figurinos alastraram-se para fora da rua Major Diogo, tornando-se uma característica geral da cena paulista; o repertório mantém um nível artisticamente aceitável, mesmo nos espetáculos de pura diversão.

Todos esses fatores positivos seriam, por si mesmos, insuficientes se outros não interviessem, os quais os transcendem e que realmente caracterizam o sentido concreto e não apenas intencional da renovação – ou melhor, desta fase de "estabilização" da renovação. Primeiro e amplíssimo, é o fenômeno do aparecimento de um grande número de jovens e bons atores, todos eles formados na escola ou fora, mas tendo como base uma civilização teatral autêntica, cosmopolita e não provinciana, artística e não artesanal, cultural e não circense. O segundo fator, mais limitado por enquanto, é a revelação de

8. *Folha da Noite*, São Paulo, 7.10.1953. Crítica da peça *Week-end*, de Noel Coward, dir. Antunes Filho, Teatrinho Íntimo Nicette Bruno-SP, outubro de 1953.

novos autores nacionais. O terceiro, de importância definitiva, é a consagração de uma nova figura, cuja simples existência enche de orgulho os estrangeiros (em primeiro lugar, Ziembinski), que aqui introduziram a idéia e a prática da direção. Essa nova figura é o diretor nacional: não um ensaiador, porém um diretor, isto é, uma inteligência viva, um gosto determinado, uma cultura e uma técnica.

Três espetáculos deste ano marcaram de maneira definitiva esse acontecimento histórico: *A Falecida Senhora Blake* (direção de Rubens Petrilli), *Esta Noite é Nossa* (direção de José Renato) e *Week-end* (direção de Antunes Filho). É a vitória da mocidade: os meninos que ainda ontem eram alunos ou assistentes no TBC e na EAD, agora se impõem no mundo profissional, de maneira sólida e definitiva, compensando todo o esforço e trabalho de seus mestres. Um fato importantíssimo parece-me o tipo de peças em que esses êxitos dos novos se verificaram: peças do repertório chamado comercial, peças que requerem não apenas a intuição, a bossa, o talento, mas também a capacidade fria de coordenação, o *métier*, o domínio dos meios expressivos. Vejam o milagre que Antunes fez com este *Week-end*, de Noel Coward, peça de deliciosa e maliciosa inteligência, porém louca e inconsistente como suas personagens, puro divertimento, brincadeira aérea, delírio de teatralidade. Antunes conseguiu uma unidade rítmica, uma naturalidade vocal e uma riqueza visual que costumam ser típicas dos diretores consumados. Conseguiu, também (o que é mais difícil), realizar o meio-termo entre a absurda pretensão de transformar em ingleses os atores brasileiros e a tentação de adaptá-los inteiramente ao nosso meio, desvirtuando a peça. Em suma, um delicioso espetáculo de comédia. Vitória da mocidade, da inteligência e do otimismo, *Week-end* está destinada a um grande êxito popular.

INTELIGÊNCIA DE SARTRE[9]

Atirem-me pedras, invoquem sobre mim as punições mais cruéis. Afirmo, solenemente, que uma frase qualquer de uma comédia como *Inimigos Íntimos* contém mais verdade humana do que o texto sartriano de *Mortos sem Sepultura*. Ora, bem sei que nem toda a verdade humana de uma obra se resume à capacidade de observação da vida diária; sei que há outro espaço, outra altura, em que a linguagem já é, *toto coelo*, conhecimento: aquele espaço no qual se engendram, e reinam, os grandes mitos da poesia. Sartre, porém, não é poeta senão na medida em que consegue dispor, numa "dimensão transcendental" (como

9. *Folha da Noite*, São Paulo, 13.4 e 20.4.1954. Críticas da peça *Mortos sem Sepultura*, de J.-P. Sartre, com Ziembinski, Paulo Autran e Cleyde Yáconis, dir. Flaminio Bollini, TBC-SP, abril de 1954.

diria o nosso velho mestre Francesco Orestano), aquela observação diária, aquele "dado" direto e cruel que é a sua força fora das ideologias.

O primeiro leitor italiano de Sartre (Carlo Bo, 1937) intitulou muito bem a sua apresentação do escritor: *De um Novo Naturalismo*. Fórmula hoje renovada por Gaetan Picon, quando fala de um naturalismo metafísico (*Panorama de la Nouvelle Littérature Française*, 1949). Nas primeiras obras de Sartre, entre o naturalismo e o metafísico, instituía-se uma dialética viva, quente, fecunda. *Le Mur (O Muro)* é o triunfo do momento naturalístico: absorção, violenta e justa, da exigência conceitual dentro da *tranche de vie*. Por sua vez, *Les Mouches (As Moscas)* é a áspera, porém decisiva, vitória do momento metafísico: o único ato de transfiguração operado por Sartre, a hora da conflagração em que o surto ideológico é, ao mesmo tempo, iluminação lírica. Nas obras sucessivas, o elemento metafísico torna-se, cada vez mais, moralístico; e o naturalístico tende a ser absorvido pelo esquemático, pelo cinematográfico.

Dos personagens apresentados em *Mortos sem Sepultura* nada sabemos ao certo, nem os antecedentes psicológicos e sociais, nem os pendores sexuais, nem (isto é grave) os motivos que os levaram a participar da luta clandestina. O dado naturalístico, a *tranche de vie*, limita-se aos fatos, sem outra perspectiva. Ora, um teatro assim, anti-psicológico, revela sempre, automaticamente, no escritor, a vontade de um resultado de tipo clássico: resultado de forma, de evidência, de escultura; altura de poesia, durabilidade de símbolo. Mas a poesia de Sartre não passa da lembrança (tão falsa) do pai, no momento em que o primeiro condenado se encaminha para a tortura, ou do cheiro do campo evocado pela moça como talismã contra a tentação do suicídio. E os símbolos? Os valores absolutos dessas personagens, a quem não foram concedidos atributos reais? No plano absoluto, só resta válida a afirmação do revolucionário como única personagem positiva (mas não era neste ponto que Sartre, desde o seu ângulo moral, deveria reabrir o jogo dialético?). Os outros não saem da fotografia, ou de uma psicologia imaginária. E, nesse caso, deveriam ter sido *reais*; deveriam ter historicidade concreta. Ou havia outro remédio?

O problema, dizem, é o da liberdade. Tema fundamental em Sartre, bem o sabemos. Mas, aqui, somos obrigados a citar outra vez Picon:

> Quando Sartre fala da liberdade, ele o faz no tom de uma convicção exaltada e possessiva, no tom da paixão. Mas, justamente – este é o drama da sua obra – Sartre não consegue fazer viver a liberdade em seu pensamento, a liberdade como saída, como salvação, isto é, como paixão, não chega a transpassar as brumas deste universo do aniquilamento. Sartre pensa que seus heróis são livres, e eles pensam o mesmo a respeito de si próprios; mas eles não nos aparecem como tais, ou melhor, não nos parecem possuir, jamais, qualquer liberdade que seja, realmente, uma libertação (*ibidem*, p. 94).

A verdade é que, em Sartre mais do que em qualquer outro escritor atual, a crise da expressão contemporânea (que devemos reconduzir ao seu verdadeiro lugar, que é o mundo dos valores) processa-se de forma assustadora. A inteligência (subproduto da razão) e a sensibilidade (subproduto do sentimento) procuram os caminhos da técnica externa para fingir uma força e uma universalidade que são violentamente concretas, como a de *Mortos sem Sepultura*. Peça gélida, sem nada de imediato ou de descoberto, na qual até mesmo o grande tema psicológico (o único), focalizado no melhor momento da ação, isto é, a estranheza e o isolamento daquele que não sofreu a tortura, não consegue revelar, no fim das contas, senão esse dom belíssimo, mas pobre, que é a inteligência de Sartre. Veio-nos à memória a palavra do velho Tolstói, homem de verdadeiros dramas e escritor de realismo absoluto, a propósito do Sartre de seu tempo, Andreiév (lembram-se de *Os Sete Enforcados*?). Dizia o ancião de Astapov: "Este senhor quer meter-nos medo. Mas nós não podemos ter medo."

***

Nossa opinião sobre a peça de Sartre é tão radicalmente negativa (de um radicalismo animado não pela agressividade, mas sim exatamente – e pedimos que se pense o sentido da palavra – pelo "desânimo"), que quase não temos vontade de comentar o espetáculo, isto é, o esforço tremendo do diretor e dos intérpretes. Há, porém, um dado objetivo de justiça e de verdade que nos impõe, bem ao contrário, um destaque especial, uma espécie de honra ao mérito. Sim, porque não é mérito pequeno aquele de ter feito, desse texto gélido, desagradável e sobretudo inútil – desta obra-prima de academismo às avessas, de retórica, em suma – um espetáculo sério, decente, bem composto e bem ritmado, até onde era possível e mesmo além disso.

Flaminio Bollini é um diretor de grande vocação teatral, reconhecível, antes de mais nada, pela rapidez com que soube localizar em si mesmo o verdadeiro problema da direção, que não é um problema de bom ou mau gosto (critério sempre falso, mas que infelizmente ainda está em voga entre nós), mas sim o de alta ou baixa vitalidade expressiva. Esta solução certa do problema expressivo costuma vir acompanhada, inicialmente, por alguma indecisão acerca do problema interpretativo, filológico. Bollini não escapa a essa oscilação dialética; prova é a freqüente convivência, em seus espetáculos, de estilos diferentes, como se o diretor tivesse experimentado diversos caminhos, chegando à síntese um pouco tarde, quando uma ou outra daquelas fórmulas, provisoriamente adotadas, já se tornara propriedade ineliminável de um ou outro grupo de atores. Em *Ralé*, o grupo Maria Della Costa, Nydia Licia, Paulo Autran e Sérgio Cardoso constituía um espetáculo à parte dentro do espetáculo, quase uma indicação para outra possível, e igualmente legítima, interpretação do texto gorkiano. Em *Vá com*

Deus, a fragmentação estilística chegava a engendrar três ou quatros grupos, cada um perfeito dentro da sua linha.

Desta vez, o problema da unidade estilística não ofereceu dificuldades, e todo o espetáculo constrói-se em torno de uma chave harmoniosa e, às vezes, até monocordicamente. A chave é aquela do naturalismo; essa vontade ou veleidade de realismo, típica de Sartre e de quase todo este novo aspecto da literatura decadente – que é o falso documentário –, tão longe da alta síntese e mesmo da estilização próprias do verdadeiro realismo, de Molière a Tolstói, de Goldoni a Moravia, de Balzac a Martin du Gard. Nessa chave naturalística, Bollini encontra a sua unidade formal, à qual acrescenta, validamente, os dons plásticos e rítmicos que sempre lhe foram peculiares. Restavam, para resolver, os problemas de tom; porém, estes não se resolvem quando o texto "não deixa". E assim, cem vezes durante o espetáculo, Bollini teve que enfrentar, sem querer, aqueles famosos problemas de gosto e de pudor que um bom texto sempre nos permite deixar para trás; cem vezes durante o espetáculo, sente-se a necessidade de "esfriar" a retórica ou, pelo contrário, de "esquentar" o documentário. Necessidades que Bollini enfrenta ou contorna com habilidade; a qual, porém, justamente por ser habilidade, não faz senão sublinhar a falsidade do texto sartriano. A impressão geral de equilíbrio e lisura desaparece um pouco quando se examina a parte cenográfica, na qual permaneceu uma incerteza entre a solução naturalista e a solução simbólica, seja na fórmula adotada para a mudança de cenários, seja na iluminação (esplêndida em alguns detalhes). A melhor qualidade do cenário de Mauro Francini é a possibilidade oferecida aos atores de esconder-se, de reaparecer, mergulhar nas trevas, isolar-se: aquele sabor de catacumba.

A interpretação dos atores, toda ela correta e de grande classe, segue fielmente os altos e baixos do texto. Por isso, gostaríamos de não destacar o nome de ninguém. Em todo caso, será justo destacar, mais ainda do que os ótimos resultados obtidos por Ziembinski, Benedito Corsi e Josef Guerreiro em momentos dramáticos de grande oportunidade, a sinceridade humana que Cleyde Yáconis empresta às passagens menos sinceras do texto, e a extraordinária segurança com que Maurício Barroso dá força e relevo a uma personagem seca e abstrata.

A HERDEIRA[10]

O mundo poético de Henry James surge no último horizonte do século que foi, antes, romântico, depois naturalista – mas sempre ro-

10. *Folha da Noite*, São Paulo, 10.2.1954. Crítica da peça *A Herdeira*, de Henry James, com Bibi Ferreira, dir. Bibi Ferreira, no Teatro de Cultura Artística-SP, janeiro de 1954.

mântico na substância, sempre às voltas com o único problema do *degagément* do ser em meio a todas as sombras e ímpetos da vida individual, concebida e sentida como foco dialético da liberdade.

Nessa perspectiva histórica, James coloca-se num ponto de crise extrema, de transição dramática e ainda insolúvel. Os seus personagens são tipos de Thackeray que revelam, de repente, um fundo noturno, inquieto, enfeitiçado, não previsto pelos leitores e críticos vitorianos. A sua problemática psicológica multiplica aquele que foi o caso excepcional de um único, incrível texto de Melville (*Pierre Or the Ambiguities*), em um milhão de casos, todos sutilmente diversos e maciçamente iguais. A névoa da memória começa a nos envolver como uma "segunda paisagem", atmosfera em que vivem e respiram figuras eternamente deformadas pelos espelhos da paixão ou do tédio. A página, a frase e a palavra têm uma capacidade de prolongamento musical quase sonolento, que esconde aos olhos do leitor superficial o verdadeiro ritmo, o sangue do escritor, aquela veia diabolicamente faustiana que a análise desvia em languores de gato sonso. E é nesta *durée* sem remédios, sem soluções de continuidade – rio interior que limita o próprio curso da existência –, que James antecipa prodigiosamente os mundos e modos de Proust.

O mundo do romance policial e aquele dos contos de Hawthorne, o grito selvagem de Emily Brontë e a pacatez de Dickens, em James parecem estar à procura de uma síntese impossível. O resultado é cinzento, morno, às vezes tétrico, e sobretudo ambíguo, sem valores finais. As catástrofes, mesmo atrozes, sobrevêm por influência e obra do relógio.

A adaptação de um enredo de James para o teatro, no caso de *A Herdeira* (e o teatro foi o amor infeliz e teimoso do autor durante toda a vida), torna excessivamente claro e límpido este mundo, desenha por demais tipos e ação, faz dos mecanismos, dos fatos e dos motivos algo excepcionalmente elástico e vital. Sem dúvida é teatro, e até bom teatro, mas não é James. Deste fica apenas a sombra em vagas pinceladas, mais ou menos como no caso de *Os Karamazov*, adaptado por Jacques Copeau, no qual a complexa e tortuosa grandeza de Dostoiévski parece estar por trás da peça como um fantasma ameaçador.

Bibi Ferreira permaneceu justamente fiel com relação a essa lucidez exata e mecânica do texto teatral que lhe foi oferecido. A encenação é impecável. O espetáculo funciona perfeitamente. Funciona até demais: é uma máquina. Poucas nuanças, ritmo certo e efeitos infalíveis. Se a teatralidade (no bom sentido) é a primeira qualidade de Bibi como diretora, a sobriedade é a sua principal virtude como intérprete. Um trabalho de grande *métier* e discrição, animado por uma grande autoridade cênica. Na mesma linha, rigorosamente dirigidos, estão os demais intérpretes, entre os quais Leonardo Vilar e Iara Cortes merecem destaque especial.

Excelente espetáculo que tem, para o nosso gosto, o único defeito de se passar no mundo da lua – um mundo da lua que se parece espantosamente com o mundo dos homens. É como se penetrássemos na esfera platônica das idéias e pudéssemos contemplar os exemplos abstratos da ação trágica, as categorias da dramaticidade. Frio e seco, lúcido e absoluto. Mas a culpa é do texto. O resultado prático, teatral, é de primeira ordem.

ELECTRA[11]

Raras vezes um espetáculo teve o poder de nos entristecer, de nos deixar mudos e pensativos, como o fez esta incompreensível *Electra*, da qual tanto esperávamos pelo valor excepcional da atriz Madalena Nicol e pelo alto senso de responsabilidade com que imaginávamos que Cavalcanti iria enfrentar a sua primeira experiência como diretor teatral em sua terra.

Infelizmente, o espetáculo foi preparado e encenado – pelo que os resultados nos mostram – com a mesma superficialidade com que qualquer companhia profissional remonta, para uma excursão no interior, um dos seus êxitos costumeiros. "Incompreensível" é o adjetivo com o qual classificamos o espetáculo. E é incompreensível mesmo. Com efeito, quem nos explicará por que, devendo escolher um texto para poucos ensaios, parcos recursos cênicos e elenco muito desigual, os responsáveis foram logo escolher uma tragédia grega? Quem nos explicará por que, depois de lançado o espetáculo (dessa forma) pela televisão, foi, pelos mesmos responsáveis, julgado indispensável seu lançamento no teatro sem readaptação prévia, sem uma nova série de ensaios, assim, às pressas, quase sem nenhuma modificação? Quem nos explicará por que cargas d'água uma grande artista, na sua *reentrée* solene, e um diretor famoso, na sua primeira apresentação, aceitaram essa aventura, esse risco grave e praticamente invencível? Não julguem demasiado dura a palavra, mas o que me parece é que tudo isso nasceu e foi feito sob o signo da leviandade. Assim, preferimos considerar esse episódio sob o ângulo psicológico e deixar de lado qualquer apreciação de ordem estética sobre a bizarra e atabalhoada Electra que vimos e ouvimos no Leopoldo Fróis. Talvez seja melhor. Assim, pelo menos, o crédito de Madalena e Cavalcanti, do ponto de vista artístico, continuará aberto para outros espetáculos, e este ficará sendo um "acidente" devido a razões de ordem prática e humana.

11. *Folha da Noite*, São Paulo, 20.5.1954. Crítica da peça *Electra*, de Sófocles, com Madalena Nicol, dir. Alberto Cavalcanti, no Teatro Leopoldo Fróis-SP, maio de 1954.

Apenas para que não se pense (mas quem assistiu não pensará) que estamos nos colocando num plano de severidade excessiva e injustificada, formularemos algumas perguntas:

1. Por que foram cortados os coros de Sófocles? Por um motivo estético ou por um motivo prático?

2. Por que a adaptação fez o possível para cancelar qualquer resíduo de linguagem poética, de símbolos, de imagens, de mitologia, reduzindo Sófocles a um autor naturalista "sem adjetivos"?

3. Admitindo que os dois primeiros pontos possam ser explicados por uma vontade de reduzir a tragédia ao drama moderno, por que não foi encenado um verdadeiro drama moderno, ou mesmo uma interpretação moderna do mito de Electra, por exemplo a de Giraudoux?

4. É ou não é verdade que, reduzindo um texto poético a drama psicológico, este (por não estar, por sua própria natureza, neste plano) acaba automaticamente por se tornar um simples drama de ação, um enredo policial esquemático, um *grand-guignol* qualquer?

5. O guarda roupa: a que época, a que mundo histórico ou fantástico pretende referir-se? Arcaico, clássico, moderno, surreal? Há uma unidade possível de estilos entre aquela espécie de Cleópatra carnavalesca, que é a "fantasia" de Clitemnestra, as "baianas" que acompanham Electra, o Aligi da *Filha de Íorio* que reveste Orestes e o corpo de bombeiros chefiado por Carlos Cotrim?

6. O que significa a passagem daquele "sudário" carregado pelos soldados, tão estranho à tradição e ao espírito do teatro grego – teatro aberto, teatro sem mistérios cênicos?

7. Por que Cavalcanti "marca" de maneira imóvel e fria, sem sublinhar, quase disfarçando, os grandes nós dramáticos e golpes de cena da tragédia para, logo depois, criar movimentos espetaculares em movimentos insignificantes, que não indicam nenhuma transição substancial?

8. Se o critério foi o de um estilo de representar extremamente simples, quase cinematográfico, por que o diretor deixou que Madalena fizesse a sua Electra em estilo de alta declamação, isto é, grego, clássico e não moderno?

9. Por que Cavalcanti, diretor de cinema, não se preocupou com o aspecto visual do espetáculo? Por que deixou em cena aquela dança de cores contrastantes? Por que não mandou pintar de novo as árvores azuis e outros berros cromáticos, cuja única justificação era o valor fotográfico de preto e branco da TV?

10. Por que não iluminou o palco com base num critério qualquer de realidade, irrealidade, ou simplesmente da mais comum técnica teatral, que qualquer eletricista conhece? As personagens, quando entram ou saem, projetam de duas a quatro sombras gigantescas no céu. Há um monólogo de Electra em que não se sabe o que observar, se o rosto de Madalena Nicol ou sua sombra, bem à vista, movendo os lábios, no verde da árvore em primeiro plano.

11. Por que, se a tragédia se passa em um dia, de madrugada à noite, o espetáculo se desenvolve todo num interminável crepúsculo vermelho?

12. Por que foi escolhido, para contracenar com Madalena Nicol e encarnar o terrível Orestes de Sófocles, um rapazinho que não tem a quinta parte da voz necessária e cuja qualidade mais autêntica é certa delicada timidez? O pobre Orestes fica, ao lado de Electra, todo suavezinho e cheio de dedos, como uma menina de colégio.

E poderíamos continuar. Mas o melhor é esquecer. Esqueçamos todos: Cavalcanti, Madalena, o elenco, a crítica, o público, a alma de Sófocles. Esqueçamos todos juntos. Amém.

DIREÇÃO DE GIANNI RATTO[12]

Gianni Ratto escolheu muito inteligentemente este *Canto da Cotovia* para sua estréia como diretor. A peça, com efeito, permite-lhe explorar ao máximo a condição privilegiada em que ele se encontra, de ser ao mesmo tempo o orientador da representação e o responsável pelos valores plásticos do espetáculo. A concepção de Anouilh já é, em si mesma, uma arrumação constante das pessoas e quadros, visando mais a criação de grupos do que o movimento; bem se compreende como um especialista em artes figurativas se encontre à vontade neste terreno, desenvolvendo os pontos de partida oferecidos pelo autor com mais liberdade e riqueza, de acordo com o próprio gosto pessoal. Isso tudo, porém, ainda diz respeito ao aspecto externo da encenação. Há outro ponto em que a estrutura (de oratório e rádio-drama) da peça de Anouilh favorece um diretor estreante, obrigando-o a fazer um teste sobre si mesmo, no que diz respeito a sua tarefa principal, ou seja, a direção de atores. Quero dizer que o fato de estar livre dos minuciosos compromissos da marcação naturalista e, ao mesmo tempo, do espetacular, como massa, dinamismo, eloqüência – o fato, em suma, de fazer um espetáculo que está a igual distância, seja da peça de observação e de enredo, como da peça de linha clássica e declamatória –, representa uma ocasião única para o encenador trabalhar os seus intérpretes com profundidade, um por um, inclusive tirando partido da ausência quase total de diálogos de ritmo curto ou fortemente encadeado, aqui substituídos por longas falas, verdadeiras profissões de fé das personagens, em que o trabalho da interpretação pode ser conduzido de maneira sutilmente analítica.

12. *Folha da Noite*, São Paulo, 10.11.1954. Crítica da peça *O Canto da Cotovia*, de Jean Anhouilh, com Maria Della Costa e Sérgio Britto, dir. Gianni Ratto, Teatro Popular de Arte no Teatro Maria Della Costa-SP, novembro de 1954.

Cercando-se dessas honestas preocupações, Gianni Ratto conseguiu realizar um espetáculo límpido, conseqüente, acertadíssimo. Dificilmente poderíamos pegá-lo em flagrante no que se refere à escolha do tom e do gosto da representação. Já não falamos na cenografia, de grande e severa beleza, filiando-se instintivamente no construtivismo de certas encenações de Meierhold (especialmente as que tiveram cenários da Exter), embora suavizado por uma delicadeza latina e católica. Essa cenografia, além do mais, utiliza como elementos decisivos uma iluminação discreta, rica de efeitos quase imperceptíveis, bem como os belíssimos trajes desenhados por Luciana Petruccelli, que correspondem perfeitamente ao ideal da gravura popular, estilização mítica, ilustração quase infantil exigida pelo texto. Mas o valor do espetáculo reside na clareza com que nos são apresentados os sucessivos aspectos do drama, cuja construção é toda revelada, e até mesmo inteligentemente simplificada, pelo diretor através de uma hábil substituição do humano ao intelectualístico, todas as vezes que o texto o permite. Os resultados desse trabalho, empenhado em descobrir e transmitir aquilo que há de poeta em Anouilh, serão ainda mais evidentes quando comentarmos as interpretações de Maria e de seus companheiros.

Os dois pontos de resistência da realidade teatral à imaginação do novo diretor, e nos quais revela ainda certa indecisão, devem ser procurados no setor do ritmo e na maneira de materializar a lógica das inflexões. No primeiro caso, não é difícil dizer que muitas fases do espetáculo apresentam, ao lado de grandes pausas expressivas, muitas outras desnecessárias ou inutilmente prolongadas. Menos fácil será explicar, ao leitor leigo, outro fenômeno, devido ao qual a inflexão, racionalmente justa, dada pelo diretor, é assimilada somente pelos atores mais profissionais, que a transformam em naturalidade emocional conforme a própria personalidade e técnica, ao passo que os intérpretes menores permanecem numa espécie de repetição didática, um tanto mecânica, que chega a lembrar o fenômeno análogo acontecido nos espetáculos de Ziembinski, quando este ainda não dominava a música especial da língua portuguesa e quando seus intérpretes eram ainda inexperientes. Nada disso, porém, consegue afetar a harmonia deste espetáculo, pensado e realizado com rigor, intuição e carinho, a ponto de se inscrever entre as melhores realizações do nosso teatro.

JOANA E O DELFIM[13]

Maria Della Costa alcança, em *O Canto da Cotovia*, o ponto mais alto de sua carreira. Atriz de grande disciplina, capacidade de estudo,

13. *Folha da Noite*, São Paulo, 11.11.1954. *Idem.*

fidelidade ao texto e força de vontade, Maria tem submetido, desde o início, o seu imenso talento a uma estruturação técnica rigorosa, que os diretores lhe deram e a qual os longos anos de peregrinação, quase solitária, pelo Brasil (que teriam deformado qualquer atriz, induzindo-a a perigosas facilidades) não conseguiram quebrar. Muito pelo contrário: a necessidade, muitas vezes imperiosa, da "solução" imediata e quase da improvisação, acrescentou àquela disciplina um desembaraço novo, um espírito de iniciativa individual que a completam e que dão um toque final à força da atriz.

Não gostaríamos de ouvir de algum espectador superficial que Maria "melhorou" ou "evidencia progressos". Maria Della Costa é uma das maiores atrizes do Brasil desde 1948, quando conseguiu dar humanidade à figura irreal de *Anjo Negro*; quando conseguiu transformar numa impressionante realidade cênica o papel quase mudo de *Tobacco Road*; quando (e foi o passo decisivo, o exame de maturidade) descarregou uma força moderníssima de intensidade psicológica ao papel velho e convencional de *Therèse Raquin*. No fim daquele mesmo ano, Maria realizava os seus dois resultados mais singulares e sutis na esfera da interpretação: a garota de *Sonata a Quatro Mãos*, cheia de espontaneidade e leveza, revelação de uma profunda vocação de comediante; e a mulher lírico-estática de *Woyzeck*, aquela figurinha de gravura popular esmagada pelo peso de um destino social que a voz da poesia transforma em reflexo de uma desesperada angústia metafísica. A partir daquele momento, não restava a Maria senão vencer certa frieza, ou seja, o último resíduo de sua condição voluntária de "aluna de teatro", a última conseqüência de sua grande humildade, que gostaríamos de apresentar como exemplo a todas as mulheres bonitas que se improvisam como atrizes, de vez em quando, neste Brasil. A vitória definitiva foi alcançada nos escuros, frios teatros de província – e foi traduzida em realidade positiva no belíssimo, delicado, humano trabalho de comediante que a atriz apresentou em *Manequim*[14]. Mas quem, entre os refinadíssimos dominadores das estréias, quem estava disposto a considerar realmente importante um trabalho apresentado no Teatro São Paulo, por uma atriz que não tivera medo de enfrentar as tábuas do Colombo, que estava interpretando uma peça de autor nacional e sem assinatura de um diretor consagrado? O público entendeu perfeitamente a força da humanidade e o nível técnico do trabalho de Maria, mas os donos da bola deixaram passar a coisa em brancas nuvens.

14. Entre outros trabalhos, Maria Della Costa interpretou Virginia no *Anjo negro*, de Nelson Rodrigues, dir. Ziembinski (1947), com os Comediantes; já no Teatro Popular de Arte, ela fez uma ponta de grande impacto cênico na *Estrada do Tabaco*, de Kirkland e Caldwell, dir. Jacobbi (1948); protagonizou a *Therèse Raquin* de Zola, dir. Jacobbi e Italia Fausta (1948); fez a jovem Diva na *Sonata a Quatro Mãos* de Guido Cantini, dir. Italia Fausta (1948); a Maria de *Woyzeck*, de Büchner, dir. Zimbinski (1948) e a Glorinha de *Manequim*, de Henrique Pongetti, dir. Eugênio Kusnet (1952).

Fizemos questão de colocar estes pontos nos "is" para que ninguém pensasse que a nossa afirmativa acerca da superioridade de Joana sobre as demais criações de Maria vinha constatar alguma revelação ou descobrir alguma surpresa. Esta Joana é o resultado de uma carreira. O mesmo queremos dizer do trabalho de Sérgio Britto como Delfim[15], trabalho perfeito, que tem atrás de si o angustioso Garth de *Winterset* (*Tragédia em Nova York*), alguns momentos intensíssimos de *Electra e os Fantasmas*, várias tentativas curiosas e acertadas no setor dos tipos característicos, alguns como galã de grande excelência e autoridade – tudo isso culminando em duas criações tão acabadas, tão bem articuladas como o palhaço da comédia de Achard, encenada pelo Teatro de Arena, e este prodigioso Delfim. Sérgio escolheu, desde o início de sua carreira (sob o impulso desse grande, sempre ignorado mestre, que foi Hoffmann Harnish) o caminho mais difícil: o do ator, do verdadeiro ator, isto é, o caminho da técnica e da exteriorização, exatamente o contrário dos "rapazes-tão-sensíveis-representando-de-maneira-tão-natural". É sempre difícil falar sobre aquilo que é realmente bom. O que Sérgio realiza no palco é obra de invenção: compreensão absoluta das mais sutis referências intelectuais de Anouilh, assimilação perfeita do lirismo discretíssimo de Gianni Ratto e, finalmente, domínio absoluto dos próprios meios de expressão. Sérgio é, hoje, um dos pouquíssimos atores em condições de fazer aquilo que todo ator deveria considerar como base de seu trabalho: "tocar" o próprio corpo como um instrumento que se domina à vontade – assim como o pianista conhece, domina e toca o piano, matéria-prima de sua capacidade de interpretar. Elogiem, pois, Maria e Sérgio – mas pelo amor de Deus, não me venham com a cara de quem descobriu a América!

SINHÁ MOÇA CHOROU[16]

O acontecimento principal da temporada paulista de 1954 continua sendo o processo de revisão crítica e histórica do repertório brasileiro. Continuamos a sobre bater essa tecla, porquanto estamos convencidos de que, sem as perspectivas de uma tradição, sem o conhecimento e a assimilação do passado, não teremos sequer o direito de renegá-lo, e não construiremos a necessária plataforma para o futuro. Somente através do

15. Sérgio Britto atuou, com o Teatro dos Doze, na *Tragédia em Nova York* de M. Andersen, dir. Jacobbi (1949); fez Orestes de *Electra e os fantasmas*, de O'Neill, dir. Jacobbi no Teatro Royal-SP (1950); protagonizou a primeira peça do Teatro de Arena, *Uma mulher e três palhaços*, de Marcel Achard, dir. José Renato (1954).

16. *Folha da Noite*, São Paulo, 23.11 e 25.11.1954. Crítica da peça *Sinhá Moça Chorou*, de Ernani Fornari, com Nydia Licia, dir. Sérgio Cardoso, no Teatro Bela Vista-SP, novembro de 1954.

exame concreto da obra de seus antepassados ou de seus colegas mais velhos, os novos teatrólogos podem instaurar o processo da sua própria condição de criadores; e esse exame, esse processo só podem ser celebrados através do espetáculo. Leitura e memória não bastam. É pena, não há dúvida, que ao esforço dos encenadores de ressuscitar o repertório antigo não tenha correspondido, este ano, igual movimento de autores contemporâneos. É pena, também, que nenhum dos historiadores autorizados ou improvisados que brotaram como cogumelos neste IV Centenário tenha escolhido para seus estudos a evolução de nossa literatura dramática. O teatro, porém, fez o seu dever. Temos por certo que a importância de apresentações como o *Festival Martins Pena*, *Leonor de Mendonça* e *Brasil Romântico*[17] (além de muitas e boas iniciativas de amadores) é algo transcendental.

Graças a Sérgio Cardoso, chega finalmente a hora (depois dos autores do século XIX) de retomar em consideração o desprezado repertório teatral brasileiro do começo deste século. Já no ano passado, foi o mesmo Sérgio Cardoso que conseguiu impor a obra de um veterano como Raimundo Magalhães Jr. Naquela ocasião, esta coluna foi várias vezes dedicada a um retrospecto da atividade desses autores de várias gerações (de Viriato Correia a Joracy Camargo, de Armando Gonzaga a Henrique Pongetti) que, surgindo de um panorama cultural desolado e adaptando-se às exigências de uma indústria teatral primária, conseguiram muitas vezes salvar a sua modesta e honesta originalidade e sua indiscutível capacidade artesanal. Já havíamos enfrentado o problema na palestra conclusiva de nosso curso sobre a dramaturgia contemporânea no MAM, e já naquela ocasião apontávamos o teatro de Ernani Fornari como, provavelmente, o mais sólido, elegante e bem acabado entre todos os demais da mesma época. É, portanto, para nós, motivo de satisfação ver esta velha peça do escritor gaúcho ser recebida com agrado e quase que com entusiasmo pela sofisticada platéia de nossos dias. Mais do que ingênua, a peça é hábil. Ingênuo é o mundo nela representado; hábil é o tratamento dramático, todo baseado no essencial, sem dispersões analíticas, mas pitorescamente descritivo e suavemente poético. Evidentemente, trata-se de uma habilidade que obedece a normas de carpintaria teatral rigorosamente tradicional, caindo mesmo no inacreditável episódio final, quando uma personagem bem morta (não apenas na realidade material, mas na lógica da peça) volta ao mundo dos vivos para reconstruir uma história já quebrada, um sentimento já consumado. Esta, porém, é mais uma prova da influência do mundo teatral para a qual a peça foi escrita. Hoje, Ernani

17. A dramaturgia de Martins Pena, Gonçalves Dias (*Leonor de Mendonça*), Machado de Assis (*Lição de Botânica*) e J. Manuel de Macedo (*O Primo da California*) foi montada, por sugestão de Jacobbi, durante as celebrações do IV Centenário da cidade de São Paulo (1953-1954). Jacobbi dirigiu *Brasil Romântico* no Teatrinho Íntimo Nicette Bruno, enquanto Celi dirigiu *Leonor de Mendonça* no TBC.

Fornari teria mais coragem, encerrando o drama na triste atmosfera do adeus, da solidão e decadência.

Sérgio Cardoso encenou o drama com discrição, bom gosto e compreensão do clima histórico. Faltou-lhe tempo para melhorar a marcação dos momentos mais dinâmicos e para imprimir, em certos pontos, um ritmo mais exato ao espetáculo da estréia. A realização é, todavia, excelente, revelando o indiscutível progresso do diretor. O mesmo traço de bom gosto predomina no trabalho de Nydia Licia como Sinhá Flor. Ela atua, o tempo todo, em grande estilo dramático, porém suavizado e nuançado por uma sutil sobriedade que lhe permite, inclusive, escamotear os pontos perigosos da dramaturgia de Fornari. A sua interpretação, construída sobre uma base técnica que quase nenhuma atriz possui entre nós, alcança resultados belíssimos, especialmente nos momentos poéticos. Nydia Licia, ao entrar em cena, sempre consegue impor aquela marca de estilo, de elaboração formal, de emoção contida e purificada que é a marca da arte honesta e consciente. Não é atriz que possa impressionar os adoradores da bossa, do instinto teatral solto e desabalado, mas deveria ter tido a consideração toda especial dos verdadeiros entendidos da arte, aqueles que sabem qual é o preço alto da "forma" em qualquer expressão estética. Pessoalmente, tenho uma queda por atrizes do tipo de Nydia, que fazem a arte do ator, no Brasil, sair do plano escolar – pior, selvagem. Sinto o dever de prestigiá-las.

SEI PERSONAGGI, OU SEJA: O TEATRO[18]

Chega o dia em que o crítico deixa de ter autoridade, sente-se pequeno, desaparece diante da realização artística e quase perde o controle das palavras, por não saber fazer coisa melhor do que convidar seus leitores a assistir ao espetáculo, participar do milagre e sentir aquilo que todos sentiram, vibrar como todos vibraram. Não há mais nada a fazer. Essa coisa simplíssima que é *pôr em cena* um texto escrito, executá-lo palavra por palavra, revela-se pelo que realmente é: a coisa mais difícil do mundo, uma coisa que só acontece à distância de anos, excepcionalmente, e que reclama, para acontecer, condições quase impalpáveis. É uma espécie de conspiração secreta que um belo dia explode, faz violência às coisas e torna os homens maiores do que eles

18. *Folha da Noite*, São Paulo, 1.8.1955. Crítica da peça *Seis Personagens à Procura de um Autor*, de Pirandello, dir. Renzo Ricci, montado pela Compagnia del Teatro Italiano, com Giorgio Albertazzi e Anna Proclemer, no Teatro de Cultura Artística-SP, julho de 1955. Do repertório de turnê da Cia. italiana, Jacobbi comenta também *Il sangue verde*, de Giovannetti, *Rei Lear*, de Shakespeare, *Il seduttore* e *L'ereditiera*, de Diego Fabbri.

próprios. Diante desta versão dos *Seis Personagens* (a oitava a que assistimos, e a única que poderia trazer a assinatura do autor tão legitimamente quanto o livro a traz gravada na capa), não é outro o nosso sentimento. Tem-se vontade de abrir a coluna do jornal como uma porta e dizer: "Senhores, o Teatro".

Nossos leitores sabem quantas vezes temos insistido sobre a necessidade de se considerar a obra de Pirandello fora de qualquer esquema intelectualístico. Já citamos aqui certas afirmações do escritor, confirmando a condição de simples observador e transfigurador de vidas: sua condição de italiano que contava casos de italianos, coisas de gente, sentimentos de homens, fazendo-os arder numa chama que, por ser uma extremada pesquisa de verdade moral, todavia não deixava de ser, até o fim, alimentada por aqueles mesmos afetos, por aquelas mesmas dores, por aquelas mesmas existências que só alcançam um sentimento "maior" graças à própria intensidade, nunca por uma operação deformadora. Pirandello acreditou, até o fim, na existência do mundo externo; sabia que o homem é, antes de mais nada, "aquele animal que se choca com as coisas" e que, desta dureza, desta resistência, tira o seu estímulo, a sua desgraça e a sua última dignidade. Metafísica sim, segundo a inevitável conjuntura histórica que a provocou: metafísica das coisas, porém; dimensão transcendental da realidade. *Et quid amabo nisi quod rerum metaphysica est?*

Diante deste ritual de presença, que se articula e se interioriza apenas através da exigência de se transformar em valor, e que só se desespera pela insuficiência da norma ética que o impulso dialético rói e desmonta incansavelmente, o pior crime que se possa cometer é cortar o cordão umbilical entre Pirandello e o mundo dos vivos, é criar espetáculos ou realizar abstrações, é sobrecarregar de símbolos ou de efeitos aquilo que deve, implacavelmente, ser reconduzido à simplicidade. Quantos encenadores já levaram a efeito essas sinistras façanhas! Quantos críticos já se comprometeram nesse jogo enganoso! Era preciso que os atores, através de uma longa purificação crítica do seu próprio trabalho, chegando ao ponto em que a humildade já é uma tentação mais alta do que a vaidade, viessem nos dar esta lição.

Podemos jurar, jurar mesmo, que Pirandello se reconheceria nesta versão do seu drama, de maneira integral. Versão pura, autêntica, de uma fidelidade completa. A teatralidade externa desaparece, e fica o teatro, com a sua clareza didática, com a sua veemência emotiva, com as suas pequenas e grandes verdades – que são as verdades práticas e que se formam pacientemente, continuamente, minuto por minuto, criando, por pura força da palavra e da emoção, o aplauso, o grito, as lágrimas, sem que ninguém conte com elas, fora dos cálculos, apenas acompanhando o impacto da poesia, sem forçá-la, sem provocá-la.

Renzo Ricci conduz o texto pirandelliano, como ator e como diretor, como se estivesse escrevendo. Seus recursos de representação tornam-se tão sutis e tão justos, que não se sabe a que matéria pertencem, a que esquecida e preciosa substância. Já havíamos assistido a este Pai na versão de Salvini; depois, numa outra, reelaborada pelo mesmo Ricci alguns anos depois: sem dúvida o ator era grande, mas ficava ainda algum artifício, uma ou outra excrescência de efeitos e de detalhes. Desta vez, terceira e definitiva, já insuperável, tudo desapareceu: ficou a personagem, ou seja, a palavra que já não pode ser separada de sua encarnação. Milagre de humildade, e daquela vontade de progresso que faz dos grandes "temperamentos" uma vitória, às vezes áspera, porém decisiva, sobre os próprios perigos que o temperamento acarreta. É o ponto em que a celebridade se dissolve e nasce o mito, começa a glória. Eva Magni acompanha esse processo de humanização com uma pureza técnica que antigamente não possuía e que valoriza os instintos, as emoções e o realismo com poucos e imediatos recursos; os únicos necessários, os mais límpidos. Nenhuma Enteada, até hoje, sacrificou, de maneira tão absoluta, a "composição" à humanidade.

Todo o elenco acompanha o rigor filológico, a clareza anticerebral da encenação, com profundo respeito aos valores e aos ritmos; a valorização dos pequenos acidentes teatrais, inclusive das partes cômicas, tão substanciais em Pirandello, é perfeitamente harmonizada. Seria injusto, porém, não sublinhar o trabalho esplêndido de Giulio Oppi, um Capocomico de saboroso realismo, a emoção contida e sincera de Pina Cei; a belíssima intervenção de Giorgio Albertazzi no terceiro ato, no qual o jovem ator empregou a mesma força, a mesma autenticidade que já transpareciam em *Sangue Verde*, num texto que lhe resistiu, perante o qual não havia a necessidade de fingir, de salvar o próprio bom gosto. A ausência de invenções visuais, afora as recomendadas por Pirandello, que são simplíssimas e impressionantes, contribui de maneira decisiva para a honestidade única deste magnífico espetáculo, que é, sem favor, o mais poderoso e instrutivo entre todos que assistimos desde que escrevemos crítica de teatro em São Paulo. Outros foram mais ricos, mais ousados, às vezes geniais; nenhum, porém, chegou a tal nível de integridade estética e moral. Tudo está reduzido aos elementos essenciais do fenômeno cênico: o texto – e o homem.

3. Militância Crítica

SUGESTÕES PARA O QUARTO CENTENÁRIO[1]

Há meses, circulam pela cidade boatos os mais variados – e os mais desencontrados – acerca das manifestações teatrais planejadas pela Comissão do IV Centenário de São Paulo, presidida pelo senhor Francisco Matarazzo. Entre todos esses boatos, o mais difundido foi, até ontem, o da formação de um *scratch* nacional formado por atores de todos os estilos e de todas as gerações, idéia barroca e absurda que já tem despertado o espírito zombeteiro da gente de teatro. Houve quem chegasse a imaginar um "onze" de futebol no qual Jaime Costa e Graça Mello formariam uma zaga maciça, e Procópio Ferreira, magrinho, pequenino e ágil, ficaria, na ponta esquerda. Para semelhante time, o problema da disciplina e da colaboração, o contraste entre os "sistemas" e a impossibilidade de se descobrir um técnico capaz de conciliar os inconciliáveis, pareciam todos problemas de alta metafísica, mais fáceis de serem resolvidos por uma intervenção dos santos padroeiros da cidade do que pela simples vontade humana.

Afinal, o senhor Matarazzo Sobrinho decidiu fornecer à imprensa os programas elaborados pelas comissões culturais e artísticas, que deverão ainda ser submetidos à Comissão Executiva do IV Centenário.

1. *Última Hora*, São Paulo, 1.4 e 2.4.1952.

O item "Teatro", no que se refere à parte nacional, consta essencialmente de dois pontos:

a) "Formação de uma companhia do IV Centenário para a qual seriam convidados os mais conhecidos atores das diversas companhias. A direção seria confiada a competente diretor estrangeiro ou nacional, ou a vários diretores, todos de conhecida competência".

b) "Combinar, com conjuntos estáveis nacionais de real capacidade, o repertório para ser desenvolvido durante o ano de 1954".

O primeiro ponto parece refletir, embora de forma menos apocalíptica, a famosa idéia do *scratch*. O segundo não nos diz se, ou se trata de aconselhar (ou mesmo de impor através de um meio qualquer) determinadas peças para determinadas companhias, ou se, pelo contrário, essas companhias serão contratadas pelo IV Centenário a fim de desenvolver, em teatros construídos ou arrendados para esse fim, um programa especial.

Assim, à primeira vista parece que, em todo caso, tais companhias guardarão a sua autonomia, continuando a trabalhar conforme os seus estilos típicos e com os seus elencos. E é de se prever que elas levarão, por isso mesmo, uma vantagem enorme sobre a menina dos olhos do IV Centenário, isto é, sobre o famoso *scratch*, que custará rios de dinheiro, que paralisará a vida teatral do Rio de Janeiro e do país, que submeterá a duras provas os nervos dos diretores, que fará enlouquecer os encarregados da propaganda a fim de não melindrar as várias "estrelas", sem que tudo isso seja compensado por uma perspectiva de real resultado artístico; resultado esse para o qual as possibilidades positivas existem, quando muito, na medida de um ou dois por mil.

Estamos certos de que a realidade se encarregará de vencer, pela força do bom senso, as quimeras abstratas e ufanísticas de quem teve uma idéia tão desligada da prática do teatro e da observação concreta da situação atual da arte dramática no Brasil. O perigo, porém, é que os sonhadores do *scratch* acordem tarde demais, sendo levados, na última hora, para alguma solução apressada e de pouca significação. Em vista disso, permitir-nos-emos, a partir da crônica de amanhã, sugerir uma série de considerações e sugestões a título de simples colaboração amigável.

***

Como todos sabem, a evolução do teatro brasileiro, nos últimos quinze anos, processou-se por etapas bem determinadas, passando por orientações e tendências diferentes que influenciaram, de maneira decisiva, o estilo e o repertório dos vários grupos teatrais, além da natural diferença que existe entre as gerações.

Talvez seja este o ponto de partida mais prático para uma escolha da representação brasileira numa série de manifestações teatrais que, pela presença de grandes conjuntos estrangeiros, acabará tendo o aspecto e a importância de um verdadeiro festival internacional.

Nessa base, seria fácil chegar à formação, não de um absurdo *scratch* de personalidades e estilos desencontrados, mas sim de uma série de grupos de arte dramática cujo esquema poderia ser, aproximadamente, o seguinte:

1. Uma companhia baseada nos valores tradicionais da cena brasileira, sob a direção de Dulcina de Morais.
2. Uma companhia dirigida por Ziembinski, reunindo os melhores elementos que pertenceram aos Comediantes ou que ainda pertencem ao Teatro Popular de Arte, ao Teatro de Equipe etc.
3. Uma companhia dirigida por Henriette Morineau, dando a esta a oportunidade de chamar a si, outra vez, os atores mais importantes que já integraram os Artistas Unidos na sua melhor fase.
4. O Teatro Brasileiro de Comédia.
5. Uma companhia dirigida por Silveira Sampaio, reunindo vários atores da jovem geração carioca, antigos integrantes da Companhia Fernando de Barros etc.
6. Um grupo paulista de moços, em que tomariam parte alguns atores da Sociedade Paulista de Teatro (elenco atualmente em desagregação), alguns alunos formados pela Escola de Arte Dramática etc.

Cada um desses grupos não deveria ter outra obrigação a não ser a de montar uma peça para o Centenário, devendo a comissão aprovar, inicialmente, a escolha do original, do diretor e do cenógrafo. Cada uma dessas peças manteria ocupado o elenco durante dois meses, mais ou menos. Total: um ano de teatro. Ou seja: um panorama, variado e atual, da cena brasileira, com elencos homogêneos ou, pelo menos, com elencos que permitam a diretores competentes (conhecedores, além do mais, de cada ator, com suas qualidades e defeitos) criar espetáculos harmônicos e bem afinados.

E há, ainda, um par de iniciativas que poderiam contribuir para o prestígio do IV Centenário em matéria de teatro:

a) Um espetáculo coreográfico-musical sobre a história de São Paulo, no gênero *Carosello Napoletano*[2].

b) Um festival de teatro amador que sirva para quebrar as barreiras atualmente existentes entre cidade e cidade, Estado e Estado, Norte e Sul.

Tais idéias, ou quaisquer outras, todas as outras... Todas, menos o monstruoso *scratch* nacional com que a Comissão do IV Centenário nos está ameaçando...

2. Revista musical sobre a história de Nápoles, dir. Ettore Giannini e cenário de Gianni Ratto, que fez enorme sucesso em São Paulo, na turnê de 1950.

UMA EXPOSIÇÃO PARA O TEATRO[3]

Amanhã, no Museu de Arte Moderna, inaugura-se uma exposição que – ao menos para nós, gente de teatro – escapa à rotina dos acontecimentos artísticos e chega a ter caráter transcendente. Trata-se da exposição dos cenários e figurinos desenhados pelos maiores pintores e desenhistas do Brasil para o Balé do IV Centenário, acompanhados de uma documentação fotográfica da realização e execução dos mesmos, obra da extraordinária turma de técnicos chefiados por Aldo Calvo (cenografia) e Maria Ferrara (guarda-roupa) durante longos meses de trabalho. Os espectadores paulistas – "graças" às flutuações da política estadual e municipal, especialmente em relação à reforma do nosso maior teatro – quase não conhecem o trabalho dessa turma paciente, competente e tenaz. Quanto ao Balé, só tivemos ocasião de vê-lo em três realizações secundárias no Ginástico do Pacaembu, com montagem adaptada às circunstâncias; e nunca mais o veremos, pois os ventos que levaram para longe o fabuloso mestre Aurel Milloss, logo em seguida sopraram sobre o elenco, obrigando-o a dispersar-se e fazendo de cada vaidade pessoal um cavalo de batalha.

Quanto às montagens, pode ser que algum dia vejam a luz, depois da pequena, tímida amostra que os nababescos empresários da atual temporada lírica se dignaram incluir no seu repertório, financiado pelo povo e rigorosamente proibido (que preços!) ao próprio povo... Somente as felizes platéias da cidade de São Sebastião do Rio de Janeiro tiveram a oportunidade de ver, em sua forma originária, idealizada e positivada por Milloss, o Balé que constituiu a única realidade concretamente internacional do teatro brasileiro até hoje (digo do teatro, não apenas do balé). Durante meses e meses, amontoaram-se em nossas mesas os recortes, as fotografias, as louvações celebrando o IV Centenário de nossa cidade... na capital federal, e deixando-nos com água na boca.

A exposição organizada pelo MAM servirá para documentação desse esforço impressionante, desse resultado altíssimo – e dessa vergonha municipal. Poderemos ver os trabalhos de Portinari (*Passacaglia*, de Bach), Di Cavalcanti (*Lenda do Amor Impossível*, sobre ritmos indígenas), Flávio de Carvalho (*Cangaceira*, de Camargo Guarnieri), Heitor dos Prazeres (*Guarda-chuva*, de Mignone), Clóvis Graciano (*Uirapuru*, de Villa-Lobos), Lasar Segall (*O Mandarim Maravilhoso*, de Bela Bartok), Burle Marx (*Petruscka*, de Stravínski), Anahory (*Indiscrição*, de Jacques Ibert), Quirino da Silva (*O Vale da Inocência*, de Mozart), Irene Ruchti (*Quatro Estações*, de Vivaldi), Aldo Calvo (*Leiteria Vienense*, de Strauss) e tantos outros... Chamamos a atenção sobre um aspecto atual e dramático do problema que esta exposição

3. *Folha da Noite*, São Paulo, 26.10.1955.

coloca diante de qualquer brasileiro: tais cenários foram realizados pela turma organizada em São Paulo por Aldo Calvo, composta de Francisco Giacchieri, Luciana Petruccelli, Ruggero Biasi e vários outros técnicos: a mesma turma que hoje realiza trabalhos humildes em nosso palco oficial, assistindo às montagens das velharias que os nossos papas das temporadas líricas mandaram vir da Itália, oficialmente "por economia", mas – à boca pequena – "porque não há cenógrafos no Brasil"... Evidentemente, não há aqui ninguém capaz de idealizar, nem sequer executar, coisas modernas e de bom gosto!

Mas então, de que adiantou a profunda revolução operada no teatro brasileiro pelos Comediantes, pelo TBC, pelo TMDC, pelo Balé do IV Centenário? Será que continuaremos a ser escravos do provincianismo daqueles que acreditam nos "palcos mecânicos" e no "maior do mundo"? Enquanto isso, cantores de segunda categoria recebem ordenados fabulosos, e os tais papas sabem que, quando a "coisa" estourar, eles estarão longe, tratando da compra de alguma vila na Riviera ou em Capri. Mas será preciso, algum dia, que se esclareçam certas coisas: e que se discrimine entre a contribuição de grandes técnicos – tais como Aldo Calvo – e certas duvidosas aventuras.

No teatro, já se chegou a distinções claras entre os improvisadores de "grandes espetáculos" e os estrangeiros firmemente decididos a se radicarem aqui e a lutarem, com os brasileiros, pelo progresso da arte. Ou será que somente a música é terra de ninguém?

Entremos religiosamente na sala do Museu, onde estão expostos os frutos da expressão brasileira em seus moldes mais atuais, mais solidamente ligados ao gosto plástico moderno. E agradeçamos. E meditemos. E tratemos de criar um pouco de vergonha.

APELO AO SENHOR JÂNIO QUADROS[4]

Quando o prefeito de São Paulo – eleito entusiasticamente, contra tudo e contra todos, pela força da opinião pública, pela pressão irresistível do povo – tomar posse de seu cargo, terá de enfrentar, entre tantos problemas, também o da reorganização dos teatros municipais, da subvenção às companhias de teatro infantil etc. O teatro tem sido, até hoje, um dos grandes motivos de demagogia da política municipal, sem que aos grandes planos correspondessem as realizações, sem que as promessas fossem seguidas pela estruturação de uma política concreta, sem que a boa vontade conseguisse se articular com base na justiça.

Cabe ao senhor Jânio Quadros tomar conhecimento dos problemas teatrais de São Paulo, com vistas menos às soluções grandiosas e

4. *Folha da Noite*, São Paulo, 31.3.1953.

impossíveis e mais à elaboração de uma rotina modesta e honesta, com a qual os grupos de arte dramática possam contar de antemão, sem sonhar demais, mas também sem surpresas desagradáveis. Hoje, porém, queremos submeter ao senhor Jânio Quadros apenas um caso, único e especialíssimo: o caso do Teatro Experimental do Negro, fundado e dirigido por Abdias do Nascimento, que recentemente se mudou do Rio para São Paulo acompanhando o impulso geral do movimento teatral e cinematográfico, que vê em nossa cidade uma terra da promissão, rica de oportunidades, de capacidade realizadora, de espírito democrático e cosmopolita. O Teatro Experimental do Negro tem desenvolvido até hoje, em meio a grandes dificuldades e vencendo, dia após dia, uma crise econômica permanente, ainda não superada, um trabalho inestimável em prol da integração definitiva do negro na vida e na cultura nacionais, estimulando os estudos antropológicos e sociológicos, formando artistas de grande valor, como Ruth de Souza e Aguinaldo Camargo, estabelecendo contato com os movimentos similares dos Estados Unidos etc.

Entre espetáculos, cursos, conferências, revelação de atores e diretores, fundação do Seminário de Grupoterapia e congressos interraciais, imensa é a bagagem de atividades e de méritos adquiridos por Abdias do Nascimento na sua luta incansável, de 1944 para cá. Não há homem de teatro, sociólogo ou educador, no Brasil, que não tenha reconhecido o valor dessa obra, cuja importância transcendente não precisa de muitas palavras para se impor à atenção de um verdadeiro democrata.

O Teatro Experimental do Negro acaba de dirigir ao secretário da Educação uma petição, na qual se propõe a colaborar intensivamente com os poderes municipais no seu programa educativo, pretendendo utilizar-se dos seguintes meios de ação:

a) organização do TEN em São Paulo;
b) organização de um curso de arte dramática;
c) organização de um museu histórico e etnográfico;
d) formação de uma biblioteca especializada.

Essas atividades procurarão desenvolver-se através de uma ligação estritamente coordenada com o Instituto Brasileiro de Filosofia, Escola de Sociologia e Política, Museu de Arte Moderna e outras entidades, constituindo um capítulo singular e substancial no grande livro da cultura paulista.

Eis aí, senhor Jânio Quadros, algo básico, algo urgente, algo sério. É preciso que o TEN sobreviva e realize o seu programa. E acredite, senhor Prefeito, que estes são os votos de todos os intelectuais liberais e progressistas de São Paulo.

AGRADECIMENTO[5]

Estas linhas só têm um fim: agradecer ao senhor Franco Zampari por ter tornado possível a realização de um velho projeto, não apenas meu, mas de todos aqueles que, dentro e fora do TBC, vivem a se preocupar com o nível artístico e cultural de nossa maior organização dramática.

O problema do repertório no TBC foi, e está sendo, resolvido de maneira a mais racional, a única que pode enfrentar validamente a realidade econômica e cultural do momento, simbolizada pelo público: alternando às obras de grande valor literário outras que têm "apenas" um grande valor teatral. Os superintelectuais e os esnobes fazem mal em depreciar tais obras. Primeiro, porque é a essas peças que devemos um equilíbrio entre a despesa e a receita, sem o qual o TBC teria que diminuir sensivelmente seu elenco, seus técnicos e, sobretudo, aquele capricho, aquele gosto da apresentação bem acabada e minuciosa que caracteriza seus espetáculos. Em segundo lugar, porque o nível atingido pelo teatro ligeiro no Brasil, graças ao TBC e a poucas outras iniciativas esparsas, é uma das maiores garantias de que a renovação teatral brasileira já alcançou o profissionalismo absoluto, deixando para trás o tempo das experiências e das boas intenções. A comédia ligeira é o pão de cada dia do teatro, e não basta que alguém saiba enfeitar, ou até mesmo cozinhar doces para intitular-se padeiro. Em terceiro lugar, porque muitas dessas comédias ligeiras são infinitamente melhores do que as peças dos ditos esnobes e intelectuais.

Apesar disso tudo, é evidente que os bons intelectuais, as pessoas cultas, os amantes da literatura dramática, todos que não são simples esnobes, enfim, devem às vezes esperar meses e meses que a peça de *boulevard* saia de cartaz para poderem assistir a algo que os satisfaça inteiramente. Da mesma forma, é evidente que um teatro preocupado com a sua estabilidade e continuidade econômica não pode oferecer, todos os dias, oportunidades a escritores e intérpretes novos.

O Teatro das Segundas-Feiras nasceu em 1950 justamente com esses fins: apresentar um repertório de arte e, mais ainda, um repertório de vanguarda – e fazer uma série de experiências com escritores e artistas. O trabalho simultâneo de muitos diretores e artistas no cinema e no teatro, e a necessidade de não perturbar o único descanso semanal de um grande número de pessoas, impediram até agora que o Teatro das Segundas-Feiras tivesse continuidade, apesar dos excelentes espetáculos apresentados, devidos em grande parte ao imenso talento diretorial de Ziembinski.

O ano de 1952 foi o ano de menor atividade, e quase de eclipse, do Teatro das Segundas-Feiras. Este ano, o público já assistiu ao despertar da iniciativa, não só através das tradicionais apresentações do

5. *Folha da Noite*, São Paulo, 5.8.1953.

Grupo de Amadores Ingleses e da Escola de Arte Dramática, como também de um espetáculo de grande interesse revelando um autor novo: Millôr Fernandes. E agora, fala-se também de uma reprise de *O Carteiro do Rei*, que foi o grande sucesso de Maria Fernanda no Rio.

Abriu-se, assim, a porta a uma modalidade nova, a do convite a grupos e atores que não pertencem ao elenco do TBC – o que não significa que o elenco permanente deixará de ser a base principal para qualquer espetáculo da segunda-feira que a direção do teatro decida apresentar diretamente, e não apenas como anfitrião. Uma modalidade mista é a que vigorará no Teatro de Vanguarda, por mim dirigido, que constitui o motivo do presente agradecimento ao único organizador de teatro profissional, no Brasil, capaz de empreender e amparar semelhante empreendimento.

O Teatro de Vanguarda apresentará, inicialmente, três peças, *A Desconhecida de Arras* de Salacrou, *Dido e Enéas*, de José Paulo Moreira de Fonseca, e *Conflito sem Paixão*, de Ugo Betti. O elenco será composto por atores escolhidos entre os seguintes: senhoras Ruth de Souza, Beyla Genauer, Eny Autran, Salma Yanni, Moná Delacy, Dinah Mezzomo, Dani Darcel, Vanda Hamel; senhores Eugênio Kusnet, Xandó Batista, Milton Ribeiro, Valmor Chagas, Ítalo Rossi, Josef Guerreiro, Felipe Wagner, Francisco Arisa, Rubens Costa, Luís Tito, Guilherme Corrêa, Armando Pascoal, Honório Martinez e outros. A partir do segundo espetáculo, vários atores do elenco permanente do TBC atuarão como convidados especiais. Mais uma vez, muito obrigado.

OS MENINOS[6]

O êxito realmente extraordinário do jovem ator paulista Leonardo Vilar (que nós, aqui, sempre chamamos de Léo) no Rio de Janeiro, onde se apresentou em três papéis difíceis, ao lado dos outros excelentes artistas da Companhia Dramática Nacional, deve estar despertando o mais legítimo orgulho em Alfredo Mesquita e em todos aqueles que acompanharam o trabalho tenaz da Escola de Arte Dramática de São Paulo. Leonardo Vilar pertence àquela primeira turma de alunos do EAD que permanece, ainda hoje, como um exemplo incomparável de dedicação, de espírito de sacrifício e de amor ao teatro: rapazes e moças muitas vezes de origem modesta que, com seus talentos e esforços, tornaram possível a primeira experiência didática, séria e orgânica do teatro nacional.

Hoje estão todos, ou quase, trabalhando profissionalmente no teatro e no cinema. Todos os diretores e produtores que lidam com eles já aprenderam a reconhecer, de longe, as características, o "jeito" dos

6. *Folha da Noite*, São Paulo, 6.7.1953.

antigos alunos da Escola. Manifesta-se neles, com efeito, um espírito de disciplina realmente raro entre nossos artistas. Não se trata da "boa vontade" do amador: é a consciência profissional na sua forma mais alta, muitas vezes ignorada pelos próprios veteranos.

Qualquer êxito de Léo Vilar, Dina Lisboa, Benedito Corsi, Xandó Batista, Francisco Arisa, Monah Delacy, Marcos Jourdan, Liana Duval e Celeste Jardim, ou do esplêndido talento de escritor e diretor que é José Renato, é, antes de mais nada, um êxito desse novo espírito formado através do estudo, e que representa o maior desmentido a todos aqueles (ainda existem) que teimam em negar a utilidade e a importância das escolas de arte dramática. Todos os nomes acima têm estado constantemente em foco por suas participações nas principais realizações teatrais deste ano (TBC, Teatro de Arena, Companhia Dramática Nacional, Companhia Vera Nunes) ou em filmes das melhores produtoras nacionais, como a Vera Cruz e a Multifilmes.

Tenho pessoalmente, dos dois anos e meio durante os quais lecionei arte dramática a esta turma, a mesma lembrança maravilhosa que tenho dos tempos lendários do Teatro dos Doze. Procuro sempre utilizar esses elementos nas minhas realizações, porque sei o que eles valem, e porque levam o trabalho a sério. Nas próximas semanas, os espectadores poderão assistir às interpretações cinematográficas de Dina, Corsi, Arisa e Celeste em *Esquina da Ilusão*, bem como à estréia de Monah Delacy no elenco do TBC. A Ofélia dos exames de 1950, a excelente intérprete de *Esta Noite é Nossa*, representará o papel de Verônica na comédia *Treize à Table (Treze à Mesa)*, de Sauvajon. Será mais um motivo de orgulho para Alfredo Mesquita e para seus colaboradores: os "meninos" cresceram – os nossos "meninos" já estão conquistando o público.

EXPERIÊNCIA ESCOLAR[7]

Pergunta-me um leitor do que é que gosto mais, se de teatro ou de cinema. O leitor provavelmente vai ficar decepcionado quando souber que o meu maior gosto, no momento, relacionado a teatro ou cinema, é o de dar aulas.

As poucas coisas boas ou úteis que tenho feito no campo do espetáculo pertencem, de algum modo, à atividade didática. Comecei trabalhando num teatrinho universitário – isto é, como professor improvisado de outros moços da minha mesma idade. Depois, instintivamente, liguei-me a grupos de amadores, a iniciativas de vanguarda: outra experiência escolar, para mim e para aqueles que eu dirigia. Como crítico, tenho uma irresistível tendência para o professoral: não

7. *Folha da Noite*, São Paulo, 3.12.1952.

é pedantismo, é doença. Não compreendo como possa um crítico ficar no "gostei-não gostei" – mesmo que sustentado por refinada sensibilidade estética – e ignorar os problemas gerais, o lado ético e coletivo da atividade crítica, a ação – direta e polêmica – sobre o gosto e a cultura do público.

O Teatro dos Doze (a mais bela aventura de minha vida) foi uma escola rápida, violenta e prática de teatro, tão eficiente que chegou a criar, em certos atores, a inadaptabilidade a outros meios teatrais, e em mim, uma saudade que nada pode apagar. O tempo que passei na Escola de Arte Dramática foi um dos mais ricos em experiências e resultados de toda a minha atividade teatral. Nunca senti muito a emoção das estréias. Entretanto, as noites de exames dos "meninos" sempre foram para mim um tormento – e muitas, muitas vezes, uma grande alegria. Quantas vezes, a hora de aula (hora noturna, de trabalho duro depois do trabalho duríssimo) foi para mim a única compensação contra o péssimo teatro, contra o péssimo cinema em que me encontrava a lutar – foi a hora do esquecimento de todas as ingratidões, de todas as incompreensões, a hora de voltar a acreditar no teatro!

Ainda hoje, para não perder o hábito, continuo lecionando para o Centro de Estudos Cinematográficos, essa instituição única de idealismo e rigorismo artístico que, nestes dias, nos está proporcionando um acontecimento histórico, a Mostra Retrospectiva do Cinema Brasileiro, em colaboração com o Museu de Arte Moderna. Tenho alunos de estética que pertencem ao curso de técnico e ao curso de arte dramática. E tenho o meu curso de arte dramática que, agora, ficará entregue por algum tempo a um antigo aluno meu (e, ainda mais, aluno de Alfredo Mesquita): o culto, talentoso e paciente José Renato, autor, diretor e intérprete que tem diante de si um futuro brilhantíssimo no teatro nacional.

O curso já está dando resultados, superando até as expectativas do Centro e os compromissos assumidos para com o público e as autoridades. Os "meninos" trabalham. Os resultados serão, bem cedo, visíveis – e o maior deles será o último, aquele que coroará a obra: o Teatro Paulista do Estudante. Enquanto isso, eles ensaiam Salacrou e os coros de poetas modernos, fazem experiências práticas diante das câmeras, alguns deles já apareceram em filmes nacionais e outros vão aparecer.

Na hora em que me vejo obrigado a reduzir, por algum tempo, a minha atividade didática para dedicar-me à direção de um filme, sinto o dever de agradecer aos meus grandes amigos do Centro por me terem proporcionado mais esta satisfação. Meus caros Paulo, Saulo, Dirceu, Trigueirinho, Rosemarie: não se deixem abater pelas dificuldades, não liguem para aquilo que se passa fora de sua luta, que poucos conhecem. Algum dia, vocês terão a mesma satisfação que tenho todas as vezes que vejo alguém do Teatro dos Doze ou da EAD no palco; algum dia, vocês também vão saber, por experiência própria, que toda a grande arte moderna nasce em teatrinhos, em salinhas, em porões, em sótãos, em escolas, em clubes, em "centros" longe dos medalhões, dos intrigantes, dos incompetentes e dos políticos.

QUALIS ARTIFEX[8]

O Centro de Estudos Cinematográficos, apesar do nome, cabe perfeitamente entre os assuntos desta coluna, pois mantém, há mais de um ano, um curso de arte dramática que, embora tendo como fim principal a formação de artistas de cinema, dispensa aos alunos, antes de mais nada, aqueles conhecimentos básicos que nenhum ator pode dispensar e que são, justamente, os recursos técnicos, antigos e não elimináveis, da representação teatral.

Cinema, hoje em dia, é tudo: teatro clássico (*Hamlet*) ou moderno (*Uma Rua Chamada Pecado*), ópera (*Contos de Hoffmann*) ou balé (*Um Americano em Paris*). A noção de cinema puro está morrendo dia a dia. O ator deve estar preparado para todos os gêneros a que a produção vem se dedicando. Passou o tempo das caras fotogênicas, chegou a hora dos intérpretes.

Por isso, os alunos do curso de arte dramática do CEC fizeram, e estão fazendo, a sua experiência teatral ao lado das atividades propriamente cinematográficas. Dessa experiência já saiu um grupo amador – o Teatro Paulista do Estudante –, que se especializou em teatro brasileiro, clássico e moderno, e que tem prontas para estrear três peças nacionais: *As Doutoras*, de França Júnior, dirigida por este colunista (diretor do curso), *O Diletante*, de Martins Pena, e *Quando a Noite Volta*, de Samuel Rawet, um clássico e um "novíssimo" dirigidos respectivamente por José Renato – o fundador do Teatro de Arena – e por Antunes Filho, o insubstituível colaborador dos diretores do TBC. O TPE tem no seu programa uma apresentação prática da história do teatro brasileiro, de Antônio José a Coelho Neto, através de espetáculos, conferências e publicações que poderão vir a ser os elementos básicos de um futuro (e indispensável) Instituto Histórico do Teatro Brasileiro.

Enquanto isso, a atual diretoria, que temos a honra de presidir, sendo Alberto Cavalcanti o presidente de honra, começa a ver os frutos do seu trabalho e, mais ainda, dos quatros anos de trabalho das diretorias passadas. As maiores companhias cinematográficas do Brasil, a Vera Cruz e a Multifilmes, solicitaram os préstimos do elenco do Centro, que nelas passaram a trabalhar como aprendizes, sendo logo promovidos para posições melhores devido à sua preparação teórica e ao seu espírito profissional.

8. *Folha da Noite*, São Paulo, 30.6.1952.

Isso no que diz respeito à parte de produção e assistência de direção. Quanto aos alunos de arte dramática, podemos citar alguns entre os muitos que ingressaram na vida profissional: John Herbert, o novo galã da Vera Cruz e grande revelação do Teatro de Arena; Dani Darcel, que estreou tão brilhantemente no elenco de Vera Nunes; José Mercaldi, Diva Suozzo e Francisco Alambet, que tomaram parte em filmes da Vera Cruz; Ana Gutenberg, escolhida por Pieralisi para papéis de destaque, nos seus últimos filmes; Alberto Maduar, o ótimo Horácio do *Hamlet* da TV; Célia Camargo, que interpreta um dos papéis principais do filme *Fatalidade*, produzido por Mário Civelli; Yvonne Chiratta, hoje integrando o elenco do teatrinho carioca de Paschoal Carlos Magno – e muitos outros.

Fala-se muito em escolas de cinema, atualmente. Fala-se em tais escolas no projeto do Instituto Nacional de Cinema. Também se fala nelas num plano recentemente traçado pelo secretário do Governo Estadual, professor Canuto Mendes de Almeida. A verdade é que a única escola cinematográfica do país, que tem uma folha corrida deveras impressionante a apresentar, é o nosso Centro. Nenhuma iniciativa oficial poderá ser tomada sem contar a existência incancelável dessa instituição.

Apesar disso tudo, o Centro vai fechar, dentro de poucos dias, definitivamente, as suas portas. Não dizemos isso em tom de ameaça, de recriminação ou de hostilidade contra quem quer que seja. O Centro vai fechar porque os sacrifícios dos professores e dos alunos não bastam. Vai fechar porque a Prefeitura Municipal não tem verbas para cumprir o contrato assinado com o Centro, com base do Convênio Escolar que garante ao CEC uma subvenção de vinte mil cruzeiros mensais. Há quase cinco meses essa subvenção não está sendo paga. Bem sabemos que a culpa é muito mais da imprevidência do governo passado do que da má vontade do prefeito atual e de seus colaboradores. Pelo contrário, a nova Secretaria da Educação tem demonstrado compreensão para com as entidades beneficiadas pelo Convênio. A sua palavra, porém, é "esperar". Acontece, no entanto, que entre as entidades só podem "esperar" aquelas que são sustentadas por capitalistas ou por políticos. As outras morrem sob à pressão de circunstâncias materiais.

Vamos fechar as portas. Agradecemos a todos aqueles que procuraram nos ajudar. O Centro foi um grande artífice de consciências, de inteligências e de capacidades. Temos a certeza de que as suas realizações continuarão produzindo resultados positivos. Com o CEC, morre a única escola de cinema do país, e uma das pouquíssimas instituições culturais totalmente independentes. E assim vai o mundo.

TEATRO DE ARENA[9]

O teatro de arena, forma dramática atualmente muito desenvolvida, especialmente nos países anglo-saxônicos, surgiu substancialmente de dois motivos: um de ordem prática e outro de fundo intelectual. O primeiro é o da necessidade que tem os grupos experimentais, universitários e amadorísticos de montagens baratas, do gênero "indicativo", e de escapar à tirania das grandes salas de espetáculo. O outro motivo reside numa saudade profunda dos tempos em que o teatro se processava como um ritual, algo entre a cerimônia religiosa e a competição esportiva. Esta saudade predomina em muitas tendências do teatro moderno (mesmo opostas entre si, Meierhold e Copeau, por exemplo) e não é senão um reflexo da crise do homem ocidental, de sua desesperada procura do mundo da unidade coletiva, sempre tão lendário como o passado ou misterioso como o futuro. É o anseio sociológico de um mundo reduzido à solidão, preso na Babel do individualismo. De outro lado, esse mundo perdeu o contato com o verdadeiro povo e acostumou-se a reconhecer como única coletividade o grupinho social ou cultural ao qual pertence. Nasce, assim, o paradoxo do teatro de arena, que pertence ao mesmo tempo à tradição dos teatrinhos íntimos, para iniciados, e às grandes tentativas da dramaturgia contemporânea a fim de abolir as barreiras entre o palco e o público.

Essa contradição substancial, bem típica de um mundo dilacerado pela sua própria dramaticidade dialética, encontra no teatro de arena uma expressão tecnicamente curiosa, rica de achados novos e de problemas que dá gosto enfrentar. É perfeitamente compreensível que um *metteur en scène*, especialmente um moço, se apaixone por essa forma de teatro, cujas possibilidades, certamente não infinitas, são porém amplas e tentadoras.

É o que aconteceu com José Renato, autor, ensaiador e ator dos melhores da nova geração, agora transformado em profeta e apóstolo do teatro de arena em nossa terra. A primeira experiência de José Renato, realizada quando ainda era aluno da EAD, foi singularmente feliz: *Demorado Adeus*, de Tennessee Williams, peça que ganhou na versão de arena não sei que halo de intimidade e de lirismo sutil. Agora José Renato encontra-se à frente da primeira companhia profissional brasileira de teatro de arena. Ao lado dele está Sérgio Britto, outro valor indiscutível no panorama dos novos diretores e intérpretes. A estréia do grupo será nos primeiros dias de abril, no Museu de Arte Moderna, com uma comédia inglesa: *Esta Noite é Nossa*, de Stafford Dickens, traduzida por Sérgio Sampaio e pelo próprio José Renato, diretor do espetáculo.

9. *Folha da Noite*, São Paulo, 11.3.1953. Republicado em *A Expressão Dramática*, p. 138.

O elenco compreende: Sérgio Britto, Monah Delacy, Renata Blaustein e John Herbert. Os primeiros dois dispensam apresentações. Renata vem do grupo de Evaristo Ribeiro. John Herbert, aluno do Centro de Estudos Cinematográficos, é um dos intérpretes do magnífico filme de Luciano Salce, *Uma Pulga na Balança*. A peça será reprisada em clubes, fábricas e em espetáculos especiais para a Prefeitura, o Sesc etc... A seguir, o Teatro de Arena apresentará um espetáculo de duas peças: *Demorado Adeus* em nova edição e aquela deliciosa tragedinha em um ato, de José Renato, *Visita de Pêsames*, encenada desta vez por Sérgio Britto, terceiro ensaiador da peça depois das versões de Alfredo Mesquita e do próprio autor.

A RUA DA IGREJA[10]

Realizou-se na segunda-feira última, no Teatro de Arena, a estréia do Teatro Paulista do Estudante, apresentando *A Rua da Igreja*, peça irlandesa de Lennox Robinson, sob a direção de Sofie Rosenhaus. O início das atividades do TPE (que já conta com um bom número de sócios, e que já promoveu conferências, a cargo de Ziembinski e deste cronista), constitui para nós um acontecimento muito especial, o que nos impede de comentar essa estréia com a necessária objetividade. Com efeito, há muitos anos estamos lutando pela constituição do TPE, isto é, um grupo de amadores capazes de realizar um programa não apenas "teatral" (no sentido da descoberta de vocações ou talentos), mas sim "cultural" e "popular", fazendo de seu repertório um mostruário de inéditos e de curiosidades literárias dignas de estudo ou de divulgação, e realizando um esforço positivo no sentido de conquistar paulatinamente várias platéias, mais ou menos afastadas do teatro "oficial", começando pelo próprio público estudantil. Esforços importantes nesse sentido já foram feitos pelos estudantes da Politécnica (*Nossa Cidade*, *O Doente Imaginário*), e da Faculdade de Direito (*Corrupção no Palácio de Justiça*). O grupo do TPE – cujos animadores pertencem, em grande parte, à Faculdade de Filosofia – vem dar a este movimento uma contribuição muito séria, caracterizada por um espírito democrático singularmente vivo e lúcido. *A Rua da Igreja* é uma pecinha muito bem engenhada, cheia de achados técnicos curiosos que relembram Pirandello e Thorton Wilder. Seu autor pertence à segunda geração de teatrólogos irlandeses, a geração de Paul Vincent Carrol e de Lord Dunsany, que se seguiu àquela prodigiosa constelação

10. *Folha da Noite*, São Paulo, 3.6.1955. Crítica da peça *A Rua da Igreja*, de L. Robinson, dir. Sofie Rosenhaus, montada pelo Teatro Paulista do Estudante no Teatro de Arena-SP, maio de 1954.

de renovadores formada por Yeats e por Singe, O'Casey e Lady Gregory. O autor de *A Rua da Igreja* foi, durante algum tempo, diretor do Abbey Theatre.

Queremos citar aqui os nomes de todos os intérpretes brasileiros iniciadores de um movimento que, estamos certos, não ficará dentro dos limites iniciais, procurando cada vez mais os caminhos de um teatro digno de nosso tempo: Oduvaldo Vianna Filho, Vilma Leite Silva, Araci Abreu Amaral, Gianfrancesco Guarnieri, Minna Rojman, Regina de Paiva Ramos, Sofie Rosenhaus, Pedro Paulo de Uzeda Moreira, Renata Roman, Marisa Viana, Henrique Liberman, Antonio Henrique Amaral, Esther Weiskop e Júlio Helmann. Esta é a ordem com que se apresentam em cena, e não queremos alterá-la nem mesmo com o destaque criado por um elogio. O importante – no caso – é a equipe: é a mocidade, a seriedade, a humildade da equipe. A este punhado de moços desejamos uma vida difícil, desenvolvida sob o signo do descontentamento, da intransigência e da independência, que são as melhores qualidades dos grupos literários e artísticos através dos quais a mocidade se expressa, longe da feira de vaidades em que se agitam os espertos e os irresponsáveis, unidos num ritual cuja aparência brilhante já não consegue esconder uma substância fúnebre. Sabemos que esses moços têm consciência do verdadeiro sentido do trabalho que iniciaram, pois fizeram questão de escrever em seu programa estas simplíssimas palavras: "O TPE é uma organização cultural e artística cuja finalidade precípua é levar o teatro não só ao estudante, mas também aos meios mais populares onde ele ainda não teve acesso. Este espetáculo é, para nós, o ponto de partida." Por favor, não nos decepcionem! Saibam permanecer fiéis a esse programa.

O MILAGRE DA RUA PAIM[11]

A atividade teatral de Sandro e Maria Della Costa – atividade que já tem oito anos de árdua e vitoriosa continuidade – nasce da confluência da melhor tradição dramática nacional, simbolizada pelo nome da Itália Fausta, com o movimento de renovação iniciado no Rio pelo Grupo dos Comediantes, a que ambos os artistas pertenceram. É, portanto, um conjunto de aspirações, concepções e gerações típicas do teatro carioca, o qual hoje se transforma numa realidade paulista, acompanhando o sentido da mais recente produção teatral que fez de nossa cidade a capital artística do Brasil. Do teatro carioca, o grupo de Maria Della Costa vem herdar algumas qualidades típicas: o sentido amplo e

11. *Folha da Noite*, São Paulo, 3.11.1954. Apresentação do novo teatro Maria Della Costa, inaugurado em novembro de 1954, com *O Canto da Cotovia*, de Jean Anouilh, dir. Gianni Ratto.

popular do espetáculo, o amor pela eloqüência cênica, o arrojo, a tendência para a expansão fora do lugar de origem; ao passo que assimila, perfeitamente, a tendência para o capricho técnico e o gosto fortemente policiado que caracterizam a modalidade paulista da "renovação". É, portanto, um acontecimento de alcance realmente histórico o aparecimento desse novo teatro, oferecendo-nos todas as possibilidades para uma síntese há muito tempo desejada, e que provavelmente será a mesma que, instintivamente, Sérgio Cardoso já vem escolhendo para o seu trabalho.

De imediato, o nome de Teatro Popular de Arte, a que Sandro não renuncia e que é o mais belo e polêmico entre todos os nomes escolhidos pelos nossos conjuntos teatrais, indica um caminho que, pessoalmente, achamos certo e esplendidamente aberto. Daqui, até a idéia de nacional-popular em que se resume a mais alta realidade da cena contemporânea (na França com Jean Vilar, na Alemanha com a reestruturação dos teatros de Estado), o passo será curto, porém difícil, dependendo da existência de governos realmente interessados na cultura do povo, capazes de dar o primeiro impulso para a recuperação de um público hoje entregue, dispersivamente, ao cinema, ao rádio e à TV. Isso, porém, não deixa de ser um esquema ideal, uma perspectiva para o futuro. Olhemos agora, por um momento, para o passado e para o presente. O passado de Sandro e Maria sentiu o cheiro da guerra, de uma batalha solitária e violenta contra tudo e contra todos, cujo maior mérito residiu na regularidade da produção, mantida com desesperada constância, mas também – o que significa muito – em ter sabido fechar os ouvidos às muitas sereias do bom senso, aos conselhos dos falsos refinados e à literatice das igrejinhas. O presente, então, tem sabor de milagre. Maria e Sandro, sem perderem de vista aquela disposição humanística e proletária que os caracteriza, conseguem, extraindo-o praticamente do nada, oferecer um teatro que, logo no primeiro passo, coloca-se tecnicamente dez pontos acima da realização até agora alcançada pelo mecenatismo capitalista, e, desde logo, artisticamente no mesmo nível.

A estréia de *O Canto da Cotovia* representa a conquista, enérgica e autoritária, do público que já existe, daquela minoria social que tem sustentado o teatro entre nós. Daqui os realizadores poderão passar, se as circunstâncias forem favoráveis, para a conquista do outro público, de "todo" o público. Se isso acontecer sentiremos, finalmente, no teatro brasileiro, aquele grande vento de rua, de praça, de democracia, que se nos afigura o único capaz de vencer certo gosto de mofo, certo sentido de fechado e de incomunicável que, até o momento, nos tem desagradavelmente atingido, mesmo nas melhores realizações. A sala é um prodígio de visibilidade e de acústica. O palco, em que pese a ausência de espaços laterais, desenvolve-se generosamente na altura, na profundidade e no subterrâneo. A instalação elétrica supera tudo que se tem feito entre nós. Todas as acomodações visam um sentido de "casa", de lugar onde o trabalhador teatral pode realmente morar e sentir-se à vontade. Nossa esperança é que o público compreenda realmente o espírito que reina nesse local, feito para o seu conforto, para a sua confraternização integral com aqueles que fazem e vivem do teatro. E que, diante da vitrine que relembra uma grande atriz desaparecida[12], perceba historicamente o valor dessa anulação do mito do "marco zero", que ia fazendo do moderno teatro do Brasil uma formação telúrica, um território sem memória. O teatro tem pai e mãe, nome e sobrenome, data de nascimento e moradia certa. Disso advém a sua dignidade, que é uma dignidade de povo. O espírito dos velhos e dos novos que andaram "mambembando" por este Brasil, heroicamente, está aqui presente, e encontra a sua paz. E não é sem sentido que tudo isso seja, hoje, entregue a um moço europeu, nascido para o teatro fora dos bancos escolares e de qualquer privilégio, nascido no longo inverno em que os homens da resistência popular aguardaram e construíram a boa estação, e ainda hoje capaz de jogar para trás das costas as "posições" e a glória fácil, a fim de obedecer a um destino de *maquis* teatral. O nome de Gianni Ratto está perfeitamente no seu lugar, ao lado dos de Maria e de Sandro. A eles, e a todos aqueles que tornaram possível esta realidade, vai o agradecimento daqueles que sabem tudo aquilo que pode surgir disso; e tomara que supere as próprias intenções, em nome de um impulso irresistível de progresso e de mensagem humana.

12. Itália Fausta, atriz ítalo-paulista tia de Sandro Polloni e fundadora, com ele e Maria Della Costa, do Teatro Popular de Arte, falecida em 1954 no Rio de Janeiro. Em 1949 havia comemorado em São Paulo seu jubileu teatral.

Parte II

A Pedagogia do Gosto

1. Tradição, "Renovação"

TEATRO POPULAR[1]

A companhia encabeçada por Maria Della Costa, hoje finalmente instalada em sua própria casa, correu pelo Brasil durante muito tempo sob este nome sugestivo: Teatro Popular de Arte. É o nome do elenco, ainda hoje. Posso dizer que jamais um nome de grupo teatral me entusiasmou e me comoveu tanto como estas quatro palavras. Nelas está encerrado tudo o que acho do teatro, tudo aquilo que dele espero, tudo aquilo que corresponde às minhas menos modestas ambições. Um teatro que seja realmente TEATRO, isto é, rico daquele antigo, quase indescritível instinto que desencadeia nos homens, em praça pública, irresistivelmente, o frenesi da dança, a ingenuidade da imitação, a religiosidade do coro. Sucessivamente: um teatro DE ARTE, isto é, um teatro capaz de colocar aquele instinto, aquele frenesi (a "peste" de Artaud) a serviço da palavra, da poesia. Em terceiro lugar: um teatro POPULAR aberto às grandes massas, colóquio misterioso e solene entre a mensagem e a *polis*.

Além do mais, um verdadeiro teatro popular serviria para livrar a nossa arte dramática de todos os males que ainda a afligem, ou de todos os perigos que ainda a ameaçam: formalismo, intelectualismo, esnobismo, provincianismo, burguesismo, grã-finismo, futilidade... Em praça pública não se brinca. Em praça pública o detalhe não tem

1. *Folha da Noite*, São Paulo, 21.1.1955.

possibilidade de se fazer passar por fator decisivo, a análise não pode tomar o lugar da síntese, a decoração externa não pode substituir o ritmo e a energia íntima do espetáculo. Os pequenos mitos da "naturalidade", do "bom gosto", da "inteligência" (derivativos, sucedâneos da alta declamação, da severa estrutura cênica, da meditação lírica e religiosa) tornam-se imediatamente ridículos.

É evidente que um fenômeno dessa amplitude não é causa, mas sim conseqüência; é evidente que, para realizá-lo, são necessárias determinadas circunstâncias de ordem cultural e, sobretudo, social. Mas nem por isso devemos ficar em atitude de espera, ou pior, de renúncia. Tudo o que for possível no sentido de acostumar autores, diretores e intérpretes a um "fôlego" mais amplo, deverá ser tentado. Tudo o que for possível no sentido de encaminhar para o teatro os grandes públicos do cinema e do esporte, também deve ser feito. Tudo o que for necessário a fim de convencer os governos a criarem as bases para um teatro popular (empreendimento impossível para a iniciativa particular), também precisa ser ventilado e efetuado. Chegou um tempo de grande polêmica teatral. Está para se definir a linha divisória das concepções, das mentalidades, dos interesses, dos estilos. Nesta segunda revolução do nosso teatro moderno, aqueles que realmente compreendem o alcance do ideal de um teatro popular de arte podem e devem contribuir de todas as maneiras, começando pelas mais elementares. Uma forma elementaríssima, nem sempre possível nas circunstâncias atuais, é a de rebaixar os preços das entradas todas as vezes em que houver margem para isso (o pequeno prejuízo de hoje pode ser um pequeno passo para o grande lucro de amanhã). É o que vem fazendo, há duas semanas, o Teatro Maria Della Costa, com ajuda parcial da Comissão do IV Centenário, realizando apresentações de *O Canto da Cotovia* a cinco e dez cruzeiros. Fomos ver. Que público, meu Deus! É o "outro" público. Um público para o qual valeria a pena encenar, não um Anhouilh, mas sim Shakespeare, Schiller, Calderón, Alfieri... Um público que vai ao teatro, em muitos casos, pela primeira vez. O mesmo fenômeno que pudemos constatar durante as apresentações de *A Filha de Iório*[2].

Esta é mais uma contribuição para a existência de um verdadeiro teatro popular de arte. Uma contribuição pequena, infelizmente transitória. Algo mais positivo, com maior continuidade, só poderá ser feito pelos poderes públicos. Enquanto isso, esperamos que no setor cultural, isto é, nas tendências dos jovens que se interessam pelo teatro, a inspiração do coletivo, do popular, do coral, se materialize em novos rumos de estudo. Provavelmente receberemos, ainda este ano, a visita

2. A peça de d'Annunzio, com direção de Jacobbi e grande elenco estrelado por Sérgio Cardoso e Cacilda Becker, havia sido apresentada em junho de 1954, em temporada popular no Teatro de Cultura Artística, como homenagem da comunidade italiana para o IV Centenário da cidade de São Paulo.

do Theâtre National Populaire de Jean Vilar. Os moços paulistas poderão comparar esta temporada com a última de Barrault e tirar as suas conclusões. Na mesa de trabalho de alguns desses moços já vimos que Théatre Populaire tomou o lugar das cópias coloridas em papel couché e dos clichês perfeitíssimos do Theatre des Arts.

TEATRO VELHO E NOVO[3]

Este é o título de um velho discurso de Luigi Pirandello, que reapareceu ontem entre os meus papéis e forçou a minha atenção devido à sua atualidade. "Não devemos" – diz Pirandello – "discutir abstratamente, e negando como coisas materialmente reais, certos problemas indeterminados, que por sua vez determinam o que é novo". E acrescenta: "Os problemas do tempo não existem para o verdadeiro criador. Existem para aqueles homens, sem dúvida, dignos de respeito porque iluminados e iluminadores, mas que não possuem qualidades substanciais de criação. Estes sim, tiram os seus problemas do tempo, no qual foram colocados pelos espíritos criadores".

Não gostaria de ver interpretadas estas palavras do mestre siciliano de maneira excessivamente idealista ou transcendental. Pirandello, é claro, chama a atenção para o perigo de se colocar, de maneira material ou superficial, problemas que só valem quando dissolvidos inteiramente dentro da consciência humana. Admite, porém, Pirandello, que o problema das relações entre o artista e seu tempo existe e reclama, por isso mesmo, uma solução. Não para os grandes criadores, os espíritos excepcionais, diz ele (e a forma em que isso é afirmado revela ainda raízes românticas, porém a substância, se olharmos bem, é muito menos metafísica e anti-histórica do que parece). Não para os gênios, então, mas para os espíritos iluminados cuja função é, por isso mesmo, a de iluminar.

Claro que, mesmo para estes, os poetas "menores", em relação ao próprio tempo, a integração, a fusão, devem processar-se naturalmente e de maneira íntima, concreta. Inútil e perigoso será apontar os caminhos que cada um deve descobrir por si mesmo. "Trovarsi", diz Pirandello, o que significa, justamente, descobrir em si os fios sutis e de todo modo interiores que nos ligam ao tempo no qual, pirandellianamente, uma forma inexorável nos fixou.

Encontrar-se a si mesmo, *trovarsi*, significa estabelecer as próprias relações com o mundo externo. Não há outro caminho, e não existem atalhos. Verdade esta simples, elementar, mas que não faz mal repetir em tempos de abstração e dogmatismo. O teatro de ontem foi teatro

3. *Folha da Noite*, São Paulo, 6.8.1953. Republicado em *O Espectador Apaixonado*, p. 88.

burguês; então, dizem os simplistas, o novo não o será. Afirmação lógica e ao mesmo tempo mecanicista. A maioria daqueles que assim falam olha apenas para os "assuntos" do teatro, e não chegam a enxergar os verdadeiros "conteúdos". O velho teatro representou aqueles sentimentos, aqueles ambientes e histórias; nós daremos ao palco outros indivíduos, outras paixões dentro de outra atmosfera: este será o teatro novo...

Pirandello vem nos avisar que se trata sempre, no fundo, de uma questão de "olhos" ou de "óculos". Ou seja, de saber olhar as coisas por si ou através de lentes emprestadas. Teatro velho e novo: é sempre o mesmo problema; olhos e óculos, trabalho de criação ou exercício de imitação.

Veja-se o resultado de certas tentativas exasperadas de se fazer "algo novo". Evita-se o *living* burguês, o "triângulo", os três atos; fala-se em psicanálise, em política, em problemas de pós-guerra, mandam-se as personagens para estratosfera ou para o planeta Marte. E depois?

O burguês, amigos, é um modo de considerar a vida, mais do que um modo de viver. Está dentro de nós, não lá fora, em qualquer atitude transitória do nosso comportamento. Ser burguês, afinal, não é um modo de existir: é a aceitação, estável e fixa, daquele modo e daquele mundo. A interpretação que sabemos dar daquilo que existe e se move em torno de nós é tudo que vale: *living* ou estratosfera, o local não conta, pois só nós mesmos temos o poder de transformar o *living* num deserto moral.

Os olhos devem ser vivos, devem saber olhar. Senão, eles continuarão sendo, sempre e simplesmente, óculos.

DO ATOR E DO REALISMO[4]

Não podemos negar que os atores da nova geração representam com uma elevada dose de bom gosto. No entanto, a que se reduz esse bom gosto? Aparentemente à procura de uma "verdade" em tudo – no tom de voz e na dicção, nos gestos e nas reações sentimentais. Essa passagem da convenção à arte é um fenômeno conhecido, e é, em grande parte, ilusório. Verifica-se em cada geração, assim como em cada indivíduo. Significa, apenas, que cada homem ou geração que surge, não encontra a realidade tal qual gostaria de encontrar; acha a diversa da imagem que formou dentro de si e procura adequá-la a essa imagem. Em todo caso, por que será que todos esses esforços no sentido da verdade acabam numa convenção? Talvez por ser o esforço, necessariamente, limitado, ou porque a verdade se transforma? Sem

4. *Estado de S. Paulo*, São Paulo, 17.1.1959. Republicado em *Correio do Povo*, Porto Alegre, 27.6.1959.

dúvida, desde quando a verdade se tornou um conceito imanente, ela é cada vez mais esquiva, mais arisca, recusa-se a mostrar o rosto; e a convenção que se formou, como conseqüência do intenso "esforço de verdade" despendido pelo realismo, é uma das mais comoventes, das mais patéticas.

Os realistas, hoje em dia, devemos lembrar que já não são naturalistas. Não mais acreditam tanto na verdade, quanto na sinceridade, ou – ao menos – acreditam na primeira por intermédio da segunda. Mas, sobre a sinceridade, deveríamos argumentar da mesma forma que sobre a verdade, isto é, dizer que ela, tanto mais existe e tem razão de existir, polemicamente, quanto mais convencional for a situação em que ela se exerce.

Existem certos limites dentro dos quais podemos ser sinceros – além dos quais, porém, os sentimentos se falsificam e se subvertem a si mesmos; ficamos, então, reduzidos ao "jogo da sinceridade". O gosto da sinceridade não se estabiliza senão na loucura, que imagino ser uma sinceridade máxima. Em todo caso, parece-me que a sinceridade está sempre ligada aos sentimentos, e que serve para iluminar, para revelar sentimentos; sozinha, solta, é como a hipocrisia, é uma idéia puramente negativa. Sim, essa sinceridade mórbida que começa a aparecer por aí, esse gosto da sinceridade que está nos contagiando a todos, é uma nova maneira de escondermo-nos, de sermos hipócritas.

O demônio da sinceridade passou, pouco a pouco, da vida para o teatro. Há muito tempo o método de Stanislávski vive e resiste, baseado na sinceridade das sensações e na possibilidade de sua representação "concreta". Como se alguém dissesse: "brinquemos de viver". Transformamos assim em lei, em princípio único do teatro, a sinceridade, em lugar da verdade das paixões, que é uma coisa, *toto coelo*, diferente. A primeira é limitadora, individual, ligada aos múltiplos enganos e equívocos da personalidade; a segunda é uma voz universal, um impulso que inutilmente procuraríamos fixar numa atitude sentimental. Com a bitola da própria sinceridade individual, os "realistas" querem canalizar as menores nuanças da existência, mas as verdadeiras águas da vida continuam escorrendo por conta própria, são um rio que flui subterrânea e descontroladamente. A obsessão do detalhe chega a minúcias microscópicas, e através das fendas dos sentimentos particulares chegamos a uma sofisticação do real que, embora procure afundar-se até as raízes da vida, não chega senão a ser a sombra da própria ilusão.

Tal sinceridade é, além do mais, superficial, como tudo aquilo que, no homem, é apenas "psicológico". Tende para uma duvidosa "libertação" e não subentende um impulso ético, mas sim uma curiosidade pela vida moral. Em última análise, é um motivo sexual.

É compreensível que, no ator, esse instinto de sinceridade seja levado ao extremo, porquanto o ator parece ser o instrumento e, ao mesmo tempo, o agente mais adequado de toda a espécie de sensações. A qualidade especial de não pudor do ator (o exibicionismo que o sustenta) dá-lhe um potencial de sinceridade que pode parecer até absoluto. A sinceridade do ator é uma sinceridade experimental, portanto, em estado puro – como quando a gente diz: "Arte pura, poesia pura". O que – bem o sabemos – quer dizer: arte ou poesia à beira do vácuo, vazia ela mesma. Em outras palavras, mais uma convenção. A sinceridade como convenção é uma das nossas doenças mais tenazes, e no teatro nós a encontramos em seu estado primordial.

Tal sinceridade, que já se consegue a baixo preço, determina o nível médio de nossa arte dramática. Graças a ela, os atores transmitem-nos o arrepiozinho da verdade – não de uma verdade plena, essencial, mas da ilusão de certas sensações, porquanto se trata de uma sinceridade de tipo eminentemente sensorial, ocasional, fragmentário. Seu esteticismo é do tipo hedonístico. Já estamos às portas de um realismo entre moderado e decadente, no qual a curiosidade humana desde logo está encerrada numa norma convencional. Esse realismo já é "gosto". Jamais, creio, o teatro chegou a um nível tão agradavelzinho de discrição, esperteza, elegância, respeito pelas regras do jogo social. Sinceridade, sim, mas – antes de mais nada – verossimilhança! E a verossimilhança ajuda a não chocar os outros, reduz qualquer coisa a um aspecto compreensível e justificável. De sincero, o ator torna-se verossímil. Representa (representam, todos) na esfera desse "gosto" que parece muito audacioso, mas que na verdade é embotado, esfumado por uma cumplicidade mórbida. Estamos em plena *intelligentsia* burguesa, e esta nos conduz a um nivelamento que traz em si a ameaça da mediocridade geral.

Com efeito, o realismo, quando se torna um mito, ao invés de meio de experiência, é uma grandiosa escola de mediocridade. Quando o realismo não é sustentado pela ruptura poética, significa um método de controle, nada mais. Não faça isto, não faça aquilo – e é só. Destes "não faça", alguns são excelentes, abençoados, necessários: não fale cantando, não prolongue caprichosamente as sílabas, não olhe para a platéia, não imite o bêbado cambaleando e não componha um tipo de velho com uma vozinha de criança resfriada. Está tudo bem. E não há dúvida: hoje em dia é difícil assistirmos aos espantosos delírios vocais e mímicos de há quinze anos. Quase todas as regras de Hamlet aos comediantes são respeitadas. Digo mais (e pior): difundiu-se, entre os atores, uma vaga fé, uma estranha confiança no "não fazer". Pode parecer um paradoxo, mas a partir do dia em que foi recomendada a sinceridade, o ator encontrou um grande limite para a fantasia, para a invenção, e um grande incentivo para a preguiça mental. Hoje, o ator confunde aquela própria sinceridade com a do personagem e, em última hipótese, acaba sempre escolhendo a própria. Por isso, temos uma grande quantidade de atores encaminhados numa única direção e poucos fenômenos de imaginação dramática e cênica. Estamos nos encaminhando para um nivelamento formal sem precedentes, em que a única variação possível será aquela determinada pelas personalidades reais dos intérpretes.

Tais personalidades, que se substituem aos personagens, tendem a criar certa sugestão pelo fato de serem "diferentes", mas por isso mesmo tendem a se esgotar, a morrer em si mesmas. Veja-se, então, qual é o máximo divertimento de semelhante teatro! Com um ambiente estático e personagens diversificadas unicamente pelas personalidades dos atores (que são documentos de "costume" psicológico, mais do que reveladoras experiências humanas), estamos indo para o reino do tédio absoluto. Qual poderá ser, então, a última novidade? Talvez, as suas experiências cênicas: ali, conforme a dialética da sinceridade burguesa, encontraremos a cada vez alguma coisa de novo. Mas, que espécie de "novo"? Será cada vez mais tortuoso, monstruoso e rarefeito – já que estamos no reino da pura curiosidade. O objeto natural da última curiosidade, o novo mais novo, será o tarado, o débil mental, ou seja, uma exceção excepcional, um jogo de exceções.

Às voltas com tantas exceções, é natural que, por sua vez, a arte de representar se torne cada dia mais suave e alusiva. Aos atores, por força da sua domesticada e vagamente neurótica sinceridade, parecerá sempre estarem fazendo demais – representarão como quem quer atiçar o leão sem torná-lo feroz. Ei-los obrigados a permanecer naquela *medium* que não é *virtus*, mas é, muito ao contrário, uma prudência cheia de alusões; cheia de sombras oferecidas à imaginação (ao hábito). Ou senão, se desabafando em acessos de violenta histeria, nos quais – não estando acostumados a um conhecimento real da substância mesma dos próprios recursos – acabam no convencional, numa nova forma de melodrama.

Não sei, não – mas talvez o único remédio seja aquele de aprender a representar.

GOLDONI E A *COMMEDIA DELL'ARTE*[5]

I – Origens

As origens do teatro italiano de improvisação perdem-se na distância dos séculos. Precisamos voltar ao mimo, à *atellana*, à *satura lanx* e às outras formas do teatro romano popular e autóctone, isto é, ao teatro latino de antes da conquista da Grécia. Pelas escassas fontes de documentação (o teatro é a parte menos documentada de toda a

5. Revista *Dionysos*, Rio de Janeiro, n. 1, 1.1.1949. Republicado em *A Expressão Dramática*, pp. 17-41, acompanhado de uma "Bibliografia Essencial": Luigi Riccoboni, *Nouveau théâtre italien*. Paris, 1729. Andrea Perucci, *Dell'arte*

cultura romana; basta dizer que não temos senão poucas linhas dos maiores trágicos, Ácio e Pacúvio), sabemos que o mimo, representação de puros gestos, adquiriu progressivamente um feitio novo com a introdução de trechos falados, pela necessidade que os atores sentiram de comentar e explicar a pantomima e de introduzir nela algumas piadas bem ao gosto do público. Quanto à *atellana*, peça curta no gênero da farsa, sabemos que, embora escrita, deixava larga margem à atualidade política, que era aliás a sua especialidade. É possível, então, que a parte escrita não fosse muito maior do que os cenários, ou *canovacci*, da *commedia dell'arte*, resultando o espetáculo principalmente da improvisação dos atores. Foi no mimo que se formou a tradição das máscaras, isto é, do tipo fixo, incumbido de resumir determinada característica humana e apresentado sempre com a mesma aparência física: fenômeno que resiste até hoje em Carlitos, Harold Lloyd etc. As máscaras mais antigas do teatro romano foram Pappus (o velho ridículo namorador de mocinhas), Maccus (o avarento), Baccus (o bêbado), Baldus (o fanfarrão). Todos levavam máscaras no rosto, não máscaras genéricas, como as do teatro grego, destinadas a indicar o gênero da peça (tragédia, comédia) ou a categoria social da personagem (rei, ama, escravo), e sim máscaras individuais, destinadas a indicar o "tipo" e até a tornar reconhecível o ator. Por sua vez, a *atellana* parece ter tido a estrutura técnica do moderno *sketch* de revista: história linear, rápida, de fácil compreensão e servindo como pretexto para a sátira da atualidade. A *satura lanx*, como o próprio nome declara, era, nada mais nada menos, que um ato variado, com piadas, música, dança etc. Uma pequena revista. Em todas essas formas de teatro, a improvisação deve ter tido um valor determinante.

II – De Plauto aos Arlequins

Depois da conquista da Grécia, o teatro romano adquire um feitio sempre mais literário. Depois da queda da República, torna-se cada vez mais aristocrático; um teatro de minoria, longe do povo. Durante o Império, a imitação dos modelos gregos é regra geral, e o espetáculo predileto das grandes massas não é mais o teatro, mas sim o esporte; que gênero de esporte, todo mundo sabe... Contudo, o maior autor de Roma não foi nem o trágico Sêneca, nem o cômico Terêncio, imitadores dos gregos, embora talentosos e às vezes origi-

rappresentativa premeditata e all'improviso. Nápoles, 1966. P. L. Duchartre, *La comédie italienne*. Paris, 1925. A. G. Bragaglia, *La maschera mobile*. Roma, 1926. Mario Apollonio, *Storia della commedia dell'Arte*. Milão, 1935. P. L. Duchartre, *La commedie dell'arte*. Prefácio de J. L. Barrault. Paris, 1956.

nais. O maior poeta dramático da antigüidade romana foi aquele que soube dar forma literária ao antigo teatro popular e às suas máscaras, imortalizando-se pela força de sua intuição psicológica e de sua prodigiosa técnica de intrigas e surpresas, que vai além do próprio Aristófanes. Estamos falando de Plauto, autor em cuja obra a linguagem coloquial de cada dia e o próprio espírito do homem da rua assumiram, pela primeira vez, forma estética definida. As contribuições do mimo, da *atellana* e da *satura lanx* foram, sem dúvida, enormes na formação da obra de Plauto, homem de teatro, ator, empresário e diretor, como Shakespeare e Molière. E é observando esta obra que podemos ter uma iluminação decisiva sobre os valores psicológicos e técnicos do teatro popular de improvisação. As características principais parecem ser as seguintes: presença das máscaras; tradição dos enredos (contínua repetição e readaptação de determinadas histórias, como a dos dois gêmeos, a do velho avarento burlado e roubado por uma moça); pornografia; mistura entre linguagem literária e gíria popular; valores rítmicos de representação, com abundância de gestos típicos, movimentos dançados, tendência ao balé. No tratamento das máscaras, há uma perpétua oscilação entre a tendência a fixar tipos universais e o gosto da atualidade histórica e social. Serão estas, exatamente, as mesmas características que voltaremos a encontrar na *commedia dell'arte*, no teatro dos fabulosos Arlequins dos séculos XVI, XVII e XVIII.

III – Literário e Popular

Durante o Império Romano, formou-se uma distinção, um paralelismo entre o teatro literário e o teatro popular, que devia se repetir mais tarde como reflexo da realidade social, e que acabaria sendo a primitiva razão de ser da *commedia dell'arte*. Mas, para chegarmos a isso, devemos atravessar o período da grande crise do teatro devido à revolução cristã, e observar alguns fenômenos secundários que se produziram no teatro sagrado da Idade Média. O teatro religioso, como aliás quase toda a arte medieval, é arte essencialmente popular, ingênua, primordial; e é mesmo através dessas características que chega a ter um valor literário, isto é, a ser algo novo e original na esfera da poesia. A espontaneidade lírica, bem maior do que a força dramática, das representações sagradas, não vem de tradições de cultura e sim do sentimento universal. A técnica precisa ser toda inventada de novo, como se o mundo antigo nunca tivesse existido e nada tivesse criado. É o fenômeno da grande pintura primitiva, o milagre de Cavallini e Giotto.

Mas isso refere-se apenas à literatura dramática; quanto ao teatro, isto é, à *literatura em espetáculo*, ou ao *espetáculo sem literatura* (os dois pólos constantes da arte dramática), houve, sem dúvida, certa inevitável permanência de moldes antigos e conhecidos da arte de representar, radicados na própria natureza física do homem, herdados e alterados pelas diversas gerações; houve uma diferença inevitável de estilo entre o teatro religioso dos padres e o teatro religioso dos leigos; houve representações rigidamente místicas e outras mais profanas; houve, em suma, essa variedade, essa fisicidade insuprimível, essa vida que é o teatro. Verificou-se uma espécie de sedimentação de elementos teatrais, de motivos de arte cênica, destinados a desenvolver-se em épocas mais livres; e, como a Idade Média não tem teatro a não ser o popular, tais elementos foram tipicamente populares, antiliterários, alheios a qualquer classicismo, radicados naquela "terra de ninguém" da cultura que é a imaginação coletiva, na qual, de um lado os motivos da cultura aparecem deformados, reduzidos à caricatura ou elevados ao mito; e, do outro lado, a vida diária aparece reclamando o seu lugar dentro da arte. Os fenômenos mais interessantes, mais auspiciosos para o desenvolvimento futuro deram-se, certamente, quando o espírito religioso começou a se tornar menos rígido, mais tolerante, mais respeitoso da autonomia da arte, menos didático e propagandístico. No "outono da Idade Média", para repetir a fórmula de Huizinga, é que o elemento leigo começa a sobrepor-se ao sagrado; os atores enxertam tímidas cenas de amor, pequenos apartes cômicos, nas vidas dos santos e nas paixões de Cristo... E nestes "cacos", sem dúvida improvisados, reaparece magicamente, instintivamente, o sorriso satírico de Plauto: os diabos, os malvados, os pecadores, os tentadores, os heréticos, que se revestem, outra vez, simbolicamente, das máscaras do mimo e da *atellana*. Na decadência do drama sagrado, paralela à decadência do espírito religioso e aos primeiros anúncios da Renascença classicista, surge um esqueleto tímido de comédia, do fundo da memória e do instinto do povo.

IV – A *commedia dell'arte*

No século XV, o humanismo, o reaparecimento da cultura clássica, a formação de uma aristocracia da inteligência, o desenvolvimento das ciências naturais, o renovado triunfo dos modelos gregos e latinos, o disfarce cristão das filosofias antigas e dos antigos ideais de beleza, a tentação maravilhosa de uma civilização baseada totalmente no Homem, já são fatos consumados. E o teatro reage com fidelidade a essa atmosfera. O dualismo entre teatro literário e teatro popular ressurge sob forma mais rígida. Os dois teatros desenvolvem-se independentemente um do outro, no mais geométrico paralelismo: eles se desconhecem. E a diferença básica começa desde logo a ser esta: o teatro das Cortes é escrito. Forma-se imediatamente sobre os modelos gregos e latinos e não consegue alcançar resultados propriamente teatrais; o teatro do povo é improvisado, leva quase dois séculos antes de se formar definitivamente, não tem quase modelos e alcança resultados exclusivamente teatrais. Do teatro das Cortes, a parte mais abundante e mais fraca foi a tragédia. Deste, a *Sofonisba,* de Gian Giorgio Trissino, até o Iluminismo e o descobrimento de Shakespeare – isto é, até o século XVIII –, a tragédia neoclássica italiana arrasta, quase sem exceções, a sua eloqüência vã, a sua literatice, a sua complicação cênica e sua impotência criadora como uma maldição, como uma pesada corrente, cujos elos principais são Aristóteles e Sêneca. A comédia foi mais interessante devido à presença de uma tradição realista formada pela novelística, desde Boccaccio até Cinzio Giraldi; e chegou a dar uma obra-prima universal, *La Mandragola* (*A Mandrágora*) de Maquiavel.

Não nos esqueçamos, porém, de que, na comédia, conseguiram penetrar mais facilmente, de maneira indireta, motivos e formas do teatro popular. Porque, sem dúvida, um curioso intercâmbio entre os dois teatros existia; e o mais curioso foi do lado do teatro popular, isto é, a maneira como se processou a passagem de elementos literários para dentro do teatro de improvisação. Os cômicos, inicialmente amadores, depois profissionais, pertenciam a categorias sociais humildes, entre as quais a função de "ponte" com as categorias mais elevadas era desempenhada pelos criados, pelos copeiros, pelos pajens, escudeiros etc. Houve, assim, um intercâmbio secreto de enredos, fórmulas, palavras, recursos cênicos; o teatro popular acolhia-os de maneira a mais desembaraçada e irreverente, sem aquele temor com que o teatro aristocrático recebia os moldes antigos. Por isso, encontramos na *commedia dell'arte* enredos que são verdadeiros disfarces romanescos ou farsescos de tragédias gregas, poemas épicos, éclogas pastorais etc. Mas a temática da *commedia dell'arte*, nos seus dois gêneros exclusivos, o dramalhão e a farsa (como sempre acontece no teatro de ação, no teatro antipsicológico) recebeu contribuições de toda parte: os soldados espanhóis e franceses, que invadiram a Itália, trouxeram para o patrimônio da imaginação popular as histórias e lendas de seus países, as façanhas do Cid e a maldição do Convidado de Pedra, Roland chamando a armada com o corno encantado e os galanteios das Cortes do Rei Artur; patrimônio, em parte, já penetrado na Itália desde a Idade Média, e a cada dia aumentando, enriquecido, numa distância de lenda. Mas não é a temática, não são os enredos que importam para um teatro que só os aproveita como pretextos para a fertilidade criadora do ator. A *commedia dell'arte* é isso: comédia da arte de representar. Nada mais. E diante do teatro das Cortes em que o único progresso foi aquele da cenografia, realizada, aliás, por talentosos homens do povo com o dinheiro dos príncipes, ergueu-se o teatro popular em toda a sua vitalidade, criando e aperfeiçoando as máscaras, desenvolvendo uma técnica paradoxal e perfeita, tornando-se profissional, formando companhias estáveis que representavam no dialeto da cidade, e companhias viajantes que usavam a língua nacional. Famílias de atores aperfeiçoaram, filhos após pais, os "tipos" e seus frenéticos recursos teatrais. No fim do século XVI, a situação apresenta-se clara: fracasso do teatro literário e afirmação definitiva do teatro de improvisação. No século XVII, a censura da Igreja cai sobre o teatro das Cortes como um golpe de graça: a comédia desaparece e a tragédia continua na sua esterilidade. A aristocracia começa a convidar os comediantes improvisadores para representarem dentro dos palácios. A *commedia dell'arte* viaja o mundo a convite dos reis. Os comediantes italianos triunfam em França, Alemanha e Rússia. É o momento do triunfo, ao mesmo tempo o começo da decadência.

V – O Reino das Máscaras

O homem moderno que lê uma coletânea de peças da *commedia dell'arte* fica decepcionado. Seja nos velhos volumes franceses do Gherardi, seja na pequena antologia de Anton Giulio Bragaglia, ou seja nos manuscritos poeirentos das bibliotecas casanatense e corsiniana, procura-se inutilmente uma idéia exata daquilo que deveriam ser os espetáculos da Comédie Italienne. Mas o homem moderno não tem razão. Ele está acostumado com a literatura dramática como base do teatro; com o teatro como relação entre texto e espetáculo; com o espetáculo como interpretação do texto. As peças – os *canovacci* – da *commedia dell'arte*, não são textos. "A peça, no *canovaccio*, não é representada senão por um catálogo, mais ou menos árido, de ações, que não contém nenhuma expressão de sentimento, mas sim, apenas, uma seqüência de situações, que deverão, depois, no palco, inspirar ao ator as relativas expressões da alma. Os *canovacci* não chegam a ser nem a fachada do edifício, pois eles constituem apenas os alicerces"[6].

Por isso, a leitura dos *canovacci* requer, mais do que qualquer outra, a colaboração mental do leitor (estou tentado a dizer do espectador). Para essa colaboração é preciso uma base, um guia que o homem moderno pode encontrar na observação de certos atores da atualidade: atores de circo ou de revista, ou mesmo grandes comediantes, fiéis à técnica da improvisação, como Alda Garrido ou Eduardo De Filippo. Outra base – desta vez uma base histórica – pode ser encontrada nos repertórios, ou *zibaldoni*, elaborados por famosos comediantes da arte, e que serviram para diversas companhias em várias épocas. Muito interessante aquele que reúne os *lazzi* do mais famoso Briguela, o ator Atanasio Zannoni, recentemente descoberto e publicado por A. G. Bragaglia (em *Il Dramma*, setembro de 1943). A existência desses repertórios de falas, definições, piadas, anedotas e até mesmo pequenos trechos de diálogo (diálogo de ciúme, de despedida, de desafio etc.) tem deixado desconfiadas e alarmadas muitas almas ingênuas.

6. A. G. Bragaglia, *Commedia dell'arte, canovacci inediti, raccolti e presentati da A. G. Bragaglia*, Turim, 1942, p. 67.

Tais pessoas desconhecem a verdade teatral, a própria estrutura concreta da *commedia dell'arte*. A repetição de uma piada já escrita não prejudicava a espontaneidade da improvisação, mais do que a prejudicava a existência do *canovaccio* ou enredo. A qualidade essencial da representação daqueles cômicos residia, pensamos, no valor fresco, novo, da fala pronunciada no exato momento em que ela surge no cérebro e na sensibilidade: *pensamento expresso no momento mesmo em que está sendo pensado*.

Qualquer ator ou diretor de hoje sabe que, três quartos das deficiências que aparecem na arte de representar, e muito especialmente na de inflexionar, derivam justamente do fato de que o ator, enquanto diz, não pensa naquilo que está dizendo: pensa na linha geral do papel; no efeito que vai surgir, a determinada altura, naquela cena; no perigo de ser monótono etc. Preocupações essas todas legítimas e certas, mas que podem prejudicar, de outro lado, a naturalidade lógica e física da inflexão, aquela espécie de *análise perpétua* do texto que impõe à representação certos passos inevitáveis, como seja frisar uma palavra e não outra, marcar sinais de pontuação e distribuir o tempo das frases não na base da respiração e sim da sintaxe. O ator moderno está sempre obrigado a um processo gradativo e complexo de conquista da personagem e da peça; uma vez compreendida a peça, tem que encaixar nela a personagem; uma vez decorada a fala, tem que harmonizá-la com outras, dele e dos outros atores; tem que se convencer de que aquelas palavras são melhores do que aquelas que usaria nas mesmas circunstâncias; tem que transformá-las em ação, acumulando aos poucos inflexão, gesto, marcações, efeitos de voz, necessidade de respiração, até esquecer que tudo aquilo parte de um texto escrito por outro e acreditar que surgiu de dentro dele mesmo. Essa dificuldade inicial permanece às vezes visível até o fim, mesmo num resultado perfeitamente conseguido, já que foi conseguido à custa de inteligência, técnica e força de vontade, agindo sobre a sensibilidade em momentos sucessivos e, às vezes, friamente distintos.

Tais excessos de análise a fim de se chegar a uma síntese, que pode ficar imperfeita, não existem na representação do improvisador, que é, ela mesma, uma síntese *a priori*; a qual, se for imperfeita, sempre o será globalmente e não por falta de um ou outro elemento, pois ela se apresenta como um todo. É isto que nos ajuda a entendermos o que eram os *lazzi* dos cômicos da arte, entre os quais um ou outro *lazzo* escrito, ou já aproveitado, era um pingo d'água dentro de um oceano e, mesmo assim, sempre transformado e irreconhecível. A palavra *lazzo* vem do latim *actio*, isto é, ação. O abade Perrucci[7] descreve-nos com muita exatidão a técnica do *lazzo*, explicando-nos que ele não é apenas uma fala e sim uma ação, ou melhor ainda, um jogo de falas em

7. *Dell'arte rappresentativa premeditata e all'improviso*, Nápoles, 1966.

ação. O espectador moderno tem alguma oportunidade de ouvir *lazzi*; mas eles, estando dentro de uma peça escrita, são, como dizem os comediantes brasileiros, "cacos", isto é, enxertos de palavras ou ação no texto, a fim de verificar o espetáculo: não são mais, como na *commedia dell'arte*, o próprio texto surgindo já em forma cênica, isto é, um texto que, logo de saída, ninguém pode dizer se é texto ou espetáculo, pois é ambas as coisas inextricavelmente juntas. A maneira de se ensaiar uma peça improvisada nos parece, nas descrições dos historiadores, uma coisa tão complexa que, às vezes, nos perguntamos se não era mais simples preparar a representação de uma peça escrita. Mas, assim o fazendo, perdemos de vista a própria razão de ser da improvisação, que é o domínio da espontaneidade absoluta, e nos esquecemos da milagrosa capacidade daqueles comediantes, cada um deles intuindo magicamente os recursos do outro, fixando num instante a deixa certa para a construção do diálogo, medindo o ritmo das cenas, a duração dos atos e a proporção entre as partes da peça, e afinal, coisa maravilhosa, especialmente nos atores cômicos, a intuição infalível que os guiava, vencendo a tentação de repetir os efeitos ou insistir nas piadas. Esse foi o milagre das nossas máscaras, dos nossos Arlequins, Briguelas e Pantaleões, povo estranho e estupendo, único na história do teatro, quando cada indivíduo era uma síntese de ator, autor, diretor, bailarino, malabarista e coreógrafo.

VI – A Decadência

Na primeira metade do século XVIII, a *commedia dell'arte* continua gozando de todos os favores do público, porém os entendidos constatam que ela está agonizando. A *commedia dell'arte*, a esta altura, já se enriqueceu, tornou-se grã-fina, teve contatos com a nobreza e com os reis, deixou-se influenciar por transitórias correntes de culturas; perdeu, em suma, o seu feitio popular. As conseqüências desse fenômeno são gravíssimas. Primeira: a *commedia dell'arte* não ousa mais enfrentar assuntos de atualidade, pois a parte mais elegante do público poderia não gostar de alusões e sátiras políticas vindas do espírito anônimo das ruas, e as companhias perderiam a oportunidade de penetrar nas Cortes. Segunda: os grandes talentos de ator dedicam-se aos papéis cômicos, deixando as partes sérias para os atores novatos ou medíocres. Esse desequilíbrio está presente na própria construção dos enredos, nos quais as cenas de amor são repetidas com fórmulas fixas, sem fantasias, quase que para encher o tempo. Particularmente grave é a decadência do elemento feminino, que passa a ser escolhido com base na beleza física e não no talento, na esperança de atrair para a caixa do teatro os fãs aristocratas. Terceira: a pornografia torna-se cada vez mais ousada e chega a invadir esferas do espetáculo em que não tem a menor razão de ser. Quarta: o luxo da *mise-en-scène*, os truques de carpintaria, a abundância de trechos cantados e dançados tiram da *commedia dell'arte* aquele feitio ingênuo de espetáculo pobre e inteligente, confiado exclusivamente ao talento dos atores; talento que agora, pelo contrário, deixa-se sufocar pela parte visual e externa do espetáculo. Porém, o fenômeno mais grave de todos foi o seguinte: o excesso de tradições (hábitos, cacoetes técnicos, repertórios escritos, efeitos repetidos) acabará praticamente com a improvisação. O ator tinha bases demais para a sua representação e não precisava se esforçar. A *commedia dell'arte* acabara sendo uma comédia escrita – se não no papel, na memória dos atores –, e uma comédia ruim, de enredo convencional, de linguagem gongórica, como são todas as obras dos *nouveaux riches* da cultura. Perdido qualquer contato com a espontaneidade do povo, ela procurava, em vão, uma saída estética e intelectual que somente o gênio de um escritor podia assegurar-lhe. Deixara de ser um bom espetáculo e não chegava a ser nem uma medíocre literatura. Pior ainda, estava fora da própria atualidade dos gostos e dos anseios do público. É a esta altura que aparece, em veste de reformador, Carlo Goldoni.

VII – A Reforma Goldoniana

Os objetivos declarados da reforma goldoniana foram, antes de tudo, a observação da realidade psicológica e social; em segundo lugar, a necessidade, para o teatro, de readquirir um conteúdo ético, recobrando sua posição de intérprete e, ao mesmo tempo, educador da opinião pública. São estes, como se vê, dois objetivos bem ao gosto do século XVIII, duas finalidades características da mentalidade iluminista, revelando bem claramente a situação de Goldoni, semelhante à de Beaumarchais como intérprete dos anseios do espírito europeu na véspera da grande revolução burguesa. O que é mais interessante para nós (isto é, na consideração técnica do fenômeno de transição do teatro improvisado para o teatro escrito) é o seguinte: Goldoni não pretendeu fazer literatura e não conduziu a sua campanha em nome de uma *revanche* da literatura contra o teatro; apenas quis melhorar o teatro e, antes de tudo, o teatro como representação e espetáculo, encontrando na existência do texto escrito o meio mais adequado para alcançar o seu fim. Quero dizer que Goldoni, observando que os atores representavam mal e que os espetáculos não correspondiam mais à mentalidade dos homens da época, quis tornar o teatro tão vital quanto o havia conseguido ser pouco tempo antes, e por esse caminho, quase sem pensar, chegou à descoberta da eterna verdade estética: que o espetáculo é apenas a interpretação de um texto, pensando ter apenas redescoberto um motivo de disciplina e bom gosto do próprio espetáculo.

O que nós sentimos como uma regra básica da arte afigurou-se a Goldoni nada mais do que um ardil intelectual de empresário esperto e ansioso de novidades. Sem dúvida houve nele, também, aquela outra preocupação ética e quase propagandista; porém, o que nele predominou foi, sempre, a feição do homem de teatro. A primeira e, poderemos dizer, a única paixão de Goldoni foi o palco, a vida do palco, a própria transitoriedade do fenômeno teatral. Conseguiu realizar o seu sonho de ser algum dia o Molière italiano. Goldoni adorava Molière – e em Molière, especialmente, o mito do comediante que chega, pela simples força do teatro, à universalidade da poesia –, justamente ele, Goldoni, que sempre se considerou um ator fracassado devido à falta de espontaneidade que sentia derivar do seu próprio feitio de intelectual. Profundamente autocrítico neste ponto, Goldoni renunciou a representar, foi autor, empresário e diretor, e encarou Molière como um inatingível exemplo de homem de teatro completo, venerando-o com tanta devoção que chegou a descrever a vida íntima do grande francês na mais irremediavelmente ruim dentre todas as suas peças. Em todo caso, devemos pensar muito neste aspecto tipicamente teatral da psicologia goldoniana a fim de podermos entender a maneira gradativa e suave através da qual sua reforma se processou.

Com efeito, Goldoni começou escrevendo *canovacci* para a improvisação dos cômicos; em seguida, passou a escrever, para cada *canovaccio*, uma ou duas cenas por ato, especialmente cenas sérias; depois, passou a escrever quase toda a peça, reduzindo a parte do *canovaccio* simplesmente aos papéis das máscaras; mais tarde, escreveu peças com máscaras, porém com o texto já inteiramente fixado; afinal, aboliu as próprias máscaras e escreveu as suas comédias realísticas e psicológicas com a mais absoluta liberdade, como qualquer autor moderno. Esse trabalho de renovação – dele mesmo e do teatro italiano – levou quase vinte anos. E o mais engraçado foi que Goldoni, no último período de sua vida, quando foi trabalhar em Paris a convite do rei da França, teve que encerrar a sua carreira escrevendo... *canovacci* para a *commedia dell'arte*. Podemos dizer, em resumo, que Goldoni não renegou as qualidades teatrais da *commedia dell'arte*, a qual ficou sendo a base técnica de todo o seu teatro: simplesmente, ele a transformou, aperfeiçoou-a, tornou-a humana e atual, elevou-a até as mais altas regiões da literatura. É só ver o processo lentíssimo e sumamente refinado com que a inteligência goldoniana trabalhou sobre as máscaras tradicionais, elevando-as desde o ingênuo esquematismo popular até à mais complexa e sutil psicologia. Pantaleão transforma-se, através de centenas de peças, no imortal Geronte de *Il burbero benefico*, e Colombina é a base da maravilhosa Mirandolina de *La locandiera*. Goldoni tinha observado, ou melhor, descoberto, o valor social dessas máscaras; tinha visto como elas constituíam um relatório sumário, uma síntese da sociedade do seu tempo, expressando, todas, esta verdade: o aparecimento da burguesia no primeiro plano da história. É esta burguesia, representada por mercadores como Pantaleão ou por intelectuais como o Doutor, que está tirando proveito da decadência dos aristocratas, servindo-se do dinheiro, da cultura, do exercício das profissões liberais, dos casamentos das filhas e filhos. E nesse jogo de duas classes, a terceira, o povo, já aparece representado pelos criados espertos e pelas criadinhas endiabradas, pelos Arlequins e pelas Colombinas. Infinitas são as variações de Goldoni sobre esses temas. Eis Pantaleão a cortejar os nobres, e ei-lo, em outra circunstância, a contrapor a sua dignidade de homem simples às patifarias e vícios deles. Eis Colombina a casar com o patrão velho e rico; ei-la, outras vezes, a recusar as propostas dele e a preferir um homem de sua classe. Poderíamos continuar *ad infinitum* nos exemplos. Mas o que importa, afinal, é entender que Goldoni soube transfigurar o sentimento anônimo do seu século em forma universal de arte.

VIII – Arlequim, Primeiro e Último

A peça que, na obra goldoniana, representa um verdadeiro manifesto da reforma é o *Teatro Cômico*, com a qual, em 1749, Goldoni abriu a série das peças polêmicas que se passam na caixa do teatro, tão típicas da literatura dramática italiana, e que deviam culminar, no nosso século, na obra-prima de Pirandello: *Sei personaggi in cerca d'autore*. Quatro anos antes, em 1745, Goldoni escrevera *Arlequim, Servidor de Dois Amos*, que fora, pelo contrário, a última e maior expressão – e, para nós, a única – da *commedia dell'arte*. Das notas críticas de Giuseppe Ortolani à sua edição das *Obras Completas* do veneziano extraímos aquela que se refere ao Arlequim: "O próprio autor contou antes, no prefácio, e depois nas *Mémoires* (Paris, 1787), como escreveu esta peça em 1745, em Pisa, a convite do arlequim (Truffaldino) Antônio Sacchi, famoso ator do Teatro San Samuele de Veneza, que lhe sugeriu o título e o argumento. A história não era nenhuma novidade. É verdade que entre os inumeráveis *canovacci*, editados ou inéditos, da nossa *commedia dell'arte*, não encontramos nenhum *Servidor de Dois Amos*; porém sabemos que, já em 1718, M. Mandajors entregava ao ator Luigi Riccoboni, em Paris, um *canovaccio* intitulado *Arlequin valet de deux maîtres*. Um resumo detalhado foi logo publicado pelo *Nouveau Mercure*. É provável que Sacchi tenha transcrito dessa fonte o *canovaccio* e o tenha enviado a Goldoni para que ele o usasse como base de um novo texto. Com efeito, o nosso teatrólogo permaneceu fiel ao esqueleto do *canovaccio* francês, conservando a mesma intriga romanesca, os *lazzi* principais e até muitos nomes de personagens: apenas, àquele cenário acrescentou a vida. Todavia, no *Servitore di due padroni*, representado pela primeira vez pelo Sacchi, ao que parece em 1746, só estavam escritas três ou quatro cenas (sérias) de cada ato. Não sabemos quando foi que Goldoni se decidiu a reescrever a peça por completo. Partindo do prefácio, argumentamos que isso foi em Florença, no verão de 1753, quando pensou incluí-lo no terceiro volume da edição Paperini"[8]. Giuseppe Ortolani continua contando a história das diferentes representações da peça, em vários países e várias épocas, sempre com enorme sucesso, entre as quais destacam-se as dirigidas por Wolfgang Goethe, em Weimar; por Venceslau Vachtangov, em Leningrado; e a de Max Reinhardt, que o nosso especialista define muito justamente como audaciosa deformação. Podemos acrescentar as recentíssimas edições italianas, uma da Academia de Arte Dramática (1941, dir. Alberto D'Aversa) e outra do Piccolo Teatro de Milão (1947, dir. Giorgio Strehler). Também enumera, Ortolani, os principais críticos da peça, chegando a esta conclusão: "O próprio Goldoni definiu a peça como *comédia jocosa*, pois nela o jogo de Arlequim constitui a maior parte. Nós a chamaremos de comédia de intrigas, ou comédia-farsa, e nesse sentido achamo-la uma obra-prima. Tudo o que há de velho e romanesco na vã perseguição dos dois namorados, Florindo e Beatriz, não constitui elemento negativo naquele mundo inverossímil das máscaras. Toda a vida artística ou, melhor ainda, a vida poética da peça está condensada na personagem de Arlequim, que se apresenta aqui como o único, maravilhoso Arlequim remanescente da *commedia dell'arte*. O melhor dos três atos é o segundo, por causa da famosa cena do almoço servido simultaneamente aos dois amos: mas por toda a peça a alegria goldoniana continua fluindo, com a fertilidade do seu gênio" (*ibidem*).

IX – Conclusão

Pela exigência de Ortolani, vemos confirmado o ponto de vista de que o *Arlequim* pertence mais à *commedia dell'arte* do que à obra de Goldoni. Com esta particularidade excepcional: não fosse este Arlequim, não teríamos, da *commedia dell'arte*, senão informações e lendas, além do esquematismo indecifrável dos *canovacci* ou da comicidade bolorenta dos *zibaldoni*. Seja considerando-o como relatório taquigráfico de um espetáculo de improvisação, ou seja interpretando-o como uma fiel estilização devida à inteligência goldoniana, não há dúvida de que a peça pertence globalmente, por espírito e técnica, à *commedia dell'arte*, da qual nos traz um testemunho movimentado e brilhante em que a máscara sabida de Truffaldino fala-nos como o marinheiro da epopéia de Melville: "E só eu fiquei para contar-vos tudo".

X – Apêndice sobre as Máscaras

Arlequim

Arlequim é uma das mais antigas máscaras da comédia e sempre foi a mais popular devido ao seu caráter essencialmente cômico. Gran-

8. C. Goldoni, *Opere complete*, G. Ortolani (org.), Milão, Mondadori, 1940 e ss.

des atores interpretaram essa figura nos séculos XVI, XVII e XVIII. Entre eles, o mais famoso foi Domenico Biancolelli, chamado Dominique, que foi por muitos anos o primeiro ator da companhia dos Comédiens du Roi, em Paris, fundada pelo cardeal Mazarino no reinado de Luís XIV. O traje típico de Arlequim consistia, originariamente, numa roupa comum de criado com remendos de várias cores. Mais tarde, esses remendos se estilizaram em losangos de duas ou mais cores diferentes. O último dos grandes arlequins foi Sacchi, para quem Goldoni escreveu *Arlequim, Servidor de Dois Amos*. As características psicológicas da personalidade de Arlequim são as de um criado ignorante, mas inteligente; hábil, endiabrado, capaz de embrulhar seus donos e o mundo inteiro. A fertilidade imaginativa de Arlequim encontra-se desenvolvida, de forma mais universal, na própria personagem de Lélio em *O Mentiroso*, e o aspecto social da mesma personagem, que representa a evolução do povo paralelamente à decadência da nobreza às vésperas da Revolução Francesa foi, sem dúvida, o ponto de partida para o imortal *Fígaro*, de Beaumarchais.

Pantaleão

Na escala social do século XVIII, o velho mercador veneziano Pantaleão dos Bisonhos representa a burguesia e todas as manobras dessa classe para sobrepor-se à aristocracia decadente. Com efeito, Pantaleão pertence à família do antigo Pappus e dos mais recentes Harpagon, Shylock e outros negociantes e avarentos da comédia clássica. A habilidade com que esse homem consegue enriquecer-se e dominar os próprios aristocratas, amarrando-os com empréstimos, revela claramente a vitalidade da classe burguesa, nesse momento histórico, e uma espécie de vingança contra tudo aquilo que os aristocratas fizeram sofrer a esses comerciantes e artesãos nos séculos precedentes. Pantaleão, porém, tanto quanto não tem piedade para com seus ricos fregueses, é cheio de ternura e dedicação para com a família e, especialmente, com os filhos. Veste as suas filhas com elegância, dá-lhes uma refinada educação e, muitas vezes, pode ter até a péssima surpresa de ter um filho como o Lélio de *O Mentiroso* que, tendo sido um rapaz muito mimado pelo pai e educado como aristocrata, ignora a existência da única coisa que fez seu pai vencer na vida, o trabalho. O traje de Pantaleão – preto e vermelho – descende diretamente do Tentador das farsas religiosas medievais.

Polichinelo

Assim como Arlequim é natural de Bérgamo e Pantaleão de Veneza, Polichinelo, na parada das máscaras, representa a cidade de Nápoles. Por isso, tem todas as características convencionais que o humorismo popular costuma atribuir aos napolitanos: sentimentalismo, gulodice, pouca vontade de trabalhar e um certo fatalismo na concepção de vida.

Essa personagem, que descende do antiquíssimo Maccus da comédia latina, recebeu, através dos diversos atores e escritores, tratamento diferente, sendo que às vezes foi apresentado unicamente como palhaço e, outras vezes, como uma figura quase dramática de vítima grotesca da vida, antecipando assim a máscara francesa de Pierrot e, até mesmo, o moderno Carlitos de Charles Chaplin. O traje de Polichinelo é todo branco, como que para indicar a fundamental candura e inocência de alma do personagem. Enquanto que todos os Arlequins foram grandes bailarinos, todos os Polichinelos foram excelentes cantores, o que também faz parte da tradição napolitana. O último grande polichinelo foi Antonio Petito, no século XIX.

O Doutor

Aqueles mesmos nobres que precisavam dos préstimos do velho Pantaleão por causa de suas dificuldades financeiras, precisavam também de um advogado para solucionar os seus casos com a justiça, e de um médico para tratar de sua delicada saúde. Acontece, assim, que aquele mesmo domínio progressivo da burguesia sobre os nobres realiza-se não somente por intermédio do dinheiro como também por intermédio da cultura e da inteligência. No teatro do século XVIII, assistimos à formação de um monopólio econômico e intelectual por parte da classe média. O lado intelectual é representado pela máscara do Doutor, que em algumas peças é advogado e em outras médico, mudando também de nome, dos quais os mais freqüentes são Doutor Balanção e Doutor Lombardi. A maneira escolhida pelo Doutor para dominar os seus fregueses é a de um típico cabotino, falando latim a torto e a direito, pronunciando frases empoladas e incompreensíveis para impressionar os ignorantes. É o aliado natural de Pantaleão, com quem muitas vezes reúne as forças por intermédio do casamento dos filhos. O traje do Doutor é sempre preto, para sublinhar a austeridade e a dignidade com as quais se reveste a personagem. O Doutor Balanção, na comédia italiana antiga, falava o dialeto da cidade de Bolonha, que é a cidade tradicional da cultura universitária.

Colombina

Muitos intérpretes do papel de Arlequim mudaram o nome da personagem como querendo indicar uma maneira individual, diferente, de interpretar essa máscara tradicional. Aconteceu, assim, que Arlequim passou a se chamar, sucessivamente, Truffaldino, Scapino, Trivelino, Mezzetino etc. O mesmo aconteceu com Colombina, que seja na *commedia dell'arte*, seja nas obras de Goldoni, recebeu os nomes de Coralina, Esmeraldina, Diamantina etc. A personalidade de Colombina é mais ou menos aquela de um Arlequim de saias. Ela também é bastante representativa do período histórico-social que antecede a Revolução Francesa. Com efeito, vemos que em algumas peças, Colombina tenta ou consegue casar com o patrão, chegando mesmo a ser duquesa ou marquesa. Em outras peças, e especialmente nas obras de Goldoni, que nunca renunciou à sua polêmica democrática, ela recusa os pretendentes nobres e ricos para permanecer fiel a um homem do povo, que é quase sempre o próprio Arlequim. Foi deste último tipo de Colombina que Goldoni extraiu a maior personagem de toda a sua carreira de teatrólogo: Mirandolina.

REFLEXÕES SOBRE *O MENTIROSO*[9]

Da "máscara" ao "caráter", o desenvolvimento dos tipos goldonianos é muito significativo e gradual. Nas invencionices e trapalhadas de Arlequim, o "servidor de dois amos", está a origem da imaginação espetacular de Lélio. Da mesma forma, as mil Colombinas, Coralinas e Esmeraldinas constroem, dia a dia, a imortal Mirandolina, a *locandiera*. O *bourru bienfaisant* não é senão um Pantaleão absoluto, definitivo e universal. Goldoni, homem de teatro, sabia muito bem que a história não se processa por golpes de cena: estes acontecem apenas no palco – e nesse caso também temos uma prova da natural diferença entre a vida e literatura, estabelecida pelo processo de síntese e estilização que não é um segredo (oh, não!) dos escritores fantásticos, e sim dos grandes realistas.

Bragaglia costuma dizer: "O que é bom em Goldoni, pertence à *commedia dell'arte*". A tese é paradoxal, e serve apenas como testemunho de uma tendência para o "teatro teatral", de uma desesperada e formalística saudade do puro espetáculo, livre da ditadura literária. Contudo, o homem de teatro tem sempre a tentação de repetir a frase de Bragaglia quando vê os historiadores tratarem Goldoni como um reformador literário, enviado pelos céus a fim de recolocar as musas sobre o altar profanado pelos mambembes. Não, Goldoni não foi o inimigo ou o destruidor da comédia improvisada; foi quem melhor soube continuá-la e desenvolvê-la. Não fez a sua revolução sentado a uma mesa de escritor solitário, e sim sobre as tábuas do palco.

O espetáculo de improvisação, na sua época mais afortunada, talvez conseguisse ser também um "texto". Na época em que apareceu Goldoni, tal milagre já não se repetia. Ficara apenas o esqueleto da movimentação externa. Goldoni devolveu-lhe o dom da palavra e, com esta, a atualidade, a solidez social. Na *História* de Momigliano[10], entre as grandes comédias de Goldoni não aparece *O Mentiroso*. O crítico há

9. Programa da peça *O Mentiroso*, de C. Goldoni, dir. Jacobbi, cenários e figurinos de Aldo Calvo, com Sérgio Cardoso no papel título, TBC-SP, novembro de 1949.

10. *Storia della letteratura italiana*, Milão, 1933.

de ter sentido o cheiro da *commedia dell'arte*. Se tivesse decidido gastar duas palavrinhas sobre a peça, talvez acabasse repetindo um velho lugar comum: que só a personagem de Lélio pertence ao Goldoni maior e mais original. Admitindo que isso seja verdade (o que é muito discutível), parece-me que a mistura do "caráter" com as "máscaras" e o seu relativo contraste sejam uma base excelente para a criação de um encanto poético-teatral. Mas, insisto, a tese é muito discutível, pois o contraste, se bem o julgamos, não é entre um caráter e um grupo de "marionetes", mas sim entre um caráter complexo e uma série de caracteres simples. Quanto a certo "marionetismo", se existe, também existe em Lélio, mas é apenas um traço da estilização cênica, que é a forma característica do espírito goldoniano.

Observemos agora essa impalpável linha divisória entre as trapalhadas de Arlequim e as fanfarronadas de Lélio: aquele, mais inocente e simplório, acaba nos fornecendo a imagem de um mundo inteiramente cínico; este, bem cínico e às vezes perfeitamente criminal, revela, contudo, a existência de um problema ético. São dois séculos que se defrontam: o Seiscentos libertino e o Setecentos burguês. A evolução da consciência moral se faz sentir, e com uma força cujas conseqüências escapam ao próprio Goldoni: ouve-se ao longe o roncar, ainda incerto, do trovão revolucionário.

Arlequim justifica-se, Lélio é imperdoável. *Arlequim, Servidor de Dois Amos* é o relato taquigráfico de uma comédia improvisada, coordenado por uma mente lógica e pela unidade do estilo. *O Mentiroso* é uma peça inteiramente pensada e escrita, mas que conserva o perfume da improvisação como uma saudade capaz de se articular em um ritmo. Goldoni não saberia renunciar aos fabulosos recursos dos atores, às maravilhas que os cômicos da arte eram capazes de fazer. Toda a reforma goldoniana parte de um respeito pelo ator e nunca abandona este ponto de partida. Tem-se a impressão de que Goldoni quis, antes de mais nada, fornecer aos atores uma matéria mais rica e mais substancial. O ensaio de uma peça de Goldoni devia ser uma obra contínua de colaboração. No próprio texto escrito sente-se, muitas vezes, o "caco", por assim dizer, oficializado.

Falando com Procópio (Ferreira) sobre teatro clássico, lembro-me de que o grande comediante afirmava: "O público não retrocede". Sublinhava, assim, a necessidade de se modernizar os textos antigos, eliminando ou transformando as partes muito ligadas à época. Do meu lado, mesmo concordando, chamo a atenção sobre a outra face do problema: a colocação das personagens, de fala e espírito sempre modernos, dentro de uma moldura de "estilização histórica" – dentro de uma história-atmosfera, de uma história-poesia, capaz de sugerir o sentimento do antigo e, mais ainda, do eterno. Acho que isso só se pode obter mediante uma livre e sistemática falta de respeito à história-documento.

Nas *Memórias*, Goldoni não se cansa de estabelecer essa linha histórica: do teatro de máscaras a Molière, de Molière ao próprio Goldoni. Cada um desses momentos não existiria sem o outro. A esperança de Goldoni – fazer algo "como Molière" – nunca se deixou substituir pela vaidade (que teria sido justificada) de ter feito algo "mais moderno". Goldoni sabia muito bem que a moda não tem importância.

Falando com Paschoal Carlos Magno, antes da estréia do *Arlequim*[11], afirmei que, com aquele espetáculo, pretendia dar um exemplo, não de Goldoni, e sim da *commedia dell'arte*. "Se tivesse que apresentar um exemplo da arte goldoniana – acrescentei – teria escolhido *O Leque*, *O Mentiroso* ou a *Família do Antiquário*". Agora que estou ensaiando o *Mentiroso*, está me saindo das mãos uma *commedia dell'arte*. Mas a culpa não é minha: é de Goldoni.

Goldoni é o primeiro realista, o primeiro escritor moderno da literatura italiana. Então, para os românticos, que vieram pouco depois, devia ser um escritor muito antigo! Com efeito, ninguém como Goldoni sabia que classicismo e realismo são dois sinônimos perfeitos. Descoberta esta moderníssima, que somente os naturalistas (esses românticos disfarçados!) parecem ignorar.

Commedia dell'arte significa, antes de mais nada, século XVII, barroco, gongorismo, espanholismo... Por isso, no *Arlequim*, a tentação de vestir os atores com roupas de setenta ou oitenta anos antes da data de nascimento da peça era enorme. Mas em *O Mentiroso* essa tentação não se faz sentir, pois a peça pertence, estritamente, ao século XVIII. É uma peça burguesa, um testemunho do momento afirmativo da burguesia italiana. Fica a irritação de saber que, para muita gente, o século XVIII se resume em Monsieur Beaucaire e Madame Pompadour; então, por um instante, tem-se outra tentação: a de representar a peça de macacão, de *maillot*, ou de não representá-la.

Foi Adolfo Celi quem me aconselhou a encerrar a peça com o *lazzo* (já experimentado por alguns intérpretes) da última mentira de Lélio diante do pai. Pensei um pouco, e acabei concordando. Por minha conta, já havia tomado algumas liberdades. Transferência das piadas mais regionais para um registro popular moderno; cortes e, alguns deles, violentos; reconstituição da figura tradicional do Doutor, com seu repertório de frases latinas etc. Utilizei também uma cena de *Os Três Malandros*, da coleção francesa de Gherardi, bíblia da comédia improvisada: e umas frases e piadas felizes de uma velha tradução que Procópio (Ferreira), certa vez, me mostrou. Transformei Briguela num Polichinelo, máscara muito mais viva hoje em dia e que não corre o perigo, típico do Briguela, de se tornar uma espécie de *doublé* do Arlequim. Perdoai-me por isso, pois Goldoni já me perdoou.

11. Refere-se à peça montada pelo Teatro dos Doze, dir. Jacobbi, no Teatro Ginástico-RJ, outubro de 1948.

Com profunda honestidade, Goldoni declara, nas *Memórias* e no prefácio da peça, a descendência de *O Mentiroso* da comédia de Corneille Le Menteur. Corneille, por sua vez, não conseguia disfarçar a origem de sua obra, bem reconhecível em Lope de Vega. Mas a peça pertence inteiramente a Goldoni; até a grande cena entre pai e filho, em que há passagens inteiras traduzidas, adquire ritmo e sabor goldoniano – uma música, meus amigos, que só existe entre gôndolas, *bauttas* e *zendados*, lá na minha cidade, onde Goldoni ainda está passeando pelas ruas; poeta como ninguém, italiano como tudo e veneziano como só ele.

I'M SORRY, MR. GAY[12]

Dizem que tenho uma paixão exagerada – mórbida, até – pelo século XVIII. Contudo, detesto crinolinas, minuetos, rococó e Monsieur Beaucaire. Madame Pompadour afigura-se-me menos como mulher do que como colchão, extremamente favorável às pulgas. E minhas paixões infantis pela melancolia de Gilles e das "partidas para Citera" já se apagaram há muito tempo. Não, para mim já está morta a era da poesia *sac-à-bonbons*.

Mas a inteligência lírica de Mozart e a grave insurreição racional e profética dos iluministas ainda definem um ideal sério, o mais sério da romântica Europa. Fígaro fala alto, descreve lucidamente a linhagem dos nossos protestos e abre caminho aos símbolos da esperança. A revolução francesa ensina, mais do que qualquer outra coisa, a inviabilidade da história: aquilo que foi pensado, já é fato. Os fatos caminham. Robespierre parece-me mais concreto, mais "mozartiano" do que todas as revoltas idealistas, prestes a engendrar – mais cedo ou mais tarde – as novas místicas do irracional: vãs justificações do crime. Babeuf espera Robespierre às portas do futuro.

John Gay é contemporâneo disso tudo, e ao mesmo tempo um estranho. Um inglês, meu Deus! Naquela linha histórica que se processa sem sobressaltos aparentes e que se realiza pelas tranqüilas contradições da "liberdade" econômica, ele vem testemunhar a forma mais clara, a menos adulterada da dignidade liberal. Faz o seu protesto na margem azeda e patética do *sense of humour*. E sabe ser terrível como Cecco Angiolieri ou Villon.

Beggar's Opera (*Ópera dos Mendigos*) é um clássico do socialismo romântico. Nisso, está mais à frente do que os salteadores de Schiller e já pode rir das florestas encantadas de Bernardin de Saint-Pierre. A

12. Programa da peça *A Ronda dos Malandros*, de John Gay, dir. Jacobbi, cenário e figurinos de Túlio Costa, com Cacilda Becker e Sérgio Cardoso, TBC-SP, maio de 1950.

passagem do socialismo da utopia para a ciência, será sensível em Büchner, alemão e homem de ciência, dramaturgo menos romântico e "fatalista" do que possa parecer ao bestificado existencialismo contemporâneo. O pai do realismo. O expressionismo do outro após-guerra desenterrou a *Beggar's Opera*, assim como desenterrou *Woyzeck*. Não entendeu este, foi feliz com aquela. Claro: porque as revoltas de Piscator e Brecht eram, elas também, substancialmente românticas. Büchner resiste a essas solicitações; Mr. Gay as favorece. Também porque a história do soldado raso Johann Cristopher Sebastian Woyzeck é – para sempre – um texto, ao passo que a lenda do bandido Mac Heath e do seu "pátio dos milagres" continua sendo apenas um pretexto. Sim, a *Beggar's Opera* não é uma peça: é um *canovaccio*, do qual cabe, a cada nova geração, preparar uma edição diferente, em palavras novas e novos gestos. (Mensagem parecida deixou-nos Maiakóvski no prefácio do *Mistério Bufo*; mas ficou apenas uma aspiração ingênua do autor).

A *Dreigroschenoper* (*Ópera dos Três Vinténs*), de Brecht, é o Mr. Gay alemão de 1920. Já o filme de Pabst vai para outro rumo. Vito Pandolfi, em Roma, apresentou em 1943, às vésperas das sangrentas soluções da crise italiana, uma *Beggar's Opera* totalmente inspirada na revolta intelectualista da jovem geração italiana daquele momento. Em Brecht, não sobrou nada do texto de Gay. Em Pandolfi, tampouco. Na nossa adaptação, o caso é mais ou menos o mesmo.

Acredito – religiosamente, mesmo – no texto literário, na inevitabilidade teatral da literatura dramática, no espetáculo como interpretação. Para mim é, então, um salto no escuro a encenação de um "pretexto". Mas juro que não quis brincar de criador ou de mágico. Não acredito nisso. Não quis fazer o espetáculo puro. (Também não acredito em poesia pura, música pura, pintura absoluta etcétera; sou alérgico a metafísicas). Então, a *Ronda dos Malandros* será, ela também, interpretação de um texto. Só que se trata, desta vez, menos de um texto literário que de um texto psicológico, um "libreto" de sentimentos populares universalizados pela sua própria ingenuidade histórica. Sim, preciso de um público ingênuo. Sejam cândidos, por favor. Senão que fim levará esse gosto de feira-livre e de Luna Park, essa filosofia de analfabetos, essa moral de pequeno materialismo acrítico, essa vulgaridade grossa e simplória dos corpos soltos no palco?

Gostaria de devolver à peça do velho Gay o sentido mais simples denunciado pelo título inglês: "Um melodrama escrito por um esfarrapado". Sim, o *beggar* é mais autor do que protagonista da peça. A sua cômica e patética mentalidade é quem manda. Precisamos enxergar o mundo – e o teatro – através das lentes deformadoras (ou apenas, triunfalmente, simplificadoras?) do seu olhar.

Para demonstrar uma radical ausência de demagogia, não quis nem ao menos as baladas de Villon, *béguin* literário de Brecht. Fui buscar em Cruz e Souza a mística e dolorosa *Litania dos Pobres*. São pobres sem solução, eu sei, e perigosamente metafísicos. Mas todo socialismo romântico é sem solução. Mr. Gay teve o que queria. *I'm sorry, Mr. Gay...*

BOM DIA, MIRANDOLINA[13]

Amigos, esta é a *Locandiera* (*Mirandolina*), do veneziano Carlo Goldoni (1707-1793), com músicas do veneziano Antonio Vivaldi (1678-1741), dirigida pelo veneziano Ruggero Jacobbi (1919-?). Os três nasceram em fevereiro, em pleno carnaval de Veneza; os três estavam destinados a morrer longe de casa – um em Paris, outro em Viena, e o outro provavelmente em São Paulo. Os primeiros dois encheram o mundo com sua fantasia e sua glória. O terceiro deixará que se percam as suas cinzas de homem teimoso ao vento do pior século que os homens jamais tiveram. Mas, agora aqui estamos, os três venezianos, às voltas com uma toscana. Será que o espectador brasileiro percebe tais distinções regionais? O fato é que a comédia de Mirandolina é toscana, florentina mesmo, espalhando em volta de si a graça, a malícia e a doçura que reinam nas colinas de Fiesole e de San Miniato, sob os ciprestes de San Gimignano, em meio ao mistério das quietas vegetações que despontam por cima dos muros brancos.

Bastaria esse fato para alertar o espectador acerca de um fato essencial: este é "outro" Goldoni. Outro e maior. Mas a diversidade não vem apenas do ambiente, que deixou de ser veneziano; vem da concepção e do estilo, que dobraram a esquina perigosa da *commedia dell'arte* para inaugurar o realismo moderno, a comédia de costumes, psicológica e social. Da *commedia dell'arte* fica o cheiro, vago, impalpável, pairando no ar, devido a certos fatores externos. Mirandolina é Colombina, Coralina, Esmeraldina, transformadas, superadas, concretizadas. O papel foi escrito para a famosa Coralina, mas nasceu dentro de Goldoni devido à força de uma experiência humana, de uma observação real. Basta ver o prefácio: como sangram as memórias e o coração do bom advogado veneziano, ao dizer que alguma Mirandolina já o fez sofrer como se ele tivesse sido o próprio Cavaleiro de Ripafratta! A polêmica contra a *commedia dell'arte*, esta sim, continua viva, apresentando Goldoni aquelas duas cômicas, que são francamente duas cortesãs, mas que alternam com tanta facilidade as duas linguagens: a retórica gongorizante dos "repertórios", cenas e frases feitas, e a gíria diária do palco: "o trouxa", "o camelo", o achado irresistível de "meter os peitos na bandeja" com que as Lollobrigidas da época, colocadas na porta do

13. Programa da peça *Mirandolina*, de C. Goldoni, dir. Jacobbi, cenário e figurinos Gianni Ratto, com Maria Della Costa no papel-título, TMDC-SP, julho de 1955.

teatro, atraíam as belas e grandes moedas de ouro e de prata, "com direito ao beliscão"...

Realismo psicológico? Sem dúvida. Mas a psicologia é toda em relevo, é síntese plenária, articulada em símbolos cênicos positivos. Olhando bem, não há uma pessoa que preste: Mirandolina é o diabo que conhecemos; o Conde é um corruptor; o Marquês é um hipócrita e um covarde; Fabrício quer Mirandolina por amor, talvez, mas muito mais por motivos de dinheiro e de ambição; o Cavalheiro é o melhor, o único que defende, em si mesmo, uma alta limpeza moral, mas também ele é mau e covarde quando ofende as duas comediantes, "por serem quem são": se fossem damas... Apesar disso, a paisagem moral da peça não é pessimista; a atmosfera, a conclusão, o tom, têm sabor de serenidade. A indulgência goldoniana? Não: este é um mito de tempos adocicados e sem alma. Não é indulgência, é inteligência. E compreensão da origem social, circunstancial dos defeitos das personagens. O bem e o mal não são, para Goldoni, substâncias metafísicas: são "o que o mundo faz de nós". Por isso, o seu olhar é impiedosamente exato, mas seu coração está cheio de compreensão e de esperança. O humaníssimo poeta nos acompanha com aquele sorriso, com aquele ar muito dele, um ar de tio da gente.

Aqui, é que o realismo psicológico que se entrosa com o realismo social. A primeira cena da peça é exemplar nesse sentido, é um retrato completo da sociedade do século XVIII. O novo rico e o aristocrata discutem pelo amor de uma hoteleira. Um deles comprou o título de conde no mesmo dia em que o outro vendeu o título de marquês. O Terceiro Estado (Fabrício) procura fazer através do casamento e solidariza-se com o novo rico, na base irresistível das gorjetas. São as várias camadas da nova classe dominante, da burguesia, que se formam, se entrelaçam, se devoram uma às outras. É um mundo que está subindo e que, dali a pouco, vai tomar de assalto a Bastilha.

O novo século nasce com o sorriso e as trapalhadas de duas personagens: a hoteleira Mirandolina e o barbeiro Fígaro. O sorriso é de revolta. As trapalhadas são a defesa instintiva de quem muito apanhou, durante séculos, e agora não pode ser bom; prefere ser experto. Mas ambos olham para o mundo novo; ambos apontam os terríveis caminhos da esperança. Pouco tempo depois, teremos os atrozes heróis de outra revolta e os mártires de outra resignação: o salteador Karl Moor e o soldado raso Woyzeck. Tempo das grandes crises do Ocidente: de uma crise que dura até hoje.

O que posso dizer da carpintaria, dos valores teatrais de clareza límpida e essencial desse texto absolutamente clássico, no qual não há uma palavra a mais, um gesto a menos, em que tudo é perfeição? *Mirandolina* deixa-me no mesmo estado de *accablement*, de inferioridade, quase de impotência, em que sempre me deixam o melodrama, e especialmente a ópera cômica, essa categoria absoluta da expressão humana. Amigos, fizemos o possível; com muito trabalho e muito amor; com os olhos voltados para a divina melancolia da comédia; com os ouvidos abertos ao milagre de Vivaldi e de Pergolesi, de Cimarosa e de Boccherini.

Bom dia, Mirandolina. Você não é nem boa, nem má. Você é a criatura humana vista à luz da razão. Bom dia, razão dos homens, dignidade e esperança! Que tua límpida aparição ilumine este tempo de falsos loucos, de pseudo-alucinados, de complicações sórdidas e vãs. Além, mais além, está o tempo dos homens.

BRASIL ROMÂNTICO[14]

A história da literatura dramática brasileira é um trabalho a ser feito. Trabalho de gerações, ao qual cada um oferecerá a própria contribuição. Esse trabalho precisa ser feito com cuidado, com paciência e, mais ainda, com carinho. Dois perigos instintivos espreitam-no: o entusiasmo pode levar-nos ao excesso de valorizar certo perfume de passado, certa perspectiva irônica ou sentimental criada pelo tempo, como se fossem verdadeiros e positivos valores estéticos. A pressa pode engendrar certo ar de compaixão, certo tom de desprezo, aplicados indiscriminadamente a todo aquele repertório, classificando-o como provinciano ou anacrônico, assim no todo, globalmente, sem enfrentar a análise de cada autor e de cada texto.

Contudo, são justamente a análise estilística, a história, as únicas bases para um julgamento equilibrado. Em se tratando de textos teatrais, porém, um modo concreto de pesquisa é, sem dúvida, antes de mais nada a encenação. Recriar no palco a poesia ou a teatralidade das peças, com toda a liberdade de imaginação que o tempo permite, com toda a possível estilização das formas, desencadeando, em sólidas aparências e figuras, o impacto das personagens e a ingênua arquitetura dos enredos, é a melhor maneira possível de sondar-lhes a resistência, a carga de vitalidade. E, em suma, também a forma mais intensa e extremada de crítica histórica.

Tenho por mim que cada espetáculo sobre textos brasileiros antigos vale como um processo em relação a toda literatura do gênero e, igualmente, como uma contribuição ao próprio trabalho diário dos teatrólogos atuais. É no ponto focal da historicidade concreta que se origina a consciência, e mesmo a consciência estética. Acrescentarei, timidamente, como homem de teatro, que tal processo deverá ser feito com o menor academicismo (filológico e historiográfico) possível. Não

14. Programa da peça *Brasil Romântico*, com textos de Machado de Assis e Joaquim Manuel de Macedo, dir. Jacobbi, com Nicette Bruno, Paulo Goulart, no Teatrinho Íntimo Nicette Bruno-SP, fevereiro de 1954.

se trata de dar vida a coisas mortas; trata-se de ver se ainda estão vivas. Não se trata de reconstituir um impossível espetáculo de outros tempos, nem de fotografar aquela sociedade. A tarefa é outra: pôr no palco, com a mesma força imediata, a imagem que a nossa intuição cria confusamente quando alguém evoca os tempos passados. Imagem colorida, dinâmica e sobretudo sintética; que não se esteriliza na análise cultural dos detalhes; que age como a memória, a qual escolhe, deforma, reestrutura e, finalmente, deposita em nós poucas coisas, bem individualizadas, extremamente vivas, e que em nós permanecem com a gravidade de coisas eternas.

É preciso respeitar o sortilégio dos nomes. Devemos obedecer-lhe. Quando alguém pronuncia esta palavra: "Macedo", o que vemos é o romantismo. Suspiros leves e dramas grossos de um romantismo popular. O seu tempo é o mesmo de Martins Pena; as suas peças cômicas pertencem ao mesmo gênero, e até filiam-se à sua escola; entretanto, Martins Pena, organicamente, entrevê e antecipa o naturalismo, ao passo que Macedo permanece num ar de Dumas e Soulié, de Kotzebue e Marenco, que se encarregam de nos lembrar a cada instante o autor de *O Moço Loiro* e de *A Moreninha*. Estamos na atmosfera internacional de 1830, a qual nem as referências pontuais a datas sucessivas (Macedo continuou a viver e escreveu até quase o fim do século) conseguem abafar.

Ouçamos Ronald de Carvalho: "Macedo compreendeu admiravelmente as tendências da nossa alma popular, sentimental e piegas, e fez, com pequenas intrigas ingênuas, à maneira de um Bernardin de St. Pierre atrasado e rústico, a sua história íntima e simplória. Chorou e riu largamente, do mesmo modo que as suas melancólicas leitoras... Os seus namoricos são inocentes diversões, não passam do portão da rua, ou, quando passam, acabam em casamento, com todas as formalidades de um noivado honesto, vigiado por irmãs solteironas e tias velhas... O seu estilo, a não ser na poesia enfática e palavrosa, é correntio, agradável, flui serenamente, é vivo e leve. Falta-lhe apenas um certo colorido, mas é sempre correto no desenho das criaturas e na descrição das paisagens, posto não lhe castiça a dicção"[15]. Excelente retrato. Quanto ao estilo, peço licença para dizer que, no teatro, no qual não há o perigo da "poesia enfática" (pelo menos, no gênero cultivado por Macedo), nem existem descrições de paisagens, a fluidez "correntia" apontada por Ronald é quase sempre "viva e leve", num grau desconhecido pela maioria dos contemporâneos (veja-se o caso de Alencar, bom carpinteiro de teatro, ao menos no *Demônio*, porém péssimo debatedor). E a dicção pouco "castiça", de defeito que talvez fosse passa a ser a qualidade. Aliás, toda a formação da língua teatral brasileira (que está bem

15. R. Carvalho, *Pequena História da Literatura Brasileira*, Rio de Janeiro, 1919.

longe de uma conclusão, ainda hoje) é uma longa batalha contra a tirania dos pronomes e tratamentos.

Não teria a coragem de jurar sobre a vocação teatral de Macedo. Parece-me que as formas descritivas e narrativas lhe assentavam melhor, sendo ele por natureza um escritor um tanto lento, entregue à pacatez da conversação familiar. Isso, porém, não impediu a Macedo de escrever a melhor peça brasileira do seu tempo, *Luxo e Vaidade* (que relembra espantosamente *I Mariti*, de Torelli) e uma série de farsas divertidas, entre as quais *O Primo da Califórnia*. Aliás, é sempre difícil julgar, na história da dramaturgia brasileira, os verdadeiros méritos dos escritores, conformadas ou inconformadas vítimas de um mundo teatral muito primário, cheio de pequenas exigências extra-artísticas, e sempre inferior (ao menos até 1940) ao nível médio da cultura e literatura nacionais.

E Machado de Assis? Aqui não cabem dúvidas, acho eu, quanto à vocação. O homem nascera para escrever teatro. (Para escrever "também" teatro, é claro). Quem escreveu *Lição de Botânica* não é um escritor que tenta fazer teatro, que se aproxima do teatro: é um homem que domina completamente os seus meios de expressão. A pecinha é um verdadeiro Musset. A inteligência, a malícia, a sobriedade de Machado de Assis, possuem uma capacidade de síntese, de estruturação, de exatidão que só existe nos grandes autores. Nenhuma passagem de tom, nenhuma transição de assunto está à mostra: a engrenagem não se vê; a seqüência tem a forma da lógica, mas dá a impressão da vida. Qualquer definição de personagem ou situação é conseguida com a maior economia de meios. Poucas palavras e muitas nuanças. Cada teatro tem os autores que merece. Mas o teatro brasileiro da época não merecia um Machado de Assis.

Não há nada mais indicativo do que o estudo de um escritor quando se aventura por um terreno que não é o seu próprio. Vejamos aqui Macedo, romancista patético, às voltas com uma farsa; e Machado, escritor amargo e sem piedade, às voltas com a indulgência e leveza obrigatórias de um "provérbio" mundano. Na hora decisiva, cada um revela a sua tendência: a comicidade alcançada por Macedo está na caricatura do seu próprio sentimentalismo; a comédia de Machado conquista a sua finura e a sua força à medida que deixa transparecer a ironia. Revelam-nos, assim, os dois autores, cada qual de um lado, ora sentimental ora ceticamente, os termos extremos de um mundo rico e fascinante: o Brasil romântico, de que Macedo representa a ingênua e florescente euforia, ao passo que Machado vive e encarna a sua profunda crise intelectualística. Não é só uma diferença de épocas; é uma diferença de caracteres, ou talvez um aceno a alguma antinomia fundamental do espírito brasileiro.

LEONOR DE MENDONÇA[16]

Legítima obra prima, *Leonor de Mendonça* tem, além do mais, uma grande força: ser o trabalho de um poeta de 24 anos. Gonçalves Dias, aqui, é jovem, visivelmente jovem, impetuosamente jovem. A peça tem um sentido belíssimo de coisa escrita num só fôlego, com uma tremenda unidade e continuidade de linguagem, que revela a fluidez e a veemência de sua inspiração. Assim, à impressionante maturidade de estilo, "ora meigo, ora arrebatado mas sempre lídimo, translúcido e corrente" (palavras de Ronald de Carvalho)[17], acrescenta-se outra soturna e tumultuária beleza: um aspecto quase irracional de delírio poético, de canto, em que reconhecemos aquele acento tipicamente juvenil de muitas obras primas do primeiro romantismo, como *Os Salteadores*, de Schiller, e a *Francesca da Rimini*, de Pellico. Gonçalves Dias, que na poesia lírica é, dentre os poetas do mundo, aquele que mais substancialmente se assemelha a Lamartine, na poesia dramática, é o contemporâneo mais absoluto dos autores românticos da época byroniana, na forma em que esta se realizou nos países de língua neolatina, isto é, absorvendo a temática neo-elisabethana, mística ou sadística dos ingleses e, especialmente, dos alemães, dentro de uma cristalização formal ou sentimental que repete, instintivamente, o equilíbrio dos pré-românticos do século XVIII, especialmente de Alfieri, voluntariamente encerrado no esquema renascentista dos cinco atos e da unidade de tempo, sem prejuízo de seus violentos arrebatamentos e espasmos.

Vejamos as datas. *Leonor de Mendonça* é de 1847. Gonçalves Dias estava apenas iniciando a sua batalha romântica, que deveria libertar a poesia brasileira do academicismo arcádico (Cláudio) ou monumental (Gonçalves de Magalhães, Porto Alegre). Pelo atraso natural da evolução literária brasileira no século passado (que poderia ser computada num número fixo de anos), ele produz em 1847 – ano do lançamento de *A Dama das Camélias*, de Dumas Filho – uma obra típica do tempo de Dumas pai. O teatro de Schiller desenvolve-se de 1785 (*Os Salteadores*) a 1804 (*Guilherme Tell*). Kleist morre em 1811, Shelley em 1822, Byron em 1824, e o longevo Goethe em 1832. A *Francesca* foi lançada em 1815. A batalha do *Ernani* remonta a 1830 Pusckin, para citar um alto representante de uma cultura periférica, faleceu em 1837. Delavigne (o autor do qual Gonçalves Dias mais se aproxima) também encerra a sua carreira quatro anos antes de *Leonor de Mendonça*. O drama, portanto, é contemporâneo das obras da segunda geração romântica

16. *Folha da Noite*, 10.8.1954. Apresentação da peça *Leonor de Mendonça*, de Gonçalves Dias, com Paulo Autran e Cleyde Yáconis, dir. Celi, TBC-SP, agosto de 1954. Em sua função de jurado da Comissão do IV Centenário, Jacobbi foi o mais apaixonado promotor da montagem da peça.

17. *Pequena História da Literatura Brasileira*, ed. cit.

(Manzoni, Nicolini: o romantismo italiano igualmente se processa de forma retardatária e prudente) e da transição decisiva do romantismo para o realismo: Hebbel, Grillparzer, Ostrówski, Oelenschlager. Entre os autores que tinham, em 1847, quase a mesma idade de Gonçalves Dias, apenas dois estão plenamente dentro da atmosfera do byronismo, na mesma medida do poeta brasileiro: Lermontov e o noturno, bizarro Musset de *Lorenzaccio*. A filiação de Gonçalves Dias a este "clima" é evidente. Bastaria citar o tipo sádico-neurótico do implacável Dom Jaime; o amor auto-destruidor, masoquístico, feminino de Alcoforado; toda a técnica, feita de eloqüentes reiterações, do terceiro ato. Leonor é a "perseguida" dos romances negros de Lewis e Ann Radcliff. Todos os caracteres da tragédia mereceriam um capítulo à parte no imortal livro de Praz, *A Morte, a Carne e o Diabo na Literatura Romântica* (Roma, 1930).

Apesar disso, o espírito latino vem equilibrar tais fatores, introduzindo aspectos menos tenebrosos, mais abertamente sentimentais e formalmente clássicos. Do amor de Leonor e de Alcoforado surge, às vezes, um eco tradicionalmente português, uma dolência de fado. E nas atmosferas noturnas, tensas, extremadas, de toda a parte final, o tom mais pessoal de Gonçalves Dias não é tenebroso ou terrível, mas sim propriamente elegíaco. O que nos leva a uma última observação de ordem histórica: o parentesco entre esta tragédia e o drama musical de seu tempo. Quando Gonçalves Dias escreve *Leonor*, Verdi está em sua mais aberta fase romântica: são os anos de *Joana d'Arc* e de *Macbeth*. Bellini já se despediu do mundo com os *Puritanos*, em 1835. E a veia melódica de Donizetti, que parecia inesgotável, seca-se de repente em 1843, estrangulada pela loucura. São, entretanto, estes dois os melhores pontos de referência para *Leonor de Mendonça*: Donizetti e Bellini. A musa de Gonçalves Dias passeia pelos salões do palácio de Bragança com a mesma nervosa indolência com que o cantor de *Lucia* percorre os castelos de Walter Scott. E de Donizetti, Gonçalves Dias possui uma qualidade tão bem ressaltada pelo mais integral dentre os teóricos neolatinos do romantismo, Giuseppe Mazzini: "a singularidade dos caracteres religiosamente mantida"[18]. Mas sobretudo, diante da morte desesperada e insubmissa da puríssima Leonor, ouvimos levantar-se o suspiro imortal de Bellini, o seu delírio de melodia, a sua dor de rouxinol enlouquecido pelo próprio canto: *Ah, non credea mirarti...*

A complexidade monstruosa, marlowiana de Dom Jaime; a doçura estática e trêmula de Leonor, a deliciosa cena familiar em casa dos Alcoforado, o realismo em contraponto de Paula, são coisas de altíssimo tragediógrafo. E a longa, desesperada luta de Leonor contra a morte faz arder, num fogo só, realidade e símbolo, psicologia e abstra-

18. *Scritti letterari di un italiano vivente*, Lugano, 1874.

ção, como somente as páginas eternas do teatro os sabem fazer. Tudo isso vem revestido de uma língua de prodigiosa musicalidade e plasticidade, tão bela que nos deixa envergonhados diante daquela que nós, hoje, falamos e escrevemos. Interpretar uma obra dessas não apenas é difícil tecnicamente, como requer muita paciência, muito estudo e muito amor.

TEATRO DE OSWALD DE ANDRADE[19]

A todos aqueles que querem fazer um exercício de método crítico e histórico, aconselho que deixem de lado os textos consagrados da literatura dramática, as peças em que a síntese de poesia e teatralidade foi plenamente conseguida, e que se empenhem no estudo das obras que sempre gozaram de uma consideração unilateral e, portanto, apressada; daquelas obras que, na opinião comum, são apenas "teatrais", isto é, não possuem valores senão de carpintaria e de ritmo; ou ainda daquelas outras que, sempre na opinião dos classificadores superficiais, são apenas "literárias", despidas de toda teatralidade.

O estudioso que se entregar a esse perigoso exercício deverá saber, de antemão, que o lugar comum, em geral, não passa de uma elefantíase de alguma verdade essencial; e deverá saber respeitar essa margem de verdade para não se entregar ao jogo funambulesco dos paradoxos polêmicos. Dialeticamente, porém, estará aberta diante de seus olhos, finalmente novos e livres, a esfera dos valores estéticos e históricos. O espaço virgem da descoberta.

Uma das grandes tarefas do crítico dramático (e, insistimos, a operação crítica mais concreta será sempre a própria encenação das peças), é justamente a revelação dos surpreendentes valores psicológicos e estilísticos escondidos em certas peças de *boulevard*, ou, de outro lado, o reconhecimento de novos, árduos e revolucionários valores teatrais em obras concebidas obedecendo apenas a uma vocação literária.

A estas revelações de ordem estética, outras, incontáveis, de ordem histórica e sociológica, virão associar-se imediatamente. O eventual valor literário da peça de puro *métier* revela a média do gosto, o padrão geral da cultura de uma época e de um povo; a eventual teatralidade de uma obra literária revela o grau de força popular de uma literatura, a sua capacidade de expandir-se para fora da contemplação individual, atingindo a vibração típica das comunicações coletivas.

19. *Correio do Povo*, Literária, Porto Alegre, 2.8.1958 e *Estado de S. Paulo*, Suplemento Literário n. 112, p. 1, São Paulo, 6.12.1958. Republicado em *O Espectador Apaixonado*, p. 61.

Estas e outras observações, que o espaço nos obriga a deixar de lado, surgiram em nós, espontaneamente, durante um dos momentos mais curiosos da grande aventura que foi a nossa tarefa nos últimos anos: a leitura metódica e analítica de todo o repertório teatral brasileiro. Referimo-nos ao momento em que nos deparamos com as peças que constituem a inteira obra teatral de Oswald de Andrade: *O Homem e o Cavalo*, *A Morta* e *O Rei da Vela*. Obras todas inéditas no palco (uma famosa encenação da primeira peça por Flávio de Carvalho ficou longe do alcance do público, por imposição da polícia), e até mesmo, ao que me consta, mal conhecida ou mal considerada pelos leitores e críticos de Oswald.

A primeira impressão, de ordem geral, é a de um violentíssimo esforço do escritor no sentido de alcançar um tipo de criação teatral quase automático, no qual a noção de carpintaria seja logo vencida e dominada pela mais absoluta liberdade de invenção. Oswald coloca-se imediatamente, por uma espécie de ato mágico, num espaço puro, em que todo gesto é possível e todo o jogo nasce limpo. Nisto ele obedece a mais clara tradição do teatro de vanguarda, de Ribemont-Dessaignes a Schéhadé, de Apollinaire a Marinetti. A segunda constatação é a de uma extrema riqueza de dados sensíveis e diários, transfigurados numa simbologia rica, bizarra e em perpétuo movimento. Milhares de elementos históricos, políticos, culturais, econômicos e filosóficos são postos a ferver por esse incorrigível aprendiz de feiticeiro: e saem do panelão deformados, caricaturados, tortos, caolhos, capengas, carecas, desdentados – e continue quem quiser. O que mais importa é que essa fantástica "corte dos milagres", vista depois em conjunto, reflete uma interpretação bastante simples e coerente do mundo: a interpretação libertário-psicanalista de Oswald, a mesma dimensão transcendental que ele esboça em sua tese sobre a filosofia messiânica. Não é este o lugar para uma análise ou discussão das idéias de Oswald, bem como das origens culturais das mesmas. Mas o que elas revelam, e que merece destaque, é o alto empenho ético-social da melhor parte do modernismo brasileiro diante dos problemas de seu tempo. Embora em formas caprichosas e às vezes amadorísticas, inclusive através de confusões e injustiças e mesmo dentro de uma verdadeira indigestão de culturas diversas, essa geração de escritores generosos e corajosos – que aqui vemos exemplificada através do seu representante mais típico e sintético – teve o mérito de considerar a literatura como algo inextricavelmente ligado ao mundo dos homens, na qual as próprias abstrações mais desarvoradas surgem da presença do artista dentro da história positiva, ao lado da luta e da ação.

Qual o valor definitivo das peças de Oswald como teatro? A resposta é difícil, ou talvez impossível, sem a encenação. Assim à primeira vista, estaríamos tentados a dizer que, enquanto em no *Homem e o Cavalo* a multidão de referências práticas e satíricas tende a engendrar um verdadeiro caos rabelaisiano, um labirinto no qual nem sempre a ariana da poesia tem um fio preparado para nós; enquanto, em *A Morta*, o solene e macabro hermetismo da concepção trágica não chega, quase nunca, a ser resgatado pela linguagem, que permanece declamada e abstrata; a comédia *O Rei da Vela*, muito ao contrário, manifesta um desembaraço de invenção, um estado de graça, uma louca e imprevista beleza que já pertencem ao mundo do teatro. Teatro especial, é claro – mas que tem a sua voz e o seu rosto bem marcados no panorama do nosso século. É a voz absurda de Tirésias, do Imperador da China e de Monsieur Antipyrine; é o rosto avermelhado, agressivo, do Roi Ubu, do Roi Bombance, do Noé de Ivan Goll e das grotescas máscaras que fundaram um novo mundo no mistério-burla de Maiakóvski.

Nos seus últimos dias, Oswald obteve de nós a promessa de uma encenação de suas peças. A promessa será cumprida, pois ela já se tornou sagrada desde que Oswald passou a viver, a rir, a brigar e a resmungar em algum paraíso de anjos antropófagos.

GREVE GERAL[20]

Em 1948, tivemos a honra de apadrinhar a estréia do senhor Guilherme Figueiredo como autor de teatro, dirigindo a comédia *Lady Godiva* para a Companhia de Procópio Ferreira. Comédia leve, escrita com refinada elegância, desenvolvendo em tons suaves, entre líricos e satíricos, o tema da incompreensão masculina para com as mulheres. As raras qualidades literárias do novo autor, a sua capacidade de construir uma peça com materiais psicológicos extremamente sutis e quase inconsistentes, não escaparam à crítica carioca, que imediatamente inscreveu o senhor Guilherme Figueiredo na primeira linha dos renovadores do repertório nacional.

Muitas peças vieram depois, e entre elas, *Um Deus Dormiu lá em Casa*, que foi praticamente a consagração do escritor, graças também à interpretação, extremamente justa, do conjunto organizado por Fernando de Barros e dirigido, naquela ocasião, por Silveira Sampaio. Hoje em dia, a produção do senhor Guilherme Figueiredo já alcançou, em quantidade e qualidade, um nível que permite apreciações mais firmes. *Lady Godiva*, *Um Deus Dormiu lá em Casa* e *Dom Juan* representam as três etapas fundamentais do seu desenvolvimento, cada uma superando a outra, pelo menos em sutileza e profundidade psicológica. A tendência a encerrar as peças com o discurso, ou ao menos com uma explicação endereçada diretamente à platéia, que era sem dúvida o aspecto teatralmente menos positivo das duas primeiras pe-

20. *Última Hora*, São Paulo, s/d (1953). Crítica da peça *Greve Geral*, de G. Figueiredo, com Procópio Ferreira, no Teatro de Alumínio-SP, outubro de 1953.

ças, desaparece em *Dom Juan*, na qual os temas dramáticos e líricos sobrepõem-se vitoriosamente à sátira, revelando o verdadeiro fundo poético do escritor, e em que os problemas não são colocados à luz do dia, numa demonstração quase geométrica, mas começam a desenvolver-se na própria vida da peça, dentro de sua continuidade e até mesmo dentro daquele mundo obscuro das entrelinhas, que é a verdadeira substância de um texto amadurecido e não apenas intencional.

Por isso mesmo, parece-nos lógico que *Dom Juan*, sendo a primeira tentativa do autor num sentido menos fácil, menos formalístico, tenha resultado também numa obra menos equilibrada, mais confusa e até hermética. Isso, afinal, não tem importância, a luminosa clareza de *Um Deus Dormiu lá em Casa* descobria muitas vezes o cálculo, a armação premeditada; ao passo que o lirismo desordenado, a riqueza de temas entrelaçados e contrastantes de *Dom Juan*, trazem a marca da inspiração e de um esforço expressivo. Os resultados não tardarão a aparecer, especialmente quando o senhor Guilherme Figueiredo tiver vencido certa hesitação em enfrentar diretamente a realidade contemporânea, fora do véu literário das alegrias e dos mitos.

Nessa carreira tão interessante e tão promissora, as demais comédias até aqui apresentadas não passam de episódios secundários: *Pantomima Trágica*, por exemplo, é a tentativa infeliz de dar vida simbólica a um tema da atualidade; quanto a *Greve Geral*, agora apresentada pela Companhia Procópio Ferreira, parece um simples exercício técnico, o trabalho de um escritor que está tentando ver se consegue construir uma peça (Se não nos enganamos, é esta uma das primeiras obras do senhor Guilherme Figueiredo). A interpretação de Procópio e seus companheiros valoriza, o máximo possível, os momentos de comicidade desta adaptação, em termos burgueses, da história de Lisístrata. A peça, assim, continua fraca do ponto de vista literário, mas ganha certa vivacidade teatral capaz de divertir um público sem grandes pretensões.

DEUS LHE PAGUE[21]

A longa persistência de certas peças em cartaz e, mais ainda, a sua capacidade de voltar periodicamente à ribalta, desafiando o mudar das modas e a evolução da mentalidade, são coisas dignas de meditação. Assim, inútil será apontar, neste afortunado *Deus lhe Pague*, as falhas da estrutura, a incoerência dos detalhes, a contradição essencial dos motivos ideológicos, se antes não tiver descoberto o segredo do seu agrado. Acreditamos que todo êxito popular, quando passa do efêmero,

21. *Folha da Noite*, São Paulo, 6.11.1953. Crítica da peça *Deus lhe Pague*, de J. Camargo, com Procópio Ferreira, no Teatro de Alumínio-SP, novembro de 1953.

corresponde a alguma virtude positiva da obra. Do contrário, estaríamos do lado dos esnobes, dos inimigos da realidade, para os quais a tiragem ou a bilheteria são, automaticamente, elementos de condenação de toda literatura. *Odi profanum vulgus et arceo*, repetem eles, com Horácio, tornando assim enigmáticos os valores representados por *best-sellers* como Tolstói e Maupassant, Manzoni e Dostoiévski.

Por isso, parece-nos que os aspectos negativos da peça de Joraci Camargo já não precisam de investigação, estão claros à luz do sol, depois do trabalho crítico executado pela própria passagem do tempo, além das exegeses brilhantes dos senhores Décio de Almeida Prado e (mais polêmico e tendencioso) Pompeu de Sousa. O que permanece obscuro, envolto em certo mistério, é justamente o lado positivo da peça, o motivo daquela simpatia que se transmite irresistivelmente ao público, inclusive o mais refinado, embora este não o queira confessar. Será um lugar comum afirmarmos que esse segredo reside na saudável e brincalhona irreverência da personagem principal, expoente daquela que os leigos chamam filosofia e os filósofos, senso comum, ou capacidade de reflexão. Essa irreverência estourou como uma bomba num panorama de cinzento conformismo, qual o era aquele da literatura dramática brasileira. E mesmo hoje, quando os autores já se tornaram "profissionalmente" irreverentes (veja-se um Silveira Sampaio, um Guilherme Figueiredo, um Pongetti), aquele primeiro impacto de corrosão social continua vivo; pela franqueza simples e popular do seu acento, transmitido pelo prestígio de um fabuloso intérprete. Será, dizíamos, um lugar comum: mas o lugar comum é simplesmente uma verdade, cuja enunciação deixou de constituir um mérito, embora em certas circunstâncias possa vir a ser um ato de coragem.

Não é, portanto, uma diminuição da inteligência ou da teatralidade de Joracy Camargo a exaltação que sempre se faz do trabalho de Procópio Ferreira, e que nós mesmos, aqui, não deixaremos de fazer. Com efeito, Procópio conduz os jogos verbais, aéreos e pungentes do falso mendigo com tanta graça e simplicidade, e numa tão grande riqueza de planos diferentes, que a personagem sai da abstração originária para tomar, diante de nossos olhos, vulto e sangue, corpo e figura. Insistimos sobre a variedade dos planos de representação: a contribuição de Procópio ao mendigo imaginado pelo autor está nisto, visto que o intérprete é mais ágil, menos uniforme e repetido do que o tipo escrito. Basta ver a diferença de tons entre a indulgência popularesca que o mendigo manifesta para com seu colega Barata, a ironia aristocrática com que zomba de Péricles e aquela espécie de cinismo sofrido e paradoxalmente humano com que imposta suas relações com Nanci. É um dos elementos, talvez o principal, da interpretação de Procópio: trabalho magistral, de irresistível comunicação com o público, e que resiste ao tempo.

Essa veia hábil de *raisonneur* foi mais uma vez o encanto do espetáculo, na nova edição apresentada no Teatro de Alumínio. Especialmente as cenas em casa de Nanci, quando Procópio, com invejável segurança, reduzia a cinzas e pó a presunçosa mocidade de Péricles. Ao lado do grande ator estava, desta vez, Vera Nunes, à qual devemos um desempenho, no papel de Nanci, provavelmente novo, se não único, na história da personagem, e capaz de indicar uma nova linha para as futuras intérpretes. Há em Nanci, por acumulação de anos e anos, uma dupla camada de ênfase e de retórica: a primeira, pertencendo ao próprio texto, pelo mau gosto literário de várias passagens; a segunda, criada pelas atrizes, através do estilo declamatório. Vera Nunes suavizou o declamatório do texto e aboliu o da representação. O seu trabalho é discreto, elegante, sensível, procurando emprestar à personagem um novo caráter de intimidade e humanidade.

Cenários pobres e improvisados, devendo-se, porém, dizer que o atual painel de igreja supera, em harmonia e execução, o tradicionalmente usado pela Companhia de Procópio.

PARA ONDE A TERRA CRESCE[22]

Se decidíssemos contar o enredo da nova peça de Edgard da Rocha Miranda – segundo cartaz nacional do Teatro Brasileiro de Comédia –, o leitor teria a impressão de assistir ao desenrolar de um filme de *far-west*. A peça está repleta de chavões romanescos que hoje em dia se refugiaram quase totalmente no cinema: a sede do ouro; os dois meninos, um rico e um pobre, amigos enquanto dura a infância e, mais tarde, separados pela luta de classes; a mãe, meiga e carinhosa, que desde o começo "já via tudo"; a morte de quatro homens enterrados no túnel de uma mina, onde tinham ido realizar uma ação de sabotagem durante uma greve; a namoradinha tão simples, tão honesta e tão corajosa etc. A tudo isto o autor acrescenta pinceladas típicas de cor brasileira: a leitura de trechos da vida de Fernão Dias Leme, feita, aliás declamada pelo protagonista, que sonha com as façanhas dos bandeirantes e quer repeti-las; o canto de um sabiá, que um gavião malvado se encarrega de interromper; e os pretos velhos, com seu linguajar típico tão do agrado do velho teatro brasileiro de Viriato Correia e Gastão Tojero.

Seria possível, a alguém, extrair de semelhante material uma obra dramática que não fosse um simples amontoado de lugares comuns, ou uma novela sertaneja de cunho radiofônico, ou um *Maître des forges*

22. *Última Hora*, São Paulo, 27.3, 28.3 e 29.3.1952. Crítica da peça *Para onde a Terra Cresce*, de Edgard da Rocha Miranda, dir. Celi, com Cleyde Yáconis e Paulo Autran, TBC-SP, março de 1952.

do século XX? Talvez fosse possível, apesar das imensas dificuldades, se esse alguém, além de talentoso e esforçado, fosse um grande observador de psicologias individuais, ou um intérprete de conflitos coletivos, ou puramente um poeta, dotado de uma linguagem capaz de transfigurar as coisas em palavras, imagens e símbolos inimitáveis. A essas três categorias correspondem na literatura moderna os nomes de O'Neill, Górki e Garcia Lorca, cada um empenhado numa solução especial do mesmo problema dramático, o problema de um teatro épico e coral.

Evidentemente, não pretendíamos, nem esperávamos, que Edgard da Rocha Miranda, na sua segunda peça, nos desse um *Desire under the elms*, um *Egor Bulytchow* ou uma *Bodas de Sangue*. Tínhamos, porém, o direito de esperar uma obra que, boa ou não, certa ou errada, surgisse de uma verdadeira necessidade interior; que nos revelasse o ponto de vista psicológico, ético, político ou estético em que se definiria uma personalidade, mesmo incompleta ou contraditória: aquela coisa que os críticos hegelianos chamam, tão acertadamente, de o "mundo moral" de um escritor.

Infelizmente, neste drama levado à cena com tanto carinho pelo maior teatro do Brasil, por um punhado de ótimos intérpretes, sob a direção de um *metteur-en-scène* de grande autoridade, o senhor Edgard da Rocha Miranda não chega nem sequer a definir-se. Sua psicologia não supera o nível do sentimentalismo. Sua ética não vai além de uma noção comum de lealdade e honestidade, a mesma em que se baseiam os heróis dos romances de aventuras. Sua concepção política é a mais vaga e abstrata possível. E quanto à sua estética, não passa de uma preocupação tecnicística em urdir efeitos de enredo: a estética dos *scriptwriters* de cinema. Mas um *script* de cinema é um pretexto, assim como o libreto de uma ópera; da imagem, ou da música, é que eles esperam receber o sopro vital, o selo da forma. Ao passo que uma peça de teatro é texto, isto é, a própria forma, a última expressão de um sentimento, a sua única vida.

***

A peça de Edgard da Rocha Miranda não é naturalista, nem romântica, nem expressionista; não é reacionária, nem liberal, nem socialista; não é regionalista nem cosmopolita. É, apenas, uma peça, ou melhor, como dissemos, um *script*, uma série de fatos. Falta-lhe aquela preocupação estilística, aquela procura do diálogo seco, sem ênfase, absolutamente verídico, que era o traço dominante no magnífico *Paiol Velho*, de Abílio Pereira de Almeida; falta-lhe até aquela confusa paixão pela verdade humana, aquela obscura e contraditória procura do fundo das personagens, que transparecia em *Diálogo de Surdos*, de Clô Prado. As personagens de Edgard da Rocha Miranda talvez fossem autênticas e humanas antes de ele começar a escrever. No ato da criação, foram substituídas por heróis do cinema americano. Evidentemente não era isso que desejávamos quando sublinhávamos a necessidade de um teatro realista, atual e social, brasileiro. O enredo, a localização geográfica não bastam. O exemplo do romance deveria ensinar alguma coisa. José Lins do Rego e Rachel de Queiroz, Jorge Amado e Graciliano Ramos já mostraram, no Brasil, cada um dentro de sua tendência e de sua personalidade, como se transfigura o acontecimento em verdade histórica e moral, através da conquista de uma linguagem própria.

***

A direção do drama de Edgard da Rocha Miranda coube a Adolfo Celi, o mais sólido, o mais profissional, o mais absolutamente teatral dentre os diretores do Teatro Brasileiro de Comédia. Celi é um homem que transforma em teatro tudo aquilo em que toca; a sua concepção cênica é sempre dinâmica, rigorosamente dramática, com poucas concessões formalísticas e com um sentido exato do ritmo, do diagrama de altos e baixos em que se deve articular o interesse da platéia. Celi prepara os momentos culminantes do drama como se colocasse, ao longo do espetáculo, uma série de bombas de explosão retardada, mas sempre pontual, inexorável. Por essa teatralidade absoluta, Celi tem conseguido alguns verdadeiros milagres, capazes de se refletirem até sobre a bilheteria. Refiro-me à clareza e à veemência que ele soube infundir a textos difíceis, de conteúdo filosófico, como *Huis-Clos* (*Entre Quatro Paredes*) e *Seis Personagens*[23], que conseguiram empolgar o público e que, num outro tratamento cênico teriam, provavelmente, deixado confuso e perplexo grande número de espectadores. Celi não esquece nunca que a reação dos homens sentados numa platéia é de ordem emocional, não intelectual; por isso, prefere o alto-relevo ao jogo minucioso de penumbras, entrelinhas e intenções. A sua atenção concentra-se inteiramente no ator, de quem procura extrair o máximo de evidência física, obrigando-o a alcançar uma intensidade elétrica, vibrante.

Diante de um texto cinematográfico e sem nuanças, como o de Edgard da Rocha Miranda, o diretor sentiu-se inteiramente à vontade, dominando-o facilmente pelo *métier* e pelo equilíbrio. O resultado é extremamente claro e bem proporcionado. Certos recursos de cinema (a passagem de tempo marcada pelas esferas do relógio; a aparição de Carlos Vergueiro na porta, à luz sinistra de um relâmpago) pertencem

23. *Entre Quatro Paredes*, de Sartre, estreou no TBC-SP em janeiro de 1950 enquanto *Seis Personagens à Procura de um Autor*, de Pirandello, em fevereiro de 1951. *Paiol Velho*, de A. P. de Almeida, foi dirigido por Ziembinski em janeiro de 1951 e *Diálogo de Surdos*, de Clô Prado, estreou sob direção de Bollini em março de 1952.

muito justamente à própria natureza do texto apresentado. Mas o ponto alto da direção é, desta vez também, o seu trabalho com os atores. O que Celi conseguiu, por exemplo, de um Luís Calderaro chega a causar espanto. Calderaro e Cleyde Yáconis encarnam um casal de colonos que é, provavelmente, a coisa mais verídica e aceitável de toda a peça. Estão os dois muito bem, chegando mesmo a vencer a convenção teatral pela força da naturalidade. Dos dois, entretanto, é Calderaro quem chega a construir uma personagem completa, detalhada, riquíssima. Se esta dupla encontrou no texto alguma base para a interpretação, com os outros deu-se exatamente o contrário. É o caso de Paulo Autran, Luiz Linhares e Carlos Vergueiro, que por nove quadros andam às voltas com figuras convencionais e muitas vezes contraditórias. Os três saem-se com muita honra desse trabalho ingrato: Paulo Autran pela autoridade, Luiz Linhares pelo sentimento e Carlos Vergueiro pela sobriedade. O realismo seco e nervoso de Carlos Vergueiro reclama ainda um texto como foi aquele do inesquecível *Paiol Velho*. Quanto a Paulo Autran, o *pathos*, a eloqüência, que fazem de seu último ato um *show* de força teatral, está à espera de um grande texto clássico.

IMPROVISOS E NOTURNOS[24]

Quando um grupo de atores – dentre os mais brilhantes do nosso teatro – resolveu apresentar, como inauguração do Teatro da Meia-Noite, o *Improviso*, evitamos fazer qualquer comentário sobre o espetáculo devido à nossa participação direta, na qualidade de autores. Agora, porém, à distância do tempo e mesmo considerando que aquela nossa participação foi muito reduzida, podemos voltar ao assunto, para elogiarmos o pequeno *show* em que Tônia Carrero, Elizabeth Henreid, Sérgio Cardoso, Paulo Autran, Rui Affonso e Renato Consorte souberam compor uma seqüência deliciosa de graça, irreverência e *non-sense* nos moldes mais modernos, a ponto de lembrar, nos melhores momentos, as fabulosas interpretações de Bonucci, Caprioli e Franca Valeri[25]. Diremos mais, é provavelmente com este *Improviso*, de um lado, e com *Feitiço da Vila*, do outro, que estão sendo criadas as bases para um teatro de variedades e atualidades no Brasil, teatro capaz de agradar a um público melhor e mais sensível do que o público de Valter Pinto.

24. *Folha da Noite*, São Paulo, 23.12.1953. Crítica da revista *Improvisos e Noturnos*, textos de Celi, Jacobbi, Salce e outros, com Tônia Carrero, Paulo Autran, Renato Consorte, no Teatro da Meia-Noite do Teatro de Alumínio, novembro de 1953.

25. Os três, colegas de turma de Celi em Roma, formaram com Salce um grupo cômico (I Gobbi) que se consagrou em 1949 no cabaré La Rose Rouge, em Paris e fez sucesso ao longo de toda a década de 50.

O que nos assusta um pouco, entretanto, é o fato desse público ser muito reduzido e, mesmo assim, pouco preparado para formas de humorismo absolutamente atuais e que hoje predominam no gênero, em qualquer parte do mundo. Até parece que os espectadores de teatro não são os mesmos que apreciam a página de um humorista moderno como Vão Gogo, e que o sucesso deste se processa no mundo da lua ou, se for aqui mesmo, por algum equívoco. Tudo aquilo que não correspondesse à noção tradicional de "piada" deixou frios os espectadores. As graças de sabor mais absurdo e surrealista (que é o sabor típico do humor contemporâneo) passaram em brancas nuvens, inclusive os pequenos poemas de Renato Consorte, provavelmente as mais curiosas criações daquela noite. Noutro aspecto: também, o público pareceu-nos inferior ao espetáculo, no seu gosto escasso pela irreverência. A destruição de valores, a falta de respeito e mesmo a ferocidade são elementos indispensáveis da sátira, através dos quais ela preenche a sua função principal, que é a de equilibrar a retórica, os palavrórios e a sisudez hipócrita dos discursos políticos, das academias de letras, das crônicas sociais, dos diálogos cinematográficos e radiofônicos, das patriotadas escolares, das demagogias trabalhistas, dos delírios místicos, dos recitais de declamação, do americanismo da propaganda, do ufanismo contumaz e de todas as outras formas que a sociedade utiliza para entupir de falsas noções os crânios e afastá-los de qualquer liberdade imaginativa e criadora.

Com efeito, sentimos um certo frio na platéia quando Paulo Autran descreveu, com grande verve satírica, o descobrimento do Brasil. Um cronista chegou até a se escandalizar pela sátira dos dramas de Nelson Rodrigues. Tais friezas, tais escândalos, têm um sabor provinciano, revelando complexos e superestruturas, moralísticas ou psicológicas, indignas de uma cultura que possui poetas, pintores e compositores de projeção internacional, e que sabe oferecer ao mundo uma realização como a Bienal de Arte Contemporânea. Se este é um desafio ao academismo estético, devemos, porém, sublinhar esta simples verdade: de todos os academismos, o academismo ético é o pior.

Voltamos aos improvisos: diremos que eles deveriam ficar reservados aos profissionais do teatro, da dança e da música. É uma atividade sutil e perigosa, muito mais difícil do que a interpretação paciente de um papel dramático ou de um trecho musical. Entregues aos atores de rádio, revista ou circo, os improvisos voltam a ser *sketchs* da praça Tiradentes; entregues a amadores, recaem instantaneamente na dimensão do pequeno gesto, da timidez. Preferimos não comentar o improviso ou *Noturno* do grupo Lotte Sievers, que tantas benemerências tem dentro do movimento amador, especialmente por seu sentido de divulgação de uma cultura básica, como é a cultura alemã. Este *Noturno* não faz bem a um grupo cuja força está no paciente trabalho de equipe, contando com pouquíssimos e ainda incertos valores individuais. E a improvisação é, justamente, um ato de personalidade e genialidade do indivíduo.

O IMPERADOR GALANTE[26]

Esta peça histórica de Raimundo Magalhães Junior não é uma obra qualquer dentro do teatro brasileiro, ou mesmo dentro da bibliografia desse escritor fecundo e corajoso. Baseada numa invejável preparação erudita – que tem, além do mais, o bom gosto de não aparecer, senão na medida em que serve ao drama –, a peça representa um esforço de estrutura, uma prova de fôlego a que, provavelmente, nenhum autor brasileiro atual saberia submeter-se com igual desembaraço e segurança.

Digamos mesmo, para o bem da verdade, que um escritor ao qual devemos, na mesma temporada, dois trabalhos tão diversos entre si, porém absolutamente iguais no acabamento formal e na franca teatralidade, como *Canção Dentro do Pão* e *O Imperador Galante*, merece o primeiro lugar entre os autores brasileiros de sua geração e da sua tendência: entre os autores profissionais que fazem teatro para as companhias profissionais e para o público em geral.

Bem sabemos que outros escritores, especialmente entre os jovens, procuram caminhos novos e empenham-se na solução de problemas espirituais e técnicos mais singulares. Bem sabemos que o futuro teatro do Brasil sairá de outros homens e de outras tendências. O que, porém, não podemos deixar de reconhecer é que o novo teatro está, todo ele, ainda em fase experimental, e que, naquela esfera em que voluntariamente se colocou, Magalhães Junior alcançou um nível e uma autoridade que só a ele pertencem. Conquistou aquele lugar de dono do *métier*, de mestre do efeito cênico, que em cada país só pertence a um autor em cada geração. O lugar que ele hoje ocupa de direito, junto ao público e aos profissionais, neste Brasil, já pertenceu, sucessivamente, a Martins Pena e a Arthur Azevedo, a Viriato Correia e a Joracy Camargo, cada um dos quais assinala uma época, nos seus termos mais imediatos e populares.

A geração e a mentalidade a que adere, historicamente, Magalhães Junior, difere das precedentes nisto: ela é mais cética, menos

26. *Folha da Noite*, São Paulo, 15.3.1954. Apresentação da peça *O Imperador Galante*, de Magalhães Jr., montado pela Cia. Dulcina e Odilon em março de 1953 no Rio de Janeiro.

eloqüente e afirmativa. O teatro de Viriato Correia é uma defesa constante dos valores éticos tradicionais. O teatro de Joraci Camargo já revela um mundo em crise, cheio de inquietações. Viriato é sentimental, Joracy é messiânico. Magalhães Junior pertence, desde logo, a um tempo que perdeu a fé em muitos valores e que também não adota soluções demagógicas. Diante dos dois coloca-se, essencialmente, como anti-romântico. E isto será provado, de maneira a mais aberta, por qualquer pessoa que tiver a paciência de comparar, por exemplo, a trilogia histórica de Viriato Correia (*Marquesa de Santos*, *Caçador de Esmeraldas* e *Tiradentes*) com as peças históricas de Magalhães Júnior (*Disraeli*, *Carlota Joaquina* e *O Imperador Galante*), ou a concepção de democracia manifestada por Joraci Camargo com o populismo irônico e "probabilista" que reponta em todas as obras de Magalhães, até mesmo na brincadeira aérea e inconseqüente que é, à primeira vista, *Canção Dentro do Pão*. A ambição do escritor, de tratar o surradíssimo assunto dos amores de Dom Pedro e da Marquesa de Santos, foi sem dúvida de ordem irônica; foi aquela vontade de mostrar *le dessous de l'histoire* que animou várias vezes G. B. Shaw, autor pelo qual Magalhães Junior tem uma predileção especial. O seu veredicto moral sobre a marquesa é duro, negativo; as fraquezas, e mesmo os aspectos ridículos, do imperador estão todos à mostra; o Chalaça não é um herói maquiavélico, um cínico e clarividente instrumento da história, *à la Talleyrand*. Todas as misérias, todo o pequeno oportunismo e egoísmo das personagens estão ali no palco. Apesar disso, o escritor consegue acrescentar ao seu realismo áspero e zombeteiro, no fim das contas e especialmente nas horas decisivas para o destino de cada figura, um toque de humanidade latina que deixa intacto o realismo, mas afugenta o cinismo. E com um carinho secreto, uma indulgência paciente e fraternal investe, de repente, a favor desses pobres homens, que são os grandes homens dos manuais de história.

A originalidade da obra de Magalhães Junior, perante a historiografia oficial brasileira, está nesse desassombro. Teatralmente, não nos parece que a procura de originalidade tenha estado presente no espírito do autor, que chega mesmo a adotar, muitas vezes, soluções convencionais e que nos irritam um pouco, com aquela preocupação de construir cada quadrinho como um *sketch* bem armado, com seu finalzinho de infalível efeito, puxando palmas pela força de uma frase. Evidentemente, a preocupação dominante, no setor da forma, foi menos a de sutileza e novidade estilística do que a de solidez da carpintaria e da fluência. Neste sentido, já o dissemos, Magalhães é um mestre. A aposta era alta; e o *métier* venceu.

A FALECIDA[27]

Não é a primeira vez que uma peça de teatro nos leva a considerações sobre a relação íntima, quase inextricável, que existe entre romantismo, naturalismo e expressionismo, em contraposição a nossa idéia de "realismo". Este, por definição, não "escolhe" dentro da realidade existente, aceita-a toda, com seus valores, hierarquias e proporções. O naturalista, pelo contrário, opera exatamente como o romântico: escolhe cenas de sangue, violência ou decomposição da mesma forma que o romântico "escolhia" luares, ciprestes, lagos ou virgens etéreas. O expressionista, então, utiliza um processo mais sutil: não escolhe este ou aquele aspecto da realidade, mas sim uma "temperatura", um determinado (e sempre extremado) grau de intensidade em que todos os objetos reais possam ser acesos e transfigurados; dispõe a realidade numa extrema tensão, leva-a até os limites do insustentável e do irrespirável. Naturalismo e expressionismo não passam, apesar de todas as aparências (e de suas próprias declarações programáticas) de dois disfarces ou, se quiserem, de dois "estados críticos" do romantismo. Por isso, afirmamos que o realismo, em seu sentido mais equilibrado e aberto, pode ser definido como "o único classicismo possível para os modernos", isto é, um classicismo sem mitologias (na substância), nem academismos (na forma). O classicismo de um mundo que voltou, não somente a acreditar na existência do mundo externo, mas que deste pretende expulsar os últimos resíduos de dualismo platônico e, em definitivo, de transcendência. A explicação histórica desses fenômenos será evidente por um simples paralelismo. O romantismo é a poética oficial e ineliminável da burguesia do Ocidente, sua criação original; ora, burguesia e cultura são, ainda hoje, fenômenos intrinsecamente conexos; historicamente, são sinônimos. As próprias ideologias que pretendem subverter a concepção burguesa de mundo surgem (nem poderiam deixar de surgir) do desenvolvimento interno da mesma. Acontece, então, que o romantismo corresponde à fase do liberalismo originário; ao naturalismo, à cultura positivista, isto é, ao baixo materialismo e ao sociologismo ingênuo; ao expressionismo – enfim, às tendências extremistas e anarquistas. Somente o realismo inclui, solidamente, a exigência de um mundo socialmente realizado. Por isso mesmo, o realismo é mais um ideal estético do que um sucesso de obras realizadas. Balzac e Tolstói são dois escritores "futuros".

Por isso, um escritor como Graciliano Ramos representa um momento "clássico" frente à literatura do nosso tempo, da mesma forma como Machado de Assis perante a cultura brasileira de sua época.

27. *Folha da Noite*, São Paulo, 6.10.1953. Crítica da peça *A Falecida*, de N. Rodrigues, dir. J. Maria Monteiro, pela Cia. Dramática Nacional, com Sônia Oiticica, Sérgio Cardoso, Leonardo Vilar, outubro de 1953.

Pelos mesmos motivos, poucos escritores nos oferecem uma derradeira imagem de romantismo com todas as suas variações naturalístico-expressionistas, como Lúcio Cardoso, Jorge Amado e, no teatro, Nelson Rodrigues. O primeiro (o mais artificial, o menos naturalmente dotado desses três instintivos) procura um apoio, uma solução "orgânica" para a desordem implícita nessas poéticas, através de um apelo ao mistério religioso; o segundo procura sistematizar o seu lirismo através da mensagem social, sem que a esta disciplina ideológica corresponda igual rigor literário. Quanto a Nelson Rodrigues, parece avesso a toda espécie de ideologias (não podemos levar a sério as ruidosas enunciações feitas, de forma paradoxal, nas suas entrevistas) e permanece um espírito "disponível", agitado e desigual no aproveitamento, mais ou menos feliz, porém sempre vivo e dramático, do seu imenso talento.

Incerto entre a posição naturalista (que lhe fornece os dados mais positivos) e um neo-expressionismo pretensioso, cheio de intenções simbólicas, Nelson Rodrigues apresenta-nos, a cada nova obra, uma nova experiência, uma aventura, uma surpresa. Esta *Falecida* parece-nos pertencer à esfera melhor e mais séria de sua inspiração, escapando quase totalmente à retórica de um *Anjo Negro*. Predominam, na peça, as duas qualidades mais concretas do escritor: o gosto da *tranche de vie* e o dom de um diálogo vivo, diário, absolutamente localizado no tempo e no espaço: Rio de Janeiro, hoje. A observação da vida é direta, concreta, sem segundas intenções, muitas vezes original e corajosa. As névoas simbólicas e os cacoetes literários quase não aparecem. Tecnicamente, o drama (ou "farsa trágica") está cheio de "facilidades": a sua fragmentação em quadros e quadrinhos é mais um fenômeno de comodidade do que, propriamente, uma necessidade estética. Tais quadros, porém, vistos separadamente, têm sempre a sua razão de ser e boa construção dramática, rica de intuição, de vivacidade e imprevisto. Pensamos no bom espetáculo (correto, claro, interessante, atual) que poderia ter sido *A Falecida* apresentada em termos de simples naturalismo. Infelizmente, porém, a peça caiu nas mãos de um novato pretensioso, enfático e exibicionista, que fez o possível para destruir a simplificação operada pelo autor em sua dramaturgia, a sua louvável secura de objetividade, apenas para nos mostrar que é diretor e que o Brasil pode contar com um segundo Ziembinski. Não há dúvida: no excelente *time* dos novos diretores brasileiros, que conta com figuras como Armando Couto, Rubens Petrilli, José Renato, Antunes Filho, Sérgio Britto etc., acaba de aparecer um autêntico "perna de pau" na pessoa de José Maria Monteiro. Encenou *A Falecida* como se fosse *Dorotéia*: amontoou as metáforas, as abstrações, os símbolos. Criou grupinhos plásticos, cantorias absurdas, gestos estatuários. Transformou "a vida como ela é" em "o teatro como José Maria Monteiro quer que seja". Francamente, o autor não poderia ter arranjado pior "amigo da onça". Nesse dilúvio diretorial, só mesmo os talentos de Sérgio Cardoso, Sônia Oiticica e Leonardo Vilar poderiam constituir uma arca capaz de chegar ao porto sã e salva. O resto do elenco naufragou. Cenário funcional de Santa Rosa.

A RAPOSA E AS UVAS[28]

Queremos salientar mais uma vez a importância da Companhia Dramática Nacional (CDN), ou melhor, de sua fundação por parte do Serviço Nacional de Teatro (SNT), que até agora quase não conseguira livrar-se de certa atmosfera provinciana, formalística ou demagógica, mais típica de uma autarquia *ad usum dictatoris* do que de uma entidade cultural. Sem dúvida, a CDN representa um grande passo à frente. Os seus elementos mais positivos são: a linha rigorosamente nacionalista imposta ao repertório e a escolha da jovem geração como a mais representativa de nossa arte dramática. Pode parecer um paradoxo, mas a coisa mais importante, nesta companhia oficial, é a de ser um grupo experimental. Nada poderia corresponder, mais exata e historicamente, à situação do teatro brasileiro. Se a CDN fosse um instituto de aposentadoria para os remanescentes de um teatro obsoleto, como poderia ela representar oficialmente o Brasil de hoje, isto é, um país em plena e contraditória crise de crescimento em todas as esferas da cultura?

O nome de Guilherme Figueiredo serve muito bem como indicação inicial de uma tendência do repertório. Não é um autor da velha guarda, nem é um escritor "de vanguarda", isto é, um experimentador de formas, um escandalizador de burgueses. Bem sabemos que *oportet ut scandala eveniant*, mas esta função terrorística é preenchida muito bem, no repertório da companhia, por Nelson Rodrigues, ao passo que a representação diplomática do melhor nível alcançado pela velha guarda cabe justamente a Raimundo Magalhães Jr. O caso de Guilherme Figueiredo é outro: é um exemplo de penetração, na vida profissional do teatro, de uma geração literária que até então mantivera-se afastada. Com Guilherme Figueiredo fazem sua entrada no palco problemas morais, modalidades estilísticas e influências culturais que, antes, só o livro, a revista e o suplemento literário revelavam e divulgavam a um pequeno público. Essa irrupção é integral: quero dizer, traz consigo todas as suas vantagens e todos os seus defeitos. Em outras palavras: justifica-se historicamente. Paga pessoalmente pelo seus pecados, bebe o cálix de suas dificuldades até a última gota. E constrói com suas próprias mãos as suas próprias esperanças. O pecado principal é o

28. *Folha da Noite*, São Paulo, 24.9.1953. Crítica da peça *A Raposa e as Uvas*, de Guilherme Figueiredo, dir. Bibi Ferreira, pela Cia. Dramática Nacional, com Sérgio Cardoso, Nydia Licia, Sônia Oiticica, Leonardo Vilar, setembro de 1953.

intelectualismo: certa hesitação ou receio de enfrentar diretamente a realidade contemporânea, a vida social concreta. Figueiredo confessa honestamente ser um autor *livresque*. As suas dificuldades, portanto, são evidentes: resumem-se a uma luta constante para rasgar o véu literário interposto entre os seus problemas e seus personagens e para vencer a tentação do formalismo na composição do enredo e na elaboração do diálogo. Luta contra a alegoria e luta contra o adjetivo. Quanto às esperanças, são grandes, e algumas já se transformaram em belas realidades: o debate de altos e vivos temas éticos da consciência contemporânea – primeiro, o da liberdade, e depois a elevação do nível estilístico do nosso teatro. Nesses pontos, Figueiredo já alcançou os objetivos que outros homens de letras haviam proposto ao se aproximarem do teatro, dispondo, porém, de uma vocação: para ele o teatro não é uma aventura, é um meio natural de expressão.

A Raposa e as Uvas é, até hoje, a sua peça mais importante, conseguindo equilibrar quase sempre a elegante ironia de *Um Deus Dormiu lá em Casa* e aquela urgência de motivos dramáticos e líricos que fermentava confusamente em *Dom Juan*. Peça límpida, clara, lógica e, apesar disso, alimentada por um fio de poesia que a acompanha constantemente como uma música secreta. De vez em quando, o adjetivo precioso, o aforismo auto-suficiente reaparecem; de vez em quando, um "culturalismo" supérfluo volta a manifestar-se (fala-se muito, demais, em Fídias e Praxíteles nessa Grécia: uma Grécia que parece ter lido um manual de história grega). E nem todos os personagens conseguem dar carne ao símbolo, da maneira completa como isso se verifica em Esopo. Tais limites, porém, não chegam a afetar a beleza e a importância do texto, a sua vitalidade moral e lírica, a sua inteligência constante (Nas duas versões da "louvação da língua", este autor precioso consegue desmoralizar definitivamente todos os preciosismos teatrais do gênero, o beijo de Cyrano, os "monólogos das mãos" etc.... É uma paródia sutil, até mesmo com suspeita de autocrítica: lembram-se da "fala das jóias" de *Lady Godiva*?).

SANTA MARTA FABRIL S.A.[29]

O mérito principal do teatro de Abílio Pereira de Almeida reside em seu interesse constante pelos problemas da atualidade no seu esforço de observação da vida real, na sua corajosa franqueza de fotógrafo impiedoso. Essa base "documentária" é a garantia de seu teatro: uma peça de Abílio pode não alcançar um grande nível artístico, pode ser até mesmo errada do ponto de vista técnico, pode chegar a conclusões

29. *Folha da Noite*, São Paulo, 7.3.1955. Apresentação da peça *Santa Marta Fabril S.A.*, de A. P. de Almeida, dir. Celi, com Cleyde Yáconis, TBC-SP, março de 1955.

morais ou sociais discutíveis, porém, de três perigos estará livre: da inutilidade, porque o debate de temas atuais é sempre bom e necessário; do tédio, porque o espectador sempre terá a oportunidade de divertir-se à custa de si próprio ou de seus semelhantes; e da literatice, porque o teatro de Abílio é franco, direto, imediato. Em meio a tantos escritores que precisam disfarçar a temática atual sob as roupagens de antigas mitologias, ou que fazem questão de evitar a dura realidade lançando mão de abstrações e símbolos, Abílio é um descanso, um ponto de apoio, uma força viva. *Santa Marta Fabril S.A.* é, sem dúvida, a mais ambiciosa dentre as peças de Abílio, abrangendo um período histórico de vinte e dois anos e descentralizando continuamente o interesse para focalizar onze personagens, todos importantes, todos essenciais para o enredo e a atmosfera geral. Mas a ambição mais alta talvez seja a de conseguir uma fusão plena e contínua entre drama e comédia, a de descobrir um "tom" único, que possua a mesma riqueza de aspectos e facetas que observamos na vida real. Esse tipo de mistura estilística é sempre muito difícil; é um coquetel de que poucos autores descobrem a receita.

Francamente, não nos parece que o autor tenha sempre conseguido seu objetivo. No que se refere à estrutura geral, o fragmentarismo predomina: os vários quadros e atos permanecem um tanto separados um do outro, e algumas vezes chegam mesmo a ter a feição do *sketch*. Quanto aos personagens, alguns são inconsistentes (Vera, Acrísio, Júlia), e outros foram resolvidos de maneira muito esquemática, sem claro-escuro, sem nuanças (Tonico, o próprio Cláudio). E a mistura entre drama e comédia não se realiza senão em poucos momentos, especialmente felizes (mas talvez, neste ponto, a responsabilidade caiba em grande parte à direção, muito incerta na determinação da linha do espetáculo).

Paiol Velho era um texto seco, limpo, essencial. *Santa Marta Fabril S.A.* está cheio de redundâncias (inclusive um quadro inteiro, exatamente a parte final do segundo ato, que, além do mais, é de gosto duvidoso e pouco verossímil, devido à maneira apressada com que se resolve a situação). Em *Paiol Velho*, Abílio era econômico, até mesmo avarento: aqui, é francamente esbanjador. Talvez isso corresponda também à natureza própria dos dois mundos descritos: uma fazenda do interior é lugar de poucos palavras, ao passo que uma casa de grã-finos é sempre povoada por muitas frases inúteis, por muitas futilidades. Em todo caso, o resultado de *Paiol Velho* era bem mais puro estilisticamente. Aliás, é do ponto de vista estilístico que se podem examinar os trabalhos de Abílio. De que adiantaria uma devassa em seus temas éticos ou psicológicos? De que adiantaria, por exemplo, sublinhar o caráter absurdamente superficial do "socialismo" de Martuxa ou, pior ainda, daquele seu namorado, que deve ser um "pára-quedista" de marca maior? É bem provável que Abílio saiba disso melhor do que nós, e que no otimismo final (convite à liberdade, elogio da nova geração etc.) esteja escondida uma ponta amarga, ou seja, a suspeita de que o desabafo de Maria, a sua auto-realização através da filha, não passe de uma ilusão. Mas tudo isso não nos interessa muito, uma vez que interessa pouquíssimo ao próprio Abílio. Ele não é pensador, não é moralista, não apregoa ideologias ou sistemas; é, como já dissemos, um fotógrafo. E é desse ponto de vista que deve ser julgado. Nossa opinião é que, em muitos pontos de *Santa Marta*, a sua Rolleyflex está um tanto fora de foco. Em outros momentos, pelo contrário, o foco está certo, porém o retrato está cheio de retoques convencionais.

Fazemos questão de dizer, porém, que *Santa Marta Fabril S.A.* nos parece destinada a um grande êxito de bilheteria. Conhecendo os temas tratados por Abílio com tanto desassombro, poucos espectadores deixarão de ter a curiosidade de assistir a essa brilhante crônica social em três atos, que pode vir a ter, para a burguesia paulista, a mesma importância (de espelho, de confissão, de escândalo) que teve para os franceses, vinte anos atrás, *Les temps difficiles*, de Bourdet. Direi mais, é uma peça que não pode fracassar. Se fracasso houver, terá sido fabricado por alguma eminência parda. Mas será que as eminências pardas existem? E terão, mesmo, autoridade? Afinal, quem manda é o público. E o público há de gostar.

TEATRO DE JORGE ANDRADE[30]

Raramente o teatro escapa ao seu destino, que é aquele de ser, antes de mais nada, o espelho de uma sociedade; e quando um autor novo escolhe esse caminho, preferindo-o às tentações, sempre duvidosas, da abstração e do simbolismo, revela não apenas uma consciência estética livre de falsos intelectualismos, como também um sentimento de responsabilidade moral, que é uma das qualidades básicas do escritor. Além do mais, a escolha do realismo (que não é deformação naturalista, nem aspiração à impossível "objetividade" do documentário) significa um ato de humildade, pois o dramaturgo deixa bem clara a sua esperança de fornecer, se o resultado formal for insuficiente, ao menos um testemunho válido e elaborado sobre os motivos e os problemas humanos de seu tempo. Tal é o caso de Jorge Andrade – ao nosso ver, o melhor e quase o único teatrólogo de real vocação e importância da nova geração. Vocação quer dizer necessidade; e a necessidade de expressão, em Jorge Andrade, dirige-se instintivamente para o teatro. Tudo nele é canalizado para o diálogo, para a ação dramática, para o alto relevo (sumário ou sutil, não importa) dos caracteres representados. Este é o primeiro ponto: a garantia elementar.

Jorge Andrade – autor, até hoje, desesperadamente inédito – não pode, entretanto, queixar-se de incompreensão. Primeiro, porque ele

30. *Folha da Noite*, São Paulo, 23.12.1954.

mesmo não procurou as companhias teatrais, preferindo deixar que seu trabalho amadurecesse silenciosamente; em segundo lugar, porque os prêmios literários que já recebeu vêm demonstrar a aceitação de sua obra por parte de intelectuais competentes. Com *O Telescópio*, ganhou o prêmio Fábio Prado de 1954. Trata-se de uma peça em um ato, apresentada ao concurso com outra de três atos, *As Colunas do Templo*, que com outro título, *O Faqueiro de Prata*, já havia recebido menção honorosa no prêmio Martins Pena da Comissão do IV Centenário. Agora, a estas duas peças acrescenta-se mais um original em três atos, de difícil estrutura técnica, tematicamente relacionada com um dos acontecimentos centrais da história moderna de São Paulo: a crise do café com seu *background* político. *A Moratória* é o título desse drama, com o qual o jovem escritor enfrenta uma série de assuntos psicológicos e sociais tipicamente paulistas (decadência da antiga classe dirigente, conflito entre gerações, trágico apego à terra, crise moral e religiosa da burguesia latifundiária), que já forneceram os fundamentos para várias obras importantes – desde peças como *Paiol Velho*, de Abílio Pereira de Almeida, e *Neblina,* de Alfredo Mesquita, até o romance de importância do recente *Madrugada sem Deus*, de Mario Donato.

Em *As Colunas do Templo,* o tema principal era também fruto de observação diária, concreta, local: o contraste básico, na concepção da vida e do trabalho, entre o brasileiro e o imigrado. Em *O Telescópio* (obra perfeita na delicadeza de sua poesia, na exatidão de seu realismo, no virtuosismo assombroso da técnica) era outra vez o contraste entre gerações, dramaticamente simbolizado no final, quando o filho, que volta bêbado para casa, afasta de si, a pontapés, o telescópio, símbolo dos sonhos inocentes do pai. A influência de Tennessee Williams e, mais ainda, de Arthur Miller revelam que o autor tomou como ponto de partida o caminho central do teatro moderno, aquele que conduz do realismo absoluto de Tchékov e do último Strindberg aos dois fios paralelos do intimismo e do expressionismo, novamente reunidos hoje na aspiração a um novo realismo. O contato direto com as tábuas do palco e uma experiência cultural mais ampla e cosmopolita poderão fazer deste jovem escritor um fenômeno sem precedentes na dramaturgia brasileira.

A MORATÓRIA[31]

Que os três penachos de fumaça branca surjam e ondulem ao vento sobre a cúpula da basílica das letras teatrais brasileiras: *habemus*

31. *Folha da Noite*, São Paulo, 9.5.1955. Apresentação da peça *A Moratória*, de J. Andrade, dir. Gianni Ratto, com Fernanda Montenegro, no TMDC-SP, maio de 1955.

pontificem. Com a apresentação deste drama de Jorge Andrade, a renovação de nossa arte dramática que, apesar dos esforços de tantos abnegados, permanecera até agora, essencialmente, renovação da *mise-en-scène* e da arte de representar, chega ao único resultado capaz de garantir a sua permanência e de definir o seu sentido: a criação de um autor absolutamente nacional e, ao mesmo tempo, perfeitamente enquadrado dentro da situação histórica e estética da poesia dramática universal deste pós-guerra.

Grande ou pequeno, maior ou menor, o estreante Jorge Andrade, paulista de quatro costados, filho mais que legítimo do esforço cultural de uma minoria teatral e literária, pertence a uma família de escritores que vem definindo, no mundo de hoje, depois da dura lição do realismo da guerra, depois do fracasso de todas as metafísicas, uma desesperada aspiração à sinceridade, à simplicidade, ao contato direto com as coisas do mundo e os sentimentos dos homens.

Grande ou pequena, maior ou menor, esta peça – *A Moratória* – representa a voz do Brasil no coral em que cantam *The glass Menagerie*, *Les nuits de la colére* e, altíssimo, *Death of a Salesman*. Coral triste, canto sem luz, elegia que deseja ser hino e não pode; salmo de agonias, pranto fúnebre; repetição, num plano mundial, da situação já encarnada por Tchékov dentro de sua literatura: a confissão, franca e melancólica, das contradições interiores determinadas por nossa condição de últimos burgueses sobre a terra. É uma voz de poeta "preso à sua classe e a poucas roupas", como diria o Drummond de outros tempos. Não devemos pedir-lhe mais do que aquilo que a sua direta, limitada, porém sofrida experiência. Não podemos pedir-lhe mais do que aquilo que a sua sinceridade, que a própria forma, adequada e límpida da obra, está ali revelando, e confirmando. Não lhe podemos pedir mais ponto de vista ético ou social: primeiro, porque se trata de um artista e não de um ideólogo; em segundo lugar, porque ele também obedece a uma espécie de determinismo feroz, tão bem expresso nos versos de Eugenio Montale:

> Só isso, hoje, poderemos dizer-te:
> o que *não* somos, o que *não* queremos.[32]

Mas o passo está dado. O mundo é visto pelo autor com olhos límpidos, desassombrados; e é um mundo que ele conhece, um mundo que é a sua vida e que envolve uma nação e uma geração. Estamos a um passo do realismo absoluto. Estamos no caminho de uma expressão literária nacional-popular. E estamos diante de um teatro que volta

32. "Non chiederci la parola...", em *Ossi di seppia*. E. Montale, *Tutte le poesie*, Milão, Mondadori, 1984.

a ser, não por esforço de vontade ou de veleidade, mas por necessidade íntima e lógica, o espelho da vida moral de milhares de pessoas.

A história do drama moderno, no Brasil, conta-se depressa. Conta-se em três etapas: *Vestido de Noiva – Paiol Velho – A Moratória*. A primeira peça renovou a linguagem, introduziu no diálogo o falar diário dos brasileiros, e era de se esperar que o autor insistisse nesse caminho, vencendo os perigos criados por seu fabuloso instinto e por uma assimilação de experiências e achados técnicos superabundantes, advindos de um expressionismo cosmopolita. Não foi o que aconteceu, embora entre os trabalhos sucessivos de Nelson Rodrigues, um, ao menos, revele a possibilidade da criação de um sutil e amargo drama carioca, muito mais rico de substância do que todos os anjos, os álbuns e os afogados. *Paiol Velho* foi o brado, a promessa de uma grande presença temática paulista. *A Moratória* vem cumpri-la; e bem está, no ano de 1954 em que foi escrita (ano de meditações da cidade sobre o seu passado e o seu destino), ao lado do romance de Mario Donato: *Madrugada sem Deus*. Não é um fato, é um acontecimento. Não pertence à crônica, mas sim à história. Daqui começam novos rumos; aqui se fecham as portas para as mistificações. Grande ou pequeno, maior ou menor, esse teatrólogo fala a linguagem paulista com o mesmo acento universal com que os três romancistas que garantem a posição de nossa literatura moderna no mundo – Graciliano, José Lins do Rego, Jorge Amado – falaram a linguagem do Norte. O lugar desta peça, o lugar certo, só podia ser o Teatro Maria Della Costa, o teatro mais ligado à coragem e à vontade de progresso dos "novos". Maria e Sandro merecem que os paulistas compreendam e apóiem o que significa esse fato: a existência de um autor brasileiro de importância excepcional, cuja inspiração e cultura pertencem tipicamente a São Paulo.

2. Dialética dos Gêneros

DRAMA

ESQUEMA DE UMA DIALÉTICA[1]

O drama apresenta-se, sempre, como um fenômeno estético eivado de contradições. Nenhum gênero literário escapa mais violentamente às tentativas de simplificação dos sistematizadores. O drama coloca-se como ritual de uma coletividade, sob uma luz antiga e, até hoje, inofuscável de ato religioso ou político, em suma, ético e social, mas de outro lado, como obra de arte, recai nas categorias do íntimo, do pessoal, e proclama as exigências da forma, este prolongado escândalo do indivíduo, matriz anárquica da distinção.

No próprio seio de sua função "pública", o drama suscita um contraste violento entre a exaltação cívica, a proclamação de crenças, a adoração de divindades, e outra feição tipicamente leiga, relativística, liberal, contrapondo ao sentimento da comunidade humana o sentido de sua problemática, da dignidade que resiste no múltiplo e no diverso, da historicidade sempre fatal porque sempre concreta, em que nada saberia ser considerado fortuito.

Teatro é missa na mesma medida em que é confissão, e é confissão em obediência ao mesmo impulso através do qual é processo ou deba-

1. *Correio do Povo*, Literária, Porto Alegre, 20.12.1958. Republicado em *O Espectador Apaixonado*, p. 81.

te. Ainda, no próprio seio de sua função "particular", ou estética, o drama deixa-se surpreender por outra tensão dialética interna: de um lado, tem necessidade de ser sintético, cristalizando em personagens os arquétipos da experiência humana, reduzindo a tempos exatos e contraídos, a esquemas enxutos, o sombreado, a fluidez, a confusão da vida psicológica e moral; mas, do lado oposto, quer escapar, seja ao perigo de uma estilização de fantoches, a uma declamação de princípios ou à intriga mecânica através de uma sutileza toda analítica, de uma interpenetração de planos, de uma abertura de portas, uma após outra, no longo, profundo corredor que é a consciência, quase a declarar que esta é interminável e que sugere o infinito.

Confirmação do ser ou desdobramento da fenomenologia interior, o drama aceita esses dois destinos; e seria um esquematismo fácil afirmar-se que a concepção antiga de tragédia corresponde à primeira versão, ao sentido sintético, enquanto a idéia moderna de drama desenvolve a segunda exigência, a analítica. Afinal de contas, no resultado poético, que é o que mais vale, o esquematismo da tragédia acaba por encontrar a sua dignidade justamente numa articulação, nuançada e imprevista, das várias modalidades de síntese; e a desarticulação do drama alcança, pelo contrário, seu resgate, justamente numa condensação estatuária, evidente, fisicamente constatável, que destrói o acaso e propõe com clareza a mensagem, voltando a sugerir a intuição da lei ou da norma. E isso ainda não basta: essas indicações de instabilidade dialética da expressão dramática também dizem respeito ao drama como obra escrita, ficam incluídas na sólida categoria do literário; mas, se refletirmos, por um momento, sobre o fato de que esta obra escrita reclama, pressupõe e provoca uma representação, veremos que as variantes, as oscilações, os jogos de teses e antíteses, multiplicam-se e embaralham-se, contrapondo o texto ao espetáculo, a forma já determinada da linguagem à voz que a reencarna (em certo sentido, reabrindo uma crise expressional que parecia selada para sempre, lá, na página escrita); contrapondo, ainda, a presença incancelável do poeta ao sentimento crítico e histórico do encenador, e o despotismo deste à insuprimível veemência do indivíduo-ator, bem como o aspecto filológico do espetáculo como penetração do texto a todos os seus aspectos visuais, plásticos, rítmicos, que nascem, sim, do texto, mas que parecem fugir para outro e mais colorido microcosmo de expressão, o qual não deixa de reclamar certa instintiva autonomia. E além disso: na medida em que o espetáculo comporta a presença de um público, surgem as impalpáveis modificações provocadas por essas duas presenças físicas, a do espectador e a do ator – aquela variabilidade pela qual o espetáculo nunca é igual a si mesmo, definindo-se ao mesmo tempo como obra de arte (portanto, de certo modo cristalizada) ou como acontecimento, festa, esporte, duelo, comício, olimpíada...

DOS DECLAMADORES[2]

Apesar de todas as limitações oriundas da estética idealista – cuja influência sobre nossa cultura continua ditatorial sob os mais variados disfarces –, a noção de *gênero literário* continua tendo a sua razão de ser, a sua função metodológica e prática, não na forma esquemática dos velhos sistemas de retórica, mas sim numa articulação mais livre, baseada essencialmente na psicologia.

Com efeito, um gênero literário é, antes de mais nada, uma vocação – isto é, uma disposição mental para determinadas formas de expressão: não uma concepção do mundo, em suma, mas justamente um modo de relação da inteligência com o mundo objetivo, a serviço de qualquer concepção, por si mesma indiscriminada.

Áspera, porém decisiva vitória da forma sobre a psicologia, assim é toda a arte, a qual nasce como *palavra*, isto é, como canalização instintiva da realidade para a manifestação pública: como *conteúdo*, não como *assunto*.

Reconhecemos imediatamente os poemas escritos por homens predestinados à ficção: as peças de teatro que saíram da pena de personalidades tipicamente líricas; os romances que trazem o marco inconfundível de uma predisposição teatral. Há poemas em prosa, romances em verso, contos fantasiados de diálogo, diálogos sem falas, ensaios escondidos em novelas...

Além de todas essas aparências, existem ao menos quatro formas fundamentais de expressão literária: o lirismo, a ficção, a reflexão e o drama. A relação entre elas é tipicamente dialética; a ficção, por exemplo, não se processa por uma exclusão do lirismo, quanto por uma incorporação, ou melhor, por uma redução dos dados líricos à realidade narrativa – o mesmo podendo ser dito de todos os outros gêneros, nas suas múltiplas relações.

Da poesia, o teatro assume o lirismo – o aspecto confessional – e elimina aquilo que a confissão tem de isolado, de particular, de confidencial. O elemento antiteatral da poesia é o seu destino mudo, de diálogo entre dois pares de olhos, num lugar fechado, numa atmosfera de ciúme. O teatro, arte política por excelência, coisa de todos, *res publica*, quer praças e não quartos, refletores e não lâmpadas de cabeceira. Do seu lado, a poesia se defende e se valoriza justamente na medida em que sublinha a sua singularidade.

Essa indiscutível e até mesmo acaciana verdade estética condena irremediavelmente os declamadores no plano da teoria. Felizmente, porém, nenhuma teoria estética saberia ter vitalidade sem prestar a devida atenção às técnicas, isto é, à historicidade das formas.

2. *Folha da Noite*, São Paulo, 22.1.1953. Republicado em *A Expressão Dramática*, p. 132.

A multiplicidade das técnicas destrói o preconceito, embora acabe confirmando o núcleo central da idéia que é, ela mesma, fruto da história.

Assim, de um lado acontece que a poesia não se presta para ser declamada; e de outro lado, que toda declamação de valor aproxima-se de um tipo de leitura em voz alta, capaz de recriar, *à rebours*, a intimidade da poesia. Da primeira parte desta verdade ninguém se dá conta melhor do que os virtuoses da declamação, sempre à procura de textos teatrais, descritivos, onomatopéicos – tudo em suma, menos líricos. O segundo aspecto constitui a glória e o martírio dos singulares declamadores modernos, que sugerem a idéia da interpretação crítica de textos cuja própria natureza exclui, de antemão, o jogo dos efeitos (Madeleine Renaud, Vittorio Gassmann).

Entre os primeiros, dados a grandes exibições vocais e cênicas, e os segundos, animados por uma devoção religiosa (que acaba revelando, em todos os seus segredos, o próprio paradoxo da declamação), colocam-se os outros – a maioria –, isto é, aqueles que procuram reduzir textos de verdadeira poesia às proporções teatrais do repertório dos virtuoses.

Qual será o lugar de João Villaret, que agora nos visita e cuja experiência cênica o coloca em posição eminente, como exemplo científico? Apesar de não possuir nenhum dos efeitos convencionais dos virtuoses, Villaret pertence apropriadamente a este grupo: o seu melhor repertório é nitidamente teatral ou pitoresco. Villaret é um virtuose excepcional, o maior do nosso tempo: levou ao máximo da elegância e de dramaticidade o gosto da descrição, do colorido e do efeito. É algo original na história do virtuosismo. De maneira nenhuma, porém, poderia escapar à classificação de grande intérprete de uma poesia *externa*. A intimidade lírica, quando Villaret dela se aproxima, recebe apenas uma contribuição de eloqüência; o que, apesar de toda a habilidade, serve apenas para confirmar o seu antigo e terrível parentesco com o silêncio.

DIALÉTICA DA PANTOMIMA[3]

A pantomima, como toda a arte que pretende ser pura, está condenada, irresistivelmente, a viver e a impor-se através de suas referências impuras: imitação, enredo etc. Por outro lado, estas aparecem pequenas, desprezíveis, diante da absoluta transcendência e auto-suficiência, que a obra postulava como exigência radical. Já dizia Mallarmé sobre o balé: "Toujours une banalité flotte entre le spectacle dansé et vous". E o balé é menos absoluto ainda, o balé afinal interpreta: o seu ponto de referência é a música, isto é, não se trata de um limite que surge como

3. *Folha da Noite*, São Paulo, 12.11.1953. Republicado em *A Expressão Dramática*, p. 146.

derrota, que se manifesta durante ou depois da realização artística, mas sim de algo que existia, originariamente, como elemento básico e ineliminável dessa arte. O limite do balé, em certo sentido, não existe, porquanto participa da *impureza* aceita e substancial do gênero. Entretanto, ele nos afigura-se, instintivamente, como limite.

O caso das artes que se apresentam inicialmente como puras – cinema mudo, radiodrama absoluto, pintura não figurativa, poema automático – é mais dramático, porquanto vive essencialmente da coragem e da glória de uma derrota. Nelas, a dialética de *puro* e *impuro* vive eternamente, renova-se a cada fotograma, a cada gesto, a cada pincelada, como uma espécie de heroísmo inútil e sublime. A derrota verifica-se não apenas fenomenologicamente, isto é, na arte em si, na sua estrutura – mas também historicamente: o cinema mudo é derrotado pelo sonoro, o radiodrama pela televisão, o poema e o quadro não descritivos pelo êxito, que só lhes é proporcionado graças às suas coincidências com o mundo dos sentimentos comuns, da emoção artística mais *impura* e tradicional. E a pantomima? A sua derrota é dupla: de um lado, ela se verifica na direção do balé, e do outro, na direção do teatro falado. Crucificado entre essas duas tendências que o arrastam para cá e para lá, incessantemente, o mimo desenha no palco, não uma felicidade serena de poesia realizada, mas sim a tragédia constante de sua impossível libertação, o drama de desejar um êxtase que lhe é negado. O maior resultado estético que pode atingir esse adorador do equilíbrio puro, esse caçador do absoluto, é justamente o milagre de um desequilíbrio permanente.

O equívoco estético dessas artes *incompletas* reside em que elas medem o seu grau de pureza através da dependência de um só dos cinco sentidos (a vista no cinema, o ouvido no radiodrama), enquanto em torno delas toda a arte evolui na direção oposta, rumo à síntese wagneriana e à abolição dos gêneros. Veja-se o caso do cinema atual, com suas possibilidades diversas: som, imagem colorida, terceira dimensão. Essa arte está destinada, não a conservar a autonomia estética do cinema, mas sim a medir a relação mútua entre os vários elementos: literatura, teatro, ópera, balé, pantomima, música e artes plásticas.

As artes *puras*, entretanto, constituem uma necessidade perpétua dentro da atividade estética, porquanto elas mantém viva a tensão entre o aproveitamento integral de cada um dos meios de expressão e a sua funcionalidade relativamente a um resultado maior. Ficando de pé unicamente esta última exigência, toda a arte tenderia, por força da inércia, a reduzir-se à explicação, descrição ou documentário. Assim, por exemplo, no teatro, a presença de um caso-limite, como o da pantomima, estimula o ator à procura da expressão corporal e o diretor à pesquisa plástica. Isso quanto ao que se refere à pantomima na sua generalidade, no seu concreto valor histórico. Quanto àquilo que a pantomima parece despertar em raros momentos de sobressalto cósmico, isso já escapa aos domínios da arte. Não é expressão, é evocação: é a memória, em nós, do poder mágico, da dominação do homem sobre as forças ocultas, em algum ritual perdido nas névoas herméticas, no tempo sem tempo, idade de ouro, anterior à Razão.

LÍRICA

RENOVAÇÃO DO MELODRAMA[4]

No inverno de 1921, um administrador do Teatro Scala de Milão, influenciado por um grupo de intelectuais de vanguarda, resolveu convidar o famoso cenógrafo suíço Adolfo Appia para uma nova montagem de *Tristão e Isolda*, de Wagner.

Adolfo Appia era, naquela época, juntamente com Gordon Craig, o símbolo da renovação teatral européia. Com seus álbuns de desenhos, suas (poucas) cenografias realizadas e seu livro memorável sobre *A Mise-en-scène do Drama Wagneriano*, Appia contribuíra, mais que outro técnico ou artista, para derrubar o reinado plurissecular do papel pintado, das máquinas cênicas espalhafatosas, das rochas e florestas que parecem verdadeiras. Appia instituíra o princípio do cenário construído e de uma estilização extremamente lírica e simplificadora. Naqueles anos, sob a influência da estética do Futurismo, a palavra "síntese" e o adjetivo "essencial" eram o inevitável estribilho de todas as conversas entre artistas.

Hoje em dia, os princípios estéticos, em matéria de cenografia, são mais amplos, elásticos e ecléticos. Todos estamos de acordo ao menos num ponto: a *mise-en-scène* é uma conseqüência da atmosfera poética do texto. Uma vez descoberto um núcleo substancial de unidade estilística, todos os recursos são bons para revelá-lo à platéia. O próprio cenário pintado voltou às honras da ribalta. Bérard Meizinger, Barsacq, Calvo e Coltellacci têm realizado cenários pintados de grande beleza e modernidade. Pintores famosos como Picasso, Rouault, Casorati e De Chirico aproximaram-se do teatro com criações inesquecíveis. Mas em 1921, a coisa era outra: Appia, síntese e essencialismo. Appia chegou, desenhou, pintou, construiu, iluminou. O público do Scala ficou frio, perplexo, desanimado diante daquela pobreza, daquela nudez tão contrária ao fausto tradicional do máximo teatro italiano de ópera.

No dia seguinte, um grupo de Fedeli della Scala reuniu-se num clube milanês, e escreveu uma carta à administração do teatro. Eram esses Fedeli uma meia dúzia de excelentes cidadãos, entre os quais

4. *Folha da Noite*, São Paulo, 21.10.1952. Republicado em *A Expressão Dramática*, p. 135.

alguns grandes capitalistas, orgulhosos da sua cidade e do seu famoso teatro. A carta dizia que, evidentemente, a administração do Scala devia se encontrar em grandes dificuldades financeiras; que isso talvez fosse devido ao amparo insuficiente do governo; que, nesse caso, o Scala deveria fazer um apelo a todos os milaneses; e que, de qualquer forma, eles, os Fedeli, se prontificariam para qualquer ajuda ou colaboração em dinheiro e propaganda a fim de evitar espetáculos pobres e esfarrapados como *Tristão e Isolda*, que poderiam até comprometer o bom nome da cidade diante dos turistas estrangeiros.

Coisas passadas, história antiga... Hoje, a arte moderna, em todas as suas tendências, tem penetrado triunfalmente em todos os teatros de ópera do mundo. E foi justamente no Scala que Enrico Prampolini pôde realizar as suas excepcionais *mise-en-scène* dos *Caprichos de Callot*, de Malipiero, e do *Mandarim Maravilhoso*, de Bela Bartok.

O último número de *Theatre World* traz uma reportagem, muito bem ilustrada, sobre a nova montagem do *Anel dos Nibelungos*, a tetralogia wagneriana, realizada neste ano em Bayreuth. Wieland Wagner, que dirigiu esse espetáculo, é hoje considerado, pela crítica alemã, um gênio. No velho reduto da tradição wagneriana, os princípios de Appia estão triunfando, renovados através de uma forma inteligente de neo-expressionismo.

E no Brasil? As *Traviatas* continuam fazendo balançar as paredes de papel desbotado a cada acesso de tosse. O dragão de Siegfried continua cuspindo fogo e agitando a cauda de papelão... Os críticos musicais brasileiros conduzem, neste momento, uma campanha em prol da renovação das temporadas líricas. É preciso que os críticos teatrais os ajudem, lutando pela renovação da *mise-en-scène* e do estilo de representação dos cantores. A indiferença da nova geração, quando não seja de hostilidade contra o teatro de ópera, depende menos de motivos musicais do que de motivos cênicos. E, nesse ponto, os jovens têm toda razão.

DA EXPRESSÃO MUSICAL[5]

Qualquer teorizador que se empenhe na descrição fenomenológica das artes encontra, a certa altura, a antiga oposição entre música e poesia. Esta, à primeira vista, parece possuir a vantagem – através da palavra, que é som e símbolo ao mesmo tempo – de uma determinação expressiva maior; mas logo a música revela, mesmo que na sua aparente fluidez, um grau de redenção da matéria que utiliza o seu meio físico para além da expressão plástica e acaba projetando-se para além da própria poesia.

5. *Estado de S. Paulo*, Suplemento Literário, São Paulo, 15.6.1957.

O puro som – ou conjunto de sons –, de que unicamente se constitui a expressão musical, libertando-se de qualquer determinação definida, quer plástica, quer lógica, encerra a possibilidade de expressar diretamente, através da nota, que vive na pura forma do tempo, aquela interioridade que a imagem e a palavra não alcançam, sendo obrigadas a cristalizar-se em figuras extensas ou em rígidos conceitos. Graças à música, tecido puro de sons, a expressão humana remonta à sua primeira nascente: o canto, a forma melódica, em que a inspiração do poeta imediatamente se expande e encarna. E é justamente por este seu típico modo de expressão que a música se revela como o recurso mais dócil, entre todos, para seguir a linha do sentimento interior na sua atualidade positiva (tensão, progresso e solução de vibração psicológica), através de uma escala interminável de inflexões e modulações. Por isso, a música sempre nos aparece como a mais absolutamente expressiva dentre as artes, e encontra-se na origem de qualquer expressão, visto que está mais próxima daquele sentimento, que é a *conditio prima* das artes, e que no caso da música surge em plena transparência graças à qualidade "imediata" do meio físico.

Da música, efetivamente, nasceu a poesia, que foi, e ainda se chama, "canto": a poesia, que ainda traz, no som e no ritmo a margem de sua origem e que pode ser encarada como música "congelada", estancada na palavra. Ao olharmos para as artes plásticas, perguntamo-nos: que vida, que desenvolvimento poderiam elas possuir, na multiplicidade sensível de sua extensão, caso fossem separadas daquele primeiro momento de inspiração do qual surgem e no qual se unificam? Se fossem afastadas daquele sentimento que, na figura plástica, quase se encarna como na sua simbolização concreta? Por acaso não procuramos, através do jogo de cores ou volumes, alguma figura interior que nele se expressa e que se serve de tais materiais de linguagem para firmar e quase solidificar em equilíbrio durável uma "melodia", uma sugestão totalmente íntima, algo que, inicialmente, foi um indeterminado sentimento individual do homem, empenhado em abrir aos outros a sua música interna, a sua vibração indefinida? Há um exemplo que pertence à retórica, mais do que à história da poesia, mas que, por isso mesmo, é sumamente didático: o hino que Victor Hugo sabe ler na composição marmórea da Notre Dame. E é, precisamente, esse dado germinal, essa primeira vibração secreta, o mistério que o canto desenha na linha melódica; a qual parece fluir, como água incorruptível da experiência humana, para espalhar-se nas notas e transparecer na temática, como num cristal, para colorir-se no enredo dos acordes, como o faz a única luz nos imprevistos do arco-íris.

A música não expressa senão estados psicológicos, inútil procurar, como às vezes foi feito, referências a objetos determinados, a elementos da natureza ou da história. Estes não passam, quando parecem existir, de ligações indiretas, nas quais a imediata capacidade expressiva do som (com todas as suas mil possibilidades) só pode ficar limitada, empobrecida e escurecida. Já é lugar comum, na estética de hoje, a condenação da música descritiva, decidida a evocar sonoramente imagens de objetos, figuras e paisagens, rebaixando aquilo que já é imagem de sentimento, a imagem da imagem, perturbando e contaminando sem remédio a sua límpida função, que é a de fechar em si mesma a mais inalcançável transição interior. A música visa apenas a sua composição sonora e, quando a realiza, nela se aplaca; quem compõe musicalmente, no mesmo instante em que compõe não vê e não representa senão figuras musicais, isto é, frases e períodos em que se aprisiona e plasma o seu fluxo de afetos e reações, que é o alfa e o ômega de toda a criação musical. As condições poéticas, dramáticas e coreográficas destinadas à música podem servir de auxílio, de roteiro externo para que o leigo penetre na floresta harmônica e rítmica; mas não valem, perante a música, mais do aquilo que realmente são: meras estruturas mentais, materializações, ou quase exemplificações particulares de um mundo infinitamente perfeito – o mundo da presença musical que, às vezes, no simples desenho da melodia, traça um cosmo de incidências interiores, dando-lhes um sentido tão preciso, tão claro e determinado que nenhuma paráfrase visual ou verbal conseguiria esgotar a sua variedade vital. Por isso, a música continua sendo, acima de todos os meios de expressão, o único capaz de representar plenamente – sem acenos, referências ou resíduos – a fluência total da vida interna, que por definição é arredia a qualquer esquematização ou condensação em formas estáticas, em representações extensas e, muito menos, em definições verbais, que da sua vitalidade impulsiva podem apenas fixar o invólucro formal, a veste. Quais "acontecimentos" não sabe provocar, por exemplo, o *allegretto* da *Sétima Sinfonia* de Beethoven, com seu complexo desenho de embriaguez e de sóbria tristeza, ou a melodia vertical do *Orfeu*, de Monteverdi; ou, às vezes, um único acorde de enfeitiçada orquestra wagneriana, capaz de desvendar subitamente, no sobressalto do memorial, um mundo inteiro, incomparável em relação às pobres palavras que, mais tarde, procuramos para fins descritivos, já certos da nossa incompetência diante da verdadeira expressão? Cada nota capta de perto, capta por dentro a infinita existência de um mundo rebelde a qualquer limitação existencial.

Em tal sentido, é fácil aceitar o que Hanslick dizia do fenômeno musical: que este representava "o lado dinâmico dos sentimentos"[6]. Destes, a expressão musical transcreve apenas a *tensão*, o que deles sentimos *em ato e em efeito*, livrando-os dos seus conteúdos particulares.

6. Refere-se à tese expressa pelo musicólogo romântico Eduard Hanslick (1825-1904) em sua obra *Von musikalish-schonen* (Lipsia, 1854).

Espírito que se argumenta em som, a música é originariamente, conforme dissemos, um canto, isto é, um desenho melódico no qual se esboça o dado psicológico atual – e, portanto, é lirismo, na mesma linha estética da poesia. Tal lirismo estrutura-se na harmonia, que daquele desenho faz uma composição dinâmica; o canto se renega e se transforma nas variantes da criação sinfônica, em que gradualmente se amplia o impulso humano primitivo com o auxílio de timbres inventados (a história dos instrumentos musicais é a mais sutil entre as possíveis histórias universais *in nuce*), para, finalmente, desenvolver-se em sistemas cada vez mais complexos, amplos e poderosos, nos quais o espírito que se expressa no moderno milagre da orquestra, evocando a ordem final do universo.

Harmonia e orquestração estão para a melodia como as cores e a perspectiva para o desenho; entre todas as formas, porém, a melodia permanece como o núcleo originário, a alma determinante da música, pois ela não é outra coisa senão o puro desenvolvimento e modulação do som simples, que toma forma nas notas, oscila no ritmo e se compõe no acorde. O som, portanto, não o ritmo (que é a sua interrupção), nem o conjunto (que é a sua composição) – sendo ambas modalidades do núcleo, portanto, subseqüentes –; o som, a melodia, afirmam-se como princípio fundamental de toda a música. Do ritmo podemos dizer que é a ordem temporal dos sons, assim como o acorde é a ordem da sua multiplicidade; ordem que se desenvolve na harmonia, conjunto de sons diferentes, e na estrutura sinfônica, conjunto de timbres alternados ou simultâneos.

Da supervalorização, e até mesmo da ontologização, desta ordem, simbolizável em números (que são medidas de sons, mas que não são sons!), surgiu aquela mística matemática e pitagórica que os músicos tentam constantemente renovar e que, no número, pretende ver o princípio da harmonia e, até mesmo, da expressão ou da beleza, esquecendo que as relações numéricas – presentes na música, como no verso ou na arquitetura – expressam, simbolizam relações abstratas entre sons, mas não se substituem a estes e nem o poderiam: pois o número pertence a uma lógica, a uma ciência mental.

Assim, na melodia, os números são empregados para medir, num cálculo externo, aquela ordem, aquela sucessão de notas e pausas, na qual ela desenrola o seu fio mágico. Pois a melodia se compõe de tantas notas, não porque delas resulte, mas sim porque ela as engendra. Uma só nota, contemplada na sua única essência, abstraída das outras, não tem, é claro, valor expressivo; isto, porém, aplica-se também a núcleos musicais mais complexos, como o acorde. Em nenhum deles, a música repousa singularmente: ela só encontra o próprio valor na disposição de uma linha que é feita de espera e memória, em que a simples nota, ou qualquer núcleo mais rico, "em ato", é apenas eco daquilo que passou, pressentimento daquilo que sobreviverá e, todavia, é o resumo presente de toda a vaga do canto. O "tempo" no qual o desenho musical se desenvolve reside apenas na vibração do presente em que vive, não existindo mais como passado, mas não podendo, ainda, ser o próprio futuro. E é exatamente disso que nasce o prazer indizível, a tensa embriaguez que a música acende no ouvinte, pois este (que "cria", enquanto ouve), destacando-se de toda a aparência externa, reduzindo-se à própria intimidade, nada mais faz a não ser desenrolar em si mesmo um discurso interior. Eis que o homem se concentra num esforço prodigioso, do qual a música brota, tênue linha ideal entre os dois contrários da espera e da recordação, não consistindo em nada senão no "ponto" de uma secreta e progressiva tensão, que oscila de nota em nota até o fim, quando o discurso musical se resolve e se dissolve na própria intensidade.

E agora, escuta Mozart, minha amiga – e se ficares cansada, se te distraíres, escuta ainda Mozart.

MOZART E O DRAMA MUSICAL[7]

Como eu conversasse com um amigo sobre a longa crise da ópera que se sucedeu após a reforma wagneriana e ainda hoje não resolvida, apesar da revelação de alguns novos caminhos e de outras tantas "restaurações", o amigo citou o nome de Stravinski. Esse compositor alcançou um *maximum* de originalidade e de realização em diversas formas paradramáticas (do balé ao oratório, da pantomima à ação coral), sem todavia desistir de uma ambição desesperada com relação à ópera. Ambição que não é só dele: é o remorso dos modernos – pois o que temos, aí, não é a crise da ópera: são as óperas da crise. O amigo pôs no toca-discos o *long-play* de *The Rake's Progress*. Desde a escolha do libreto, a ambição é imensa: trata-se do *Dom Juan* atualizado. Então, a sombra de Mozart, chamada pelo nosso silêncio, nome evocado no fio da memória, entrou na sala e ficou...

O eterno problema das relações entre palavra e música foi solucionado por Mozart (explícita confissão) no sentido de uma ampla supremacia e liberdade do elemento musical. Mozart foi, teatralmente, um compositor italiano. Basta reler o epistolário e ver o trabalho contínuo de adaptação do texto à música, desta à qualidade das vozes e de todo o conjunto ao efeito cênico. Mas, de imediato, este último aspecto nos leva ao extremo do problema: na intuição do gênio, que é sempre intuição "prática", há realmente um ponto focal que dá à criação do melodrama um sentido teológico; o palco é esse centro de irradiação comunicadora, de diálogo. Todo o trabalho de Mozart, supremamente lírico, tende àquele enriquecimento, àquela dialetização do lirismo subjetivo que é a expressão dramática. Procurai ouvir o *Concerto para*

7. *Correio do Povo*, Literária, Porto Alegre, 4.7. e 11.7.1959.

Três Pianos e Orquestra: não é uma estrutura sinfônica, é uma comédia, uma ópera *in fieri*. Por isso, Mozart reconhecia no teatro a sua vocação final e nele, inclusive, tal aspiração tingia-se, instintivamente, de uma cor ética e "religiosa", como acontece às consciências que escolhem o teatro. Tal escolha é sempre um destino histórico, pontual e, em Mozart, aquilo que os estetas consideram o pássaro azul, alheio à aventura dos tempos: é a obediência aos tremendos imperativos éticos do século XVIII. Obediência "natural".

Onde está, portanto, o sonhado (e afirmado) império da música? Antes de mais nada, no rigoroso respeito às formas fechadas da *aria*, da ilha lírica que deve ter o seu desenvolvimento e a sua conclusão na linguagem que lhe é própria, isto é, no desenho melódico. É a linha vertical que o drama sempre cruza com o elemento narrativo (épico), cujo horizontalismo compõe e estrutura a perspectiva. Em segundo lugar, e mais profundamente, o direito soberano da música reside nisto, porque ela "realiza" a palavra para além do sentido lógico, na sua verdade imediata, emocional – e isso sempre, até no mais humilde dos recitativos. É a "inflexão" definitiva da personagem e de sua disposição psicológica. O drama falado transmite o elemento lógico através de uma vibração emocional; o drama musicado transmite a vida emocional servindo-se de uma armação lógica, que é o seu sistema nervoso. Basta sair da expressão dramática e voltar à expressão puramente lírica para ver como o problema, nas formas mais simples e verticais da linguagem – no "desabafo" imediato –, deixa, subitamente, de existir. Em Mozart, mesmo um momento de lirismo absoluto, transcendental – o *Kyrie* da *Missa de Coroação*, que é o seu adeus à terra, o seu ato de intimidade com a "verdadeira e perfeita amiga do homem", a morte –, alcança o próprio céu humano e estético aquém de qualquer estrutura. Toda a sua imensa obra de lírico, seu "cancioneiro" incessante, vive dessa pureza e liberdade do imediato. "Um ato eternamente presente e vivo", como diria Goethe, a propósito, justamente, de Mozart. Estamos diante daquele a quem Jean-Jacques Klim define *le moins métaphysicien de tous les musiciens*. Sua condição é toda humana. Bem o sabia Stendhal – esse amador desesperado de um absoluto que só existe como manifestação terrestre – ao escrever sua biografia, na Milão galante de 1815, sob o pseudônimo (céus!) de Louis-Alexandre-Cesar Bombet. E a voz de Nietzsche responde: "Não conhece outra tristeza, afora aquela que nasce da mais profunda felicidade". Este dom de felicidade natural, capaz de repetir, em fluência, a própria continuidade da vida, ele, o anti-wagner, ia procurando em Bizet. Mas já havia sido o dom de Mozart. Do Mozart dramaturgo. A exigência de Nietzsche é apenas uma sombra – a primeira sombra "européia" – dessa nossa ânsia natural a que chamamos, friamente, "o problema da ópera". O imediato procura incessantemente a estrutura para abrir-se ao conflito dos deveres e à conspiração dos sentimentos. Estamos sempre de volta à matriz de uma só vida – a expressão dramática.

Mozart tem vinte e cinco anos, e procura a ópera como o asmático procura o ar. Faz cinco anos que o mundo o afastou do teatro. As suas experiências mais antigas esbarraram na trama frágil e absurda dos libretos. Em dezembro de 1780, o abade Varesco transforma o *Idomeneou*, de Danchet (que já era uma adaptação de Crébillon), em fábula metastasiana, com seus típicos versos salitantes. Suaviza a truculência; acrescenta-lhe uma improvável Electra, fugida de Argos; introduz um monstro marinho, pretexto para a grande encenação de tipo francês. E o jovem Mozart se apaixona, não pelo libreto (embora sentisse profundamente aquele sabor de mar, de praia, de sol do Mediterrâneo; que porém é um impulso lírico), mas sim pela própria possibilidade de fazer música de teatro. Esbanja-a: luxento, ilógico, exuberante. Quer dizer tudo. Inventa conflitos inexistentes. Complica personagens sem substância. Lança mão de recursos tipicamente dramáticos, introduzidos há pouco por Gluck, cuja influência é evidente. Tudo atabalhoado e, em definitivo, perdido. O valor musical é imenso, e levará Mozart a guardar sempre uma predileção por essa explosão poderosa e absurda. Mas, mesmo do ponto de vista do drama, eis o quarteto do terceiro ato, eis o primeiro recitativo de Ilia que desenha uma figura completa. O *Idol mio*, de Electra, e o famoso *Zeffiretti lusinghieri*, de Idamante, não são apenas árias: são tentativas de estruturação do desenho melódico em torno de um núcleo ativo do drama. Que será o milagre de Mozart depois do seu encontro com o "libertino" Da Ponte.

***

Tenho para mim que a carreira de um libertino (*The Rake's Progress*, ó Strávinski!) fundamenta-se, desde sempre, numa paixão pelo absoluto: *et quid amabo nisi rerum metaphysica est?* Por isso, numa viva oposição dialética, a inteligência o condena na medida em que condena e reduz à história toda e qualquer metafísica; e a mesma inteligência absolve-o na medida em que compreende e interpreta o impacto existencial do homem, a sua *vis* trágica. Lorenzo Da Ponte livrou Mozart da servidão metastasiana graças, não à grandeza de poeta, que não possuía (mas era um *script-man* habilíssimo), mas sim graças à sua vitalidade de libertino, que vinha completar a paisagem moral de Mozart, forçando-o, pela novidade temática, a explorar uma parte de si mesmo, muito forte, embora apenas sonhada. Tudo aquilo que Da Ponte quis viver, Mozart não o viveu, porém tornou-o eterno e o fez viver para todos, acrescentando-lhe uma dimensão moral que lhe tira qualquer futilidade e o transforma em mensagem dramática. Tal aventura só podia culminar na história de Dom Juan, na morte de Dom Juan: no heroísmo do homem que diz "não" até o fim ao Convidado de Pedra, e que desperta nossa admiração sem que possamos deixar de aceitar a sua condenação ética. (Mas a vida recomeça imediatamente, no sexteto final; que não é apenas uma frase de alívio: é uma "reabertura"). Lorenzo Da Ponte recebe de Mozart uma idéia atual, política, prática: Fígaro, a atualidade de Fígaro e a sua simbologia social; e Da Ponte, prudentemente, adapta-a às exigências da censura. Por sua vez, Da Ponte fornece a Mozart uma idéia metafísica, puramente trágica: Dom Juan, e Mozart torna-a humana. Veja-se a famosa carta de Mozart ao pai, de 13 de outubro de 1781: toda a sua poética "italianista" está desenhada, e Fígaro nasce. Não apenas da vontade de escrever uma continuação da ópera de Paisiello para fins de atualidade e de êxito, mas sim porque a atualidade de Beaumarchais estava toda presente em Mozart. A expressão dramática alcança em *Nozze di Figaro* um ponto firme, uma realidade. "Aqui, o diálogo torna-se música, e a música, por sua vez, diálogo"; é muito importante que essas palavras tenham sido escritas por Wagner. Os 940 compassos do grande *concertato* do segundo ato, com sete personagens em cena, divididos em dois grupos psicológicos e sociais, põem em conflito ativo toda a consciência européia. Quando Suzana entoa "Deh vieni non tardar", sabemos que Ilia está começando a ser Elvira: a revelação da mulher através da sensualidade e da pureza da melodia.

Mas a primeira grande figura feminina fora Konstanze (ironia e justeza do nome!) no *Ratto dal Serraglio* (*Die Entführungans dene Sereil*), perfeitíssima comédia, na qual bastaria o tipo do *basso buffo*, Osmin, para dar a Mozart um lugar privilegiado no paraíso de Molière e Gogol. A *arietta* em sol menor, com a qual Osmin apresenta-se ao público, é um momento de teatro absoluto. Para fundir esta clareza cômica com a profundeza do drama, era preciso que Da Ponte chegasse a conceber o *Don Giovanni*.

O sisudo Beethoven declarou que jamais poderia ter musicado assunto tão escandaloso. Hoje, sabemos como é grande a sua inocência fundamental, mas sabemos também até que ponto vai o "escândalo" estético; a sua complexidade, a mistura radical do trágico e do burlesco fornecem uma imagem tão completa da vida, que há dois séculos o mundo, chocado pela quebra de todos os esquemas, fala em "mistério", em "enigma". Lorenzo Da Ponte declara, magnífico cabotino: "Escreverei para Mozart à noite, lendo algumas páginas do *Inferno*, de Dante". E, nas memórias, contará que tinha na mesa, à esquerda, uma garrafa de Tokay, à direita uma caixa de tabaco de Sevilha e, bem no meio, o tinteiro com a sua famosa pena verde. De vez em quando tocava a campainha, e a filha da dona de casa (16 anos!) vinha "consolá-lo": escrevia doze horas sem parar, afora essas interrupções... Ó engenhosíssimo abade – como se compreende que tenhas deixado de lado o *Don Giovanni* do ajuizado burguês veneziano Carlo Goldoni! E como se compreende que outro veneziano, Giacomo Casanova, tenha entrado na história! Sim, Casanova estava lá, já velho, em Dux, a dois passos de Praga, na biblioteca do conde de Waldstein. Da Ponte estava longe, e Mozart precisava de duas árias suplementares; apelou para Casanova, e este sugeriu modificações profundas no libreto. Uma conspiração de libertinos patrocina o nascimento da ópera. O mais radical será aquele que fora designado como vítima inocente da conspiração, e que dela sairá vitorioso como libertino-mór, até o fim, até o fundo, até o *Umschlag* da contradição e da tragédia: o simplíssimo Mozart.

Cala-se o *long-play*: toda a ciência e todo o poder de invenção de Stravínski evaporam-se num instante. Mozart fica, revelando-nos, de repente, o último segredo da dramaturgia, o nó de víboras que é o homem. Do servidor de Casanova, Costa, Mozart faz Leporello, que é notoriamente o *doublé* de Don Giovanni (veja-se o quadro da serenata a Elvira). Das relações Anna-Otávio-Giovanni faz um complexo psicológico, que ainda hoje justifica a interpretação freudiana ("Hai sposo e padre in me", declara Otávio, depois da morte do Comendador).

O *andante* em ré menor da abertura (porém, toda a ópera repousa num jogo de tonalidades reunidas em torno de núcleos de ré menor e ré maior) sugeria ao cândido e astuto Kierkegaard a idéia de uma batalha em esferas sobrenaturais; e voltará, não elegíaco, porém violento, com os passos do Comendador. Elvira é grotesca, a *femme collante* sublinhada no seu histerismo pelos acordes de feroz ironia que acompanham a sua primeira ária ("Ah, chi mi dice mai"), e todavia, traz no rosto o drama de uma fé religiosa quebrada. A vida popular faz uma irrupção inesquecível com Masetto e Zerlina (o suavíssimo, marivaudiano "Vorrei e non vorrei", com sua malícia; o amargo e lúcido "Ho capito signor sì" do camponês enganado!). O afirmativo e arrebatado "Viva la Libertá" desse aristocrata revolucionário encaminha para o sentido último do drama, a danação eterna é o preço da liberdade absoluta. Condenação amarga do anarquismo individualista e sua contemporânea afirmação num plano mais amplo, aberto ao futuro. A comicidade não deixa de entrelaçar-se à tragédia até o último instante (o "Dite di no, dite di no" de Leporello, durante a cena com a estátua, é um momento de riqueza shakesperiana). E sempre, sempre, a música resolve num sentido humano, emocional, a mais complexa perspectiva sugerida pela palavra. Veja-se a transição que orquestra e vozes operam, no primeiro aceno do minueto, quando introduzem, "sem pausa", a entrada dos três mascarados. Tudo é feito através da música. Tudo é feito sem querer. E aqui está o centro da questão. Mozart músico vai além do poeta Da Ponte, do aventureiro Casanova e – sobretudo! – do próprio homem Mozart.

Não estou fazendo o elogio da irresponsabilidade: estou reconhecendo a presença da arte. Tão simples e tão complexa, ao mesmo tempo, que tudo, tecnicamente, sai justificado: a estrutura fechada e prolongada da *ária*, na mesma medida que os grandes *ensembles* e o recitativo. A poesia é palavra, na acepção de verbo, e este é música. Tudo ao mesmo tempo: concretamente. Tanto quanto Mozart é, concretamente, libertino e religioso. O misterioso doador das moedas de ouro, que vem encomendar o *Requiem* ao músico agonizante, pode ter o rosto do Comendador ou de Don Juan; pode ser, prosaicamente, Casanova. Mas Goethe bem sabia que, com a morte de Mozart, o único intérprete possível do *Fausto* havia desaparecido; e conhecia bem o segredo do gênio: "Uma obra de um jato só, saída de um espírito único, penetrada pelo sopro de uma só vida, ditada ao compositor por um demônio onipresente". O que sabemos, nós, dessas coisas? O que sabe você, Igor Stravínski?

LULU, DE ALBAN BERG[8]

Sustenta René Leibowitz que a ópera, no século XX, não tem feito senão levar às últimas conseqüências os princípios poéticos que alimentaram o gênero durante toda a sua evolução. "Em algumas destas obras – as de Strauss, de Ravel e, sobretudo, de Puccini – desenha-se mesmo uma espécie de síntese relativamente a tudo aquilo que a arte lírica do passado conseguira criar"[9]. E acrescenta que a culminância desse processo sintético se encontra nas duas óperas de Alban Berg: no imenso *Wozzeck* e na singularíssima *Lulu*. Admirável obediência de Berg à intuição dramática do seu tempo! É com Wedekind que começa e se afirma, esteticamente, a dramaturgia do expressionismo; e é em Büchner que ela vai procurar seu obscuro e livre precursor. Ora, o libreto de *Wozzeck* é o próprio texto de Büchner; e o libreto de *Lulu* resume os dois painéis do grande mural de Wedekind: *Erdgeist* e *Die Büchse der Pandora*.

Nestes últimos anos, muitas vezes, nas grandes capitais em que há uma verdadeira vida de arte lírica, o público recebeu como verdadeiros libertadores um Britten e um Menotti, que pareciam abrir, ao teatro musical, perspectivas inesperadas. Festejou-se *Medium*, *Peter Grimes*, *Consul*, mas poucos se lembraram de que, meio século antes, Alban Berg sentira e realizara uma forma dramática ainda mais audaciosa. Veja-se esta *Lulu*, da qual Berg abandonou e recomeçou várias vezes a composição, e que de certo modo resume toda a sua ambição artística, já que não chegou sequer a completá-la antes de morrer. Eis aqui o seu pessimismo vibrante, a sua atração pelo sórdido e pelo marginal, atração mais severa do que mórbida. A embriaguez e a morte. O delírio metafísico e a *pietas*. Tudo isso chega, em *Lulu*, à sua manifestação mais extremada e violenta.

8. *Correio do Povo*, Literária, Porto Alegre, 14.2.1959.
9. *Histoire de l'opera*, Paris, 1957.

No prólogo, vem à ribalta o diretor de um circo que, depois de ter enumerado todas as espécies de feras que sua coleção reúne, apresenta-nos a mais cruel: uma mulher bonita. Lulu mete as garras nas carnes e nas consciências dos homens, e assiste, feliz, à sua agonia. Com o seu sorriso de anjo. Com a sua perfeita liberdade, quase inocente e irresponsável. Em torno de Lulu, os mortos se amontoam. Vemos um noivo ingênuo cair fulminado a seus pés quando a surpreende entre os braços de um pintor. Este, por sua vez, vai casar-se com ela, mas, quando descobre sua infidelidade, se suicida. Para salvar o próprio filho, um homem sério e idoso oferece a Lulu aquilo que se costuma chamar uma posição social; mas, visto que ela prefere o filho ao pai, livra-se do rival com quatro tiros no coração. Todos os obstáculos desaparecem, um após o outro, dessa maneira sangrenta. Lulu vive cercada de uma corte de escravos: um pseudo-pai, um rapazinho apaixonado, um lutador, uma duquesa homossexual, um mordomo ciumento; cortejo hediondo que a salva da perseguição da polícia, quando esta finalmente resolve prendê-la. Foge e vai se prostituir no *bas-fond* de Londres. Certa noite, um freguês singularmente excitado "liquida" com duas facadas Lulu e sua ambígua companheira aristocrata. História excessiva e grotesca, do mais puro gosto expressionista, sempre à beira do *vacuum* simbólico.

No entanto, dos dois aspectos do expressionismo, não é o simbólico aquele que mais alimenta a dramaturgia de Berg, é o neo-naturalista. Berg sabe que, quanto mais intensa for a carga realística, mais aberto e desolado será (sem necessidade de explicações eloqüentes) o sentido último da parábola. A sua linguagem dodecafônica, como fiel aluno de Schoenberg, ajuda-o poderosamente. O ouvinte tradicionalista sente-se apavorado pelas sonoridades imprevistas e ferozes que lhe rasgam os ouvidos a todo instante. Mas, estranha constatação! É só o ouvinte "musical" quem se assusta. O espectador comum, para quem a ópera é, antes de mais nada, teatro – e que, musicalmente, não tem o complexo da ortografia harmônica –, digere sem sofrer esse *cocktail* fortíssimo e se apaixona por seu sabor lírico. O espectador que escuta *jazz* a todas as horas (embora qualquer *jazz* seja mais ortodoxo do que Berg), e que jamais abriu um tratado de composição, encontra aqui um tipo de drama absolutamente vital.

Além do mais, será necessário dizer que o lirismo de Berg também sabe criar as regras estritas da linguagem que adotou. E que, paradoxalmente, adota formas e estruturas do mais acadêmico classicismo, embora o ouvinte desprevenido custe a reconhecê-las. Vocabulário atonal e sintaxe de conservatório: Berg faz questão que o *expert* possa descobrir a sua erudição debaixo da anarquia aparente. Mas o drama e o seu valor estão alhures: no absoluto lirismo que escapa a essas análises. Basta ver o quadro final sobre a página sinfônica que Berg preparara para uma *suite*. Preparação comovida e comovedora, de uma sensibilidade pateticamente universal. Aqui vemos, melhor do que em qualquer outro momento, que não é a "poética" de um artista aquilo que realmente conta, mas sim, definitivamente, a sua "poesia".

ARTE VISIVA

PINTURA COSMOPOLITA[10]

"Cosmopolita" e não "internacional". Esta é a primeira impressão que se extrai de um passeio pelas seções atuais de pintura: aquelas que representam a escolha das comissões artísticas dos diversos países, aquelas de onde vieram os prêmios, aquelas que são contempladas, apressada e negativamente, pelo espectador cada vez mais perplexo. Esta fase da pintura, que deveria ser o triunfo da liberdade criadora, do individualismo estético, determina, ao contrário, um panorama monótono, uniforme e cheio de repetições, no qual não apenas as características nacionais são canceladas em prol de uma linguagem de exportação, mas – o que é mais grave –, até mesmo os valores de personalidade, os mundos poéticos e estilísticos irredutíveis, dissolvem-se e dispersam-se. Vale a pena analisar esse paradoxo substancial da nova pintura em seus dois aspectos.

O primeiro é a crise das nacionalidades. Que a pintura moderna estivesse, há tempos, se encaminhado para uma anulação das tradições particulares, nós o sabíamos e compreendíamos: era o fruto da difusão cada vez mais fácil das técnicas e das culturas, ou melhor, era a expressão do drama coletivo de uma civilização, cujas premissas (passado), problemas (presente) e esperanças (futuro), assemelhavam-se cada dia mais. Mas o desaparecimento do cânone tradicional externo – das "escolas", das "maneiras" mitizadas pelos manuais de história da arte – despertava, ao mesmo tempo, a eclosão do elemento "nacional-popular", inclusive dentro das experiências mais singulares ou mais abertas. Era uma revelação de segredos ancestrais, de algo que estava por trás do jogo dos estilos. Em que medida o "parisiense" Modigliani pertencia à linhagem de Simone Martini? O que significava Dürer para os expressionistas? Que remoto encontro de mistério incaico e de grandiosidade espanhola se verificava em certa pintura das Américas? Tais perguntas nasciam, a cada passo, espontaneamente.

O segundo aspecto é a crise das personalidades. Com efeito, durante a metade do século, cada pintor tornava-se cada vez mais zeloso de sua forma. O espírito coletivo da arte antiga parecia perdido para

10. *Correio do Povo*, Literária, Porto Alegre, 7.11.1959. Série: A Quinta Bienal de São Paulo.

sempre. Num mundo fragmentado em indivíduos, a arte tornava-se decididamente uma afirmação dramática do individual. Isto absorvia e transfigurava aquelas tradições nacionais; e, em certas figuras marcadas pela mais dura coragem, violava-as totalmente. É o caso de Picasso, de Kandinski.

Ora, é bem nesse sentido que se movem as aspirações dos novos. Já dissemos que não houve pintura mais integralmente subjetiva. Só que ela é subjetiva na poética, não na poesia. O subjetivo, livre de obstáculos, revela-se pobre e fácil. Uma vitória sem inimigos não é uma vitória. Eliminados todos os conflitos – entre a pessoa e o real, entre a paixão e a razão, entre a mão e o sentimento, entre o atual e a tradição, entre o discípulo e o mestre, entre o individual e o social –, estamos na noite do espírito hegeliano, na qual todas as vacas são negras. Essa pintura é anônima.

A tragédia principal da nova pintura pode ser resumida nesta fórmula: ela pretende partir de um ponto que, para a arte, nunca foi o de partida, mas sim o de chegada. Os filósofos descobriram a autonomia da arte e o seu caráter formal; mas esta era, justamente, uma descoberta: a interpretação de algo que estava encoberto, porém evidente, nas obras de arte realizadas. Em outras palavras: todo pintor já havia feito tal descoberta de maneira não-teórica, mas prática em si mesmo. Realizara a sua autonomia através de violentas determinações expressionais; alcançara, dramaticamente, a forma. "Chegara" a isto. Ora, "partir" desse ponto não é defender a autonomia do estético; é mero esteticismo. Quem não será livre no vácuo? Não é proclamar a coincidência de forma e expressão: é mero formalismo. Que forma será essa? A forma de uma forma?

Assistimos, assim, no auge da experiência estética, a uma volta ao pré-estético: no meio de uma crise histórica, a um impulso pré-histórico. A arte primitiva conhece as duas variantes da arte atual: o puro desabafo e a pura decoração. Num mundo natural e mágico somente existe a reação pessoal perante a natureza (os animais de Altamira), ou a criação de objetos simbólicos (o artesanato funerário, familiar, religioso). A pintura de hoje, nas suas duas tendências – informal e geométrica – remonta a esta condição pré-histórica. Só que o faz de forma intelectualista: pois (contrariamente ao que pensavam os antigos), *natura facit saltus*; e o faz graças ao homem. Quem não dá saltos é a história. E a força do pré-histórico está na sua historicidade implícita, na energia intacta de um futuro; a qualidade dos modernos se reduz, *hélas!*, a outra historicidade implícita: ao eco gasto de um passado. Querem ser os primitivos de uma nova civilização; e realizam uma arte na qual apenas valem as "coincidências" com a arte que a precedeu. Querem ser os primeiros de amanhã. São os últimos de ontem.

Mas, dir-se-á, esta é a sua historicidade. Sem dúvida; e eles, que negam a história, são suas vítimas, a radiografia inconsciente de todos os dramas do século. Não serão, também, a sua expressão? Em parte – e numa parte que não favorece o surgir do estético, mas apenas do lírico ou do decorativo. Pois a historicidade positiva está nisso: visto que o homem não é apenas determinado, é determinador. "Vítimas", dissemos. Entretanto, poucas vezes os artistas se apresentaram tão rebeldes. "Inconscientes", dissemos. Todavia, poucas vezes a pintura foi submetida a tal processo de consciência crítica. Acontece que essa rebeldia é de arte contra arte. Essa consciência crítica é mera consciência da crise da arte.

Ora, a verdadeira revolta é do homem contra o homem; o autêntico ato crítico é aquele do homem sobre o mundo. E revoltar-se é absorver o adversário; criticar é compreender o mundo. Declará-los ausentes é condenar-se à ausência. Essa arte vive de arte: daquilo já feito, não daquilo que há de ser mudado na arte. Ou, senão, vive da psicologia, que é o limbo, o indiferenciado da arte. É aquilo que, no homem, pode ser transformado em mil determinações diferentes, artísticas ou não. É o anônimo. Quando Cézanne descobriu o geometrismo essencial da natureza, queria fornecer à pintura uma lente para melhor ver, não um pretexto para desfazer-se das coisas. No caso dos cubistas, aceleraram o processo nesse sentido. E a abstração geométrica, que hoje culmina no concretismo, levou o processo até o fim. Mas Cézanne significa uma grande consciência poética do mundo: poética e moral. Braque, o mais alto e livre dos cubistas, significa uma redução do ético ao lírico, um ceticismo salvo pelas virtudes da mão. Eis que a mão ficou só. E o medo da anarquia substancial do lirismo impele os geometrizadores para a anulação deste último elo. Resta o impulso cézanniano para a ordem, mas é a ordem "pura". E a pintura é reduzida a uma espécie de ascetismo sem valor moral: o que sobra é um valor decorativo.

A esta altura, os outros, os informais, perguntam a si mesmos: de que valerá uma ordem dessa espécie? E deixam de ter medo da anarquia: aceitam-na, provocam-na. O lirismo é soberano. Querem reconquistar os territórios da vida. Mas a vida escapa-lhes: fica uma vibração da matéria no incerto espanto individual do homem sem valores; fica um véu de silêncio alarmado, um sobressalto onírico, uma sombra. Indicação amarga de um estado de coisas, mais do que expressão de uma vida histórica. Do momento histórico, que parecem tão bem refletir, na verdade fornecem-nos apenas o clima. A confusa vibração externa. O *pathos* das horas mortas.

Essa arte passiva é de todos. E um desabafo ao alcance de todos. No entanto, não consegue estabelecer sequer um diálogo entre "um" e "um". Porque os diálogos se efetuam ao nível da consciência. Tal arte não é coletiva, como a dos antigos, por sua ligação com valores gerais de civilização; nem é tão fortemente individual como pretende.

O espectador comum reconhece isto quando, desinteressando-se dela, concede uma utilidade social ao decorativismo abstracionista.

Mas nós, sem nos preocuparmos com qualquer espécie de utilidade, gostaríamos de utilizar, a mero título de exemplo, uma analogia política. Entre a espécie de fascismo espiritual dos concretistas e a "juventude transviada" dos informais, onde está o mundo de hoje? As suas concepções de vida, as suas frentes de luta? Nenhum liberal reconhece tal tipo de liberdade. Nenhum socialista compreenderia essa revolução. A idéia abstrata da ordem e a anarquia pura são, mesmo no mundo social, expressões mínimas, obsoletas e sem futuro. Porém, no mundo dessa arte tornaram-se universais. O que significa que o mundo dessa arte reflete, apenas, a si próprio: nada tem a ver com o homem. Mas como isso não é totalmente possível, pois, afinal, é obra de homens, eis que ela reflete apenas saudades – de uma ordem impossível – ou obscuras ambições libertárias. Querendo ser fiel à vida, obedece apenas aos sonhos. A verdadeira operação estética não está em cortar as amarras: está em ficar aqui. Em vencer o "aqui". Em transfigurá-lo. Em passar do caos para a vida, não em fugir da vida para o caos. "Permanecendo aqui, foste para a frente" – dizia Plotino, há milênios. O que é um elogio digno do homem.

A CONSCIÊNCIA SUBMERSA[11]

Gostaríamos de voltar a três pontos essenciais da nossa meditação. O primeiro é o da situação histórica que toda essa pintura não figurativa exprime, querendo ou não. É claro que todos nós pertencemos mais à crise de uma cultura do que à gestação de outra; que a melhor poesia, música e dramaturgia do nosso tempo refletem "apenas" isso, ou quase; e que a mais viva pintura do século trabalhou sob essa perspectiva até ontem. Ninguém, afora os demagogos que não interessam, pediu-lhe que forçasse os seus conteúdos, que nos contasse um mundo social inexistente senão em sonhos, uma temperatura moral previsível pela consciência, porém não vivida pela experiência. E a expressão só pode nascer de uma experiência real: o resto é operação intelectual ou prática. Mas todas essas formas viviam, abertamente, do presente: de uma situação precisa, biográfica – a qual incluía, de maneira oculta e, às vezes tocante, a perspectiva crítica da tradição e as grandes esperanças. Carrá redescobrindo Giotto em si mesmo, "quer" um mundo tão sincero e simplificado, tão unido em torno de seus valores como aquele de Giotto; o que é, em igual medida, saudade e *voluntas*. Dois atos que pertencem ao aspecto determinador do artista. Ao mesmo tempo constata, ou melhor, vive a sua falta ou a incerteza de valores; e nisso conta a sua história, reflete e deforma pateticamente o mundo natural que se lhe oferece empobrecido e quase indecifrável.

11. *Correio do Povo*, Literária, Porto Alegre, 21.11.1959. Série: A Quinta Bienal de São Paulo.

De onde surge o elegíaco, o canto das figuras potentemente estáticas, das paisagens transidas pela ausência. Ora, os novos pintores querem abolir o presente histórico em prol de um presente absoluto: alcançar metafisicamente o Eterno no instante, e num instante o obscuro, num *raptus* sem nome. Aqui, eles se colocam também intelectualisticamente, num falso ponto de partida, pois o Eterno (que é apenas o nome mítico da história maior) é a última hipótese da operação estética, não a primeira. E esta operação não é subterrânea senão na esfera da psicologia; é, antes, luz e consciência, duro confronto com o mundo. Os homens contam as suas vidas: só nesse processo alcançam mais, chegam além, transcendem-se.

O segundo ponto deriva, logicamente, do primeiro. "Abstração" é o poder formativo, objetivador da arte, a sua vitória sobre a mera biografia; a sua passagem de uma fluência vital, de uma rica e insubstituível desordem, para uma "coisa" em torno da qual cada um poderá caminhar, dar voltas, olhá-la de todos os lados como se faz com os objetos, sem ter que pular por cima dos filamentos particulares, sem tropeçar na rede dos liames que prendem a obra ao criador como tantos outros cordões umbilicais. *Exprimer, c'est modeler*, dizia Alain[12]. Na forma, o artista afasta-se de si: oferece a todos um objeto de uso. Ora, com a nova pintura dá-se um dúplice equívoco. Nos informais, a tela não só cortou as amarras com o fato privado, como multiplicou-as: está enredada, toda envolvida neles – o objeto não se manifesta límpido, o uso é impossível. Nos geometristas, o objeto é claro até demais; e o uso cada um o compreende como uso decorativo. Forma sim, mas forma de nada; e a forma, que é vitória, conquista, dificuldade, é sempre a forma de alguma coisa, a forma de um conteúdo. Senão é mera dança, é irresponsabilidade. O elemento consciente apregoado pelos geometristas contra o subconsciente dos informais é, na verdade, não formal, mas técnico. O que é totalmente outra coisa. Aqui, as amarras foram cortadas, mas não pela operação expressiva: foram cortadas antes.

O terceiro ponto é a absoluta conseqüência dos dois acima. É aquele das "coincidências", de que já falamos. Na verdade, o último valor de alguns pintores dessas tendências está, justamente, numa recaída providencial (graças ao talento, cuja lei é a de manifestar-se) em tudo aquilo que quiseram evitar. O não figurativo coincide, estranhamente, com a figuração possível. O informal condensa-se em forma. O geométrico sugere uma aventura. Não obstante, são meras coincidências. E, a bem dizer, são derrotas. Ou confirmações da historicidade irremediável da arte, de sua natureza de colóquio e de conflito: colóquio apaixonado pelas coisas, conflito entre a presença humana e a

12. Émile August Chartrier (1868-1951) filósofo francês, conhecido como pseudônimo Alain, autor dos notáveis *Propos*.

grande ausência que chamamos de natureza. A qual está ligada a nós e que não é cancelável, porquanto também somos natureza; mas nós, e somente nós, sabemos ver. Coincidência, como na poesia surrealista, quando Eluard ou Tzara anulavam, sem o saber, a noção de automático. Querendo perpetuar uma poesia-atividade-do-espírito, acabavam coincidindo com a poesia-expressão-de-sentimentos. E logo nasciam irremediáveis alexandrinos, estrofes, cadências. Porque o poeta vence o sentimento através das leis da estrutura.

Chegou a hora de sairmos de todas essas determinações de ordem geral. De ver de perto a *ingens sylva* da Bienal, de pronunciar os nomes. Pode-se começar de qualquer ponto. Deste Appel, por exemplo, que a Holanda apresenta orgulhosamente. Que tumultuária indicação de um mundo dionisíaco está por trás dessas telas, nas quais a cor se manifesta apenas como matéria! Mas é um dionisíaco sem rosto: em vez de declarar sua história para que possamos tranqüilamente ver a sua forma, exibe uma anti-forma, uma forma-disfarce para nos obrigar a procurar uma história. Criptograma frenético. E os vermelhos ardentes de Appel ficam à espera de um drama que não seja apenas tumulto. E a investigação do contemplador aponta-se, não sobre a forma, mas sobre o conteúdo impossível. Porque nos falta a condição da forma, o esquema pálido e tenaz do real, neste caso, substituído por um diário oculto. A matéria fica apenas matéria: grumos e blocos de cor que não cantam, que sujam e pesam, escravos de uma liberdade mais férrea do que qualquer grilhão. Nas vagas "paisagens" de seu compatriota Corneille, realiza-se uma (e modesta) coincidência: em chave de irritado grafismo, o real enxotado volta pela janela: de má vontade, porém, e sem graça. E uma graça elegíaca, uma disposição ao melódico vive, sim, em Nanninga; mas turva e sufocada, voz que arranha e morre de rouquidão.

O espanhol Modesto Cuixart ganhou o grande prêmio com seu mundo negro e metálico, em que figura uma das maiores coincidências figurativas desta Bienal: a obsessão do asfalto, o brilho equívoco das cidades. Grandes rugas o atravessam, e indecisas lembranças da natureza mais livre (folhas e frutos irreconhecíveis) querem criar clareiras nessa imobilidade desorgânica, em que apenas os relevos de chumbo e as manchas de vermelhos estarrecidos lembram uma pena, um senso de envelhecimento. Mas nada disso atinge o nível da visão: fica no tremor da interioridade, alude a impaciências momentâneas. A matéria, brilhante embora algo monótona, sugere uma saudade do mural – e de um mural geométrico. Cuixart é informal à força. Os outros espanhóis são péssimos, expressionistazinhos que se disfarçam às pressas de não-figurativos e que deixam, facilmente, imaginar os seus quadros, já não digo expressionistas, mas até mesmo acadêmicos, através dos quais teriam a *coquetterie* de nos lembrar, absurdamente, que nasceram no país de Goya. O que é capaz de interessar somente às damas dos *vernissages*, condenadas a dizer alguma coisa; e não é isso, propriamente, aquilo que queríamos dizer ao falar de tradições e do elemento nacional-popular.

Onde há realmente uma tentativa de adaptar às novas tendências certos módulos nacionais, é na pintura japonesa. Neste caso, estamos diante de uma arte que traz consigo séculos de abstração, em duas direções – uma, a do ideograma, de captação intelectual; outra, a da gravura popular, de paciente redução do real ao seu menor esquema. Por incrível que pareça, é a primeira que predomina, isto é, a menos intimamente plástica: aquela que pertence, de direito, ao mundo da linguagem e que é toda lógica, embora de uma lógica diferente da nossa. Adaptar-lhe, como fazem os novos pintores japoneses, o mundo arrebatado da emoção, concebida à maneira ocidental e romântica, é criar apenas uma desordem, ou perpetrar um truque decorativo. São muito hábeis, é verdade; mas ficam a sonhar com aquilo que seriam as conseqüências modernas do realismo lírico da gravura popular, de que temos aqui uma impressionante exposição histórica.

Outro encontro de reações "sociais" verifica-se na pintura polonesa. Se, nos espanhóis, predomina o isolacionismo decadente e hermético, típico das artes que florescem nos tempos de ditadura; se, nos japoneses se afirma o delírio provinciano dos novos ricos de uma cultura importada, no caso dos poloneses há apenas uma modesta, e suspeita, resistência à História. Queríamos ver o clima estético de um núcleo socialista capaz de ir além das falsas formulações de Jdanov: uma verdadeira liberdade, o impulso do espírito coletivo, o humanismo. Vemos apenas um grupinho de esnobes e anarquistas que resistem a tudo por cegueira, que não trabalham "dentro" da situação, mas no mundo da lua. Que "gostariam tanto de viver em Paris"... (A pintura do velho Jan Cybis, embora modesta, revela, com sua autenticidade de *métier* e de esforço lírico, os rumos de um impressionismo capaz de se transformar em noção orgânica, cezanniana, do real. Mas, onde estão os poloneses que herdaram essa exigência? Não nesta Bienal, por certo).

O mesmo provincianismo reina, de maneira desoladora, na arte dos hispano-americanos. Tudo se assemelha a tudo. E à pressa de copiar, ao cômico delírio cosmopolita e aos embustes evidentes acrescenta-se o mau-gosto, o sinal de uma transição sem medida, do retrato e da natureza morta do salão burguês para o templo das ambições erradas, porém com a mesma cadência impessoal, acultural e exibicionista. Quase todos fazem pintura não-figurativa com a mesma compunção ridícula com que, no século passado, nos mesmos países, faziam-se sonetos parnasianos. Sente-se um eco de polemicazinhas regionais, de celebridades de esquina, de gênios de café. E é uma pena: pois é impossível que o grande fermento expressional e cultural daquele mundo, a sua força tantas vezes evidenciada, o seu futuro potencial e já articulado, não se manifestem através de formas plásticas. Há de existir outra pintura centro-americana e sulamericana. Mas disso voltaremos a falar tratando do Brasil.

PINTORES BRASILEIROS[13]

Há dois ou três anos, os suplementos literários estavam empenhados em chamar a atenção dos hebdomadários ilustrados (únicos dispensadores de glória, neste Brasil) sobre a possibilidade da eliminação da milésima fotografia de Ava Gardner em favor da modesta reprodução de um quadro de Ivan Serpa. Hoje, Manabu Mabe, além de prêmio, é notícia. E Mathieu chega de Paris para demonstrar aos burgueses que Salvador Dali é um sujeito sisudo, talvez um pedante.

A verdade é que o abstracionismo geométrico, hoje renegado pelos papas da Bienal, jamais chegou a emocionar o público do cinema, da televisão e da crônica policial. A poesia concreta, sim, foi por um momento uma piada nacional, da importância de um cacareco. Mas os diversos concretismos e neoconcretismos plásticos não tiveram, nem podiam ter, tão luminoso destino. Mantinham um desagradável aspecto de coisa séria. Um sabor de laboratório. Um gelo científico. O tachismo, não, o tachismo é uma aventura cheia de possibilidades, cuja gama se estende da biografia romanceada à anedota. E a pintura informal reabre, para o homem comum, o caminho de sua diversão predileta perante a arte moderna: a caça ao conteúdo, a interpretação dos títulos. Por esse caminho, Mathieu alcança a popularidade do "louco da aldeia" e Manabu Mabe é transformado em Cinderela nipo-brasileira.

Não morro de amores pelos abstracionistas "puros" e pelos concretistas. Mas devo confessar que, nesta Bienal, cheguei a experimentar um sentimento de alívio e uma súbita simpatia diante dos exercícios geométricos de Lygia Clark e Waldemar Cordeiro. Pintores que trabalham naquela margem ascética que se inscreve entre o artesanato decorativo e a tentação de uma sublime inutilidade. O que é, pelo menos, coerente com a linha mestra de todas as poéticas da metade do século. A adoção do branco e preto é mais uma prova dessa vontade de rigor, desse extremismo álgido e mental. Os elementos principais da pintura estão sendo cancelados: agora é a vez da cor. Sabemos que isso não conduz a nada; porém que alguém se empenhe em prová-lo, oferecendo para o experimento a própria carne, é algo admirável. Faz parte do heroísmo absurdo, do risco gratuito de grande parte da expressão contemporânea. Qualidades morais, de certo modo: que hoje todo mundo se apressa a substituir pela mais ruidosa futilidade.

13. *Correio do Povo*, Literária, Porto Alegre, 19.12.1959. Série: A Quinta Bienal de São Paulo.

Evidentemente, é deste sentimento de inutilidade da abstração pura, ou melhor, do pressentimento de seu próximo fim (o beco sem saída é evidente), que os novos "donos da bola" partiram. Querem, é claro, devolver à pintura o sabor da vida. Seria uma aspiração legítima se o gosto e a ideologia não permanecessem substancialmente os mesmos, apenas num limite mais confuso. Estamos diante do aspecto quente e tumultuário daqüela mesma poética, outrora fria e compassada. O mental foi substituído pelo sentimental; e isso dá para desconfiar. Até que ponto o cálculo, a excitação impaciente, a vontade de oferecer um novo mito ao público distraído agem nessa revolta? E até que ponto vai o embuste, do ponto de vista técnico?

As respostas, é claro, só podem ser fornecidas pelas obras, uma por uma. E esta seção brasileira da Bienal é singularmente rica. Diria mesmo que apresenta mais variedade, mais fermentos, mais qualidades (habilidades ou temperamentos potenciais) do que grande número da seção estrangeira. O que não exclui o seu caráter sectário, a sua indecisão estética, todas as marcas da confusão. Apenas fica evidenciado que, no Brasil, as vocações legítimas são muitas: e que aqui o esnobismo é menor do que a ingenuidade. Com efeito, muitos pintores atiram-se nos braços da moda com um sentimento fundamental de ingenuidade, como se cumprissem um destino, como aqueles convertidos que saem da luta com o anjo. Tal fervor deixa, às vezes, um rastro simpático, vivo, nas telas. Mas esse fenômeno também revela uma patética verdade: que muitos são os talentos, pouquíssimas as personalidades.

Personalidades possuem, há muito tempo, Yolanda Mohalyi e Antônio Bandeira. Civilizadíssima e delicada, a pintora paulista; liricamente selvagem, o "parisiense". A passagem, de Yolanda Mohalyi, de um aquarelismo vagamente figurativo para a sua modulação em termos abstratos, é uma passagem natural: de um formalismo a outro, de uma indiferença à outra. A sua pequena autenticidade é toda de instantes, de breves iluminações, e não renega a sua origem impressionista. Por esse caminho, a definição do objeto chega a ser desnecessária. Yolanda nunca lutou com o mundo: viu-o sempre através de um véu melancólico, sem força real. Hoje, o véu tornou-se ainda mais espesso; a fragilidade já é languidez, desmaio lírico.

Em Bandeira, o gosto instintivo pelas implicações dramáticas da cor também é antigo, e tem uma ressonância muito reconhecível, um metal de saxofone de *jazz*. Só que Bandeira vê, através de chuvas e folhagens intermináveis, uma cidade real; a qual é abstrata não por ausência, mas por memória; o véu é de pranto, às vezes de alucinação. Surpreendi-me a repetir o estupendo título de um romance: *Des journées entières dans les arbres*. Meditação de uma preguiça angustiada, diário dos dias de tédio e de irritação, a pintura de Bandeira encontra logo a sua matéria: um escorrer luminoso da cor de alto a baixo, espaçando os seus segmentos filiformes em pausas musicais, construindo a forma remota de objetos sonhados e relembrados. Tal pintura ganha quando se apresenta em dois ou três exemplares: numa exposição ampla, a monotonia e a repetição tornam-se mais evidentes.

Lazlo Meitner, grande cenógrafo e ótimo ilustrador, volta à pintura com a sua fidelidade européia ao espírito de experimentação. O resultado é válido na esfera do gosto e em certo obscuro ferver de conteúdos. Mas, em Danilo Di Prete, a experimentação é mero desnorteamento: a sua aspiração a uma pintura "cósmica" não corresponde a nenhuma vivência; a sua técnica é ainda aquela que ele aplicava a um mundo menor. Eis um dos casos-limite daquela ingenuidade que apontamos. Mauro Francini quer, igualmente, deixar tudo de lado – a sua espantosa habilidade de desenhista, a sua riqueza de imaginação, a elegância luminosa das superfícies e das formas. Quer descobrir uma essencialidade psicológica, um ponto seco e neutro. E assim fazendo, afasta-se de sua natureza. Menos infiel às premissas do temperamento é Clara Hetenyi, com sua privilegiada economia de meios, isolando fragmentos arquitetônicos na fronteira entre decoração e intimidade poética. Já em Paulo Rissone, a determinação veleidosa é tão evidente que estraga tudo. Não se pode "querer" um estilo; e a sinceridade impede Rissone de trocá-lo por uma fórmula. O que fica é um gesto voluntarioso, uma energia sem raízes. Mas onde está o pintor Glauco Rodrigues? O pintor, digo: aquele que estava presente em todo o seu dispersivo trabalho, inclusive nas suas primeiras provas abstratas. E que fim levou a bela confiança de Iberê Camargo no seu mundo típico? Tudo é incerto, tudo é fluido, embora, em Iberê, a segurança técnica vença sempre; mas há uma insegurança psicológica. Sinal dos tempos que levam um jovem, ainda em formação, à brincadeira fútil do "óleo sobre fibroplan"; e um pintor já formado e coerente à dúvida sobre o próprio sentido da sua missão expressional.

O premiadíssimo Manabu Mabe limita-se a "imitar" uma pintura imaginária; como se transcrevesse o seu sonho de ser pintor. Atira uma lustrosa e indiscriminada matéria no espaço sem esperança do quadro e fica a contemplar o resultado imprevisto, cuja surpresa encobre o sentimento originário – a vontade ou o desespero de fazer daquilo, algum dia, pintura. O *status* psicológico quer compensar apressadamente o verdadeiro desequilíbrio da posição estética; a qual se transforma, assim, de problemática em afirmativa, graças à cumplicidade do mundo. Que dom de pintor, ao contrário, é visível em Jacques Douchez! Nenhuma *paucherie*; a mão é conduzida pela natureza. Aqui, o perigo da facilidade não está no álibi teórico; está na própria pintura, que encontraria uma disciplina talvez maior num figurativismo ainda mais decidido e pessoal. *Veneza*, *Sorrento*, *Fevereiro*, são, mais que títulos, indicações líricas; Douchez nada perderia em reconduzi-las à sua matriz. Mais do que às próprias superfícies moduladas de Lygia

Clark, o abstracionismo "clássico" pode pedir socorro de inspiração a Paulo Chaves, ao seu intenso dinamismo. Mas é fora dessa esfera, e já longe dos próprios esforços dos informais, que a pintura mais significativa está se refugiando.

A vontade de figurativismo épico que se manifesta em Frank Schaeffer indica um caminho muito pessoal, especialmente em *Músicos* e em *Seca*: falta uma limpeza maior, um gosto mais enxuto da matéria e o último repúdio da literatura ambiguamente sugerida pelo *Cristo*. Mas é uma pintura fundamentada em fortes raízes históricas.

Mais ainda pela maturidade interior e pelo prestígio técnico, parece-nos vibrar e afirmar o trabalho de Karl Plattner. Suas figuras de mulher – óleo sobre madeira – fazem de tal maneira coincidir uma visão estática e solene do mundo com o refinamento das superfícies e das invenções cromáticas, que aqui o decorativo é deveras um passo rumo ao monumental da alta expressão, nos moldes, por exemplo, de um Sironi. Será lícito, no entanto, lembrar o nome de um dos oito ou dez mestres contemporâneos que, se estivessem presentes, fariam as paredes da Bienal tremer de susto e ruir como um castelo de papel?

PORTINARI E OS EXPRESSIONISTAS[14]

O outro artista que o público vai ver com a mais respeitosa e, às vezes, comovida atenção, é Cândido Portinari. Há, até nas famílias do domingo, uma ponta de fervor nacionalista, de orgulho patriótico que chega a enternecer, especialmente quando alguém se lembra da maneira pela qual Portinari era visto e comentado, não há muito tempo, pela maior parte dos brasileiros: espantalho da imaginação burguesa, objeto de piadas grosseiras. Agora, os pais mostram Portinari às crianças: é o brasileiro que o mundo aceitou. É, mais intimamente, uma revelação e um estímulo da realidade nacional para a consciência nacional.

As coisas que mais impressionam, nesta seleção de 40 quadros e 87 desenhos, são os estudos originais para as grandes composições históricas e folclóricas, na seção de branco e preto. Na seção de pintura são os retratos. O retrato é um dom prodigioso de Portinari, e nos revela como esse pintor permanece fiel, não apenas a uma afetuosa correspondência com a natureza, mas (sobretudo) à forma histórica através da qual se manifesta e se realiza o elemento humano. Pintor clássico, próximo de uma noção de realismo absoluto, Portinari estrutura seu indisfarçável lirismo pela clareza da forma. Esta, nas grandes composições, chega a assumir aspectos de esquema geométrico e por demais premeditado; nos trabalhos de proporções menores, é lúcida,

14. *Correio do Povo*, Literária, Porto Alegre, 24.10.1959. Série: A Quinta Bienal de São Paulo.

porém concreta, graças à sua própria simplicidade. A fulmínea percepção lírica no olhar já é uma estilização: a mão traça o reflexo de uma luz interior, ao mesmo tempo em que formula um bloco, uma unidade plástica. Todas as dispersões desaparecem e tudo se organiza, de maneira mais natural, em torno desse núcleo originário para o qual convergem as forças: enérgica vitória da forma sobre a psicologia, sem nada sacrificar do seu tremor secreto. Ora, esse sabor de não-sacrifício, de coincidência feliz dos impulsos é vital, especialmente nos retrato: e aqui bastaria sublinhar o *Aporelli*, de 1945, ou a belíssima *Maria*, de 1959, sem contar a série suave e alegre dos meninos. Já nas grandes composições (bem o sabemos), o sacrifício verifica-se: os mil momentos líricos organizam-se através de uma estrutura às vezes pouco original, fruto de heranças culturais. E a maneira especial de iluminar os planos, como um caleidoscópio neocubista, torna perigosamente abstrato o conjunto: uma abstração que não é propriamente formal, mas sim decorativa.

Ora, é justamente esse tipo de grande composição que aqui não está presente (por óbvios motivos materiais). Estão presentes os estudos dos quais se originou a composição: aqueles "momentos", aqueles núcleos de inspiração. Nestes sim, age e vive uma lei de composição: como nos desenhos, como nos retratos. Dir-se-ia que cada um desses detalhes é tão "quadro" por si mesmo que, depois, o grande conjunto só poderá ser obtido à custa de um artifício: quadro feito de quadros, composição de composições. Portanto, o que tecerá os fios da grande teia de aranha será apenas o imenso *métier* de Portinari. O golpe de vista geral será admirativo, mas frio; para reencontrar a verdade da expressão, teremos que decompor a unidade, um pouco do jeito que fez Lima Barreto no seu filme *Painel.*

O que fez com que Portinari fosse classificado como expressionista foi certa aspereza voluntariosa do desenho: foi, mais ainda, a presença de um conteúdo sempre formulável em termos de polêmica intelectual. Mas, se observarmos melhor o seu gosto mais íntimo e a qualidade da forma, Portinari está mais próximo de certo Braque, de certo Picasso. Pintor lírico, de fôlego não muito amplo, Portinari obtém apenas o resgate do sentimento, evitando apenas a dispersão impressionista graças a uma lucidez sintética, cuja primeira afirmação é a segurança do desenho.

Por sua vez, a "chave" psicológica desse lirismo deve ser procurada na fidelidade renascentista de Portinari a uma primazia transcendental da figura humana. Somente o homem o interessa. Se Braque ou Moranti conseguem humanizar o objeto até articular um autêntico drama ou poema do inanimado, Portinari sente a necessidade de emprestar uma solidez de objeto à matéria fluida e anárquica, que é a presença humana. Mas o seu ponto de partida está aqui, no amor visual que interpreta (e logo "reduz") a nossa figura viva. Surpreendemo-nos, na Bienal, a resmungar entre dentes algumas antigas palavras de Schelling: "O último grau, o mais elevado da produção cromática é aquele em que a luz é interior, orgânica, vivente e móvel. E, como isto só ocorre plenamente na figura humana, esta é o último e mais perfeito objeto da representação pictórica"[15]... Resíduos de manualismo acadêmico? Abstração intelectualista? Pode ser; mas temos muito mais medo das estéticas que tudo unificam e nada explicam.

Que Portinari não possa ser reduzido à categoria de expressionista fica demonstrado nesta Bienal, na qual os expressionistas estão presentes. Há toda uma sala de mestres alemães representativos, menos do expressionismo na sua fase literária e polêmica (a única à qual poderiam ser reconduzidas certas obras do mestre brasileiro), e mais do seu esforço de "libertação" da pintura. Já dissemos que a ligação entre esses pintores e Van Gogh, e aquela entre este expressionismo e a pintura não-figurativa atual, são uma ligação fortíssima e constituem o propósito evidente desta Bienal. Por isso, não apenas Portinari representa, aqui dentro, um papel de isolado, mas as próprias manifestações geométricas ou neocubistas do abstracionismo ficam, aqui, como estranhos ou como parentes pobres. Porém, o que importa frisar é um elemento de singular evidência histórica: uma revelação nesta Bienal. Nunca percebêramos, antes, até que ponto o expressionismo (fora das superestruturas ilustrativas e literárias) depende da cultura plástica especial introduzida pelo impressionismo. Não é, de modo algum, uma reação, é uma continuação e, até mesmo, uma continuação em tom baixo – menos rica e mais incerta. Van Gogh e os alemães aqui reunidos participam muito mais do impulso da anarquia formal, que estava escondido no âmago da poética impressionista, do que de qualquer movimento de restauração da forma. E é este romantismo extremo da psicologia e do gosto que a pintura cosmopolita atual cristaliza – a tal ponto que mostra as últimas conseqüências, o beco sem saída de semelhante posição (Nisso talvez resida a sua única e grande função histórica) Cinco pintores, apenas – e outro grande, embora não perfeitamente representado, que é Emil Nolde. Mas também quadros como o *Canal em Berlim*, de Heckrel, *A Russa*, de E. L. Kirchner, ou as *Flores do Campo na Janela*, do velho Schmidt Rottluff, falam claramente dessa tendência, com resultados positivos. Há uma vontade tão sincera de compreensão do mundo, uma carga poética tão imediata, que eles reclamam a nossa atenção para além de qualquer consideração histórica. (Apenas uma atenção mais simpática do que apaixonada; e é isso que percebem os visitantes do domingo, para quem os novos são "loucos", mas estes são "banais". Van Gogh, na mesma linha, é mais forte).

15. Ver as lições sobre filosofia da arte, in *Ausgewählte Werke*, Stockard-Augsburg, 1856.

Afinal, qualquer poética é válida se olharmos apenas os resultados. Mas, os resultados são resultados porque confirmam a poética? Ou porque, no fundo, a desmentem? Há muitas revoluções imaginárias. E há (pior ainda) muitas liquidações que se apresentam como revoluções.

3. Modernidades Alternativas

HELENA [412 A.C.][1]

Tem razão Lopes Gonçalves quando, ao apresentar a sua tradução de *Helena*, de Eurípides, afirma ser esta a única verdadeira comédia da Antigüidade, comédia no mais exato sentido moderno da palavra. Não farsa, ou sátira, ou revista, como é, tecnicamente, a maior parte das obras de Aristófanes, mas sim comédia, isto é, inextricável mistura de psicologia imediata e de psicologia simbólica; encontro da inteligência, formativa de valores sociais, com o humor da presença, com o impulso irracional, lírico e irreverente da situação concreta.

Uma paisagem de imóvel e lisa beleza, um halo de estupefação reinam em torno da leveza apaixonada desta história de amor, fidelidade e castidade, na qual todos esses atributos são vistos pelo sutil aluno de Pródico através da ambigüidade de um olhar que sabe, até que ponto, a ingenuidade de certos sentimentos humanos é vital e animadora para as consciências gastas pelo jogo sinistro do compromisso cívico, mas que também sabe até que ponto elas revelam o ridículo ou, pelo menos, o gracioso de sua natureza. Esta paisagem é o Nilo, um Egito de fantasia sonhado sobre os livros de Heródoto e estilizado pela mão do poeta, que conhece mais os encantos da ausência. Eis um mundo que se apresenta ao espectador grego como deliberadamente exótico, nos moldes de uma transfiguração que o romantismo difundiu

1. *Correio do Povo*, Literária, Porto Alegre, 21.2.1959. Série: Teatro Universal.

mais conscientemente, na era moderna, para que, depois, o folhetim e o cinema lhe substituíssem, rapidamente, a simples falsificação.

Mas, para a velha a quem Menelau se dirige desembarcando na praia e cujo nome o rei desconhece, o Nilo é bem a paisagem familiar, um lugar de memórias e valores. Agressivamente, ela chama a relva e os pássaros para que testemunhem contra a apressada incredulidade, ou o incompreensível espanto, do grego náufrago. É um jogo de espelhos, uma relação equilibrada que Bernard Shaw conhece como ninguém: quantos ingleses vimos desembarcar nas praias mais herméticas da geografia moderna, para que nelas encontrassem o desmentido à auto-suficiência, a desesperadora igualdade dos valores vitais!

Helena, mais do que uma personagem, é a própria carne do poema: uma imagem vívida, sonhada e acariciada pela onda longa do canto coral, pela misteriosa alusividade do raciocínio, pelo sorriso deslumbrado de Eurípides diante de uma insondável verdade feminina. Essa dupla função, de amplíssimo retrato da mulher e de energia propulsora do fluxo expressional, é reconduzida a uma síntese secreta e densa pela grande casticidade da linguagem, a qual é verso e prosa, sentença e canto em igual medida, graças a ajustes impalpáveis, a uma delicadeza que não força as notas e sabe quase displicentemente impor a própria forma.

O suave milagre já é evidente no prólogo. Sabemos da impaciência com que Eurípides reduz o prólogo à função narrativa, por desprezo de astúcia dramatúrgica, um pouco nos moldes que Miller adota com as narrações do advogado Alfieri na sua peça *Panorama Visto da Ponte*. Sempre foi criticado esse recurso fácil, especialmente pela crítica naturalista, surgida em tempos de alta e muitas vezes estéril carpintaria teatral: basta ver o estudo que Louis Méridier dedicou aos prólogos euripidianos. Mas, numa noção mais aberta de realismo, compreende-se a pressa com que o poeta pretende livrar-se do documento para atirar-se ao coração das coisas. Pois bem: esse prólogo ansioso, em *Helena*, destrói de uma vez a inércia dos dados, e logo estrutura a paixão da personagem, a sua elegia, não sacramental ou funérea como a de *Ifigênia em Tauris*, mas toda semelhante à doçura sensual de Helena. Porque é Helena que fala, e em sua boca Eurípides acha imediatamente o tom justo.

Exílio, sim; mas é outro, menos dramático, exílio. A distância que separa Ifigênia do mundo grego é a crueldade do mar que, incompreensivelmente, afasta de seus fins um destino religioso. O exílio de Andrômaca é irremediável, porque se estabelece com relação ao passado, a uma justiça e a uma verdade perdidas. A elegia do exílio em Ifigênia tem o seu núcleo no Deus obscuro que rege as coisas; em Andrômaca, tem o seu cerne fatal na memória. Em Helena, a felicidade pagã e simples dos sentidos é uma lembrança tão viva, que esta criatura sadia não pode senão despertar uma absurda esperança. Tudo é possível, e é no possível, não no irremediável, que a peça inscreve seu ciclo, passando logo à comédia. Veja-se o coro das cativas gregas: não é o coro das Fenícias ou das Troianas, das exasperadas trenodias do Eurípides mais caro a Schopenhauer e a Hartmann. É um coro leve, cheio de súbitas alegrias na evocação das forças naturais; é um painel de fundo, extremamente móvel, a equipagem de uma líquida e vaga navegação abandonada, cheia de futuro. Quando esse coro indefinido e afetuoso dirige-se aos seres da criação, aos encantados símbolos do real, sentimos no êxtase melódico outra e mais profunda saudade: aquela de um mundo livre das falsas leis. Assim deve ser lida, à meia voz, porém cantando, a invocação à ave mágica: "Ó tu, que da espessa floresta fazes a tua morada harmoniosa, tu que entoas os mais belos cantos, pássaro melodioso, de voz dorida, eu te invoco, ó rouxinol! Vem e com os trilos que teu bico solta, acompanha os meus lamentos. Eu canto a desventura de Helena"[2]. Nessa atmosfera é fácil fazer nascer um mito mais aéreo do que o próprio mito consagrado pela tradição. Sabemos que a hipótese de uma Helena fiel, refugiada no Egito, enquanto a burla atroz dos deuses instala em Tróia o seu fantasma e faz com que por este os homens se matem, Eurípides encontrou-a em Stesícoro, mas é só nele, na sua amarga consciência de político solitário que a história encontra a sua verdadeira dimensão.

Tema calderoniano e pirandelliano da destruidora urgência da ilusão! Mas o fantasma de Helena, abandonado na caverna pelos escravos, esfuma-se ao primeiro toque do amor verdadeiro, quando os lábios de Menelau e da esposa perdida se encontram. Então a realidade é mais forte do que os deuses: o homem, medida de todas as coisas, vence a caverna dos fantasmas. O discípulo de Anaxágoras tem no homem uma desencantada confiança. Não fosse ele o poeta da igualdade! O primeiro poeta que pôs na boca de um rei a frase justiceira: "Homens livres, nós vivemos graças aos escravos". Não quero dizer que Eurípides esteja além de Calderón ou Pirandello; quero dizer que, graças a Eurípides, podemos ler melhor Calderón e Pirandello, fora do pessimismo superficial que pretende emprestar às palavras um sentido obsoleto. Autor maravilhosamente livre porque maravilhosamente condicionado pela história, Eurípides nos lembra que os autores mais próximos de nós também pertencem, e ferozmente, à própria história.

Mas não acumulemos o peso das teses sobre esta fábula aérea. Ela é transparente, toda revelada pela graça de sua luz espontânea. A praia assiste aos milagres: ao desembarque e à luta do incansável, deveras heróico, Menelau; à solidariedade ativa e astuciosa de sua mulher; à pureza virginal e severamente ética da profetisa; à estupidez de Teoclímenos. Tudo é escamoteado, trapaceado, vencido alegremente

2. *Helena*, vv. 1107-12.

pelos dois apaixonados, sem desespero, a quem a guerra e o exílio não tiraram a alegria vital. O ciclo deve ser cumprido. Estúpida e digna de riso é a autoridade dos Teoclímenos; estúpida e digna de lágrimas é a guerra que destrói, engana e torna impossível a felicidade simples dos homens. Adulto e sereno, o moderno Eurípides sabe dizer esta verdade aos deuses. Mais ainda, sabe dizê-la aos homens. Pois, a insuficiência é nossa, e será sempre o fruto da irremediável presença, em nós, do nosso grande inimigo, o absoluto. Se não lhe déssemos tanta importância! Se não lhe emprestássemos nomes sobrenaturais! Entretanto, parece dizer Eurípides, os nomes existem: o jogo é cego, e é isso que pretendemos dizer quando acusamos os cegos e os ferozes moradores do céu. Pois que o pessimismo de Eurípides é tão sereno quanto o seu otimismo. Sabe que há um navio à nossa espera, o navio que nos levará, amanhã, para a nossa verdadeira pátria. Seguir-nos-ão as músicas felizes: "Nave fenícia de Sidon, nave de céleres remos que cavam sulcos sonoros, córrego dos delfins de ressoantes belos coros, levanta teu vôo quando os ventos acalmados se mudam em brisa sobre o mar serenado e Galanéia dos olhos verdes, filha da onda crespa, grita aos marinheiros: Soltai o velame para que nele sopre a brisa do mar!"[3].

Mas, saberemos embarcar? Seremos astuciosos, simples e diretos como Helena e Menelau? Conheceremos os tempos exatos da ação? Talvez não, e quem sabe isso seja ambiguamente necessário: os Dióscuros e a profetisa, brancas aparições, desenham na praia a nossa coragem e, sutilmente, o enigma universal.

O DOENTE IMAGINÁRIO [1673][4]

Acho que todas as comédias deveriam ser *comédies-ballet*. A certa altura, desencadeado o riso, criados os personagens, armada a tela de aranha do enredo, não resta ao comediógrafo senão uma saída: convidar atores e público a rirem também de sua pretensão de fazer rir, criar personagens e armar enredos. Depois de ter ridicularizado a vida dos homens, poder transformar numa enorme gargalhada, numa festa geral, num carnaval coletivo, também o próprio teatro, que daquela vida quis ser o espelho fiel ou deformador, o retrato, a estilização. Para que finalizar o enredo? Para que desejar um destino, um fim lógico para as personagens? Para que, além do riso sobre a vida, não suscitar também o riso sobre o riso, o riso puro, a bagunça, o inferno? A farsa existe para mostrar o esqueleto do homem, a sua vaidade, o seu nada. Vamos, então, ao esqueleto puro. Morramos todos juntos, cancelamo-

3. *Helena*, vv. 1451-64.

4. *Folha da Noite*, São Paulo, 8.9.1953. Republicado em *A Expressão Dramática*, p. 144, com o título de "Da Comédie-ballet".

nos em ritmo de baile. Adeus aos valores, às pretensões. Façamos uma bela fogueira de gargalhadas e atiremos nela os deuses, os ancestrais, as fardas, os sistemas e os poemas. Neste adeus, pelo simples gesto, readquire-se a liberdade substancial do homem. Estamos agora prontos para novos valores, surgidos de nós mesmos, da nossa sinceridade. O mundo está aberto. As florestas vão brotar amanhã e os animais começarão a rugir pela primeira vez. O mundo renascerá sempre.

Esta, penso eu, deveria ser a catarse extrema da comédia, o seu modo típico, especial, de purificação. A humanização pela irreverência. O grande caos da brincadeira, cansada de si própria e da inútil seriedade satírica de que estava ameaçada de revestir-se, inopinadamente. O mundo às favas, o homem disponível. Por isso, adoro *Le bourgeois gentilhomme* (*O Burguês Fidalgo*), e mesmo este *Malade immaginaire* (*O Doente Imaginário*), menos rico de agudeza na primeira parte e de fantasia no final, mas igualmente marcado pela vivacidade de um gênio que foi, antes de mais nada, um homem de teatro. Acho pateticamente admirável a morte de Molière, na quarta representação do *Malade*, vomitando sangue e agüentando até o fim do espetáculo, para depois ser transportado, ainda "fardé, grotesque, terrible", ao leito de morte. Trata-se, do balé para a morte, de um grande destino, uma bela festa final para um homem de teatro. E pensar que não lhe queriam dar as devidas honras fúnebres aos homens de bem, visto que não tivera tempo de renegar a sua profissão "imoral" de comediante e a sua falta de respeito para com aqueles que se intitulam representantes e censores do Bem e do Mal nesta terra! Os mesmos imbecis, os mesmos *tartuffes* que, um belo dia, ao ser representado, neste século, um *Bourgeois gentilhomme* de extraordinária beleza, terão a coragem de discutir o texto e negar o espetáculo, sob a acusação de "falta de seriedade"... Pobre teatro, abandonado nas mãos dos analfabetos pernósticos alimentados por pílulas de Larousse, devoradores de prefácios, abjetos espectadores da vida!

A ESCOLA DO ESCÂNDALO [1777][5]

Deverei repeti-lo? O século XVIII é o nosso único modelo. Só ele pode nos ensinar aquilo que significa realmente a transição da metafísica para o racionalismo; a transformação radical das estruturas sociais; a criação de um amplo cosmopolitismo da cultura, rico de contribuições vivamente nacionais; a substituição de uma arte acadêmica e abstrata pelos fundamentos do realismo e de uma expressão concretamente humana. Somente os grandes modelos do século XVIII

5. *Correio do Povo*, Literária, Porto Alegre, 25.4.1959. Série: Teatro Universal.

sabem mostrar aos modernos os caminhos de um classicismo que não seja neoclassicismo, isto é, decadência e retórica, mas sim capacidade positiva de realizar, numa forma, um conteúdo novo, extraído de uma realidade na qual os valores se equilibram sem delírios e sem disfarces. A lição de estilo de um Goldoni e de um Mozart é, antes de qualquer coisa, lição de humanidade: o exemplo de uma inclusão definitiva dos sentimentos diários na arte, feita por necessidade e não por ostentação, com pudor, com um límpido otimismo. Evidentemente, nossa situação é outra: o mundo com que o século XVIII sonhou não se realizou senão em parte; e isso nos deixou nas trevas da angústia. Melhor seria, porém, que disso soubéssemos extrair uma espécie de remorso estimulante. Aquele sonho foi o mais lúcido que o homem já sonhou; e nós não o soubemos realizar, nós e nossos pais somos os culpados. Quer dizer que era absurdo? Que era "outra" abstração? Não: quer dizer que os homens custam muito para realizar plenamente a vida. A margem de abstração do racionalismo setecentista é, evidentemente, uma confiança excessiva acordada à natureza, especialmente à natureza humana. Mas o aprofundamento da cultura do século XVIII, realizado pela melhor cultura do século XIX, é um aprofundamento no sentido da história, isto é, do homem que domina e organiza a natureza; e ao século XX caberia tornar efetivo o domínio do homem sobre a "sua" natureza – tarefa para a qual os processos puramente mentais do século XVIII se revelaram incapazes, mas que foi completamente afastada de nossas vidas, do nosso horizonte, pelo irracionalismo romântico em todos os seus aspectos. E o pior romantismo é o nosso, o do século XX – aquele que faz da pintura não-figurativa um novo rococó, aquele que faz da música dodecafônica e da poesia concreta um pós-barroco sem raízes humanas. Temos, mais uma vez, que escrever a nossa enciclopédia. E temos que levar a cabo as nossas revoluções. Lucidamente, pacificamente – pois já vimos como um fermento obscuramente romântico se insinua nos processos revolucionários do nosso tempo, alterando a própria razão de ser do progresso coletivo, desumanizando-o, bestializando-o. Ainda: temos que saber qual o lugar da ineliminável coordenada romântica em nosso realismo, em nosso classicismo. Somos românticos *a posteriori*, como aqueles homens do século XVIII o eram *a priori*. Escutemos, então, Mozart e Haydn; voltemos a ler Beaumarchais, Diderot, Lessing, para chegarmos a Goethe. Esses homens realizaram a absorção da exigência romântica na clareza aberta e não dogmática de seus espíritos, de tal maneira que ainda podemos, com eles, aprender o que significa uma escola da sensibilidade, uma sinceridade sem declamações confessionais, uma verdadeira civilização da consciência.

Tema grande, assunto complexo – muita coisa para os ombros um tanto frágeis da comédia de Sheridan. Mas é no teatro que o século XVIII se realiza mais radicalmente (com resultados menos e altos do que na música, porém mais "novos"). Isso se dá em Goldoni, em Lessing, em Beaumarchais – e também em nomes menores, porém enquadrados dentro da mesma corrente de forças, dentro do mesmo impulso de expressão. É o caso de Sheridan. Que não é genial, mas é inteligente; que não é poeta, porém é sincero e humano.

Sátira social das mais contundentes, *A Escola do Escândalo* desmascara mais um Tartufo, o que parece há tempos ser uma grande função das sátiras. Mas, sutilmente, Sheridan enxerta nessa operação de matemática moral um velho tema da comédia: o dos irmãos rivais – e, de repente, faz do Tartufo o *alter ego* de um simpático aventureiro, fundamentalmente honesto e louvável na esfera dos sentimentos. Joseph e Charles significam duas faces da "natureza humana", conceito tão caro ao Iluminismo, resíduo metafísico tenaz; e acabam compondo um só personagem, de uma complexidade dialética fora do comum, porquanto o alegre esbanjador não consegue fazer de sua natureza uma razão social, enquanto o hipócrita não consegue adaptar a sua condição histórica à sua natureza. Seco e um tanto esquemático, esse conflito revela a presença do elemento social como única mediação possível, de forma didaticamente exemplar.

Esse didatismo prejudica a arte? Talvez sim, na substância mais funda do impulso expressiona; não prejudica, porém, a parte externa da arte, a dramaturgia, a construção teatral, que pelo contrário ganham uma bela clareza, uma fluência sem obstáculos. Certa falta de vitalidade de Sheridan é largamente compensada pela economia do jogo cênico, por seu sentido de necessidade. Os disfarces de Tio Olivier – esse fabuloso *deus ex-machina* burguês – não se apresentam da forma gratuita a que nos acostumara a tradição renascentista e barroca; correspondem a outras tantas descobertas do humano através do teatro. O que já é dizer muito. Especialmente na cena da venda dos retratos (tão intimamente comovida e goldoniana), a alegria teatral de tradição italiana e espanhola conjuga-se com a presença efetiva de um conteúdo (milagre que Molière fizera constitucionalmente, por força de gênio e consciência histórica, ao passo que Sheridan alcança-o num momento teatral especialmente feliz). Vender os retratos dos antepassados e guardar apenas o do parente que se conhece, que se ama, a quem se é grato, significa, além do mais, renegar o formalismo das instituições, deixar o homem entregue ao seu cosmo de sentimentos presentes. Aqui, Sheridan toca um ponto muito vivo da sua polêmica antiaristocrática, de burguês progressista. Sempre haverá uma salvação para a provinciana Lady Teazle: a sua "natureza" é pura, quer nos dizer Sheridan, mas na verdade a sua origem social é mais livre, é uma força historicamente nova – isto Sheridan acaba dizendo. Não pode acabar mal o velho Peter; não pode agir mal o Tio Oliver; e Joseph é recuperável. Excesso de otimismo, talvez, típico do século, e causa de não poucos desastres ou amarguras;

exemplar, todavia, em sua constante de confiança no homem, de atenção à primazia dos valores éticos.

A luta da moral contra o moralismo é o tema central de *A Escola do Escândalo*; Sheridan, apesar do seu senso de medida, é realmente impiedoso. A galeria dos maldizentes, a espantosa fauna do salão de Lady Sneerwell, transforma em plástica, em dinamismo, isto é, em teatro, uma inteira classe, e a define em termos inesquecíveis. Ajuda-o, sempre, o dom cênico – a boa reelaboração dos dados tradicionais da comédia através da imaginação. Aquele biombo da casa de Joseph, atrás do qual estaria escondida "uma costureirinha francesa", é realmente um *locus* dramático inventado e realizado, assim como a janela de Georges Dandin ou os telhados dos quatro *rusteghi*. Tudo que a comédia francesa do século XIX reduzirá a brincadeira, a frenético arsenal de armadilhas, aqui se apresenta em estado puro, sem outra necessidade a não ser a temática humana da peça. E as intervenções do usurário Premium ou do parente pobre Stanley revelam, em Oliver, um fundo de possibilidades que escapam ao próprio Sheridan, mas que nos iluminam de maneira hilariante: basta pensar naquilo que teria sido necessário ao bom ricaço para adquirir sua fortuna.

Teatro lúcido no corte, enxuto na análise, sempre equilibrado entre cenas de diálogo e cenas de ação, emprestando ao diálogo uma perspectiva de enredo e, à ação, uma força de palavras, *A Escola do Escândalo* é um modelo de comédia bem feita. O que talvez não signifique: um modelo de expressão dramática. Mas a verdadeira expressão não fornece modelos, fornece exceções. Se a regra fosse a honestidade, a pureza de linhas e a inteligência de Sheridan, poderíamos contar com o teatro "comum", numa medida realmente digna de sua função no mundo. Mas o teatro entrega-se tão facilmente a sedutores baratos, que uma peça como *A Escola do Escândalo* acaba ficando, nos séculos, como uma obra fora do comum.

O MITO DE FAUSTO NO TEATRO [1832][6]

Teatro, o *Fausto* de Goethe? Será, mesmo, teatro? A pergunta é antiga. Provavelmente é uma pergunta inútil. Existe um limite menor da noção de teatro, e dentro dele cabem quase todas as obras dos teatrólogos, com exceção de pouquíssimas. Nossa metodologia crítica admite esse limite e utiliza-o constantemente como unidade métrica; critério perfeitamente lógico sempre que se conheça a força do possível, a reviravolta dialética aberta pela própria natureza poética do teatro. Existe, pois, um limite maior da noção de teatralidade, e dentro

6. *Folha da Noite*, São Paulo, 5.2 e 6.2.1953. Republicado em *Goethe, Schiller, Gonçalves Dias*, pp. 11-18.

deste há lugar para quase tudo, posto que seja obra de gênio e contenha uma vontade íntima de expansão, de declamação, de vida pública e coletiva. Estamos acima do nível comum do teatro, e mesmo do melhor teatro – acima do nível Molière, do nível Goldoni, do nível Lope de Vega, do nível da metade das obras shakespearianas. Estamos na estratosfera da expressão dramática.

As respostas que até agora foram dadas àquela pergunta sobre o *Fausto*, de Goethe, revelam, na maioria dos casos, a ignorância do limite absoluto e uma consideração cega, não dialética, mas sim normativa, da noção comum de teatralidade. Em geral, foi dito que o primeiro *Fausto* (focalizando principalmente a história de Margarida) é teatro, apesar da concepção literária. Chegou-se mesmo a preferir o *Urfaust*, juvenil, patético e tempestuoso. A condenação do segundo *Fausto* do ponto de vista teatral, é claro, permanece unânime e sem apelação.

Parece-nos que o *Fausto* filosófico, simbólico e moralístico – que, afinal de contas, não é uma obra separada, mas sim a conclusão inevitável de uma concepção única e completa – deva ser considerado como uma dessas criações poéticas que destroem os pequenos limites dos gêneros literários, mas que não deixam, por isso, de justificar a forma em que foram apresentadas, a qual não poderia ser uma forma de diálogo e de conflito, ao invés de uma forma narrativa ou lírica, sem ter as suas profundas razões, que nos cabe investigar, descobrir e revelar ao público na única modalidade conhecida como válida, isto é, através do espetáculo. Em outras palavras: não se trata de reduzir o *Fausto* até encerrá-lo em nossos esquemas retóricos ou técnicos – trata-se de alargar tais esquemas até que possam abranger o *Fausto*. Por isso, achamos provinciana e superficial a ironia de Silvio D'Amico, quando diz que os alemãos "os quais não hesitam em encenar qualquer coisa", encenaram até a segunda parte do *Fausto*.

Goethe deu forma de diálogo – a única possível – a um drama que é de todos nós, e que por isso deveria prender a nossa atenção até a última sílaba, descendo até o fundo de nossa consciência. Mas, estamos por demais acostumados com as peças que contam histórias dos homens para acompanharmos integralmente a peça que conta a história do Homem. Pior: estamos acostumados com autores que resolvem contar a história do Homem apenas por não saber contar as histórias dos homens. Por isso, justamente, desconfiamos dos símbolos e acreditamos nos documentos. Reação perfeitamente lógica diante de qualquer autor: mas Goethe não é um autor. Goethe é Goethe! Além da poesia estritamente lírica, além do teatro corretamente "teatral", começa o reinado da poesia total – que é lirismo, sátira, ética, lógica, sociologia e metafísica – e do teatro absoluto, em que, às vezes, basta o colóquio do gênio consigo mesmo para engendrar o ritmo da tragédia. Por quê? O gênio responde: porque minha existência se acha, de certo modo, dividida até o infinito. Eis o milagre: bastam meia dúzia de palavras para que fiquemos em silêncio, esperando, escutando. É música inimitável. É pensamento articulado em música. Não é um homem: é Goethe, consciência da humanidade.

***

A parábola do *Fausto* goethiano desenrola-se a partir deste ponto:

E, vejo-o, não sabemos nada!
Deixa-me isto a alma amargurada. [...]
Não julgo algo saber direito
que aos homens leve uma luz que seja
edificante ou benfazeja

Para chegar a este outro:

Espaço abro a milhões – lá a massa humana viva
sendo segura, ao menos livre e ativa [...]
A este sentido, enfim, me entrego ardente,
a liberdade e a vida só faz jus,
quem tem de conquistá-las diariamente[7]

É a passagem da dúvida metafísica à certeza realística. Todo o final do poema tem esse sabor de solução "socialista", no sentido mais concreto e científico do termo, diante da qual se levanta para sempre a solução cética, pessimista, encarnada por Mefistófeles: "O vácuo eterno àquilo, então, prefiro". Estamos assistindo ao debate de um intelectual moderno consigo mesmo. Quem não entende isso, está imóvel numa consideração arquelógico-formal do texto goethiano. As próprias polêmicas artísticas dos nossos dias refletem esse contraste dialético de toda uma cultura. Entre esses dois pontos, estende-se o mar da tragédia: o poema, com suas mil figuras patéticas e grotescas, por trás das quais vive perpetuamente a intervenção indisfarçável de Goethe, tremendo criador de realidades plásticas e musicais, porém, antes de mais nada, tremendo juiz de suas marionetes, movidas por um fio implacável que não é mais o destino dos antigos trágicos: é o sentimento ético da responsabilidade pessoal, sereno até a violência, agressivo até a calma.

A solução sobrenatural, oferecida após o contraste último entre os dois antagonistas, não engana ninguém. Os próprios críticos católicos nem tentaram puxar a sardinha para a religião. O deus que salva Fausto para toda a eternidade não é Deus – é Goethe. A conclusão do julgamento ético é, inapelavelmente, humanista sem resíduos transcendentais; os símbolos são de ordem filosófica, não mística.

7. *Fausto*, parte II, ato V, vv. 11563-67. Tradução de Jenny Klabin Segall.

Diante desse marco definitivo do processo através do qual o homem tomou consciência de si próprio por meio da história do pensamento e da expressão, mesmo um grande texto dramático como o *Fausto* de Marlowe, ou um grande texto lírico como o *Fausto* de Lenau desaparecem, reduzem-se a concepções marginais. O Fausto de Marlowe é o alquimista delirante da época barroca, carregando nos ombros o fardo das superstições, procurando através de uma ronda macabra de experiências um derivativo sensível da certeza religiosa: último sinal da crise aberta pela reforma protestante dentro do compacto mundo medieval. O Fausto de Lenau é um descabelado e veemente herói byroniano, expressando seu sensualismo e sentimentalismo românticos, desabafando-se numa juvenil e tempestuosa vontade de viver, livre de todos os freios, na anarquia total, e condenado, no fim, a ser submergido pela inutilidade da existência, pela fatalidade feroz da natureza e do tempo, interpretados num sentimento muito próximo do pessimismo de Schopenhauer.

O único Fausto universal é o de Goethe – não uma personagem, mas sim um tumulto de personagens que existem em cada um de nós e que, ao mesmo tempo, fazem de nós todos, através do inferno das contradições, uma figura só: o Homem.

O TEATRO DE MACHADO DE ASSIS[8]

Tudo aquilo que Machado de Assis nos deixa de teatro ou sobre o teatro está contido em dois volumes de suas obras completas: um reúne as suas peças e adaptações, o outro é a coletânea de suas críticas, interpretações de problemas, textos e espetáculos de seu tempo. É um fragmento pequeno da obra de Machado: muito maior é o trabalho do romancista, do contista e, mesmo, do cronista ou moralista. Apesar disso, esses dois livros fornecem-nos a ocasião oportuna para uma reflexão sobre temas singulares e importantes, quer em relação à personalidade do escritor, quer em relação ao teatro brasileiro e à sua história. Encontramos aqui as razões de certas "constantes" dos problemas com os quais o nosso teatro andou – e anda – às voltas; da longa e quase permanente crise da dramaturgia nacional; crise de que, inclusive, a situação pessoal de Machado é um dos aspectos mais significativos. O teatro brasileiro como literatura, como dramaturgia, teve seus resultados mais altos logo de saída, no início de sua independência; depois, assistimos à história, senão de uma decadência, certamente de uma crise. Quando digo que o ponto de partida foi, esteticamente, o mais positivo até hoje, não me refiro evidentemente à obra do

8. *Correio do Povo*, Literária, Porto Alegre, 11.10.1958. Republicado em *O Espectador Apaixonado*, p. 61.

teatrólogo, sob muitos aspectos universais, Antônio José, o Judeu – pois este pertence, de fato e de direito, às letras portuguesas, embora nascido no Brasil. Também não me refiro ao teatro dos jesuítas, e muito menos às diversas tentativas de poemas trágicos da Arcádia e do pré-romantismo. O teatro dos jesuítas é um episódio da história do espetáculo, não do texto teatral; e as várias tragédias em versos não passam de exercícios literários, com temática e técnica européias, exercícios não vinculados a uma vida teatral permanente, a uma produção de espetáculos. Quando digo que o teatro brasileiro descobriu, logo de saída, os seus maiores autores na comédia e no drama, refiro-me a outra coisa. Não faz muitas semanas, um jornalista italiano submeteu-me a uma série de perguntas, com toda a brutalidade sintética dos entrevistadores. Entre as perguntas, campeava a seguinte: "Qual o autor ou autores mais importantes da literatura dramática brasileira?". Tive que responder: "Gonçalves Dias e Martins Pena". Este é o ponto. O maior dramaturgo brasileiro, até hoje, é o esboço de dramaturgo, o genial projeto de tragediógrafo que foi Gonçalves Dias, com vinte e poucos anos de idade; o comediógrafo de personalidade e característica nacionais mais marcante, ainda é Luiz Carlos Martins Pena. Ambos pertencem ao mesmo período, o início do século XIX, e coincidem com o primeiro florescer da vida teatral brasileira, do espetáculo profissional; coincidem com a primeira oficialização dos teatros, com as casas de espetáculo, com a companhia e a escola de João Caetano; e marcam dois rumos, dos quais um, o da sátira social, da comédia de costumes, ia determinar uma longa tradição, nem sempre brilhante e nem sempre muito alta nos resultados, ou mesmo nas intenções; outro, o do drama, ficou sufocado, renegado até hoje, como no tempo em que Gonçalves Dias escreveu os seus dramas, neles depositando suas maiores esperanças e logo, decepcionado, desistindo de um gênero para o qual não obtivera, não digo o reconhecimento, mas nem ao menos a solução natural – a via do palco. Com as peças de Martins Pena, inicia-se um gênero ainda hoje continuado por autores maiores e menores, uma investigação, entre bonachona e maliciosa, da realidade urbana brasileira; mas, com Gonçalves Dias, começava uma aventura muito mais dolorosa, a de escritores que estiveram acima do nível que o teatro brasileiro lhes oferecia.

O teatro brasileiro da época de Gonçalves Dias não merecia um Gonçalves Dias, assim como o teatro brasileiro do tempo de Machado não mereceu um Machado de Assis. A crítica literária, singularmente apressada e injusta neste ponto, chegou à conclusão de que, nem Gonçalves Dias e nem Machado de Assis possuíam vocação para o teatro. A verdade é que, hoje, quando temos – do ponto de vista do espetáculo: ator, encenador, cenografia – um teatro de nível internacional, basta a apresentação de *Leonor de Mendonça*, de Gonçalves Dias, ou de uma pecinha de Machado, *Lição de Botânica*, no teatro e na TV, no

Rio e em São Paulo, para causar espanto num público mais do que desconfiado. Pensava-se em assistir ao fruto de alguma subvenção governamental, de alguma iniciativa de professores cacetíssimos – e eis, de repente, que o público do TBC é agarrado pelos cabelos por um texto direto, brutal, espantoso como *Leonor*[9], capaz de manter em suspense e emocionar uma platéia, dando-lhe inclusive o remorso da longa incompreensão, do longo exílio em que havia se mantido esse texto esplêndido da língua, riquíssimo de instintiva teatralidade, fortíssimo no desenho dos caracteres humanos. Eis, de repente, que o autor destas linhas, depois de encenar *Lição de Botânica* no Municipal carioca[10], tem o prazer de ler, numa revista, a confissão do crítico teatral Accioly Neto, penitenciando-se do ceticismo com que recebera a escolha do texto, na sua função de membro da Comissão Artística e Cultural, e chegando a falar em "Machado de Assis redescoberto".

Todavia, é claro, a pecinha não deixa de ser pecinha. O possível teatrólogo Machado de Assis é muito mais do que o seu teatro escrito, do que a sua curta e amarga passagem pelo palco. Há coisas que é necessário lembrar. Por exemplo: que o teatro oficial, imperial, da corte, esteve por muito tempo sujeito a uma ditadura, de fato, e a outra de princípio. O ditador, de fato, foi João Caetano, tão benemérito, sob muitos aspetos, mas que não deixava de ser um ator, um "astro". O ditador de direito foi o Conservatório Dramático, instituição que viveu, até a primeira década de nosso século, encarregada de fiscalizar os textos e espetáculos teatrais, com funções de censura não apenas moral, religiosa ou educativa, mas também lingüística e literária. Bem se apercebeu disso Gonçalves Dias quando, de volta de Coimbra e de uma estada na terra natal, embarcou para o Rio, levando o manuscrito de *Beatriz Cenci*, da qual escrevia aos amigos: "Diabos me levem se não me dá récitas ao menos por um mês". Contava com a peça para ficar célebre e rico; pois os diabos que levaram *Beatriz* foram os censores do conservatório, que a acharam (ao que parece) cheia de galicismos, erros de estilo e toda espécie de impropriedades literárias. O poeta

9. Refere-se à montagem de *Leonor de Mendonça* pelo TBC, dir. Celi, com Cleyde Yáconis e Paulo Autran, agosto de 1954, por indicação da Comissão do IV Centenário, especialmente de Jacobbi que o integrava.

10. A peçinha, estrelada por Vera Nunez, dir. Jacobbi, foi apresentada no Municipal do Rio como *intermezzo giocoso* ao oratório *Colombo*, de Carlos Gomes, em 1956. O interesse crítico de Jacobbi pela dramaturgia romântica é comprovada por diversas montagens: em 1951, *O Inglês Maquinista*, de Martins Pena, com a primeira turma da EAD (Benedito Corsi, Dina Lisboa) no Teatro de Cultura Artística-SP; em 1953, *Brasil Romântico* (*Lição de Botânica*, de Machado e *O Primo da Califórnia*, de J. Manuel de Macedo) com a Cia. Nicette Bruno no TINB-SP e na TV Paulista; em 1955, *Patkul*, de Gonçalves Dias, com Cleyde Yáconis e Ziembinski, na TV Record; em 1958, a terceira *Lição de Botânica* e *As Casadas Solteiras*, de Martins Pena, com a primeira turma do Curso de Teatro da URGS.

voltou à carga dois anos mais tarde, com *Leonor de Mendonça*, sua obra-prima, único drama universal do teatro brasileiro até hoje. Desta vez a peça foi aprovada, mas o outro ditador interveio: não gostou do papel, achou-o antipático e inferior ao da protagonista feminina, deixou o drama dormir na gaveta, ignorou-o, sabotou-o, até que o autor não teve outro remédio senão publicá-lo (e pagar a edição), desabafando, num prefácio, que cortava relações com o conservatório, com João Caetano, com o teatro e, quase, com o Brasil. Esse prefácio contém toda uma poética; gira em torno das funções do teatro na vida dos povos e coloca-se numa linha nevrálgica da evolução do romantismo ao realismo; é, num plano mundial, um dos textos mais agudos de teoria dramática do seu tempo, e é a obra de um rapaz brasileiro de vinte e três anos.

Pois, nesse mesmo conservatório, o nosso Machado de Assis foi censor durante muito tempo; aliás, sua nomeação para esse cargo foi saudada, na época, como um grande acontecimento; significava (pensaram) uma transição, de um critério moralístico e sem esclarecida visão literária, para um critério que fosse ao mesmo tempo moral e estético. Infelizmente, os poucos pareceres do escritor censor, republicados em 1956 pela *Revista do Livro*, não nos fornecem uma imagem muito brilhante da atuação de Machado no conservatório. A não ser em um ou outro momento, quando percebemos nas entrelinhas o lampejo de sua típica ironia perante alguns textos que deviam ser grotescamente medíocres, em geral o que temos diante de nós é a imagem de um funcionário conformado e conformista.

Bem diferente, bem mais alta e aguda é a visão do teatro que sua coletânea de *Crítica Teatral* nos apresenta. O livro começa por três artigos reunidos sob o título geral de "Idéias Sobre o Teatro". A primeira parte diz respeito às platéias, a segunda aos autores, a terceira à atuação dos poderes públicos, aquilo que os governos podem ou devem fazer pelo teatro. Aqui, sentimos que Machado de Assis, embora dentro de certos limites ideológicos e históricos, enxergava perfeitamente o caminho vital do teatro brasileiro, que era e é o caminho de um teatro nacional popular. Embora esboçada, há aqui uma linha de reflexão estética sobre o problema prático da cena, que é válida para toda a longa história da crise de nossa dramaturgia e de sua possível salvação, da qual vemos despontar os sinais nestes últimos anos, em vários pontos do país; sinais alvissareiros, pois se não sobrevier uma revanche do texto escrito, não poderemos dizer que a renovação teatral do período de 1940-1950 foi uma verdadeira e substancial renovação.

Um teatro sem autores próprios, um teatro que vive de traduções e adaptações, pode ter os maiores atores, encenadores e cenógrafos deste mundo, mas sua palavra terá sido escrita na água, na areia e no vento. Esse teatro há de ser nacional. Igualmente, um teatro que se dirige apenas a uma minoria social, que não chega a enfrentar o verdadeiro povo – e não apenas como diversão, mas como maneira de preencher uma função ética, cívica, coletiva, também seria um teatro de alcance limitado, sujeito a todos os perigos literários e morais. Esse teatro, pois, há de ser popular. Foi o que Machado começou a ver. Nesta coletânea de crônicas, em que traça um rápido panorama da dramaturgia de seu tempo, Machado de Assis é, em geral, muito gentil com seus contemporâneos, mas de uma gentileza incapaz de nos enganar; o sorriso da ironia, um sorriso cujo segredo só ele conhece, brilha nas entrelinhas das críticas mais elogiosas desse jornalista muito civilizado. Isso no que se refere a espetáculos. Mas, quando passa à literatura e se empenha no exame das figuras principais, logo vemos como a nitidez crítica de Machado vem à tona e se manifesta: quando ele, por exemplo, contrapõe as peças de Alencar – as quais, embora românticas, parecem-lhe preocupadas com o respeito à verdade humana, sem deformações psicológicas, sem delírios verbais, sem mistificações cênicas – às peças de Macedo que, apesar de certos valores (especialmente cômicos), parecem-lhe viciadas pelas piores inclinações do baixo romantismo. Nesse sentido, a passagem é clara – de um Machado, crítico de teatro, para um Machado teatrólogo.

E o possível teatrólogo está aqui, neste outro volume, que reúne as suas poucas peças. A maior parte do livro é ocupada por uma adaptação de um drama de Dumas Filho (*O Suplício de uma Mulher*) e por uma inocente – ou melhor inócua – sátira em versos (*Os Deuses de Casaca*), em que se apresentam os deuses da mitologia em trajes modernos, brincadeira com a qual todos se divertiram e que hoje parece a alguns autores o *nec plus ultra* da malícia literária. O resto do livro – e aquilo que tem mais importância – são as pecinhas de um ato e de um assunto contemporâneo. Tais pecinhas não foram escritas para o teatro regular, para as companhias, para o grande público: são *levers-de-rideau*, entreatos, provérbios, e fazem parte da vida social da época, destinam-se a amadores, a brincadeiras de salão. Contam casos de amor e pequenos conflitos de família. Pertencem, de antemão, a um gênero limitado, condenado a certas regras: sem largos horizontes de encenação, ou mesmo de temática, pois não se pode chocar a pequena platéia íntima com assunto demasiado dramático ou demasiado realista. Machado, entretanto, como o poeta que sabe forçar um mundo a encerrar-se nos quatorze versos e poucas rimas de um soneto, consegue ao menos uma vez (em *Lição de Botânica*), dar a uma dessas brincadeiras sem conseqüências uma singular profundidade, através do jogo de nuanças com que o tratamento teatral, extremamente hábil, e a língua do diálogo, muito plástica, aludem e introduzem uma psicologia. Entre essas pecinhas, há uma que assistimos há bem pouco tempo, na encenação de Ziembinski para a companhia da Cacilda Becker: *O Protocolo*, que pessoalmente considero uma das mais fracas, toda feita de imagens e adjetivos que lembram as gracinhas dos almanaques e das caixas de chocolate, antecipando o pior gosto teatral brasileiro, o de Coelho Neto, em cujas peças (com a única exceção de *O Quebranto*) os personagens dançam pelo palco com um pesado dicionário em cada mão. Mas há outros textos, no livro de Machado, nos quais a observação daquela sociedade um tanto fútil, porém possuidora de um acervo de valores morais, sentimentais e religiosos, dá margem para que Machado nos mostre o autor que seria, fora dos limites do gênero. Especialmente uma vez, repito: em *Lição*, na qual a presença de um extravagante cientista sueco, em meio a três corretíssimas, decentíssimas, porém expertíssimas moças brasileiras (as quais não passaram a vida no meio de gramíneas, rubiáceas e umbelíferas, mas sim no meio de homens e mulheres, dedicando aos fatos do coração a atenção e o conhecimento que o sueco só dedicara às gramíneas, rubiáceas e umbelíferas), engendra um jogo cerrado e musical, um "tempo" cênico positivo. Esse jogo de aparências inocentes chega a ter a graça de proporções e a limpidez de estilo de um provérbio de Alfred de Musset, isto é, do modelo absoluto do gênero. Veja-se, então, a lenta transformação – entre grotesca e patética – do botânico sueco em ser humano, atrapalhado, tímido, pronto para as confissões, prestes a apaixonar-se e a se entregar, mal encontre um lugarzinho onde possa encostar a científica cabeça e esperar compreensão. Essa delicada transformação, apesar da deliberada futilidade da forma, é de uma sutileza moral que vai além das convenções da comédia mundana. E a beleza da língua de Machado é a beleza teatral, precisão sintética e imediata; não é o português de Coelho Neto, o qual não passa de uma veste, de uma capa, e que sufoca a toda hora a ação dramática e os caracteres. Aqui, a exatidão, a agilidade da frase fazem corpo com a reação dos personagens; formam um ritmo. Parecem palavras demasiado grandes para uma peça tão pequenina: para um trabalho a que o próprio Machado não daria muita importância. Mas é que aqui vemos, em plena luz, o teatrólogo que ele poderia ter sido, num teatro capaz de viver esse texto de maneira não-vulgar, de o decorar inteiro, sem alterar um pronome, de encená-lo com o gosto necessário. Tal não era o teatro brasileiro da época. O primeiro a saber disso era o próprio Machado, que sempre invocava reformas e providências em favor do teatro nacional, de sua qualidade literária e educativa. Mas, afinal, não era preciso que nos deixasse a *Lição* ou qualquer outra amostra de comédia para que soubéssemos qual e quanta era sua vocação teatral. Toda a sua obra de ficcionista está ali, cheia de situações resolvidas diretamente pelo diálogo, e esse diálogo é um dos mais brilhantes, um dos mais dinâmicos, dos mais cheio de nuanças irônicas e de sentido vivo da realidade que se possa conhecer na literatura.

Um projeto de comediógrafo. Da mesma forma como Gonçalves Dias fora um alto projeto de tragediógrafo. A extrema mocidade, o ambiente de Coimbra, as ilusões, levaram-no a executar ao menos uma vez o projeto. Machado não era moço (nunca o foi), morava no Rio e não cultivava ilusões. Assim, o seu projeto ficou, mesmo, no estado de projeto. A meditação crítica de Machado sobre os problemas do teatro é ainda atual; mas a saudade do teatrólogo que ele poderia ter sido, permanecerá eterna.

O PODER DAS TREVAS [1886][11]

Georg Lukács reconhece como dom e resultado principal da arte de Tolstói aquele "caráter de totalidade" que Hegel exigia da expressão literária, e especialmente da expressão épica. Seria esta medida de síntese instintiva (de que Lukács fornece abundantes e importantes exemplos) que faria de Tolstói o continuador único do grande realismo da primeira metade do século XIX, justamente na época do baixo realismo e até mesmo da inflação naturalística. A doutrina hegeliana da épica moderna, conduzida através da lúcida dialética de Lukács até uma explicação definitiva do romance como fenômeno histórico, poderia também ser tomada no seu sentido estrito de individualização de uma categoria expressional, historicizando-a até um ponto em que nos fosse compreensível o motivo por que, por exemplo, um Brecht se define como dramaturgo épico. E sempre a coordenada da síntese, o metro da totalidade ética surgiriam como emblema final da categoria. Nada, então, seria criticamente mais estimulante do que descobrir a vocação épica do grande realista quando se encontra às voltas com o drama, isto é, fora do seu gênero – e quando, como acontece com Tolstói em *O Poder das Trevas*, este drama se anuncia e se forma em moldes que se aproximam demais, perigosamente, da solução naturalista. O próprio Lukács faz questão de lembrar que todos os teatros livres de programa naturalista, na França e na Alemanha, fizeram questão de encenar *O Poder das Trevas* como um modelo (e, ao mesmo tempo, lembra uma curiosa predileção por Maeterlinck). O que é, então, que "salva" Tolstói? É fácil responder: o seu talento e a vitalidade de sua insuprimível concepção moral do mundo. Mas isto não é uma resposta. Ou é uma resposta que nos obriga a formular melhor a pergunta: de que modo, por quais caminhos, o talento literário e a unidade ética de Tolstói fazem do *épos* um drama, e do episódio naturalístico um *signum*, uma aparição do real?

A história da jovem que se casa com um marido velho e doente, passando a viver na única expectativa da viuvez e da herança; que encontra nessa expectativa um parceiro, na pessoa do amante, que de companheiro da solidão torna-se, aos poucos, um rival, um cúmplice, uma testemunha do crime ou da tentativa de crime, originados por tal situação; das conseqüências morais e psicológicas do crime até um

11. *Correio do Povo*, Literária, Porto Alegre, 11.4.1959. Série: Teatro Universal.

desfecho trágico de confissão ou descoberta – esta história é o enredo exemplar e quase único da dramaturgia naturalista, pois reflete de maneira a mais esquemática as relações sociais e as contradições da instituição familiar, isto é, aquele cruzamento de razão econômica e de instinto sexual que é a temática do naturalismo (Símbolo elementar da confluência, e sucessivo conflito, entre os dados de ordem "natural" e os dados de ordem "histórica"). É o enredo quase único de *Teresa Raquin*. É o enredo inicial de *O Poder das Trevas*. Será o enredo de *Desire Under the Elms* (*Desejo*) e engendrará (em termos de naturalismo lírico, sem nenhuma estrutura ética positiva) um famoso romance de James M. Cain[12].

Mas, como dissemos, em Tolstói esta trama é apenas o enredo inicial. Todo o primeiro ato parece girar em volta do simples e batido esquema. Trata-se de saber se Piotr morrerá de morte natural ou será assassinado por Anissiá; se Nikita saberá ser um cúmplice fiel; se Matriona será o *deus ex-machina* do crime. Mas logo, Tolstói introduz no esquema os mil ecos do ambiente, a sua inquietação de paisagem social e religiosa que emprestam ao drama uma dimensão de inquérito áspero, violento; e logo atira em cena personagens que representam outra ordem de coisas: a débil mental Aculina, o piedoso Akim, a humilde Marinka – um coral de meigas e abandonadas figuras camponesas que antecipam um mundo de valores cuja evidência será límpida quando surgir em cena, nos atos seguintes –, o velho Mitric, nova reencarnação do eterno Platón Karatáiev[13]. Então, toda a estrutura do drama se desloca para um novo centro, que é a sede absurda e desesperada de Nikita, sede do pecado e do resgate, ao mesmo tempo ardência inexplicável do "poder das trevas" no sexo e no sangue.

Inexplicável? Tolstói talvez acaricie a perspectiva metafísica dessa falta de explicação, mas – honesto, realístico – não faz senão acumular os elementos para sua justificação circunstancial. Todas as vezes em que o velho Akim é humilhado, em que sua bondade soa aos ouvidos do mundo como a palavra de um inútil; todas as vezes em que Matriona impõe o seu satanismo, a sua implacável vingança social de megera, sabemos de que massa é feito Nikita. E, à razão familiar, acrescenta-se a atmosfera do campo: a sua mistura antiga de trabalho e ócio; o espasmo noturno do tédio; o delírio moral da falta de profissão. A crença da nova geração no dinheiro como último talismã contra o mal e a morte deriva de uma corrupção dos pais (Matriona, sob este aspecto, é simbólica), e quem se encarrega de desenhar esse panorama, na sua bizarra

12. Os autores mencionados são E. Zola (*Terèze Raquin*) e E. O'Neill (*Desire under the elms*). O romance de Cain mencionado é *The Postman Always Rings Twice* (1934), do qual Visconti tirou *Ossessione*.

13. O sábio protagonista de *Guerra e Paz*.

perspectiva de filósofo de aldeia, é justamente Mitric, com a sua teoria sobre os bancos e a agiotagem, vislumbre de uma compreensão objetiva do problema, embora se apresente sob a luz do *laudator temporis acti*, da defesa de uma tradição e religiosidade perdidas. Assim, o drama encaminha-se para o *clímax* do estrangulamento da criança ilegítima, que foi a delícia dos encenadores naturalistas; mas, sobretudo, encaminha-se para a confissão final, conforme a tradição russa. A catarse da tragédia moderna é a confissão em praça pública, e os primeiros a realizá-la, por uma nuança típica de seu cristianismo, foram os russos. D'Amico ilustra com muita precisão a fenomenologia dessa nova solução do problema aristotélico, exemplificando-a em Ostróvsky e neste drama de Tolstói. Corrente de acontecimentos; acumulação vertiginosa de monstruosidades ditadas pelo "poder das trevas" – até o desabafo final. Que não purifica, mas esclarece. Liberta um e serve, não para purificar os outros, mas sim para modificá-los, ou para que eles saibam modificar o mundo. Tolstói acredita e não acredita nisso, pois segue, como sempre, a dupla medida de sua inclinação cultural: entre o fatalista e o messiânico. Mas estas duas perspectivas são, por si, tão extremas, que só aparece ao leitor a sua meditação dialética – e aparece não como fruto de uma reflexão fria, mas pelo próprio poder emocional da arte. Se esta realiza em si um equilíbrio estético tão claro, quer dizer que nela se espelha o mundo como é, não uma ou outra hipótese do mundo. E o mundo como ele é, afinal, Tolstói nos revela tal qual realmente é e o vê – na vivência, na expressão, e não na intenção ou no hábito.

Por isso, o drama escapa à categoria da *tranche de vie* e se organiza em poema. Cada ato traz consigo, em seu *corpus* de palavras e ação, uma indicação musical ou plástica que define o processo através do qual Nikita chegará à confissão. O primeiro ato é denso de referências concretas à paisagem, ao campo, às profissões; os cavalos estão lá fora, é preciso cuidar dos cavalos. E, dentro de casa, há a imagem sagrada. Todos se persignam diante do ícone. Matriona, mais que todos. Da paixão de Aníssia à lamentação ameaçadora de Marinka, o protagonista já atravessa, num ato, toda a série dos pecados a que o arrastou a sua tenebrosa inconsciência.

O segundo ato é de Matriona: pertence ao mundo do dinheiro. E o dinheiro escondido, que é preciso descobrir antes que Piótr morra, ou enquanto ele morre, pesa na casa, apodrece a madeira, envenena as consciências. Essa embriaguez determina os fatos, que se precipitam sem pausas. Mas, também, sem ordem. A própria lucidez de Matriona, que tudo faz para organizar racionalmente os acontecimentos desse dia tremendo, não pode deixar de sentir que está lidando com uma matéria fluida, movediça, imprevisível.

No caso do terceiro ato, introduz a atmosfera típica de um reinado do "poder das trevas", com as suas doenças, indolências e exalações de álcool. E de imediato se esboça a singular presença de Aculina depois de sua transformação, que é uma grotesca desforra da vida. Mas, dentro desse "tom", o ato enxerta com força os velhos ódios, Akim e Mitric – o passado, ora piedoso, ora cínico, mas de um patético que alarga as paredes da velha casa em direção a uma evocação de presenças universais. Por meio da simples força do diálogo. Por meio do mais antigo e válido encantamento da expressão dramática. Que aqui culmina, genialmente, na invocação ao tédio – que é o verdadeiro *genius loci* dessa casa de almas perdidas.

O luar de outono banha o quarto ato, no qual Tolstói começa a sair das paredes da casa, antecipando a necessidade de ar, de luz, de revelação da catarse trágica. É o pátio esquálido, porém quente, de existências próximas e trêmulas. Tudo se encaminha para a horrenda noite do sacrifício da criança. E aqui, deveras, Nikita é o herói: porque tudo lhe cabe, porque tudo recairá nas suas mãos de bêbado. A velocidade da ação principal é continuamente freada, interrompida pela presença do ambiente. Os valores da atmosfera predominam, e depois – subitamente – se contraem num "nó de ação", e cai o pano.

O quinto ato é sinfônico. A falsa alegria das núpcias, as canções, o sol, o ouro do trigo no celeiro, criam uma exaltação física em torno da tragédia. E o coro entra em função. De saída, são as jovens anônimas que falam e cantam em torno da desolada Marinka, que parece alcançar um limite de vida, um gosto de resignação. O seu diálogo com Nikita é patético, empresta uma nuança suave à violência já incontrolável do criminoso em crise de consciência. Ele enfrenta a causa e a vítima de sua servidão às trevas: falando com Matriona e com Aníssia, começa a prestar contas à razão social; mas é Mitric quem o impele a uma última tentativa, a um disfarce. Pois a franqueza de Mitric é esta: não acredita no irremediável. Só resta confessar. E a confissão sai rápida, estrangulada, sem minúcias. *Consumatum est.* Ao redor de Nikita, já absorvido pela sua solidão de herói inconsciente, a embriaguez das núpcias transformou-se em espanto, silêncio estúpido, reação ainda imóvel de um mundo que custa a compreender. Aculina, porém, compreende. Ela acompanha o destino duramente marcado. A lei – a justiça dos homens – entra em cena como um comparsa mesquinho, talvez inútil, pois a verdadeira obra da justiça já foi realizada na erosão das consciências. De noite a noite da alma, de razão social a razão social, a trajetória de Nikita guarda a sua inércia fundamental: a sua obediência de camponês às horas e às estações. Queremos acordar esse homem, sacudir esse mundo. Eles permanecem, e sofrem. Naquela inveterada resistência à história que é o mundo camponês, Tolstói, paradoxalmente, reencontra o universal: a necessidade da história.

PRESENÇA DE ÍBSEN[14]

O velho Antoine era um homem sincero. Em maio de 1890, falando de uma representação de *Os Espectros,* de Íbsen, no seu teatro, escreveu que nem ele, nem o público, haviam conseguido realmente penetrar a significação da dramaturgia ibseniana ou, ao menos, classificar o seu valor. A distinção do escritor atualizado ou desatualizado é um jogo que nasceu no século XIX. A qual dessas categorias pertenceria Íbsen? Responder significaria empreender uma revisão crítica de todo o século. Nascido de um contraste entre o iluminismo e o romantismo, o século levará a manifestações extremas, ao lado do rigor metódico e dialético da filosofia, uma *voluntas* de expressar tudo aquilo que ficava à beira da estrada da cultura; a zona que a investigação kantiana deixara intacta, um mundo noumênico de valores mais verificável pelos instrumentos da poesia do que pelos da ciência. O romantismo começa, deliberadamente, revolvendo (em contraste com o racionalismo iluminista) o conjunto dos fatos, objetos, instintos e sentimentos que, radicados num inexplorado habitat psicológico, escapam à luz da consciência. Este cosmo interior desenvolveu-se na imaginação dos românticos como uma psique autônoma, capaz de substituir a realidade externa; e era, por definição, a esfera que a cultura não poderia tocar. Por isso, o escritor romântico está em perene contradição consigo mesmo e, simultaneamente, com o mundo. Flaubert expressa a sua realidade interior, a sua verdadeira presença, através da personagem de Madame Bovary; ao mesmo tempo, pretende, e de certo modo consegue, destacar o "Eu" da operação estritamente literária; chega, portanto, a ver, num fragmento de si próprio, toda a expressão impessoal do mundo exterior. Durante uma viagem ao Egito, empenhando-se na procura de uma realidade objetiva, convence-se, por fim, de que a única verdade é a sua verdade psicológica; contradição que faz nascer Emma Bovary no Egito e Salambô em Croisset. Essa aventura de Flaubert indica, justamente, aquele conflito característico da consciência romântica, cujos pólos são a força da reflexão histórica e o excesso de emoção fora da história: inteligência e paixão, atualismo ou inatualidade; Eu e Mundo, porém ambos, ainda, fechados no núcleo do Eu. Assim, o pecado de Nietzsche consiste na obstinada construção de um Eu prisioneiro de si mesmo, e a loucura do filósofo, como o suicídio de Nerval, não passa de uma fuga daquela prisão, mas ao mesmo tempo significa a vingança do real, da história, contra o Eu.

É nesse ponto que nascem as personagens ibsenianas. Íbsen promete a Brandes uma observação impiedosa da alma do homem con-

14. *Correio do Povo*, Literária, Porto Alegre, 10.1.1959 e (com o título de "Íbsen Atual") *Estado de S. Paulo*, Suplemento Literário n. 118, p. 5, São Paulo, 31.1.1959.

temporâneo, e logo encontra neste uma herança radical do romantismo – sob formas de heroísmo idealístico – ao lado de outra força oposta – íntima, desatualizada, existencial, selvagem – que é resultado da pressão do mundo exterior ou, mais exatamente, um subsolo da realidade que se determina como existente, isto é, da história. Às vezes, Íbsen faz dessa dupla de forças contrárias dois personagens: o idealista e o conservador. Todavia, o seu método mais autêntico de dramaturgia consiste em fazer confluir ambas as correntes na personalidade de um único protagonista. Agora sim, a contradição interna do romantismo encontra o seu impulso total. O heroísmo filosófico impele o construtor Solness para a torre, mas, uma vez lá em cima, eis que a outra força, o peso da história, o faz precipitar-se, atirando-o à mesma fundição de botões que estava à espera de Peer Gynt: ao subsolo que é o laboratório da história humana. Assim, Rubek e Inês tentam, pela última vez, escalar as montanhas, mas a avalanche abate-os.

A personagem ibseniana tece o fio da própria existência entre os impulsos do idealismo e as conseqüências do materialismo. A transição de um pólo para outro, muitas vezes, realiza-se mediante uma corrupção interna, uma desagregação espontânea da personagem: é o caso de Oswald. Ou é comunicada por intermédio de um tipo puramente funcional, como a Velha dos Ratos, o Estrangeiro, os pequenos Troll, todo um exército de fantasmas. Quase todas essas figuras indicativas ou simbólicas reconhecem no mar o próprio destino: "Nós somos hábeis patinadores – escreve Conrad – e sabemos desenhar sobre o gelo agradáveis desenhos, porém ignoramos a força oculta e selvagem da água sob os nossos pés". É o mesmo oceano que, em *Finnegan's Wake*, destrói e dissolve os introvertidos personagens de Joyce, já sem rosto e sem nome, levando-os a uma ambígua libertação da consciência (Mas esta, em Joyce, é uma censura das duas forças encerradas no personagem ibseniano; censura que se transfere para a esfera da linguagem, tornando-se monólogo interior ou diálogo entre os dois aspectos da vivência).

Que sentido empresta Íbsen ao idealismo? Íbsen estuda os resultados da literatura moral européia; logo percebe que os autores cavaram, pelo processo da argumentação, um abismo, um contraste nominal dentro do próprio processo ético, deixando a descoberto e desarmado o espírito do homem em meio a uma luta sem solução, entre duas entidades igualmente terríveis e exaustivas: bem e mal. O moralista executa uma separação entre as duas entidades, numa esfera viciada de ontologismo, construindo depois, logicamente, a positividade daquilo que é "bom" e desprendendo do espírito, através de um processo negativo, o seu contrário. O bem, assim logicizado, torna-se *ethos*, moralidade.

Ora, é claro que aos olhos de Íbsen o moralismo europeu aparece por demais intoxicado pelo idealismo filosófico. O simples fato de uma parte do corpo desprender-se do real (o *bonum*), abstraindo-o para fora da caducidade das coisas, revela o absolutismo de semelhante moralidade, a sua negação do mundo, a cegueira do idealismo. Por tais caminhos, o homem pensa alcançar o vértice do bem. Mas não é um vértice: é uma miragem, é o paraíso dos ideais. Aproximar-se dele é o mesmo que destruí-lo, ou vê-lo destruído, constatar sua morte; de lá, o homem é devolvido à sua falência, à condenação terrestre. O moralismo idealista revela, assim, a falta do único fundamento ético, o da religião; da ligação que o homem tem que realizar entre si próprio e a realidade ("amarrados no fundo do rio", como o pato selvagem), caso não queira perder totalmente o sentido concreto da vida moral, chegando a concluir uma experiência religiosa com a invocação de Pascal: "Meu Deus, ilumina-me ainda mais com tua Graça, pois já não sei distinguir o bem do mal".

Como fica evidente, nessa invocação, a ausência daquele subsolo histórico que dá ao pensamento moral uma forte adesão a toda a vida da realidade! O Deus de Pascal torna-se o rosto do ideal que "liberta" o homem do mundo histórico. Mas não era esse o pecado que Santo Anselmo lia na religiosidade medieval, quando escreveu esta outra invocação: "Meu Deus, protege-nos, a nós que somos exilados da vida"? Eis o pecado que Íbsen vê no homem: o exílio. Nele se resume a contradição humana com o mundo; é o caso de Flaubert, que sente a vida burguesa da França no Egito, e vice-versa; ou, mais próximo, é o caso de Joyce, que realiza pessoalmente o seu personagem da peça *Exilados*, afastando-se de Dublin, exatamente porque Dublin é a sua verdadeira pátria, a sua realidade. É exatamente aquela parte oculta de si mesmo que o homem suporta como imposição de um mundo indiferente e desconhecido; é o *cosmos* noumênico dos valores que o torna exilado na realidade, incapaz de ligar-se e libertar-se na ação. Dessa forma, o homem é forçado a ser sempre desatualizado e a realidade, já fora do presente, é sempre uma força do passado. Não é, porventura, o passado – isto é, a figura da Beata – que mata Rosmer e Rebeca? Não é a presença do pai que destruiu Oswald? O mito dos cavalos brancos, sempre vivo em Íbsen sob diversos disfarces, chama as personagens da casa dos ideais para o abismo que a realidade, a história, cavou no quintal.

Chegando a este ponto, os últimos dois personagens de Íbsen – Rubek e Inês – dizem que se dão conta da irremediável verdade, ao despertar de um longo sono de morte. Rubek: "E de que nos damos conta?" – Inês: "De não termos vivido". Nesse caso, experimentaram mais uma vez a escalada, porém a sua condenação ao exílio esmaga-os: do alto da montanha, do paraíso dos ideais, as pedras rolam e despencam no abismo. A morte, que acompanha esses dois últimos heróis, traçando o grande sinal da cruz, pede a paz por todos aqueles que enxergaram, no próprio exílio, a marca da anulação. Entretanto, Ulfheim, o caçador de ursos, conhece os atalhos das montanhas e receia os cumes. Como os pequenos Troll, de *Peer Gynt*, ele tem a filosofia daqueles que passam ao longe. Na mitologia lingüística de Vico e de Joyce, diríamos que sua vida é a dos vikings, os quais, falando do céu, chamaram-no realisticamente *hoc* (aquele). E, como diria Vico, eles "occuparono le prime terre vacue; ivi con certe donne fermaronsi e, postati, vi fecero certe razze; vi seppellirono i loro morti; e, a certe occasioni, pur offerte loro dalla religione, diedero fuoco alle selve, l'ararono, vi seminarono del frumento"[15].

A vida desses povos parece inspirada numa economia do espírito humano que não sustenta as oscilações do ideal, mas que se liga a um sólido contrato com o real. Nessa economia, Vico via a fundação do direito natural das nações, e Leopardi a substância imortal da poesia. Para Íbsen, o homem moderno já não tem qualquer pacto com a realidade; luta contra si próprio e gasta as suas forças num vago iluminismo, que projeta as sombras de falsos ideais e que o isola do mundo externo, enquanto este, fluindo na persistência de sua história, acumula sobre os ombros dos homens a dívida do tempo – o passado.

Aqui é que o Íbsen, de *Peer Gynt* e de *Quando Despertamos dentre os Mortos*, aproxima-se de uma inspiração evangélica: a parábola dos operários das diversas horas. Alguns iniciaram o trabalho de madrugada, outros na décima hora, mas todos foram pagos com o mesmo dinheiro, pois o patrão é bom e justifica sua bondade com a compensação que há de ser dada aos operários que foram chamados já à noite, pois sobre estes o tempo pesou com o seu sofrimento, ao passo que aos trabalhadores da inteira jornada só é devido o justo preço.

O tempo torna-se, para nós, o passado quando nos surpreende trancados em nossa interioridade, longe daquela libertação que o nosso contato concreto com a vida pode nos dar. É a "ressurreição" de que fala Íbsen, é a ressurreição do tempo que, através do passado, se fez morte. É a fenda que Solness vê abrir-se nos muros de sua casa e que causará sua morte. É a impossibilidade de Oswald de ver o sol, isto é, a libertação, porquanto ele é vítima do passado, do pai, que nele continua e que o levará à morte.

Mas os vikings conheciam melhor do que nós o culto aos mortos: no ato de *humar* nascia neles a *humanitas*; com os mortos sepultavam o passado, as suas épocas findas. Como na alta palavra de São Paulo: "Não estás vendo que a semente não tem vida senão depois de ter

15. "Eles ocuparam as primeiras terras vazias, ali estabelecendo-se com algumas mulheres e procriaram; sepultaram seus mortos; em certas ocasiões marcadas pela religião puseram fogo nas matas, araram a terra e plantaram o trigo". Giambattista Vico, *Principi della nuova scienza intorno alla comune natura della nazione*, Nápoles, 1738.

atravessado a morte?". Quando o pequeno Eyolf morre – ou seja, quando morre em nós uma idade que nos foi cara –, temos, como Alving, a tentação de concluir o nosso exílio nas montanhas. Entretanto, lá embaixo, entre as coisas que mais nos trazem a memória do sofrimento, há milhões de Eyolf que precisamos ajudar a viver. E é assim que a Dama do Mar se livra do pesadelo da morte trazido pelo Estrangeiro, na medida em que reconhece os seus deveres perante os outros.

Neste caso, o teatro ibseniano passa da esfera do indivíduo para o reconhecimento da sociedade. A semente torna-se viva somente depois da morte, porque então dará frutos aos outros. Tomar conhecimento da sociedade humana, e nela ver a vitalidade possível de nossas épocas perdidas, de nosso pequeno Eyolf, significa "ligação" com a realidade, com a história. É o grande exorcismo contra as vinganças do passado. E é aqui, precisamente, que Íbsen, como escritor fora de seu tempo, torna-se um escritor atual. Nosso exílio da sociedade e um idealismo cristalizado em rígidas formas políticas fizeram rolar sobre nós as pedras da montanha. E agora, quando uma época e um dos nossos rostos foram destruídos; agora que levamos a filosofia do noúmeno até o último postulado; agora que sabemos o que foi a barreira entre nós e a realidade; agora que nós, os mortos, despertamos – como Rubek e Inês – e constatamos que, realmente, nós nunca vivemos, nunca. Como Solness, construímos as nossas torres – as igrejas de um Deus individual – e fomos derrubados. Na velha fundição de botões, a nossa sensibilidade entorpecida transforma-se em algo novo: na nossa ligação com a sociedade, reconciliamo-nos com a história; o nosso trabalho de operários das diversas horas servirá para reduzir o pecado do tempo em que vivemos, longo exílio do homem.

EKATERINA IVANOVNA [1912][16]

Há muitos anos, venho tentando apresentar o teatro de Andreiév como um espectro para os admiradores e imitadores demasiado entusiásticos de certos autores dos nossos dias, como, por exemplo, do teatro de O'Neill – dos dramas ideológicos e freudianos –, do primeiro Anouilh ou do último Tennessee Williams. Costumo convidá-los a uma meditação sobre o que foi a atualidade, o êxito, a importância mundial de Andreiév no outro após-guerra e sobre o seu atual abandono, sobre o efeito quase ridículo da maioria de seus dramas, que chega a justificar a famosa frase de Tolstói, como uma profecia: "Este senhor quer meter-nos medo; mas nós não podemos ter medo".

16. *Correio do Povo*, Literária, Porto Alegre, 16.5.1959. Série: Teatro Universal.

O que parece melhor, mais direto ou mais íntimo, ou ainda mais refinado, nos dramaturgos atuais do desajustamento social, do sexo e da angústia, talvez resida apenas na esfera efêmera do gosto; mas, quem nos diz que as fórmulas, o tipo de diálogo, os cacoetes de linguagem do novo teatro não nos parecerão tão cheios de mau gosto, daqui a poucos anos, quanto as soluções teatrais do hábil e inflamado Andreiév? Para mim, muitas vezes já parecem. E creio adivinhar que a razão da fragilidade dessa dramaturgia – igualmente hábil e, às vezes, igualmente inspirada – é a mesma das estruturas criadas pelo fecundo Andreiév. Fragilidade estética porque transforma em retórica aquilo que deveria ser linguagem e fragilidade de pensamento; porque vive mais dos terrores e da autocompaixão de uma classe do que de um verdadeiro sentido histórico (amplo) da época. Tão somente porque a retórica não nos parece retórica, por enquanto, pois pertence ao "gosto" de nossos móveis, de nossos jornais, de nossos filmes – de tudo aquilo que, mais fatalmente, está destinado aos ratos e aos vermes. Ou porque nós também – inclusive os mais aparentemente livres entre nós – pertencemos à delicada espécie dos últimos burgueses sobre a terra, cujas maiores dúvidas e confusões residem na pergunta sobre aquilo que nos cumpre salvar.

De imediato, a crítica contemporânea de Andreiév – bem como o mais ativo trabalho crítico, o do espetáculo, através de Stanislávski e, no caso, o de Nemirovitch-Dantchenko – individualizou nos dramas de ambição realística e documentária o melhor esforço do escritor. Não que ele fosse capaz de deixar de lado a sua selva de símbolos baratos, a sua eloqüência, a sua obsessão pela novidade cênica (e nisso, também, antecipa O'Neill e os demais dramaturgos encenadores, os homens que querem prever tudo, os poetas das rubricas; nos clássicos, rubrica é a palavra). Mas, sem dúvida, um impulso maior de autenticidade foi logo visível em *Anfissa*, no *Professor Storizin*, em *Ekaterina Ivanovna*, ao contrário dos grandes *shows* lírico-expressionistas de *A Vida do Homem* ou de *Anátema*. E, mesmo deixando de lado *Anfissa*, cuja carga inicial de dramaticidade é logo desfeita por gestos e atitudes dignas de um *angry-young-man* da época (essas coisas nascem sempre mortas), fiquemos com o *Professor* e a *Ekaterina* como índices altos do Andreiév mais seguro e revelado. Talvez, nunca Andreiév tenha chegado tão perto do "seu" tema como na história de Storizin, na qual o drama da *intelligentsia* russa às portas da revolução reflete-se com muito calor no drama pessoal e familiar do protagonista. Todavia, é justamente a presença de uma matéria cultural muito próxima que faz o drama perder unidade e concentração: há, em Andreiév, um excesso de coisas a dizer – e há um *parti-pris* polêmico que não consegue libertar-se na forma de uma indignação moral, de uma agressividade não apenas verbal. Por isso, acredito que *Ekaterina Ivanovna* chega mais longe; e que é, em definitivo, a obra mais empenhada e equilibrada do escritor.

Sabemos (e a crítica da época já o sublinhava com força) que a intenção de Andreiév, embora enfrentasse deliberadamente uma situação social, era demonstrar a experiência de um impulso irracional – de uma segunda dialética, pureza obscura *versus* obscura auto-destruição – que, oculto no homem, destruiria sempre as superestruturas éticas e políticas. Estranhamente, o caso fundamental do drama (desabamento da consciência diante de uma acusação injusta) não se endereça para o problema da justiça como problema ético – mas sim, para a abertura de um abismo místico-sexual dentro da natureza da protagonista, capaz de derrubar todas as defesas e tornar falso exatamente o problema ético. Andreiév quer mostrar o choque através do qual Ekaterina Ivanovna subtrai-se ao domínio da história e recai na esfera da natureza. Quer mostrá-lo, o que é pior, como um *fatum*, como um heroísmo às avessas, tragicamente predestinado. E concentra toda essa matéria emocional, feita de sangue e de memória, com todas as suas cores noturnas e a sua desesperança, num personagem feminino que ele "sente" e acompanha com extraordinária simpatia. É o mesmo processo de Tennessee Williams – quase com a mesma grandeza de inspiração lírica (elegia do solitário, tumulto da psicologia incomunicável), e certamente com a mesma incapacidade de extrair, do ponto de vista de Ekaterina, o ponto de vista que mais convém ao autor, aos homens. Andreiév permanece costurado na pele de Ekaterina, romanticamente, tanto quanto Tennessee Williams vibra nos nervos e nas entranhas de Blanche Dubois, numa ambígua identificação carnal. Apenas, Tennessee Williams esconde a perspectiva universal que empresta, no fundo, ao seu caso; deixa-a para o espectador, em cuja cumplicidade imediata confia. Andreiév mostra o jogo, troveja apocalipticamente no absoluto.

O início da peça é esplêndido. As vozes da altercação entre Gheorghii e Ekaterina, os insultos, o tiro, a intervenção de Alexsiei e, logo, os argumentos que surgem e que nos introduzem, extremos teatralmente, *in medias res*, parecem-nos encaminhar, não para "o drama da natureza feminina" (conforme a defesa, ai! muito metafísica do bom Nemirovitch-Dantchenko), mas sim para o forte retrato de uma mulher "em situação". A fúria de Gheorghii, a preocupação dos familiares (todo um painel de intimidade burguesa), o problema dos filhos, introduzem Ekaterina ausente, ferida, como uma presença que explodirá e abrirá em torno de si todo o panorama de um mundo. Ei-la, no segundo ato, na propriedade de sua mãe, renegada pela injusta acusação de adultério, acompanhada pelos filhos. E aqui Mentikóv, o amante, introduz o grande tema russo da época: o da insuficiência vital dos líderes de classe. Ekaterina entrega-se a ele, depois, não antes da acusação, num gesto de loucura, e agora o vê "nulo", não pode suportar a sua retórica da pureza, o seu amor lamentoso. O diálogo, apesar de certo floreado insistente e que talvez sirva para emprestar a Mentikóv uma linguagem adequada (o *liberty* funcional das imagens de Íbsen e Strindberg: a coroa de folhas de parreira de Hedda Gabler, o carro triunfal de Henriette e Maurício em *Há Crimes e Crimes*), faz a personagem subir com força até sua verdadeira estatura. Quando Mentikóv chora, não apenas Ekaterina, mas todo o público experimenta um grotesco horror sem piedade. A perspectiva é justa. Mas, de repente, o insuportável *raisonneur* Koromislov vem lembrar que Andreiév não é Íbsen; vem nos anunciar que Ekaterina Ivanovna não será Hedda Gabler. Com efeito, Gheorghii volta, cedo demais, para o ritmo verdadeiro do drama; e sua chegada reconduz tudo à proporção de um pequeno drama familiar, sem portas abertas para a rua, para a condição do mundo. Mesmo assim, Ekaterina guarda a sua grandeza; num súbito pudor; no silencioso reagir e retirar-se, mesmo aceitando; e o ato fecha-se com um solene "achado" de encenador, bem ao gosto de Andreiév: com Ekaterina tocando piano, a noite descendo pelas vidraças, os homens fumando na sombra.

Com o terceiro ato, estamos em pleno ambiente "decadente": entre os transviados da época. As poses de Salomé valem o *bluejeans* de James Dean. Aqui, reina Koromislov com seu comportamento imoral, inutilmente corrigido por um pávido moralismo. Verdadeiro canastrão, quer como destruidor, quer como diretor de consciência. Ekaterina vive já do seu histerismo, do seu abandono às forças da natureza, ou quais são (mas isso Andreiév diz apenas) violentos recalques sociais. Porém, o movimento da queda ficou no intervalo depois do segundo ato: o processo psíquico real de Ekaterina não nos foi mostrado. Sabíamos que ela chegaria a esse desvario, a esta violência; mas pensávamos, também, que a peça fosse a história do seu precipitar-se. Para Andreiév, o movimento essencial "deve" ser escamoteado. Porque é um simples apelo da força obscura da terra; um golpe só; e o que lhe interessa é mostrar a dança macabra, a *Totentanz* que dali se desencadeia. Agora, o público está interessado apenas nos detalhes mórbidos do ambiente; ou na facilidade cênica do suspense. Ekaterina cometerá o suicídio?

O quarto ato é a grande festa decadente em casa de Koromislov. O ritual de Salomé. Não podemos rir, não devemos rir – nós, que escutamos sem pestanejar as canções de Juliette Greco, que somos capazes de levar a sério *The Entertainer*. A embriaguez de Ekaterina oferece a Andreiév um modo fácil de fazer circular a sua silhueta sinistra por entre os convidados. Mas, aos poucos, o drama volta a concentrar-se em torno dela: quando começa a proclamar a sua honestidade fundamental, com atroz insistência de bêbada, há um movimento de piedade, um sobressalto da personagem em nós, como nos mais belos momentos de Alma Winemiller ou Blanche Dubois. Mas já é tarde. O problema moral já se determinou como problema metafísico: anjo caído, canto da pureza maculada. Não há mais tempo para voltar às suas raízes. E o suicídio de Ekaterina vem rápido: por força de sua lógica interior, foi deixada apressadamente às desumanas razões do abismo. Tudo é incompreensível. Talvez Andreiév assim o quisesse. Não é de estranhar que, mesmo desta vez, quando esteve tão perto de uma matéria ardente, preferisse a retórica do absurdo, e continuasse a emprestar-lhe o abstrato nome de "vida".

O DIBUK, UM CLÁSSICO NA POESIA DRAMÁTICA[17]

O interesse que o público mais culto está manifestando, no Brasil, pelos problemas da arte dramática ainda não encontrou correspondência por parte dos editores. Publicam-se poucos livros de teatro e sobre teatro. Merece, portanto, nosso elogio a iniciativa da nova editora paulista Perspectiva, que resolveu iniciar suas atividades lançando no mercado a primeira tradução brasileira de uma das obras mais originais e empolgantes da literatura dramática universal: *O Dibuk* de Scholem An-Ski, escrito originariamente em hebraico e já traduzido para quase todas as línguas modernas. Embora escrito nos primeiros anos do nosso século, é uma obra fora do tempo, que não pode ser classificada em nenhum capítulo especial da história do teatro. Pertence menos ao teatro ou à literatura do que ao povo israelita, às suas tradições, à sua concepção da vida e ao seu imenso manancial de sabedoria e folclore. Por isso mesmo – por não procurar propositadamente efeitos cênicos ou verbais –, *O Dibuk* chega a ser naturalmente, por assim dizer, grande poesia e grande teatro. Isso quer dizer que há no drama de An-Ski uma força dramática, uma elevação poética e, antes de mais nada, uma universalidade moral capazes de comover qualquer homem, fora de todos os limites de nacionalidade, de religião ou de cultura especializada. Do ponto de vista da estrutura teatral, o drama de An-Ski faz parte da grande família dos primitivos, a maior, a mais ilustre entre todas as famílias da literatura dramática. A técnica de An-Ski (ou melhor, a sua falta de técnica substituída pela unidade de inspiração, criando ela mesma as suas formas singelas) é a dos trágicos gregos, das laudas medievais, dos Nôs japoneses. É a técnica de toda a obra de arte surgida na obscura, mas sempre certa, autoconsciência do povo; de todas as obras em que a moral coletiva e o lirismo ancestral desabafam e se cristalizam, quase que por um estouro, fisicamente inevitável, de suas aspirações interiores já amadurecidas, a tal ponto que não lhes seria mais possível permanecer nas trevas.

17. *Última Hora*, São Paulo, 23.9.1951. Republicado em parte como prefácio da peça de An-Ski, *O Dibuk*, trad. Jacó Guinsburg, São Paulo, Perspectiva, 1952 (3ª ed., col. Textos, Perspectiva, 1988).

Essas formas de teatro alcançam uma grandiosa simplicidade, tão clara, tão justa que, ao lado delas, qualquer outra forma até então considerada "popular" revela o seu fundo literário, as suas superestruturas históricas e culturais. Mas An-Ski não imitou, e provavelmente nem conheceu, os primitivos do teatro. Não fez, como D'Annunzio, uma transfiguração lírico-individual do mundo folclórico; nem, como Garcia Lorca, sobrepôs a força da linguagem e dos símbolos à multidão dos sentimentos telúricos e coletivos; nem, como O' Neill, transplantou para a psicologia moderna os grandes dramas éticos e religiosos da tragédia grega. Nada disso ele fez. Nem poderia ter feito, porque não era um escritor, porque não tinha dentro de si nenhuma habilidade, astúcia ou ambição literária; porque era, apenas, uma voz. Voz absoluta e total, direta e imediata, cujos gritos, murmúrios e melodias percorrem o palco durante duas horas como uma mensagem da nossa própria consciência. Durante duas horas, o espetáculo rebaixado pelo mundo burguês até o nível das distrações, volta ao tamanho enorme do mistério e do ritual, volta à sua missão de celebração coletiva. Seria incompleta a cultura que ignorasse esse milagre, esse "pássaro de fogo" da poesia dramática, que traz nas asas o absoluto. Por isso, estou certo de que a presente edição de *O Dibuk* é um grande serviço prestado à cultura do Brasil.

A tradução portuguesa de Jacó Güinsburg chega a ser perfeita, na sua simplicidade e na sua adesão minuciosa ao texto. O mesmo Jacó completou o volume com dados biobibliográficos que dão ao leitor uma idéia absolutamente completa da personagem de An-Ski, do seu mundo cultural e moral, do *back-ground* histórico e étnico que tornou possível o nascimento de *O Dibuk*: não uma grande peça, mas sim uma obra-prima, ao mesmo tempo clássica e primitiva, do século XX.

OS MESTRES DO DILÚVIO[18]

Os antigos pintores alemães não eram conhecidos pelo nome, mas sim pelo episódio bíblico em que cada um se especializara, repetindo e variando o tema infinitas vezes. Há o mestre da Anunciação e o mestre da Natividade; o da Crucificação e o do Juízo Final. Na literatura moderna, caberia aos surrealistas, incontestavelmente, o título, um tanto sinistro, de mestres do Dilúvio.

A crise do mundo moderno não é um juízo final; é um dilúvio. Não é um fim; é um cataclisma, depois do qual as terras reaparecerão mais verdes aos homens saídos da Arca. Não é uma morte; é um parto terrível. Nesse dilúvio, há aqueles que antecipam as cores e as estrutu-

18. *Folha da Noite*, São Paulo, 23.10.1952. Republicado em *A Expressão Dramática*, p. 152, com o título "Mr. Bob'le".

ras do mundo futuro; há aqueles que defendem tenazmente os valores típicos do mundo passado; e há aqueles que, mergulhados até os olhos nas águas do dilúvio, aceitam apenas esse estado de fúria, de tempestade, de veemência irracional, como se nele residissem e se manifestassem os únicos segredos válidos e eternos da condição humana. Toda a literatura hermética e abstrata dos nossos dias paga com a impopularidade o crime de tomar por absoluto aquilo que é apenas histórico; o engano fatal de quem acha que o fracasso de um certo tipo de raciocínio seja, automaticamente, o malogro da própria razão. Mas a literatura hermética vive de um contraste perpétuo e dramático entre elementos racionais e irracionais; entre sentimento e abstração; entre história e transcendência. Nessa dramaticidade encontra muitas vezes o seu valor. Além do mais, não renuncia a ser uma literatura e dedica uma atenção exasperada aos problemas formais da expressão.

Os surrealistas, não. A arte, para eles, é uma convenção da razão e da sociedade, tão falsa e inútil como as outras; o problema da expressão não existe, sendo substituído pela pura manifestação psíquica; todas as idéias e sentimentos pertencem a uma superestrutura, a um mundo convencional e imaginário – o mesmo que nós, coitados, chamamos de mundo real. O mundo verdadeiro, a realidade concreta, começa do outro lado: no sonho, na magia, no delírio, na loucura, no sexo, no sangue. Contra a arte, contra seus valores tradicionais de conteúdo e de forma, ergue-se agora o texto automático, ditado perenemente pela subconsciência do homem, fora de qualquer regra, de qualquer ligação, de qualquer sentido lógico ou afetivo.

O surrealismo é a última e heróica ilusão do romantismo europeu. É o mais intransigente, o mais corajoso dentre todos os movimentos do século. Por isso mesmo, é também o último: é uma coluna de Hércules, um *nec plus ultra*, um *hic sunt leones*. Depois do surrealismo, não nos restam senão duas saídas: ou continuar indefinidamente na pesquisa do irracional, ou recomeçar, pacientemente, a acreditar nos valores da realidade externa. Nascido de uma intuição mais científica do que estética (o próprio André Breton é médico psiquiatra), o surrealismo pretendia, originariamente, limitar-se a uma espécie de documentário do abismo. A pretensão tinha algo de ingênuo e de contraditório. Com efeito, esse documentário nos será fornecido, sempre, de maneira a mais direta e menos suspeita, pelas manifestações semi-estéticas das crianças, dos selvagens e dos loucos. Homens civilizados, dotados de pendores artísticos, acabarão sempre por trair a sinceridade absoluta do texto automático na procura de efeitos formais e na lucidez com que arrumarão, sobre a página ou na tela, os dados fornecidos pelo irracional. A exigência de expressão e de forma, a arte, enfim, é insuprível. Assim, os melhores resultados do surrealismo residem nas obras que se aproximam, por uma série de "coincidências" psicológicas ou técnicas, da idéia comum de poesia: *Nadja*, de Breton, *L'Amour la poésie*, de Éluard, *L'Homme approximatif*, de Tzara, poucas coisas do primeiro Aragon e do primeiro Soupault.

E o teatro surrealista? Para dizer a verdade, as duas palavras repelem-se, violentamente. Teatro é um ato público; manifestação psíquica é um gesto íntimo, não social. Teatro é estrutura, sucessão de fatos; manifestação psíquica é desordem, é caos. Teatro é apresentação de personagens bem diferenciadas; manifestação psíquica é negação de personalidade, é um mergulho sem fim nas trevas dos pesadelos coletivos. Com efeito, as contribuições do surrealismo ao teatro ficam reduzidas a escritos teóricos (entre os quais, um livro admirável, *Le théâtre et son double*, de Antonin Artaud), ou a brincadeiras fantasistas, ainda na esfera do dadaísmo: é o caso das peças de Tzara (mas não da *Fuga*, que é um puro poema) e de Ribemont-Dessaignes, muito ligadas à tradição Jarry-Apollinaire, viva e presente também no teatro de Ivan Goll. As obras sucessivas do teatro surrealista já não pertencem ao movimento: as peças de Vitrac, de Audiberti, de Gracq, de Neveux são, antes de mais nada, peças de teatro, mesmo revelando uma concepção de mundo e da linguagem substancialmente surrealista. Obras impuras para o rigorismo de Breton. Entretanto, o papa do surrealismo aprovou e aplaudiu incondicionalmente *Mr. Bob'le*, de Schéhadé. É um sinal de velhice, de cansaço. Breton sente que a hora do surrealismo já passou; e então se torna indulgente com os poucos fiéis, ou com os simpatizantes, como o genial Schéhadé...

ESPERANDO GODOT[19]

Maurice Nadeau tem toda razão quando afirma que, lendo as obras de Samuel Beckett, o conhecedor das letras modernas tem vontade de colocar, como epígrafe de qualquer livro, de qualquer página desse singular escritor franco-irlandês, a frase categórica e niilista de Lautréamont: "C'est un homme ou une pierre ou un arbre qui va commencer le quatrième chant". Com efeito, o reino de Beckett é o domínio do indiferenciado, o nada caótico e fluido, a ausência total de valores, onde os esquemas de nosso mundo comum são reduzidos a nomes, quase ecos desfigurados por uma memória impossível; *flatus vocis*, ausência. Beckett, que foi secretário de um grande destruidor como Joyce, desde logo deixou até de possuir a tumultuosa dramaticidade com a qual o autor de *Ulisses* conduzia a psicologia e a cultura milenárias do Ocidente à beira do Nada, reduzindo-as ao amálgama originário das línguas e dos mitos. Em Beckett, tudo é calma, imutabilidade, na mesma

19. *Folha da Noite*, São Paulo, 20.7. e 21.7.1955. Apresentação e crítica da peça *Esperando Godot*, de Beckett, pela EAD-SP, dir. Alfredo Mesquita, julho de 1955.

medida em que tudo é tensão. Estamos diante da tragédia de uma ruína intelectual, como se uma bomba H tivesse destruído o mundo inteiro, deixando estúpidos os sobreviventes, reduzidos praticamente a uma faculdade: falar. Mas não falar para expressar sentimentos ou estruturar pensamentos: falar, apenas. Falar porque a boca ainda possui uma carga de palavras que precisam ser cuspidas, escarradas para fora, incessantemente, sem que delas ninguém saiba o significado e sem que o próprio problema da existência ou da necessidade de algum significado exista.

Esta parábola é rigorosamente levada até o fim no decorrer da carreira de Beckett como romancista. *Murphy* poderia ainda autorizar uma interpretação com base no *humour*, mesmo do *humour noir*; em *Molloy* e *Malonemeurt* sobrevive uma vaga resistência de enredo, de personagem, de símbolo, uma pseudológica no sentido de Kafka. Porém, diante de um livro como *L'Innomable*, não há mais nada a fazer: percebe-se a fragilidade de todas aquelas referências; percebe-se que o caminho de Beckett era este, só este, único e típico – este que agora o leva conscientemente a um beco sem saída. Diante de *L'Innomable*, os dois melhores críticos de Beckett – Nadeau e Blanchot – denunciam a própria posição já nos títulos de suas crônicas: *La "dernière" tentative de Beckett*, diz Nadeau, e põe a palavra *dernière* entre aspas. Blanchot alinha uma série de interrogativos assustadores: "Ou maintenant? Qui maintenant? Quand maintenant?".

As conclusões dos dois críticos são claras: trata-se de um caso-limite. Depois disso, ou o silêncio (é a profecia lógica de Nadeau) ou a reabilitação da objetividade normal (escrevendo *Poésies*, como pretendia Lautréamont; indo para a África, dedicando-se ao comércio e ao contrabando, como Rimbaud). Mas esta segunda hipótese não agrada às mentalidades metafísicas e apocalípticas dos dois críticos: no fundo, preferiam para Beckett a outra saída, a mais "gloriosa": o manicômio de Nietzsche e de Van Gogh, de Höelderlin e de Campana. Será bom que Beckett, o homem Samuel Beckett, faça figas – está às voltas com dois refinados abutres. Mas Antonin Artaud, que também conheceu o manicômio, está aí para demonstrar que o louco de talento é, muitas vezes, um *suicidé de la société*; o que coloca, imediatamente, Beckett fora de perigo. Para Beckett, nenhuma sociedade existe, praticamente; não tem contra o que se revoltar, não tem por quem ser punido. Não pode ir para um manicômio, porque já está na indiferença entre a razão e o irracional; já está, se quiserem, num manicômio; ou, pior ainda, em um mundo – ou numa ausência de mundo – onde nem ao menos o tema da loucura teria sentido. É o nada, o vácuo, uma *bouche beante* de palavras gélidas e noturnas, torrenciais e matemáticas ao mesmo tempo. A história é cancelada: resta a natureza, o estado animal, dentro de sua paisagem mais antiga: o caos.

Este niilismo (mas a forma "ismo" é, desde logo, excessiva no caso de Beckett, porquanto indica uma tendência, uma intenção) desperta em homens como Nadeau e Blanchot ecos profundos; acaricia o *background* metafísico – em Blanchot – ou anarquista – em Nadeau – de duas respectivas culturas. Blanchot não acredita na história, e tende a fazer da literatura o espelho, cada vez mais secreto, de uma condição humana absoluta e eterna. Nadeau finge acreditar no amanhã, um amanhã místico-libertário que mais se parece com o "ontem" das religiões baseadas no mito da Idade de Ouro, ou com o passe de mágica da tradição esotérica. Não é por nada que a literatura francesa de hoje apaixona-se pelo lado secreto do romantismo alemão, especialmente pelo idealismo mágico; não é por nada que se multiplicam, em Paris, os discípulos das doutrinas orientais tipo "zen" e os sequazes daquele charlatão encantador e genial que foi Gurdjeff. Artaud dedicou os últimos anos de sua vida a estudos sobre a simbologia dos *tarots*, as cartas mágicas dos alquimistas cujos primeiros desenhos remontam à tradição dos rosacruzes. Ora, o que deveremos fazer, nós, pobres racionalistas, historicistas e humanistas, diante desse Grande Oriente desencadeado sobre a nossa cultura vulgaríssima, burguesíssima, alérgica às metafísicas? Nossa humildade é grande. A nossa confusão é maior. Nossa obrigação, porém, embora grosseira e desprezível, existe. Trata-se da obrigação de mostrar até que ponto aquilo que nos é apresentado, como absoluto e eterno na realidade, é histórico, concreto e transitório.

***

O teatro de vanguarda da primeira geração futurista, dadaísta e surrealista, era um teatro alegre, irreverente, cheio de afirmações vitais. Compare-se um Apollinaire com um Beckett, um Ribemont-Dessaignes com um Adamov, um Marinetti com um Schéhadé, um Tzara com um Ionesco, um Ivan Goll com um Pichette. A vanguarda de hoje é tristonha, desanimada, azeda e (no máximo) cínica. Os versos inesquecíveis do prólogo de *Mamelles de Tirésias* (*As Mamas de Tirésias*) são um verdadeiro hino de amor à vida: "alegria volúpia virtude / para substituir esse pessimismo velho de muitos séculos... / ó público / sede a tocha ardente do fogo novo"[20]. Nessa mesma linha estão os melhores resultados de Maiakóvski, as obras mais livres de Ghelderode e, aqui no Brasil, o teatro de Oswald de Andrade.

Os vanguardistas de hoje guardam, daquela experiência, a componente libertária que, porém, já se tornou niilista e (o que é pior) vagamente mística. Os mitos da revolta, reduzidos pelo surrealismo à reivindicação do mundo subconsciente contra o mundo real (*l'existence est*

20. Cf. *As Mamas de Tirésias*, trad. de Maria José de Carvalho, São Paulo, Max Limonad, 1985.

alleurs) transformam-se, agora, em negação isolada e gélida, abstração e renúncia. Mas, como todos o sentimos, e Sartre agora vem repetir, "o homem não pode viver sem valores": eis que surgem da negação valores imaginários; a revolta tende a tornar-se invocação a um Deus desconhecido. A pintura concreta, a poesia letrista e neo-imagista, os últimos desenvolvimentos da música dodecafônica, têm esse sentido de "fim de linha" nas suas tentativas de reconhecer a unidade metafísica do Universo; unidade que se pretende dominar, budisticamente, com um ato de vontade individual, ou com um cálculo de formas, capaz de obedecer à pretensa ordem secreta da natureza, deixando para trás todas as contribuições da história.

É sempre o velho engano do romantismo decadente: tomar por universal e absoluto aquilo que é apenas sentimento de insegurança, constatação de mistérios, espanto e dor perante a injustiça. É o velho engano daqueles que pensam que o homem, no fundo, é imutável, e que os destinos se repetirão por lei natural e por maldição. É a tentação da eternidade, essa grande inimiga da vida e da autodeterminação dos homens. A derrota torna-se orgulho, ostenta a sua desprezível pobreza e a sua sinceríssima angústia como se fossem decisões heróicas, esquecendo-se de que são, apenas, conseqüências. Essa arte, que se apresenta como um ato de vontade e de elevação, é a mais passiva dentre todas as artes que o homem já conheceu: é um ato de obediência a um cego determinismo social, que já se tornou psicológico e que um verdadeiro ato de vontade poderia quebrar e subverter.

O teatro, porém, resiste a tais violências. O próprio Beckett não consegue fazer, no palco, coisa alguma que corresponda a *L'Innomable*, isto na verdade seria impensável. O teatro continua exigindo e obtendo, mesmo de Beckett, um mínimo de enredo e algumas sombras de personagens. E, mesmo que não os tivesse, a presença física do ator, a existência material de um público criariam tais realidades por si mesmas; iriam além da intenção do autor, emprestando ao *non-sense* um sentido. Será este um sentido subjetivo, ou seja, aquela inspiração que o autor realmente tinha e da qual ele mesmo não se dava conta; será um sentido objetivo, ou seja, a descoberta daquilo que realmente a peça acaba por dizer e que ensina, "à revelia" ou "às custas" do autor; mas, em todo caso, nada daquilo que se materializa em homens reais consegue ser precedido, algebricamente, pelo puro e simples sinal de "menos"; o ator é uma criatura histórica, portador de uma cultura, e os espectadores são um fragmento, a amostra de toda uma sociedade. Basta isso para que o espetáculo sirva, principalmente, para redescobrir, no autor também, o homem histórico, o seu subsolo de cultura, a sua existência dentro da coletividade de uma época. A sua palavra deixa de ser uma revelação universal, torna-se um documento, relativo e determinado. Porque somente o real, alcançando o valor estético, chega a se tornar, de certo modo, eterno; a operação contrária é impossível: o absoluto, passando pela filtração estética, torna-se real, e até mesmo um real corriqueiro, imediato.

O espectador comum assiste a *Godot* e continua perguntando à si mesmo: o que quer dizer tudo isso? Sabe que a pergunta não deveria ser feita, que o autor não quer que se faça perguntas; mas continua perguntando. O espectador comum quer saber se Godot é Deus, ou a Morte, ou a Liberdade; quer saber se Pozzo e Lucky são uma representação simbólica, onírica das relações entre patrões e escravos; quer saber se Estragon e Wladimir são realmente dois vagabundos que se tornaram loucos, aéreos, inconseqüentes, pela fome, pela solidão, por estarem desligados do resto da humanidade. O espectador comum tem razão. E acaba tirando suas conclusões. Se tiver tendência para o pessimismo e para a resignação, sairá da peça pensando que a vida é uma agitação inútil e dolorosa, sempre à espera de um Godot que não chega. Se tiver tendências contrárias, pensará que o homem só vale e existe, mesmo como indivíduo, enquanto estiver enquadrado em relações racionais com os outros, senão desaparece, volta ao estado animal, cancela-se do mundo dos valores e perde, com razão, a personalidade; então Godot passará a ser algo que não se espera, algo que devemos e podemos ser, nós mesmos. Em ambos os casos, em todos os casos, esta obra de arte "pura" não conseguirá, do espectador, uma contemplação estética desinteressada, porque os seus próprios enigmas, a sua falta de valores objetivos, criam interrogações, obrigam à procura de um "conteúdo". Apenas a arte que possui um conteúdo evidente, que repousa em valores claros, somente a arte "impura" reclama e obtém uma atenção limpidamente estética, porquanto impõe à atenção a forma em que aquele conteúdo está expresso; a forma, graças à qual ela é arte.

A interpretação dos alunos da EAD é esplêndida; poética, detalhada, humaníssima. A direção de Alfredo Mesquita é a melhor de toda a sua carreira. Os nomes dos quatro intérpretes merecem ser destacados, aqui, com todas as letras e sem distinção: Luís Eugênio Barcelos, Emanuele Corinaldi, Eduardo Waddington e Geraldo Mateus. O espetáculo vale como contribuição cultural e pelos problemas que levanta. Direi apenas que, pessoalmente, saindo de *Godot* tenho vontade de ir assistir a um velho melodrama. Não se admirem: saindo da Bienal, sempre vou dar umas voltas pelas lojas de quadros comerciais espalhadas pela cidade, e chego até a comover-me com certas pêras que parecem pêras, com certas nuvens que andam mesmo, brancas e solenes, através do honesto céu do mau gosto.

ASPECTOS DE BRECHT[21]

Quando Bertold Brecht estreou, poucos repararam no aspecto popular de sua dramaturgia. Já não falo de *Baal*, com suas pretensões formais e simbólicas, mas sim quando foi encenada *Tambores dentro da Noite*, no Kammerspiele de Munique, sob a direção de Otto Falkenberg, o expressionismo reinava em todos os teatros alemães não-acadêmicos. Brecht pareceu, apenas, oferecer uma nuança a mais para a tendência dominante. Na verdade, o cartão de visita do drama estava numa frase impressa no programa do espetáculo: "Chega de romantismo!" Era muito mais do que um ponto de vista literário. Sem dúvida, os enfeites de toda uma retórica, poética e dramática, sufocavam ainda o valor propriamente popular daquela versão de uma história típica do pós-guerra (o regresso de um veterano, seu desajustamento social e seu drama doméstico). Entretanto, a especial "declinação", coletiva e coral, dada por Brecht ao assunto, já ilustrava claramente os seus ideais.

A experiência seguinte – *Na Selva de Chicago*, como então foi chamada – continha elementos ideológicos definidos, embora a estrutura cênica, talvez por sugestão do ambiente apresentado, fosse complicada pela evidente procura de efeitos de origem cinematográfica. Brecht nasce realmente para o teatro, para o "seu" teatro, com *Um Homem é um Homem*, a aventura burlesca do incrível Galy Gay, que viaja pelo mundo tendo apenas saído de casa para comprar um peixe, e acaba, sem saber como, soldado do exército inglês em marcha para as fronteiras do Tibete. Aqui, Brecht adquire, de golpe, sua *allure* típica, de um didatismo satírico que contém uma estranha semente de lirismo, difícil de identificar e, todavia, presente. Mais ainda: aqui Brecht focaliza e determina o seu público. Com efeito, a peça conquistou amplamente a platéia do Teatro do Povo. Desde então, e por muito tempo, Brecht caminhou de mãos dadas com Piscator. A *Ópera de Três Vinténs* desencadeou uma batalha sobre as duas frentes de combate: contra o teatro literário do último expressionismo e contra a imoralidade e o mau gosto da opereta alemã.

A opereta era um fenômeno social, além de artístico, muito perigoso na ocasião; mais ou menos como hoje é a revista. É por mera e criminosa inconsciência que os críticos dramáticos abandonam esses gêneros nas mãos de seus substitutos. (Estou recitando o *mea culpa*, embora tardio). Nesse tipo de espetáculo, grandes massas formam um gosto capaz de se transformar a mentalidade em norma. Não é, portanto, lugar para férias nem muito menos para abdicações. Brecht enfrentou de uma vez o *bric-à-brac* dos príncipes fatais, das cortesãs *au*

21. *Estado de S. Paulo*, Suplemento Literário n. 163, p. 5, São Paulo, 24.12.1959.

grand coeur, dos jogadores de roleta e dos velhos milionários vencidos pelos milagres do amor. A *Dreigroschenoper* (*Ópera dos Três Vinténs*) entrou com força no território do teatro de diversão, fixando ao mesmo tempo os novos limites do espetáculo popular. Com os recursos da comédia musical, forçou o público a aceitar uma concepção de mundo rigorosa e positiva. A sugestão fantástica e social do *jazz*, no arranjo irônico e deliberadamente ingênuo de Kurt Weill, adquiria uma perspectiva estética singular. Esse golpe de morte não atingiria, hoje, o mesmo resultado; a transformação da ordem social, mesmo dentro da simples composição de um público de teatro, sofreu toda a espécie de evoluções (passagens de uma classe à outra, criação de subclasses) introduzidas pelos fenômenos do nazismo, da guerra e do após-guerra. Isso, porém, não diminui os méritos históricos do empreendimento de Brecht, Weill e Piscator – mesmo porque não se tratava de uma façanha isolada, mas sim de um começo. Todas as tentativas líricas e dramáticas sucessivas de Brecht visam deliberadamente um público vastíssimo, um público ligado ao mundo do trabalho.

Brecht soube emprestar aos grandes temas do teatro tradicional um sentido e um ritmo francamente populares. Quer em *Santa Joana dos Matadouros*, quer no belíssimo *Círculo de Giz Caucasiano* (no qual, da velha adaptação de Klabund do original chinês, só ficou mesmo a primeira metade do título), Brecht transpôs a ação livremente, emprestando-lhe uma forma e um rigor ético de viva atualidade, fazendo inclusive surgir, de uma dramaturgia de aparência tão científica, algumas das mais belas cenas de amor do teatro moderno, como é do destino das artes populares, desde sempre.

Os textos de Brecht apresentam, com lucidez deveras clássica, o esquema de algumas das situações dramáticas fundamentais. Só que elas nos são dadas numa elaboração épica, ou melhor, num "clima" de tipo épico. É o caso do episódio da Mãe Coragem forçada a renegar o filho, Schweizerkas, diante dos vivos e até diante dos mortos, visto que não o pode salvar, mas pode, ao menos, salvar-se a si própria. Ou ainda, na mesma peça, é o caso da cena em que a Mãe e Eilif se reconhecem, na tenda do Capitão.

A reserva e a secura do estilo épico decepcionam e irritam. Bem o vimos, no caso da recente apresentação do Berliner Ensemble em Moscou, quando a crítica soviética condenou esse teatro popular com argumentos pequeno-burgueses. Mas, como poderia ser de outra maneira? Todos sabem, por exemplo, que Brecht é autor de uma adaptação da *Mãe*, de Górki. Esse romance já teve duas reelaborações em forma de espetáculo: a do Teatro de Arte de Moscou e o famoso filme de Pudóvkin. O espetáculo dos discípulos de Stanislávski obedece às normas do naturalismo psicológico, disfarçado de "realismo socialista" para agradar a Zhdanóv (que Deus o perdoe). O filme de Pudóvkin, ao contrário, é todo estruturado – com alta consciência artística – em torno de uma espécie de expressionismo heróico. O processo de Brecht é totalmente diverso: ele despe a personagem e a história de todos os resíduos de heroísmo, criando uma forma sutil de emoção que nasce, "no fim", da convicção lógica e através da rede dos comportamentos.

A verdade é que Brecht procura a expressão adequada para um conteúdo que é *toto coelo* alheio à temática do teatro tradicional. Isto choca e ofende os nossos hábitos, porém obriga-nos a abrir os olhos sobre um estado de coisas que não é apenas artístico e que exige a nossa atenção, a nossa participação. Mesmo o famoso efeito de alheamento (*Verfremdung*) do ator, tão discutível, não é absoluto, é histórico: é uma tentativa de purgação, não do sentimento, mas dos sentimentos típicos do teatro. Afinal, é evidente que não se pode escrever *Os Dias da Comuna* no estilo de Tchékov, e muito menos *Mãe Coragem* no estilo de Schiller. A obra de Brecht é uma das mais violentas demonstrações da unidade fundamental de conteúdo e forma no fenômeno da expressão e, em particular, da expressão dramática.

UM HOMEM É UM HOMEM (1926)[22]

A dramaturgia "épica" de Brecht nasce, rigorosamente, com a alegoria *Um Homem é um Homem*, apresentada em Berlim em 1926. Galy Gay descende diretamente de Woyzeck, mas a sua genealogia passa através do bom soldado Schweik. Kaiser acrescentará a esta galeria o soldado Tanaka: histórias de soldados, histórias grotescas e trágicas. No soldado Woyzeck, o genial Büchner encontrava uma raiz de pureza, uma ingenuidade essencial, que o ajudavam a conduzi-lo, por intermédio da paixão, até o incompreensível absoluto da individualidade, e daqui, por um choque inevitável com a estrutura social, à autodestruição e à morte. No pobre diabo Galy Gay, igualmente puro e ainda mais simplório, Brecht descobre o possível soldado de um exército imperialista; aquilo que amanhã poderá ser chamado de herói. Aqui, o organismo social não é o outro lado de um contraste, é uma determinação que cancela o indivíduo. Contudo, um homem é um homem – não apenas porque se adapta, conforme diz a letra do texto, mas também porque possui aquela vitalidade pessoal, aquela natureza cuja fragilidade, cuja possibilidade de ser corrompida, torna-o ainda mais patético. Aqui está a tremenda ironia do título, e aqui mesmo está a nota humana de Brecht, o seu modo de insinuar que uma revolução defende, em definitivo, o indivíduo: quer salvá-lo de sua possibilidade de absorção na massa dos interesses comuns.

22. *Estado de S. Paulo*, Suplemento Literário n. 163, p. 5, São Paulo, 24.12.1959, com título "Sobre um Texto de Brecht"; e, na mesma data, *Correio do Povo*, Literária, Porto Alegre.

O que Brecht deve ter sofrido, no segredo mais vivo de si mesmo, durante o estalinismo (com toda a sua fidelidade, com o seu medo de comprometer uma história maior protestando contra a história menor), poderá ser evidente se observarmos esse seu texto antigo, que é tão marxista como os outros, mas é tão romântico quanto o pode ser um marxista alemão do tempo do expressionismo. Delicadeza humanitária de homem ferido pela guerra, enternecido com a sorte dos pobres fantoches populares metidos nas fardas anônimas, debaixo dos capacetes e, contudo, agarrados – absurdamente, irritantemente – a um núcleo de humanidade incancelável, graça e desgraça, palhaçada e destino. A contextura do teatro épico está presente, já nesta peça, e com uma secura de concepção, um desembaraço rápido de forma poucas vezes alcançados pelo Brecht mais maduro. Quando o pano se abre, e o meigo Galy Gay declara à esposa: "Minha querida mulher, hoje resolvi comprar um peixe, dentro de nossas possibilidades", sentimos que esse estivador veio ao mundo do teatro para nos devolver uma medida clássica. O engano romântico está desfeito: o tom é de Plauto, de Molière, de Goldoni. Os personagens comem e têm dinheiro no bolso. O que comem (ou deixam de comer) e a quantia que possuem (ou não possuem) são determinantes para os caracteres, para a posição moral, para o ato dramático. Acabou-se o tempo dos longos conflitos psicológicos, dos dramas espirituais em que víamos enredados personagens dos quais ignorávamos a identidade social. Personagens que, às vezes, nos faziam pensar: "Nada disso aconteceria se não tivessem tempo a perder, se tivessem que lutar pela vida". Impressão que estraga a leitura até mesmo de textos realistas e concretistas, como alguns de Íbsen.

Apesar disso, a nuança romântica (expressionista) persiste. Mas é tão autêntica, tão puramente "história", que nos faz pensar, não no acidente de uma formação individual ou de uma cultura nacional (Brecht, Alemanha), mas sim numa coordenada fundamental do próprio marxismo. Que, por ser historicismo, não deixa de ser história, e se submete à própria história e ao julgamento do método que ele mesmo aperfeiçoou.

O esquema social é traçado, com base nesse equilíbrio ditado pela sinceridade (Brecht é o escritor mais sincero do mundo, e seus defeitos nascem desse desamparo), com toda a exatidão. E é, permanece sendo, um esquema. Didaticamente, com relação à vida: o espectador deve ser educado; e, mais didaticamente, com relação ao teatro: a expressão dramática cria uma convenção, e o dever dos modernos não é o anticonvencional, mas a capacidade de criar uma convenção realmente nova.

A um ilustre ator brasileiro, que me perguntava o que havia de substancialmente novo no método brechtiano, tive que responder: "Nada. Ou uma coisa tão precisa que pode tão claramente ser divulgada, ensinada ou apreendida, como a gesticulação do cantor de ópera ou a declamação da Comédie Française. Mas cada um desses estilos pressupõe um mundo. O fato é dispor desse mundo: vê-lo limpidamente, ter ajudado a criá-lo". O ator ficou com Stanislávski: preferiu à sinceridade de uma visão do mundo (pouco "sugestiva", com base na nossa educação estética) o culto da sinceridade psicológica. E o mais divertido é que chamam a esta de "realismo"!

Um Homem é um Homem é o texto do crescimento intelectual de Brecht, a sua declaração de princípios. Tem a singeleza, a aspereza e o tom cínico, ingênuo, de seus poemas mais articulados no sentido do *humor*, que é uma modalidade intencional, tímida, do sentimento. A esse teatro de sentimento chega o homem de um mundo novo, à cultura de uma civilização unitária: o homem dos tempos de crise, e mesmo o revolucionário, é um humorista patético. Se não tivesse a idéia fixa, latino-americana, da "imagem" (o resíduo barroco, a marca da retórica), o meu maravilhoso amigo Oswald de Andrade teria encontrado em Brecht a última solução do seu mais radical problema literário. Mas, no Brasil, o romantismo veio antes da razão, tornou-se categoria avassaladora do senso estético. Por isso, hoje estamos encaminhados para um iluminismo *a posteriori*, cujas primeiras manifestações não podem deixar de ser paradoxais e fantásticas. O brasileiro sem iluminismo, Oswald não viu o alvorecer da síntese em Brecht: o terceiro estádio.

O coral dos soldados ingleses, em *Um Homem é um Homem*, conta a sua história diretamente, fora das espertezas da dramaturgia escolar. O terrível sargento Fairchild está à espera de um ator capaz das grossas caracterizações dos supermimos de Aristófanes e da *commedia dell'arte*. Todavia, o texto é preciso, econômico, visa uma justeza de comportamento cênico e, sobretudo, uma honestidade quase impossível no espectador burguês contemporâneo. O diálogo entre a viúva Begbick e Galy Gay, no terceiro quadro, devolve ao "grotesco" teatral o sentido de sexo, necessidade, negócio, da comédia pré-cristã. Não é humorismo refinado: é atitude do ator em estado puro, como num ideal teatro de revista. A imaginação popular, que Brecht tem sempre em vista, trabalhará sobre dados elementares, provocará o ator e será por este provocada, com base em valores essenciais. A presença de uma linguagem burocrática mal assimilada revela o conhecedor de um mundo formalista, como é o da baixa cultura alemã, e especialmente o do militarismo. Coisas quase incompreensíveis num continente onde os exércitos nasceram com a democracia e os colégios militares divulgaram filosofias avançadas durante todo o século XIX. Mas a nuança de cartório, de funcionalismo público, de edital, do diálogo de Brecht (imitação de uma aristocracia que deixou como herança aos advogados o patrimônio da linguagem), é o coração estilístico da peça. Os personagens são cerimoniosos não "porque" orientais, mas são orientais, sim, por determinação de um autor que precisava de um tom cerimonioso. E que a velha Begbick cante, no seu noturno de usurária e prostituta, um refrão extraído da metafísica de Heráclito, o Obscuro, é outro dado que indica o fundo cultural, universitário, alemão, de muitas preocupações formais do primeiro Brecht: "Embora muitas e muitas vezes olhes o rio – enquanto preguiçosamente escorre – nunca vês a mesma água"... Intelectualismo? Sem dúvida. Isso acontece em todo o expressionismo, ou paraexpressionismo; como não o deixava de ser o primeiro Brecht, mesmo em sua polêmica anti-romântica, que era a sua polêmica contra um fundo tenaz em si mesmo.

O Templo do Senhor Amarelo pode despertar, num ocidental, sinistras superstições. Brecht, porém, sabe que se trata de superstições de classe, e o sacerdote Wang está ali para nos admoestar acerca do conteúdo materialista de sua função, assim como nas peças infantis o autor moderno torna ridículos o Dragão e o Bruxo. Para que ninguém tenha medo. A condição de soldado num país colonial, com as suas características de aventura, arbítrio e exílio, serve para nos revelar a fragilidade da ordem moral: o que é forte é o tecido conectivo dos interesses, a última instância que escapa à lógica dos soldados. A estes, deixa-se um paraíso miserável, a ilusão sensual da liberdade: o vagão-cervejaria da viúva Begbick. A cantina torna-se um lugar de sangue, a pátria de um Sabbath miserável. A noite de Walpurgis de Brecht é, também, uma noite de Walpurgis *de quatre-sous*. Quando o soldado Jesse demonstra à velha alcoviteira que tudo é relativo (baseado na "ciência moderna"), o riso dilata as paredes da cantina, o mundo perde seu centro. O caso do elefante pode nascer: o absurdo pela lógica, o surreal pela matéria. Mas, apesar de tudo, Galy Gay insere no mundo atroz dos interesses uma presença, um grito miserável: "Minha mãe anotou no calendário o dia em que nasci, e quem gritava era eu mesmo; este feixe de carnes, unhas e cabelo, sou eu." Isto é que torna grave, acusatório, o tema final da peça: "Diz o senhor Bertold Brecht: um homem é um homem. Mas, isto, todos o podem afirmar. Todavia, o senhor Brecht demonstra, logo depois, que, de um homem, se pode fazer o que se quer."

Irredutível e tão delicado, o homem, substância e fluidez, insinua o seu espasmo dialético num cosmo sem razão. Brecht apaga, deste antiquíssimo espanto das filosofias, todas as cores metafísicas. O drama permanece no estado potencial. Ridículo e inerme, como Galy Gay, até na sua consistência estética. Esta comédia malograda inaugura, provavelmente, a nova história do teatro, assim como as revoluções malogradas ou contraditórias costumam iniciar os novos ciclos da sociedade humana.

4. Diagrama das Influências

A COMÉDIE FRANÇAISE

PEQUENA HISTÓRIA DA COMÉDIE FRANÇAISE[1]

Cada vez que no teatro mundial, e no próprio teatro francês, aparece um movimento renovador, um dos argumentos polêmicos é sempre o da velhice da Comédie Française, instituição em que parece resumir-se tudo quanto, no teatro, seja falsa tradição, exterioridade, papelão e ênfase. Isso não impede aos terríveis renovadores de sonhar com o título de *sociétaire*, quando franceses, ou com a oportunidade de dar alguns espetáculos naquela casa histórica, quando estrangeiros... A importância da Comédie Française permanece imutável, constituindo um grande exemplo daquele interesse inteligente dos governos pelos assuntos teatrais, que só um liberalismo barato tenta impedir em muitas nações modernas, quase sempre com o resultado de privar o povo de grandes espetáculos culturais, inatingíveis pela simples iniciativa particular naturalmente preocupada com seus problemas financeiros. Países profundamente democráticos, como os da Escandinávia, têm compreendido essa necessidade de um teatro de Estado sem intervenções políticas arbitrárias; e os resultados continuam esplêndidos.

A Comédie Française nasceu no fim do século XVII, quando Luís XIV decidiu despedir a última das grandes equipes cômicas italianas e

1. *Folha da Noite*, São Paulo, 27.2.1953 e 2.3.1953.

fundir, num único órgão, os Comédiens du Roi, especialistas de teatro, com o grupo de Molière, dominador incontrastado na esfera da comicidade. O próprio Molière não chegou a ver os resultados dessa fusão, que foram definitivos para o progresso da arte de representar e para a formação de um vasto público teatral. Os cômicos de Molière introduziram a força espontânea e veemente do teatro popular na austera mansão dos clássicos; os artistas do rei impuseram aos *farceurs* novos problemas de estilo. Simultaneamente, o público das duas companhias começou a freqüentar o mesmo teatro, cada um ampliando seus interesses literários e submetendo-se a um instintivo processo de democratização.

Para evitar os indesejáveis efeitos dessa aproximação entre aristocratas e burgueses, a Comédie Française, no primeiro século de existência, continuou sendo vítima de uma curiosa limitação de espaço e de verdade cênica: os nobres assistiam aos espetáculos sentados nas *banquettes*, colocadas no próprio palco, à direita e à esquerda dos atores. Esses aristocratas chegavam atrasados, tagarelavam o tempo todo, exibiam suas roupas luxuosas e suas mulheres imponentes, limitando cada vez mais a esfera de ação dos atores. Estes e o público, da mesma maneira aborrecidos com essa gente elegante e barulhenta. Durante a representação de uma das muitas *Semiramis*, devia aparecer, diante da rainha aterrorizada, a sombra de Ninus, o seu falecido esposo. Mas naquela noite, as *banquettes* tinham-se multiplicado de maneira inverossímil; foi preciso, no último momento, furar o papelão do cenário para que a tal sombra introduzisse a cabeça na abertura, falando naquela absurda posição, pois o palco não admitia mais de dois atores de pé ou um sentado. A 16 de dezembro de 1739, um mensageiro, que devia entregar à protagonista de *Childéric* uma carta, determinando uma completa mudança no rumo da história, não conseguiu atravessar os bancos dos nobres e chegar ao centro do palco. O público gritava: "Place au facteur!". O coitado do mensageiro teve que abrir a carta, ele mesmo, e berrar o conteúdo dela, debruçando-se sobre a última fila das aristocráticas cadeiras. Alguns nobres, aliás, incumbiram-se de ajudar a protagonista, repetindo para ela, em voz alta, as palavras do mensageiro, numa espécie de telegrafia rudimentar.

Esse mau hábito só foi eliminado na segunda metade do século XVIII, por obra de Voltaire, que desencadeou uma grande batalha polêmica em prol da verossimilhança teatral, ameaçando o teatro com a proibição de suas tragédias. Como ele fosse o autor do dia, o único que garantia grandes receitas, a direção da Comédie teve, afinal, a coragem de enxotar de seus bancos os privilegiados da corte e da nobreza.

A idade de Voltaire, de Marivaux e Beaumarchais seguia-se à de Corneille, Racine e Molière. Tudo – desde o conteúdo das obras até o desaparecimento das *banquettes* – contribuía para a criação de uma nova atmosfera, em que hoje reconhecemos o primeiro sinal da Revolução Francesa. Os grandes atores dessa época foram: Adrienne Lecouvreur e, especialmente, Mlle. Clairon, que (ao contrário de Lecouvreur, cuja carreira foi bem rápida, devido à sua morte misteriosas) exerceu uma verdadeira ditadura por quase quarenta anos sobre a Maison de Molière. A arte desses atores era uma arte "de dizer", ou melhor ainda, uma arte "de declamar", pois a arte "de representar" ficava reduzida a uns esquemas convencionais, cuja tradição permanece ainda hoje inalterada no teatro de ópera: gestos fixos, para exprimir de maneira abstrata os sentimentos fundamentais: cólera, espanto, loucura, dor etc. Também a *mise-en-scène* reduzia-se ao papel pintado, sem nenhuma preocupação arquitetônica e sem outra iluminação a não ser a dos candelabros, pendentes do alto, ou das pequenas velas da ribalta, cujo fogo constituía uma ameaça permanente para o teatro. É preciso dizer, porém, que os cenógrafos dos séculos XVII e XVIII sabiam pintar os seus cenários de maneira tão realista, com tais milagres de perspectiva, que ainda hoje, observando seus trabalhos nas estantes, ficamos espantados diante dos efeitos de altura, profundidade e complexidade que eles sabiam obter com os seus fabulosos pincéis. A escola italiana dos irmãos Bibbiena tinha influído enormemente sobre essa especialidade da Comédie Française; do ponto de vista das roupas, o teatro clássico francês, assim como a pintura italiana da Renascença, desconhecia aquelas preocupações de verdade histórica que nós herdamos do naturalismo; aliás, hoje em dia as nossas concepções teatrais são tão limitadas a esse respeito, que chega a causar-nos espanto o fato de Alec Guiness e a Old Vic terem representado *Hamlet* em roupas modernas. No teatro francês clássico, gregos e romanos apareciam nos trajes de Versailles e Fontainebleau, assim como nas pinturas murais de Veronese e de Tiepolo, as figuras da Bíblia e da mitologia acompanham a moda de Veneza.

***

Desde a ruidosa estréia do *Mariage de Figaro*, de Beaumarchais, até a aparição dos poetas românticos, assistimos a um eclipse da poesia dramática, ameaçando a própria vitalidade da Comédie, privada da grande matéria-prima do teatro: os textos contemporâneos. A Revolução Francesa não produziu nenhum teatrólogo notável; a época napoleônica reduziu o teatro a um instrumento de propaganda, sufocado pela censura, quase que antecipando os sistemas de Hitler. O único ponto valioso da atividade da Casa de Molière, nesses tempos, foi a presença de Talma, um dos maiores atores que o mundo já conheceu.

Quando o prefácio de *Cromwell* lançou à Europa o verbo romântico, a Comédie não estava preparada para receber os inovadores. O seu estilo teatral, embora modernizado na parte cenotécnica, permanecia declamatório e antiquado devido à insistência forçada do mesmo repertório. A Comédie custou a entrar na esfera dos novos gostos, mas, afinal, o romantismo venceu. Quem conseguiu impor de maneira definitiva os novos escritores – Hugo, Vigny, Musset, Dumas – foi um jovem poeta e crítico, o mesmo a quem Baudelaire dedicou os seus *Petits Poèmes en Prose*: Arsène Houssaye, que foi nomeado diretor da Comédie por Napoleão III quando este era ainda presidente da República. A nomeação de Houssaye foi combatida pelos atores, mas os princípios literários que ele defendia acabaram ganhando, pela força de um argumento que no teatro é decisivo: o aumento vertiginoso das receitas. Os diretores que sucederam a Houssaye – Perrin, Claretie, Hervieu – trouxeram à Comédie Française um novo repertório: o do realismo burguês, representado por Dumas Filho, Sardou, Augier e outros. O único movimento literário que nunca conseguiu entrar na Comédie foi o naturalismo de Zola e seus sequazes; estes ficaram exilados e rebeldes no teatrinho de Antoine. O próprio Becque, o maior teatrólogo do naturalismo, viu sua obra-prima – *La parisienne* – representada na Casa de Molière depois de 22 anos de expectativa!

No século XIX, a Comédie Française lançou uma série de atores inesquecíveis: Firmin, Bocage, Worms, os Coquelins, Mlle. George, Mme. Rachel e, afinal, Sarah Bernhardt, que eclipsou todas as glórias da época com a enorme popularidade e autoridade que alcançou. Ela abusou muitas vezes dessa autoridade, e naturalmente, houve momentos em que a direção se cansou de aturar a sua prepotência. Resultado: Sarah Bernhardt largava a Comédie. Depois de um ano ou dois ela voltava. As relações entre ela e o máximo teatro francês sempre se assemelharam às brigas de dois namorados. O gênio de Sarah Bernhardt revelou-se logo no começo de sua carreira. Quando ela entrou para a Comédie, travou-se verdadeira luta entre ela e Sophie Croizette. Na peça *Le Sphinx*, de Octave Feuillet, houve o célebre "caso do luar". O ensaio geral transcorreu na maior calma, até a metade do terceiro ato. Cenário: um jardim. Sentados num banco, Sophie Croizette e o ator Delaunay estavam-se beijando. Nesse momento, deveria aparecer Sarah Bernhardt, no papel da esposa enganada. Um luar azul iluminava a cena. Quando Sarah entrou, o luar envolveu também sua figura. Aí, surgiu da platéia a voz do diretor, Perrin:

– Quero só um efeito de luz. Apaguem o luar da senhorita Bernhardt.

A atriz insurgiu-se:

– O senhor não tem o direito de tirar o meu luar. A rubrica diz: "Berta avança, pálida, agitada, sob os raios do luar". Eu sou pálida, sou agitada, quero o meu luar.

– Impossível, retrucou Perrin, Mlle. Croizette nesta cena deve aparecer como a heroína da peça.

– Então, dê um grande luar para ela e um pequeno para mim. Não faço questão do tamanho, mas quero o meu luar.

A questão tornou-se complicadíssima, mas afinal o diretor, aconselhado pelo próprio autor, teve que se render.

Depois da época de Sarah Bernhardt, a Comédie Française entrou numa nova crise de repertório, à qual tentou escapar com o mesmo recurso de que já lançara mão no começo do século passado: a volta aos clássicos. O resultado também foi o mesmo: desinteresse do público e fossilização do estilo teatral, apesar de grandes atores, entre os quais se destacava Cécile Sorel. Nem a direção de Henry Bernstein conseguiu solucionar a crise. O verdadeiro salvador da Comédie Française, neste século, foi Edouard Bourdet, que, logo após a sua nomeação, contratou os melhores diretores do teatro de vanguarda, desde Copeau até Dullin e Jouvet. Eles não ficaram muito tempo na Casa de Molière, porém ampliaram os horizontes do repertório e da cenotécnica, conseguindo também treinar uma geração de atores. Afinal, quem disse a palavra definitiva sobre a Comédie foi Anatole France, quando afirmou: "A Comédie Française faz questão de introduzir as inovações só quando estas deixam de ser motivo de discussão". Nisso ela se parece com a igreja católica, que é monarquista quando todo mundo já é republicano, e liberal, quando todo mundo já é socialista. Aliás, este é o procedimento de todas as instituições eternas. A Comédie Française já descobriu o segredo da eternidade.

JOUVET, BARSACQ, BATY E SEUS AUTORES[2]

Toda a atividade teatral francesa do período de 1920-1940 desenvolveu-se principalmente à sombra de Copeau, que é a grande árvore central da nova civilização cênica. Isso não impede o reconhecimento dos valores alcançados por Baty, Dullin, Autant-Lara ou pelos Pitöeff – esses quatro grupos que constituem todo o movimento independente do *entre-deux-guerres*; mas é incontestável que mesmo esse adjetivo "independente", significa "independente de Copeau". Foi ele quem, levando a efeito a segunda revolução teatral (a primeira fora a de Antoine), herdou a grande missão de oferecer aos autores novos uma oportunidade contínua e séria de realização cênica, inaugurando um clima de fecunda colaboração entre o responsável pelo texto e do espetáculo. Os exemplos mais interessantes foram a dupla responsável pelo Giraudoux-Jouvet e, mais tarde, o trabalho unânime de Anouilh com Barsacq.

2. *O Jornal Diário*, Rio de Janeiro, s/d (entre 1954 e 1956).

Ainda em 1946, Jouvet inaugurou a sua temporada no Athenée com uma peça póstuma de Giraudoux, *La folle de Chaillot*. Depois da longa ausência do escritor do palco francês, e depois da inevitável revisão crítica determinada pela guerra, foi ainda mais fácil compreender a imensidade da dívida contraída pelo autor de *Siegfried* para com Jouvet. O sucesso de *La folle de Chaillot*, obra de grande finura literária, porém despida de qualquer força teatral, foi especialmente um sucesso de espetáculo, de direção. A colaboração de Jouvet com Giraudoux começou em 1928 com *Siegfried*, no Thêatre des Champs Elysées. Há muitos anos, Jouvet estava procurando um autor que correspondesse aos seus ideais e que constituísse o fulcro, quase o símbolo, da atividade do seu teatro. Com *Siegfried* cessa, no Champs Elysées, a curta ditadura de Jules Romains devido à afirmação do novo teatrólogo, que tinha a grande vantagem de conjugar a atualidade dos problemas a sua extraordinária qualidade estilística. Ademais, o jeito de Romains enfrentar os problemas sociais, ainda quando utópicos e abstratos, era sempre violento demais para o público grã-fino de Jouvet. Giraudoux desenvolvia com elegância as suas alegorias e fábulas sobre as relações franco-alemães, sobre o problema da guerra e outras coisas terríveis, mas encobertas pela riqueza da palavra e dos achados cenográficos. Com *Amphytrion 38*, *Electre*, *La guerre de Troie n'aura pas lieu*, *Ondine*, a atividade da equipe Giraudoux-Jouvet conheceu uma série de grandes êxitos, calculados muito friamente com antecedência: Giraudoux escrevia pensando nos seus personagens conforme o número e as características dos atores que compunham a companhia; Jouvet aprofundava ainda mais, na realização técnica, o sentido de leveza e intelectualidade das peças, em função de um público bem determinado. A fórmula foi agudamente sintetizada por um crítico, que disse que aquilo que se faz nos Champs Elysées é *marivauder sur l'abîme*. Jouvet foi o representante típico duma concepção do teatro em que a formação de um público fica sendo exclusivamente um refinamento do gosto, sem nenhuma tentativa de educação ética, no que – por estranha que possa aparecer a afirmativa – devemos reconhecer uma situação de inferioridade estética, sendo todos os valores estilísticos uma possível projeção moral, que só não aparece nos valores da mera inteligência ou da mera decoração. A inteligência de Jouvet e de Giraudoux, cartesianamente lúcida e límpida, foi ao mesmo tempo uma limitação, artística e histórica.

O fato, porém, de se poder expressar, positiva ou negativamente, uma opinião que, em qualquer caso, atinge ao mesmo tempo autor, diretor, atores e público, demonstra que uma unidade teatral existiu ali, convertendo-se o "mito" da direção numa realidade tangível.

Quando Giraudoux decidiu entregar-se ao teatro, já era um escritor célebre, com um passado de mais de vinte anos de trabalho como romancista, ensaísta e crítico. O caso do jovem Anouilh foi completamente diverso: começou escrevendo obras de teatro e nunca mais soube exprimir-se em outra forma que não fosse o diálogo. A sua primeira peça contém umas passagens de violência exterior quase bernsteiniana; mas revela imediatamente o homem de teatro. A peça intitulava-se *L'Hermine*, e na sua intemperança um pouco grosseira antecipava alguns motivos do futuro drama existencialista.

Pormenor interessante: Anouilh havia sido secretário de Jouvet, que não dera muita importância às ambições literárias do jovem. Só depois do êxito de *L'Hermine*, Jouvet aceitou uma peça de Anouilh, *Mandarine*, que foi um enorme fracasso, tendo ambos, autor e diretor, feito um esforço inútil para sair dos respectivos temperamentos. Também com a peça seguinte, *Il y avait un prisonnier*, Anouilh não conseguiu convencer o público. Desta vez, porém, havia entregado seu original a uma companhia ainda menos capaz de entendê-lo: a de Marie Bell. Depois, o autor pareceu ter encontrado seus intérpretes nos Pitöeff, que o consagraram definitivamente em *La sauvage* e em *Le voyageur sans bagage*. A primeira destas duas obras desenvolve um tema social com grande veemência polêmica, ainda que numa forma mais requintada do que a de *Hermine*. A outra peça revelou um estranho sentimentalismo moderno, sob o qual se escondia uma verdadeira angústia. Anouilh sentia os problemas da época em termos de psicologia individual, sem maior amplitude de visão, porém levava-os a sério e enveredava por um caminho de poesia.

O demônio da elegância, do bom gosto, da acrobacia técnica estava, porém, à espera de Anouilh, que possuía uma qualidade perigosa: aquela mesma teatralidade, instintiva e completa, que podia torná-lo capaz de escrever uma boa peça em qualquer gênero e com qualquer argumento. O encontro dele com Barsacq foi decisivo. André Barsacq, aluno de Dullin, deixou de trabalhar com o mestre para criar o seu próprio teatro, o Théatre des Quatre Saisons. O gosto de Barsacq, inclinado para a fantasmagoria que é o balé, influiu sobre Anouilh, afastando-o do clima das chamadas "peças negras" para valorizar, ao contrário, as "peças cor-de-rosa". Foi uma série de espetáculos maravilhosos em que a elegância fria e racional de Jouvet tornava-se aérea, lírica, musical. *Le bal des voleurs* (*O Baile dos Ladrões*), *Le rendez-vous de Senlis* e *Leocádia* deram a Barsacq oportunidades excepcionais para afirmar o seu estilo típico. Pode-se acusar o diretor de ter domesticado o antigo rebelde, mas, afinal, é provável que o fundo da poesia de Anouilh fosse mesmo aquele que, nestas peças, se revela: talvez ele seja desprovido de maior força, a não ser a força genérica e exterior da sua primeira experiência. Isso é evidente nas novas "peças negras" de Anouilh, representadas por Barsacq durante a ocupação alemã: *Antigone* e *Eurydice*. Também no clima da tragédia, Anouilh não consegue ser mais do que uma espécie de parnasiano do existencialismo, bem longe da agressividade de Camus e de Sartre.

O rebelde, que alcançará o ponto mais alto na *Sauvage*, morreu por completo no mesmo momento em que chegou à maturidade estilística. As últimas peças de Anouilh (*Romeo et Jeannette*, representada em 1947; *L'invitation au chateau*, publicada no mesmo ano, mas ainda à espera de encenação) pertencem decididamente ao gênero "cor-de-rosa", ao tom barsacquiano de evasão irrealista; ainda nesse caso, autor e diretor fundem-se numa única personalidade, simbolizando a atitude de "fuga" de uma inteira camada social.

Tais exemplos servem para relembrar a função de líder da vida cultural de uma sociedade (na sua expressão imediata, que é o espetáculo), que é típica do diretor de teatro e que só se realiza numa civilização teatral na qual o diretor não se reduz à figura mesquinha do ensaiador, às voltas cada dia com um conjunto diferente, mas que pode criar o seu próprio teatro, isto é, estabelecer um contato profundo e incessante entre os "seus" autores e o "seu" público.

Um exemplo mais antigo desta forma de colaboração foi o de Baty com Lenormand. Este último, autor medíocre, um Bernstein disfarçado de expressionista, declamador de filosofemas superficiais dentro de construções hábeis e bastante retóricas, encontrou no gosto coreográfico de Baty o intérprete ideal, que sabia deslumbrar o público com a seqüência pirotécnica das luzes, dos ruídos, dos efeitos de dança e de cenografia, dando ao espectador uma falsa impressão de novidade e de profundidade. Jouvet e Barsacq nunca se rebaixaram a essa função de prestidigitador, e sempre interpretaram as peças com espírito crítico, sem tentarem impingir ao público moedas falsas. Se não conseguiram sair das areias movediças do bom gosto, a culpa não foi deles, e sim de uma inteira sociedade humana.

LES TEMPS DIFFICILES[3]

O segundo espetáculo apresentado pelo elenco da Comédie Française foi, sem dúvida, um grande e merecido sucesso. Cumpre-nos dizer isso antes de qualquer outra coisa. Em outras palavras, queremos destacar a profunda diferença que existe entre aquele frio e arqueológico *Mariage de Fígaro*, e este *Les temps difficiles*, vivo, quente, dramático e positivamente magistral. A impressão que a platéia recebeu pode ser resumida em poucas palavras, que talvez tenham, à primeira vista, um ar de paradoxo: o atual elenco da Comédie Française é a melhor companhia especializada em teatro de *boulevard* dentre todas as que nos visitaram.

3. *Última Hora*, São Paulo, 1952. Crítica da peça *Les temps difficiles*, de Bourdet, dir. Pierre Dux, pela Comédie Française, no Teatro de Cultura Artística-SP, 1952. Na turnê de 1952, a Comédie Française apresentou também *Les Fiancés du Havre*, de Salacrou, *Le mariage de Figaro*, de Beaumarchais, *Le bourgeois gentilhomme*, de Molière e *La reine morte*, de Henry de Montherlant.

Desse paradoxo descende logicamente um outro, sobre o qual temos estado meditando durante anos, e que atualmente se nos figura como a pura verdade: o repertório clássico, hoje em dia, já se tornou um monopólio, certo e absoluto, dos teatros de vanguarda. O teatro tradicional baseado essencialmente nas qualidades da arte e do *métier* dos atores é insuficiente para a realização de uma obra de crítica e modernização dos textos imortais – obra positivamente revolucionária e que depende, basicamente, de uma idéia poética central, isto é, de um diretor. Molière e Racine estavam morrendo à míngua sobre as venerandas tábuas do palco da Comédie Française quando apareceram Copeau e Jouvet, Dullin e Baty, com sua excepcional capacidade de transfiguração cênica, tirando violentamente das vestes acadêmicas dos mestres a poeira escolar e recolocando-os dentro da vida, a partilhar de nossos problemas e de nossa sensibilidade contemporânea. Da mesma forma, o teatro italiano abandonara definitivamente os clássicos para se especializar no repertório burguês de drama e comédia, até que um dia se processou a revolução dos diretores. Bragaglia devolveu às comédias da Renascença o sal e o sangue da sátira, a malícia eterna do povo. Costa, Strehler e Visconti ressuscitaram Alfieri e Goldoni, em perspectivas moderníssimas.

Afinal, tudo isso é bem lógico. Sendo a direção teatral uma atividade essencialmente crítica, não será o manual de história da literatura de Gustave Lanson o texto mais indicado para nos dar uma idéia viva e atual dos clássicos; muito ao contrário, teremos de recorrer à crítica de Charles du Bois e de Thibaudet, de Jacques Rivière e de Albert Béguin.

Numa peça como *Les temps difficiles*, os atores da Comédie Française sentem-se perfeitamente à vontade, utilizando o seu fabuloso *métier* na reconstrução de tipos vivos e atuais, que têm a mentalidade, os problemas e os sentimentos da burguesia contemporânea. O espetáculo transforma-se, assim, num acontecimento socialmente definido, no qual o autor e as personagens, os atores e o público, participam da mesma cultura e da mesma história. A Comédie Française, expressão máxima da arte burguesa, não pode deixar de interpretar perfeitamente um dos mais inteligentes analistas do mundo burguês, diante de uma platéia da alta burguesia (certas palmas em cena aberta, durante o quarto ato de *Les temps difficiles*, mereceriam um estudo psicossociológico).

O lado positivo da terrível e patética história de *Les temps difficiles*, contada por Bourdet na linguagem realista que lhe é própria, reside justamente nesse valor de documento, de "escrita interna" de uma classe. De um lado, Bourdet identifica agudamente os males, os crimes, as taras de um mundo, de outro lado, não oferece senão uma solução sentimental, que, se bem olharmos, reside apenas na saudade de certos valores perdidos, de certa vitalidade passada, à qual seria possível voltar apelando para as *raisons du coeur*. Melhor diagnosticador do que cirurgião, por isso mesmo Bourdet é profundamente sincero. A mesma fé, ou aparência de fé, anima os seus atores e os seus espectadores. O espetáculo surge compacto de intensidade, dos sentimentos cotidianos, alcançando uma impressionante unidade moral. Os limites desse teatro são também evidentes: drama ou comédia, ele está sempre a ponto de cair no simples documentário, de um lado, ou na eloqüência polêmica e moralizadora, do lado oposto.

Em *Les temps difficiles*, o primeiro ato pertence integralmente à fase documentária: por isso mesmo, é um tanto frio, inutilmente minucioso, estático; ao passo que o quarto ato faz perigosas incursões na esfera do comício, pela própria necessidade de apresentar uma solução. (E é bem característico, até mesmo patético, esse destino do teatro burguês, de apresentar-nos sempre, franca e corajosamente, soluções falsas ou inexistentes). A substância da peça, o seu valor, reside – admiravelmente – no segundo e no terceiro ato, nos quais a *tranche de vie* transfigura-se em formidável exercício de arte teatral, esboçando personagens e ambiente de extraordinário realismo, fazendo surgir as situações da própria intensidade do choque psicológico. A cena entre os dois irmãos, Jerome e Marcel, no segundo ato, e a do noivado de Anne Marie com o débil mental Bob Laroche, no terceiro, são indiscutivelmente duas grandes páginas dramáticas.

Não temos elogios suficientes para o elenco que interpretou *Les temps difficiles*. Os adjetivos são pobres diante da capacidade escultural que cada ator demonstrou na criação de sua personagem. Bastará dizer que todos estiveram muito bem graças à direção muito firme de Pierre Dux e apesar dos horríveis cenários de papel pintado, cachorros de pano e outras curiosidades de museu, provavelmente adotadas a fim de nos lembrar que a Comédie Française já existia antes de Antoine...

LE MISANTHROPE[4]

O título essencial de grandeza dos autores de comédia é uma certa capacidade de "indignação" escondida sob a indulgência aparente. Esta, afinal, não passa de um recurso "técnico", porquanto a comédia, de todos os gêneros literários, é aquele que mais requer calma, ordem, desenvolvimento proporcional e sem pressa. A tragédia, como a música sinfônica ou coral, pode dar-se ao luxo de criar algumas imprevistas, geniais e quase displicentes confusões estilísticas; pode lançar mão até do mau gosto como recurso estético, acumulando cores sobre cores, até borrar toda a tela: uma luz crua e impiedosa virá, afinal, recolocar tudo no lugar certo.

4. *Folha da Noite*, São Paulo, 28.5.1954. Crítica da peça *Le misanthrope*, de Molière, dir. J.-L. Barrault, pela Comédie Française, no Teatro Municipal-SP, 1954.

Na comédia, que é música de câmara, a colocação dos elementos, a sua disposição ou deslocamento no tabuleiro da ação, é feita a cada instante, ou melhor, instante depois de instante, progressivamente, sabiamente. A comédia requer a inteligência não como qualidade subterrânea, mas sim como presença ativa. Mas, para que um texto nutrido de inteligência seja também obra de poesia, isto é, para que uma comédia alcance ou mesmo supere a esfera da tragédia, é preciso que por trás de algum véu, em mágica transparência, esteja escondido algum fantasma. E esse fantasma é a pouca estima que o comediógrafo tem do gênero humano, a sua capacidade de se indignar com a constante desobediência do homem aos seus melhores destinos. Quando a comédia equilibra tais elementos numa verdadeira tensão expressiva, fazendo da atmosfera uma "pessoa" e de cada pessoa uma atmosfera, desencadeando o clima propício para o julgamento moral que excede os limites diários, então temos *Le misanthrope* (*O Misântropo*), *La mandragola* (*A Mandrágora*), *O Inspetor Geral* ou *Le mariage de Fígaro* (*As Bodas de Fígaro*) – textos em que a perspectiva aberta sobre os segredos da consciência e a dialética dos valores (individuais e sociais) supera violentamente a profundidade de qualquer tragédia. Pois o segredo da tragédia não é a profundidade, é a força. E a grandeza de Shakespeare, a sua vantagem indiscutível sobre todos os demais teatrólogos foi ter introduzido (com milagrosa mistura de resultado estético) no corpo da tragédia esta veia sutil que é a própria comédia.

Molière não é Shakespeare, e esta verdade pode ser dita por qualquer Monsieur de La Palisse (mas um Monsieur que não seja francês; ou, ao menos, é o que desconfio). Não, Molière não é Shakespeare. Apesar disso, uma vez ao menos, ele alcançou essa dupla perspectiva, essa ambigüidade prodigiosa – e foi no *Misanthrope*. Este, porém, é formalmente um texto tratado "como se fosse" integralmente uma comédia (ao passo que Shakespeare inventa sempre seus instrumentos de expressão). E é o jogo enganoso dessa aparência aquilo que torna difícil a compreensão do público, a sua simpatia e entrega total, e mesmo a possibilidade, para os intérpretes, de escolher uma linha de trabalho absolutamente certa. Talvez, o melhor caminho seja o de uma adesão total à aparência de comédia (no sentido menos colorido da palavra) para que os demais conteúdos, as outras disposições de planos, venham à tona sozinhos, pela própria força de revelação do texto. Foi, se não nos enganamos, esta a solução de Barrault como diretor do espetáculo *Le misanthrope*. E foi solução de diretor consciente, hábil, prudente – dominado por uma absoluta capacidade de "ler". Acontece, porém, que a sua leitura vê melhor o espírito do que a letra, e tem certa impaciência para com o aspecto formal do fato literário. O espetáculo é, todo, certíssimo nas intenções, no diagrama das paixões e no ritmo; talvez o seja um pouco menos no estudo da palavra como pura palavra, como som, e propriamente na dicção do verso, em que os atores escolhem cada um o seu caminho, conforme a sua formação acadêmica ou moderna.

O resultado é que os intérpretes de mais refinada formação clássica levam uma vantagem impressionante sobre os outros: falamos especialmente de Madeleine Renaud e Pierre Bertin, que conseguem acompanhar o jogo astucioso e discreto das intenções modernizadoras (psicológico-realísticas) de Barrault sem destruir o esquema harmonioso do alexandrino, a clareza externa do texto, tão profundamente entranhada à sua interioridade. Madeleine Renaud, em cena como Arsinoé, e Pierre Bertin, na grande cena do soneto, receberam palmas em cenas abertas, dadas – por uma vez – com vivo senso crítico. Foram impressionantes. Entre os demais intérpretes, os elementos femininos destacam-se com força. A doçura e musicalidade de Simone Valère, a minuciosa capacidade de composição (um tanto rebuscada) de Natalie Nerval, obedecem à estrutura molieresca de maneira perfeita. Jean Desailly abusa de um desembaraço "moderno" que o prejudica estilisticamente. Jean François Calvé e, especialmente, Jean Pierre Granval estão francamente ruins em suas caricaturas, totalmente fora do espírito do espetáculo. Quanto a Jean-Louis Barrault, devemos dizer que seu trabalho de diretor (não genial, mas honesto: e quem, a esta altura, quer saber de genialidade?) supera por demais a sua atuação como ator. Barrault entendeu o texto e a personagem de maneira integral, finíssima: não o traduz, porém; não o expressa senão de maneira indicativa e esquemática. Poucos intérpretes de Alceste compreenderam a natureza heróica, de moralismo revolucionário, que é própria deste "radical", como o chamava o velho Sarcey, melhor do que Barrault. Na prática, porém realiza essa interpretação como o *metteur-en-scène* que vem traçando a linha de trabalho para outro intérprete. Acrescentaremos a isso (muito modestamente, admitindo toda a possibilidade de engano) que Barrault é, de todos os atores em cena, o que pior "diz" os versos de Molière.

A INTELIGÊNCIA NÃO BASTA[5]

Entre as conclusões que se podem tirar da temporada de Jean-Louis Barrault, algumas das quais são, sem dúvida, altamente elogiosas e otimistas, uma, ao menos, é bastante melancólica. Sinto que só me é possível dizê-la brutalmente, de um fôlego só, antes de ser vencido pelo temor da incompreensão ou pelas represálias dos fanáticos. A conclusão é esta: os quatro textos contemporâneos trazidos por Barrault, a fim de representar o teatro de sua terra no que tem de mais

5. *Folha da Noite*, São Paulo, 4.6.1954. Nesta segunda turnê de 1954, a Comédie Française apresentou em São Paulo, além do *Misanthrope*, também *Amphitrion*, de Molière, *Pour Lucréce*, de Giraudoux e *Christophe Colomb*, de Claudel, todos pela direção de J.-L. Barrault.

significativo, são espantosamente fracos. E, pior ainda: revelam a fraqueza orgânica de toda uma literatura teatral. A conjunção de valores da expressão pura com os valores da teatralidade fracassa, lamentavelmente, tanto em Gide como em Giraudoux, tanto em Anouilh como em Claudel, deixando os diretores, Barrault e Vilar, como os únicos donos do espetáculo, a fazerem prodígios de técnica e de invenção, que são, na maioria dos casos, prodígios de disfarce.

Somente o velho Molière "resiste" à violência dos encenadores, ou consegue impor-lhes respeito. Somente em *Le misanthrope* sentimos a inferioridade do espetáculo perante o texto, e somente em *Amphitryon* houve adequação absoluta entre os dois. Quanto aos outros autores, sente-se perfeitamente que o teatro de Barrault está fadado à mesma tragédia pela qual passou, durante sua existência, o seu mestre Jacques Copeau: a impossibilidade de criar algo realmente sólido e novo, visto não ter conseguido formar um repertório contemporâneo à altura das premissas teóricas e da qualidade técnica dos espetáculos. A esse perigo escaparam, tomando um rumo transversal, ontem Georges Pitöeff, hoje Jean Vilar, cujo repertório consiste essencialmente em textos clássicos ou estrangeiros. Não se pode invocar, como argumento em contrário, nem o encontro de Jouvet com Giraudoux e Romains, nem o de Barsacq com Anouilh, nem (muito menos) o de Baty com Lenormand. Com efeito, tratou-se apenas do encontro de um diretor, ou de um intérprete, com "uma" peça ou "uma" personagem. As obras sucessivas vieram por inércia, constituindo muitas vezes uma corrente pesada para o descobridor.

Quero insistir no assunto falando mais francamente. De todo o repertório trazido por Barrault e pela Comédie Française, nestes últimos anos, a São Paulo, a peça de maior valor foi um drama de *boulevard*, devido a um escritor que não encontra crédito nas rodas literárias: *Les temps difficiles*, de Bourdet. E o único autor, dentre aqueles que todos respeitam e que, realmente, resistem à prova do palco e dos anos, é ainda Salacrou, o qual, porém, infelizmente, foi-nos apresentado por meio de uma peça inferior. Salacrou é, entre todos os escritores incluídos nesses repertórios, o único que faz exclusivamente teatro, por uma vocação irresistível, e que domina ao mesmo tempo o público intelectual e qualquer outra platéia. É fácil objetar que Anouilh se encontra na mesma situação. Mas, igualmente fácil será demonstrar como, nesse autor, a mistura de poesia e teatro ou, mais humildemente, de inteligência e carpintaria, se processa constantemente com prejuízo de uma das duas partes. A síntese quase nunca é alcançada. No caso de Giraudoux, apesar da extrema finura e habilidade do autor, as peças não passam de complicados exercícios estilísticos ou de mórbidas brincadeiras. Quando enfrentam assuntos graves, então, a impressão que temos é a mesma já denunciada por um crítico: o que Giraudoux faz é apenas *marivauder sur l'abime*.

A verdade é que a maioria desses autores está de passagem pelo teatro: são hóspedes necessários, estimulantes, importantes, mas afinal de contas deslocados e capazes, inclusive, de se tornarem indesejáveis. Todos eles pertencem a uma literatura cujo pai continua sendo Mallarmé – um homem que, quando quis escrever um monólogo pensou dois anos, trabalhou quatro e acabou escrevendo um grande poema. Dados, tais autores, ao lirismo, à ficção, ao ensaio ou, mais ainda, a gêneros intermediários, impalpáveis tecidos mistos de poesia e espírito crítico, faltam-lhes o tom direto, o gosto do concreto, a evidência real e corporal, sem o que não há grandes teatrólogos, nem, provavelmente, grandes romancistas. As vocações realísticas (não naturalistas) mais absolutas do século – Proust e Martin du Gard – encontraram no romance o seu caminho, a tal ponto que não precisaram aproximar-se muito do teatro. Tal aproximação tem sido feita, às vezes, por homens de talento veemente e esporádico, vindos da ficção para o palco, como Marcel Aymé, ou do teatro barato para o teatro sério, como Stève Passeur. Fora desse contato áspero e imperioso com o mundo externo, sob o impulso de uma devastadora exigência moral, não resta ao teatro dos intelectuais outro caminho aberto senão o da poesia, no que ela tem de mais livre, na sua disposição permanente para a revolta. É o teatro cujo profeta – eternamente futuro – continua sendo o espectro alucinado de Artaud, a gritar, só e sem esperanças, do fundo de um asilo de loucos. É o teatro iniciado, quase por brincadeira, por Apollinaire e Jarry, continuado pelos surrealistas e, hoje, renovado sob formas diferentes por Schéhadé, Beckett e Ionesco.

Os meio-termos do teatro formalístico e intelectualístico, apesar de todos os seus encantos, não conduzem senão a novas e suspeitas academias. E não me perguntem, a esta altura, o que penso da última peça de Giraudoux, *Pour Lucréce*, que parece a continuação, ou pior, a conclusão lógica, de todo esse processo. À falta de uma verdadeira teatralidade, capaz de suplantar a velha (mas isto seria um dom natural, como em Tchékov e Pirandello), o refinadíssimo letrado volta pacatamente aos braços de papai Sardou. E os pobres atores da companhia de Barrault representam galhardamente no estilo de seus colegas mais velhos. Será honesto dizer que o fazem muito bem, especialmente Natalie Nerval e Jean Servais. O próprio Barrault e Madeleine Renaud lançam mão de recursos típicos do conservatório, a tal ponto que aquele procurador geral do último ato parece uma sutil paródia de atores do gênero de Victor Francen. Graças a Deus, a temporada encerrou-se com *Christophe Colomb* (*Cristóvão Colombo*), de Jean-Louis Barrault, sobre libreto de Claudel (mas poderia ter sido o de qualquer um). É sempre assim: na ausência de textos, aparece o "teatro teatral". E este também tem os seus gênios.

PICCOLO TEATRO DI MILANO

INTRODUÇÃO AO PICCOLO[6]

Todo o inverno de 1946, em Milão, foi ocupado por um grupo de jovens – grupo pequenino, mas agitado, frenético –, no planejamento e divulgação de uma "política teatral" baseada, em grande parte, na municipalização dos teatros. O grupinho era conhecido por todos como "o grupo dos quatro". Para a história, diremos que os quatro se chamavam: Paolo Grassi, Giorgio Strehler, Mario Landi e Ruggero Jacobbi. Havia certa atmosfera de ironia e de superior indulgência ao redor dos quatro. Havia, também, hostilidades. Quem não nos chamava de loucos, chamava-nos de sectários.

Tínhamos, porém, nossas tribunas. Paolo era crítico do *Avanti!*, Giorgio escreveu, durante muito tempo, para o *Milano-Sera*, e eu mantinha a minha coluna semanal em *Film d'Oggi*, a revista de Marotta, De Santis e Lizzani. (Hoje, todos esses homens estão na primeira linha do plano internacional; mas, naquela época...). Mais ainda: tínhamos o Diógene. Era este um clube de teatro que se reunia todos os domingos para leituras de peças e debates públicos sobre problemas teatrais. Todos aqueles que se interessavam pelo teatro, em Milão, vinham regularmente para o Diógene, nem que fosse para mostrar aos "quatro" que estavam redondamente enganados e que eram profundamente antipáticos.

Quando o plano da municipalização dos teatros, elaborado especialmente por Paolo, ficou pronto, a atividade do Diógene ampliou-se, estendeu-se a outras cidades, promoveu verdadeiros comícios, chegou a enxertar o nosso plano na plataforma eleitoral de vários partidos políticos... O diabo! Enquanto isso, todos nós vínhamos ganhando prestígio como diretores, especialmente Strehler, cujo talento excepcional (o maior da nossa geração) foi imediatamente confirmado pelo êxito de seus primeiros espetáculos profissionais: *Mourning becomes Electra* (*Electra e os Fantasmas*), com Diana Torrieri e Memo Benassi, *Caligola*, com Renzo Ricci etc. Outro ponto firme que conseguimos alcançar, foi o da fundação de uma pequena escola de teatro: o Studio di Arte Drammatica, no qual Strehler, Landi e eu lecionamos ininterruptamente durante quase um ano. Entre os alunos do Studio, havia alguns atores hoje consagrados: Parenti, por exemplo, grande "astro" da

6. *Folha da Noite*, São Paulo, 22.6.1954. Em julho-agosto de 1954, no Teatro Santana-SP, o Piccolo Teatro apresentou: *Arlecchino servitore di due padroni*, de Goldoni, *Il corvo*, de Gozzi, *La moglie ideale*, de Marco Praga, *Nostra Dea*, de Bontempelli, *Un caso clinico*, de Buzzati, *La giara*, de Pirandello, *Gioventú malata* (*Krankeit der Jugend*), de Bruckner, *Electra*, de Sófocles, e *Giulio Cesare*, de Shakespeare, todos dirigidos por Giorgio Strehler.

revista e do rádio, e Tedeschi, ator dramático considerado um dos mais fortes e singulares da atualidade.

Éramos muito moços, não tínhamos um tostão no bolso, mas possuíamos umas poucas idéias, bem claras e firmes. Tínhamos a sagrada teimosia, o desesperado idealismo da nossa idade e de um tempo em que era necessário a desforra dos grandes valores espirituais depois da longa treva da ditadura fascista. Afinal, toda essa agitação produziu um resultado. O socialista Greppi, eleito prefeito de Milão, resolveu pôr em prática o nosso plano, limitadamente (é claro) à sua cidade. Mais tarde, outras municipalidades fizeram o mesmo, de maneira menos esclarecida e estável. Neste sentido, pode-se dizer que a cidade de Milão deu um exemplo que permanece único.

Quando o Piccolo surgiu, eu já estava no Brasil. Landi trabalhou no teatrinho de Via Rovello uns poucos meses, passando depois para o cinema e a TV. Ficaram Grassi e Strehler – o primeiro, com a oportunidade de mostrar, finalmente, a sua imensa capacidade de organizador e produtor; o segundo, com um teatro à disposição para experimentar todos os gêneros, enfrentar livremente o melhor repertório universal.

O Piccolo, hoje em dia, é um fato dentro do teatro europeu e mundial. Já enfrentou as platéias mais exigentes (Paris, Londres, Estocolmo, Berlim) com resultados triunfais. E acredito que se possa, serenamente, afirmar que um dos grandes segredos do seu êxito resida, fundamentalmente, nisto: em ter sabido permanecer fiel à linha rigorosamente traçada pelos jovens pioneiros de 1946. Os loucos tinham razão.

O PICCOLO CHEGOU[7]

Difícil, dificílima é a história do teatro como espetáculo. Difícil de se contar, difícil de se fazer entender àqueles que não tomaram parte nela. O processo histórico da literatura dramática tem uma base sólida formada pelos textos, cuja simples leitura serve não apenas para despertar emoções estéticas, como também para evocar toda paisagem cultural, geográfica e sociológica que vive por trás da forma e que anima, por mil caminhos, a matéria tratada. O espetáculo, pelo contrário, vive e reside no efêmero, cujas ramificações e distinções serão sempre menos visíveis, exigindo do observador a sua participação naquele fenômeno indescritível que é a tradição. Tradição vista ou ouvida, ou mais freqüentemente, absorvida de maneira espontânea até se tornar quase um instinto. Por isso, é difícil traçar um rumo para o espectador, a fim de fazê-lo penetrar no espetáculo de estréia do Piccolo Teatro pela porta certa, sem dele esperar justamente aquilo que nele

7. *Folha da Noite*, São Paulo, 5.7.1954.

não existe. E esta dificuldade estende-se a dois aspectos substanciais do espetáculo, isto é, às relações entre o *Arlequim* de Strehler e a *commedia dell'arte*, e às ligações entre a atividade desse teatro que ora nos visita com a mais recente cronologia da encenação teatral, enquanto fenômeno moderno, na Itália.

Quanto ao primeiro ponto, ajuda-nos e consola-nos, ao menos, a esperança de que o nosso trabalho pessoal de divulgação, falado, escrito ou por meio de espetáculos, tenha servido de pálida, porém honesta introdução ao mundo das máscaras e à noção daquela que foi a passagem gradual, por obra de Goldoni (ou, mais exatamente, "em" Goldoni), do teatro de improvisação, popular ou culto, para o texto escrito e a fundação do realismo burguês. Quanto àquilo que se refere à posição do Piccolo Teatro, deveremos dizer que este representa, de certo modo, a coroação dos esforços de toda uma geração de diretores, geração ainda jovem e em pleno desenvolvimento à qual pertencem também os italianos que, especialmente em São Paulo, sustentam a pouco modesta esperança de ter feito alguma coisa para o teatro brasileiro. Derrubado o ídolo do grande ator, feita a revisão crítica do repertório, estabelecido um padrão de gosto nos aspectos externos do espetáculo, criada finalmente a disciplina das equipes, esta geração parecia ter encontrado um ponto satisfatório, um resultado. Uma revolução estava feita. Mas, como sempre, resultado é morte. E os autores da revolução eram, e são, bastante moços para não cair, sem resistências, em uma nova academia.

Começa, assim, aquele trabalho dialético, aquela luta travada dentro de cada diretor entre a liberdade imaginativa do espetáculo e o respeito filológico ao texto, entre a criação de um estilo individual e a exigência de se amoldar ao estilo, histórica e literariamente estabelecido pela palavra. Cada um resolveu à sua moda, Visconti ou Giannini, Costa ou Squarzina. Outros ainda lutam e oscilam. No meio desta perigosa aventura do espírito, está a personalidade fortíssima de Strehler, que teve a sorte de encontrar uma sede permanente e uma continuidade exemplar de condições para o seu trabalho, graças também à capacidade única de Paolo Grassi em livrá-lo de qualquer preocupação que não fosse a artística. Sorte, sim, mas também tremenda responsabilidade. Esta oportunidade poderia ter sido desperdiçada, por muitos outros, ou torcida num sentido particularista. Strehler permaneceu fiel ao seu destino de experimentador, sem perder de vista o caráter profissional do seu empreendimento.

Talvez consigamos dizer apenas isso ao espectador paulista. O Piccolo Teatro, entre todos os conjuntos de fama internacional que nos visitaram, é aquele que mais se assemelha, no espírito e na técnica, a um teatro experimental permanente, em que não foi cortado, de maneira absurda e soberba, o cordão umbilical que liga qualquer grande teatro à atividade dos amadores. Não é a Comédie Française: e nisso não está a sua fraqueza, mas sim sua força. Quanto ao *Arlequim*, bem-vindo seja, entre nós, esse ressurgimento de uma forma imortal de expressão cênica, consagrada através dos séculos pela marca de uma inspiração unicamente italiana. Marcello Moretti já era o próprio Arlequim em 1941, quando interpretou a peça como exame público da Accademia d'Arte Drammatica, sob a direção de Alberto D'Aversa. Hoje, com mais de quarenta anos, ele está, no dizer de todos, mais ágil e brilhante do que nunca. Seu destino está ligado ao da personagem, segundo uma fórmula cujo segredo ainda não se perdeu, em Veneza ou em Nápoles, em Milão ou em Roma, porque remonta às nascentes eternas do teatro.

ARLEQUIM, SERVIDOR DE DOIS AMOS[8]

Não me cabe, aqui e agora, traçar mais uma vez a linha divisória entre a *commedia dell'arte* e o teatro goldoniano – linha difícil e às vezes inextricável, porquanto enrolou-se e desenrolou-se mil vezes dentro do próprio Goldoni. Já fiz o possível para esclarecer o público brasileiro sobre esse ponto, e não sei se fui bem compreendido. Em todo caso, acho que ensaios, conferências e espetáculos, em língua portuguesa, nada valem perante uma verdadeira interpretação moderna e, apesar disso, fiel, na língua e nos dialetos originais, como aquele que, genialmente, Giorgio Strehler e seus artistas nos ofereceram ontem à noite. Este *Arlequim* servirá para sempre – aos olhos daqueles que sabem ver, aos ouvidos daqueles que sabem escutar – como a prova viva da eternidade desse texto que é o único e último remanescente completo (quase o relato taquigráfico) da "comédia improvisada", reelaborada de leve e guardada para a posteridade pelas mãos milagrosas de Carlo Goldoni. Todo o espetáculo de Strehler mantém esse sentido de reevocação inteligente, que pisca um pouco o olho para o público de hoje e, um pouco, visa o passado. Além de incrivelmente viva e brilhante, a interpretação do diretor do Piccolo Teatro tem esse valor, digamos, didático – de um didatismo violento, colorido, capaz de arrebatar e convencer antes e além de qualquer compreensão racional. O resultado é que nunca a *commedia dell'arte* apareceu tão clara e diretamente explicada, tão luminosa e alegremente ressuscitada como neste esplêndido *Arlequim* dos rapazes de Milão.

Reencontramos esse aspecto astucioso da direção do mestre triestino em vários ângulos do trabalho apresentado no Santana – por exemplo, na apresentação inicial, toda embaralhada e confusa, mas ao mesmo tempo simples e rápida; nas mudanças de cenários; na displicência aparente de certas marcações, especialmente entradas e saídas, como se os atores estivessem distraídos; e, especialmente, no valor

8. *Folha da Noite*, São Paulo, 7.7.1954.

caricatural dado às partes dramáticas da obra e à sua mistura permanente com as partes cômicas, tão bem engenhada que, a certa altura, o público sente com mais angústia (mais dramaticamente, apesar das homéricas gargalhadas) as aflições de Arlequim em apuros, do que os terríveis dramas de Florindo e Beatriz. Estes, sim, são francamente cômicos. Ao passo que a comicidade de Arlequim não se estiliza em caricatura, mas sim reina num espaço completo de personagem criada e sustentada, cheia de uma história sua, passada e futura, extremamente rica de facetas insuspeitáveis.

Para isso contribui de maneira decisiva a interpretação frenética, minuciosa e absolutamente clássica de Marcello Moretti. Que dizer? Não há palavras. É o próprio delírio teatral, a mais pura e mais alta vivacidade cênica. É o maior ator cômico aparecido na Itália depois da morte de Petrolini. E é o melhor Arlequim que já vimos. Tivemos a ventura de assistir ao primeiro Arlequim de Moretti, ainda na Accademia d'Arte Drammatica di Roma, sob a direção de Alberto D'Aversa. Atualmente, Marcelo tem quase quarenta e quatro anos e é mais ágil, mais rico e mais intenso do que nunca. Tornou-se absoluto. Toda a teatralidade italiana de séculos e mais séculos move-se em torno dele como um vento, que ele mesmo parece ter criado através de um passe de mágica. Gato e criança, canalha e ingênuo, o Arlequim de Moretti recria no palco a maior arte-milagre da arte cênica: a simplicidade teatral, o sentido infinitamente popular do espetáculo.

O resto do elenco obedece maravilhosamente ao ritmo imperioso e, às vezes, furioso impresso por Strehler a este carrossel de imagens teatrais. Tino Carraro e Checco Rissone reconstroem a grandeza popular dos tipos veneziano e bolonhês, com arte esperta, detalhada e cheia de um sal fortíssimo. Ferruccio De Ceresa é um Brighella tão rico de invenções que chega, em certos momentos, a lutar, quase em igualdade de forças, com o imenso Moretti. Excelentes os dois namoradinhos em sua ternura histérica: Marisa Perciavalle e Nino Cestari. Stella Aliquó é uma atriz interessante, mas não uma grande Esmeraldina. Giorgio di Lullo compreendeu perfeitamente o sentido satírico dado por Strehler ao papel, e traduziu-o com uma bela autoridade cênica. Franca e displicente pareceu-nos Lia Angeleri. Cenários de Gianni Ratto, extremamente fiéis ao espírito da direção, de um bom gosto delicioso e que em nenhum momento chega a pesar sobre o espetáculo. Figurinos de Ebe Colciaghi, quase todos na mesma linha de alta qualidade.

Em conclusão: um espetáculo incomparável. Uma verdadeira festa, um momento de alegria louca e sem fim. E tão italiano, meu Deus! Foi bem escolhido para a estréia, pois conseguira trazer todo o sentimento de um povo graças à inteligência de um diretor enérgico e positivo, a genialidade de um ator único no seu gênero, a disciplina e habilidade de um elenco que constitui, realmente, uma honra para o teatro de sua terra.

ELECTRA[9]

Poucas peças foram tão amplamente ilustradas em nossas crônicas como a *Electra* de Sófocles, que já apontamos – baseados na concepção de tragédia de Schopenhauer, e em algumas finíssimas observações de Friederich Schlegel – como sendo o caso extremo daquela pureza enxuta e inteiriça, daquela absoluta unidade de texto e ação, lirismo e drama, que faz de Sófocles o mais equilibrado dentre os trágicos gregos, entre o arcaísmo tremendo e imemorial de Ésquilo e o lirismo psicológico de Eurípides. Por isso, consideramo-nos dispensados de qualquer comentário sobre esse texto puríssimo, todo desenvolvido numa linha de canto firme e desolado, de alto recitativo, sem interrupções nem enfeites: texto que vive da própria compacta e dura grandeza, sem nada conceder, sem relaxar a sua tensão implacável.

Preferimos, portanto, sublinhar aqui o valor excepcional da direção de Giorgio Strehler – que, na nossa opinião, consiste num processo de humanização constante, tornando a tragédia toda presente e próxima, quente e atual, sem arqueologias estilísticas, embora construindo um estilo. Strehler descobriu uma forma (não diremos que seja a única possível) de tornar a tragédia um fato nosso, quase doméstico, sem lhe tirar a grandeza. Não é pouco. O primeiro elemento de que o diretor triestino se valeu, para realizar tal façanha, foi sem dúvida a tradução de Salvatore Quasimodo, poeta de imensa pureza lírica, o mais ousado e (no fundo) o mais fiel intérprete dos gregos em nossos dias. Quasimodo "resolve" de maneira admirável os dados essencialmente líricos (veja-se como torna mágica e moderna a insistência de Sófocles sobre o tema do rouxinol), e isso não nos causaria espanto; mas também traduz com força nítida e direta tudo quanto é realmente dramático e quase prosaico no texto de Sófocles. Uma tradução que restará, provavelmente, imortal na literatura italiana.

O segundo fator decisivo é a cenografia de Gianni Ratto, a qual vem nos lembrar, muito oportunamente, que os gregos não viviam acocorados sobre os degraus de escadarias imensas, ou obrigados a subir e descer, dia e noite, até morrer aos vinte e poucos anos de asma e palpitações cardíacas. Viviam em casa, não no templo, não entre colunas de mármore. E o palácio também era uma casa. Sobre essas bases, fácil será ver em que linha é construído todo o jogo da representação dos atores, pelas mãos enérgicas de Strehler. A representação é baseada numa espécie de "realismo absoluto", dando à palavra "absoluto" o seu verdadeiro sentido, que é o de "transcendental". Antinaturalista, antipsicológica, mas também antideclamatória e antiacadêmica. Há uma possibilidade de se "viver" os papéis de uma peça mesmo dentro de uma perspectiva enorme, e de não se confundir poesia com lirismo exter-

9. *Folha da Noite*, São Paulo, 6.7.1954.

no. Tudo isso Strehler compreendeu e realizou perfeitamente. O alto lirismo, o lirismo que surge das coisas e se transfigura em efeitos melódicos ou harmônicos, capazes de despertarem no homem o símbolo ou modelo das coisas – este, para Strehler, está essencialmente no coro, tratado de maneira excepcional, em que a fala e o canto, a mímica e a dança, misturam-se segundo as exigências de um funcionalismo total. Talvez seja este o ponto mais alto (no sentido de mais novo, mais individual, com sabor de descoberta) de toda a direção de Strehler.

O espetáculo foi construído em torno da figura magra, nervosa e pequenina de Lilla Brignone. A entrada de Sarah Ferrati no espetáculo desarranja-o um pouco, especialmente do ponto de vista visual. Chega, em certos momentos, a destoar. Além disso, a grandíssima Sarah estava, ontem, com pouca voz e ensaiou com Strehler pouquíssimas vezes, tendo que se atirar ao papel praticamente sozinha, ao sabor de sua técnica excepcional e de sua fabulosa intuição. É claro que isso tudo cria uma interpretação cheia de altos e baixos. Mas que atriz, meu Deus! Não digo: que Electra! Digo: que atriz! Toda a cena da lamentação sobre a urna que contém as falsas cinzas de Orestes é um trecho magistral, e arranca lágrimas. Outros elementos decisivos do elenco são Lia Angeleri, Stella Aliquó e Giorgio di Lullo – todos numa linha de absoluta obediência à direção, primando, a primeira pela força, a segunda pela sinceridade, o terceiro pela discrição rara e cheia de energia. Deixamos por último Tino Carraro, a maior figura da noite, que conseguiu um milagre, até hoje sem exemplo: descobrir as "doses" exatas de sinceridade e ficção para a narração da falsa morte de Orestes. Grande, moderno, compacto espetáculo.

O VELHO NA PLATÉIA CHAMAVA-SE BERTOLD BRECHT[10]

Paolo Grassi, diretor-empresário do Piccolo Teatro di Milano, trabalha dezoito horas por dia. Para se poder conversar com ele, é preciso assistir à assinatura das centenas de cartas que a secretária lhe apresenta, à barba que ele faz com o aparelho elétrico, à preparação das malas e à chamada do táxi que o levará à estação.

Minha última entrevista com Grassi foi no trecho Milão-Bolonha, no rápido das 18 e 25. Ele ia para Florença, eu para Roma. Foi a única possibilidade de matarmos as respectivas saudades sem intervenção de contra-regras, figurinistas ou tradutores. Grassi entregou-me alguns papéis para que eu os examinasse. Eram as estatísticas do Piccolo, desde aquele dia de 1946 em que ele, Strehler e eu arrancamos do prefeito de Milão uma preciosa assinatura debaixo da ata de fundação. Até hoje, o Piccolo apresentou 41 peças clássicas: 16 italianas, 25 es-

10. *Folha da Noite*, São Paulo, 29.2.1956. Série "O Teatro Italiano, Hoje".

trangeiras. As peças modernas foram 28; as italianas continuam em número de dezesseis, as estrangeiras são apenas doze. O total é de 69 peças, das quais 32 italianas e 37 estrangeiras. Tais algarismos revelam todo um planejamento cultural. Com efeito, entre os lançamentos de obras novas, a preferência deve ser dada ao autor nacional, ao passo que, entre os clássicos, os estrangeiros predominam, pois, afinal de contas, trata-se de uma só língua, de uma só literatura, contra todo o teatro universal. Nesses 69 espetáculos (num total de 73 peças, pois há os dramas em um ato) trabalharam 274 atores. As representações em Milão chegavam, até o dia 6 de janeiro, ao total de 1.966. As representações em outras cidades italianas foram 392. As representações no exterior, 161. Em suma: 2.519 espetáculos em menos de nove anos.

O Piccolo representou em Londres, Paris, Zurique, Bruxelas, Lausane, Genebra Lugano, Locarno, Copenhague, Estocolmo, Gotemburgo, Oslo, Berlim, Buenos Aires, São Paulo, Rio de Janeiro, Montevidéu, Viena, Mônaco, Berna, Belgrado e mais oito cidades iugoslavas, sem contar as praças italianas. Participou de todos os festivais europeus. O seu repertório conta com Sófocles, Molière, Shakespeare, Ostróvski, Dostoiévski, Büchner, Íbsen, Gogol, Tchékov, Giraudoux, Salacrou, Calderón, Górki, Sartre, Camus, Eliot, Garcia Lorca, Neveux, Musset, Bruckner, Thornton Wilder, Tennessee Williams, Anouilh e Toller. Entre os italianos, Goldoni, Alfieri, Gozzi, Bertolazzi, Pirandello, Betti, Landi, Giovannetti, Bontempelli, Praga, Tofano, Fabbri, Squarzina, Zardi, Bassano. Foi o Piccolo quem estimulou os maiores romancistas italianos a escreverem para o teatro: Moravia, Bacchelli, Savinio, Buzzati, Pratolini. Através de seus concursos, revelou dez novos autores. Esse panorama, mesmo na sua secura, não pode deixar de impressionar.

Apesar dessa atividade toda, Paolo Grassi encontrou este ano o tempo e os meios necessários para poder cuidar de duas iniciativas patrocinadas pelo Piccolo: a companhia do Teatro de Veneza e a excursão da peça de Fabbri, *Processo a Gesù*, pelas principais cidades da Itália. O Teatro de Veneza é uma iniciativa destinada a salvar o patrimônio do teatro dialetal da cidade de Goldoni, protegendo ao mesmo tempo os ilustres comediantes que representam aquela tradição e que se viam ameaçados por uma crise econômica. Grassi entregou-os a bons diretores, como Orazio Costa e Gianfranco de Bosio, e acrescentou, aos velhos e ilustres cômicos, o famoso Arlequim do Piccolo: Marcello Moretti. Quanto à peça de Fabbri, trata-se de uma resposta àqueles que acusavam o teatro milanês de sectarismo político a favor das esquerdas. Este drama, do mais famoso autor católico da atualidade, foi lançado pelo Piccolo, que agora patrocina a sua divulgação fora de Milão.

Se a atividade de Grassi no setor da organização chega a ser frenética, a de Giorgio Strehler, como diretor, não é menos intensa.

Quase todas as obras que acabamos de citar foram encenadas por ele. Strehler tem 33 anos e é ainda o mesmo jovem magro e impetuoso que conheci quando estreava como ator. Tem, porém, todos os cabelos brancos. Pudera: setenta peças e vinte óperas em doze anos de carreira!

Assisti aos últimos ensaios da *Opera da tre soldi* (*Dreigroschenoper*) sentado ao lado de Strehler que, porém, a toda hora se levantava, subia ao palco, gritava, representava, cantava e dançava, o que não o impedia de conversar comigo, de brigar com o pianista e de dar ordens ao assistente. Strehler continua dirigindo como quando era um amador de dezoito anos: com entusiasmo e veemência, com uma espécie de febre que o devora e que o deixa sempre insatisfeito. Há muitos anos que o desejo de dirigir *A Ronda dos Malandros* (como é conhecida a peça no Brasil) vem atormentando o diretor triestino. Sempre ficou, porém, na dúvida entre o texto original de John Gay, uma adaptação nova (como fizemos, Pandolfi na Itália e eu em São Paulo) e o texto de Brecht, com músicas de Kurt Weill. Ainda no ano passado, o programa do Piccolo anunciava a peça de Gay. Todos os originais citados daquele programa foram representados em 1955, menos este. Evidentemente, a dúvida continuava no espírito de Strehler. Este ano, finalmente, decidiu-se: foi a Berlim, conversou com Brecht, venceu certas resistências que este opunha, voltou e começou a ensaiar.

Enquanto Strehler examina algumas fotografias da *Ronda* brasileira (e fica impressionado pelo rosto de Cacilda Becker), ouço uma voz fraca e rouca murmurar "Danke schön" no fundo da platéia. Lá, no escuro, um homem já idoso, metido num suéter azul, agradece ao contra-regra que lhe entrega uma xícara de café. "É Brecht", diz Strehler sorrindo, e explica-me que o autor veio – resmungando, mas veio – assistir aos últimos ensaios e à estréia da peça. Não gosta de nada, ou melhor: gosta de Strehler, dos atores, do teatro, mas não gosta, não sabe mais gostar nem da peça, nem da música de Weill. Por isso era contrário à representação.

Procuro o momento para aproximar-me. Meu alemão é mínimo, meu inglês inexistente. Talvez ele fale francês. A sala, porém, cai na escuridão, e Strehler grita: "Silêncio". Fico a dois passos de Brecht, tropeço na poltrona, sento-me, fico olhando. Tem o mesmo rosto de camponês dos retratos, o mesmo cabelo, cortado como o de Maria Della Costa na *Cotovia*. Só que nos retratos o cabelo era preto, agora é quase branco. O pianista toca. Tino Carraro fala com Checco Rissone e Marina Bonfigli começa a cantar. Brecht marca o compasso com os pés. Parece estar cansado. Falará francês?

(Depois, fiz cinco perguntas a Brecht e recebi cinco respostas. Mas não conto.)

CINCO PERGUNTAS A BB[11]

Tive a oportunidade de falar rapidamente com Bertold Brecht durante um dos últimos ensaios da *Opera da tre soldi* (título italiano da *Ópera de Três Vinténs*), na platéia do Piccolo de Milão. Conversa em voz baixa para não perturbar o trabalho de Giorgio Strehler; conversa na sombra, sem que pudéssemos quase ver a cara um do outro; conversa em várias línguas, misturadas freneticamente; conversa brusca, porque Brecht expressa-se laconicamente e, além do mais, naquele instante, tinha outras preocupações. Diálogo entre dois perfis, porque ambos estávamos virados para o palco, nada querendo perder do ensaio.

Eu: Assistiu à precedente versão italiana da *Dreigroschenoper*, encenada por Bragaglia sob o título *La Veglia dei lestofanti*?

BB: Não. Sei que o espetáculo foi realizado em 1930. Recebi algum material ilustrativo, que não pareceu bom porque dava a impressão de um espetáculo demasiado fantástico, sem nenhuma realidade. Aliás, Bragaglia nessa época era adepto do fascismo e não podia interpretar o meu trabalho no sentido exato. Escolheu-o por mera sugestão literária, sem provavelmente atinar com a substância da obra. Se bem me lembro, Bragaglia, porém, assistira à versão de Piscator em Berlim. É possível até que eu o tenha conhecido pessoalmente, mas não tenho certeza.

Eu: Está, portanto, satisfeito com a idéia de Strehler, de encenar novamente a peça na Itália?

BB: Francamente, não. Teria preferido que ele escolhesse outra peça minha. Fiz o possível para dissuadi-lo, mas é teimoso. Considero a *Dreigroschenoper*, assim como está, superada. Ela permanece ligada à época em que foi escrita. O que resiste nessa peça é a idéia de John Gay, que é imortal, porém no seguinte sentido: cada época, cada nação, cada teatro pode retomar esse "canevas" e transformá-lo segundo os problemas e as circunstâncias atuais.

Eu: Encenei uma nova adaptação da peça, no Brasil, com o título de *A Ronda dos Malandros*. Não era a de John Gay, nem a sua. Acha que deveria ter "ambientado" a ação e as personagens no Brasil?

BB: Evidentemente. Se não o fez, a obra não pode ter alcançado um resultado realmente positivo. Aconselhei Strehler a fazer isso, encomendado uma nova peça a um autor italiano. Strehler, porém, está apaixonado pelo meu velho texto.

Eu: Não tem fé, então, no resultado desse espetáculo de Strehler?

BB: Strehler é um grande diretor, e está utilizando o texto numa perspectiva muito nova, inclusive valorizando muito bem a música de Kurt Weill. A idéia de Strehler foi a de ambientar a *Ópera* numa espécie

11. Revista *Teatro Brasileiro*, Rio de Janeiro, n. 7, maio/ junho 1956.

de América convencional, a dos filmes de *gangsters*. Pode ser que ele consiga fazer dessa pseudo Nova Iorque um símbolo da corrupção do mundo capitalista, como eu havia feito com a minha pseudo-Londres. Hoje, porém, se tivesse que reescrevê-la, faria com que a ação se passasse diretamente na Alemanha, ou em qualquer lugar onde ela tivesse que ser apresentada ao público. Muita gente esquece que a *Dreigroschenoper* é uma adaptação, não um texto meu, original.

Eu: Aconselhou ao Piccolo alguma de suas peças originais?

BB: Strehler gostaria de encenar *Galileu*. Acho que este drama seria de grande atualidade na Itália.

Agora vou perguntar a Brecht alguma coisa sobre o Berliner Ensemble, pensava eu: sobre a escola, sobre o filme que Cavalcanti tirou do *Puntilla*... Qual! "Ein Moment, bitte" resmungou Brecht, levantou-se, foi falar com o pianista, depois sentou-se na primeira fila e nunca mais falou comigo.

Parte III

Folhas da Memória

IN MEMORIAM[1]

Antes de mais nada, devo-lhe meu nome. Sim, na pia batismal o nome que me foi dado não foi o do cavaleiro andante de Ariosto, nem o do conquistador normando – foi, deliberadamente, o de Ruggero Ruggeri, o maior ator italiano da época, o intérprete de D'Annunzio, o símbolo de uma cultura e de uma sociedade. O culto do ator nascera em volta de mim, agarrou-se a mim, antes mesmo que eu abrisse os olhos para o mundo, que tentasse falar, que soubesse o que era um teatro. Depois, passou para dentro de mim, veio a significar fases e valores diferentes da minha própria vida.

Só Deus sabe os esforços que tenho feito para me rebelar àquele destino marcado no meu nome. Só Deus sabe se tenho desejado "não gostar" de Ruggeri, sofrer uma solene decepção quando fui vê-lo pela primeira vez no teatro. A infância e a adolescência têm dessas crueldades. Precisa impor a própria presença pela força da polêmica, do *parti-pris*, do espírito de contradição.

Não consegui. Gostei. Gostei com raiva, com ódio, com desespero. Depois, fui me conformando. Ruggeri era mesmo Ruggeri. Digno

1. *Folha da Noite*, São Paulo, 22.7.1953. Ruggero Ruggeri, ator italiano (1871-1953), estreou em 1900 como o primeiro Aligi na *Filha de Iorio*, de D'Annunzio, e consagrou-se na Compagnia del Teatro d'Arte, dirigida por Pirandello. Foi intérprete predileto pelo mestre, que especialmente para ele escreveu *Enrico IV, Il piacere dell'onestà, Il gioco delle parti* e *L'uomo dal fiore in bocca.*

da sua glória, digno de ser adorado por todo um povo, digno de ver as mães darem o seu nome aos próprios filhos, e estes se orgulharem do nome. Ator típico da época d'annunziana? Ator da declamação lírica, abstrata como uma música controlada em sonhos? Mas Ruggeri era isso e muito mais: enfrentava Shakespeare com uma força lúcida, seca, implacável; desenhava os caracteres com a exatidão do diamante no vidro transparente da palavra. Ator de *boulevard*, comediante refinado, brilhante de mundanismo e de graça? Sim, mas Ruggeri era também o primeiro e maior intérprete de Pirandello, debate ético e metafísico feito carne de homem, dialética sem paz, ironia feita de pranto e raciocínio feito de sangue.

A voz inimitável de Ruggeri, a sua música especial, acompanham a grande aventura da poesia dramática, passo após passo, durante todo o século. Nos últimos anos, ele também havia se aproximado do vértice da criação dramática: os textos de pura luz intelectual, "religiosos" no sentido mais amplo da palavra. Foi Sócrates nos *Diálogos*, de Platão. Foi Thomas Beckett no *Crime na Catedral*, de T. S. Eliot. Agora, a sua voz está morta, o seu sorriso parou para sempre nos lábios acostumados a todos os ritmos e a todos os significados. Nada compensa esse vácuo. Metade do teatro esvazia-se de sua enorme realidade: esvazia-se, murcha, precipita-se na ausência. Um "tom" fundamental, insubstituível, morreu.

Ontem, o maior crítico: Simoni. Pouco depois, o maior autor: Betti. Agora, o maior intérprete: Ruggeri. Morreram todos nestes dois anos fatais. Pobre Itália!

SILVIO D'AMICO[2]

Em menos de três anos, o teatro italiano perdeu seus dois críticos de maior projeção – dois homens que exerceram sobre o desenvolvimento da arte dramática na península uma influência difícil de se explicar, ou mesmo de se imaginar, porquanto não se parece, absolutamente, com a função normalmente preenchida pelos cronistas dramáticos em qualquer país.

Simoni representava a tradição italiana naquilo que possuía de mais vivo, humano e concreto. Tradição que repousa, em igual medi-

2. *Folha da Noite*, São Paulo, 12.4.1955. Silvio D'Amico (1887-1955), crítico teatral e fundador da Accademia Nazionale d'Arte Drammatica, foi o principal promotor da renovação da cena italiana no pós-guerra e mestre da "geração dos diretores". Sob o seu estímulo, parte representativa da geração emigrou para o Brasil, onde D'Amico havia sido convidado em 1947 em qualidade de máximo teatrólogo europeu. Renato Simoni (1875-1952), autor e diretor além de "cronista teatral" como amava definir-se, assinou as críticas teatrais do *Corriere della Sera*, principal jornal de Milão, por quase cinqüenta anos.

da, na elaboração literária e no impulso popular da poesia dos autores e no gênio tumultuoso dos atores, sejam estes improvisadores ou intérpretes. Tradição que se sintetiza no nome de Goldoni, no qual o realismo social e psicológico chega a confluir, milagrosamente, com a espontaneidade da *commedia dell'arte*. Goldoni, por motivos inclusive regionais, foi o mito e o símbolo da consciência estética de Renato Simoni, o inspirador de suas poucas peças originais, o texto predileto de seus raros trabalhos de direção. Como crítico, Simoni adaptou, lenta e prudentemente, os temas e as formas do nosso tempo a essa tradição jamais renegada.

Silvio D'Amico, do seu lado, foi a revolução. Contribuiu, mais do que qualquer outro, para introduzir na Itália o mais ousado repertório contemporâneo, além do conceito de direção, segundo uma fórmula inspirada essencialmente em Stanislávski e Copeau; fórmula essa baseada no mais absoluto respeito pelos textos literários e pela poesia, origem e *causa prima* do fenômeno cênico. D'Amico foi, nesse ponto, o contrário de Bragaglia, que começara, antes dele, a teorizar e a pôr em prática os princípios da direção moderna, confiando, porém, numa extrema liberdade de imaginação e de técnica, segundo o exemplo dos mestres do construtivismo russo, do expressionismo alemão e da vanguarda francesa, misturando a tudo isso uma boa dose de improvisação italiana.

Para D'Amico, no teatro *in princípio erat verbum*, conforme ele mesmo costumava repetir, chegando a sistematizar essa teoria estética nas primeiras páginas límpidas de sua monumental *História do Teatro Dramático*. A sua tradição era menos tipicamente italiana do que a de Simoni, e mesmo que a de Bragaglia, apesar do ruidoso cosmopolitismo deste último. A cultura de D'Amico era européia num sentido humanístico integral, apenas nuançada por seu catolicismo, que foi o menos dogmático e moralístico possível, porquanto soube respeitar a autonomia da criação artística fora de qualquer imposição ideológica ou sectária.

D'Amico teve muitos inimigos: a estética de Croce, a quem censurava pelo desprezo mal disfarçado do filósofo com relação ao teatro; o vanguardismo de Bragaglia, com quem polemizou durante trinta anos ininterruptos; o rigorismo de seus colegas católicos, que não queriam reconhecer a liberdade da arte; e, acima de tudo, o velho mundo do teatro italiano, violentamente hostil à concepção séria, cultural e didática que D'Amico pretendia impor, acima da obsoleta "religião do ator" e da tradicional confusão de valores. Os ideais de D'Amico tornaram-se realidade através da criação da Accademia Nazionale d'Arte Drammatica, na qual atores e diretores aprenderam a respeitar os textos literários, cada um valorizando em si mesmo, através da técnica, a possibilidade de criar vários estilos. Essa reforma estilística, que foi, antes de mais nada, uma reforma espiritual, é a causa da renovada capacidade de os atores italianos poderem interpretar os clássicos, depois de duas gerações de intérpretes totalmente absorvidos pelo naturalismo burguês.

Creio que D'Amico morreu satisfeito, como quem confia em Deus e que conseguiu realizar as suas finalidades principais. Sua lição permanece viva graças à presença e ao trabalho de seus alunos espalhados pelo mundo, de Orazio Costa a Ettore Giannini, de Vittorio Gassmann a Adolfo Celi. Provavelmente, muitos invejosos e muitos reacionários do teatro estão, neste momento, procurando cancelar as marcas do seu trabalho e desfazer a tela minuciosamente tecida. Mas a história não volta atrás. O teatro italiano moderno é aquele que é; em outras palavras, é aquele que D'Amico desejou que fosse. Nada conseguirá ofuscar ou sujar a memória deste homem, que foi um excelente cristão no sentido mais amplo da palavra.

RETRATO DE UM LUTADOR[3]

Algum dia, homens objetivos e lúcidos, desligados das paixões do momento e da influência do meio profissional e social, escreverão a história deste meio século de progresso artístico no Brasil; e quando chegarem ao capítulo do teatro e do cinema, descobrirão o milagre, o valor humano mais puro e absoluto, o ato de dedicação e sacrifício, e a capacidade de realização mais integral na pessoa de Franco Zampari, sem o qual a renovação do teatro brasileiro teria ficado na dispersão amadorística e semiprofissional de iniciativas generosas, porém confusas e fragmentárias; e sem o qual, o cinema – este cinema que hoje corre o mundo – não teria sequer existido.

A história terá aparência de lenda ao contar que, entre os homens ricos do Brasil, o mais pobre foi quem teve a coragem de despir-se de tudo aquilo que possuía, de sacrificar o seu conforto, a sua vida de sociedade e todo o seu dinheiro, além de sua saúde de homem já idoso, unicamente por um ideal. E a lenda parecerá inacreditável, absurda, heróica quando alguém disser que esse homem não era um louco ou megalomaníaco; mas um frio e pacato *gentleman* dos nossos tempos, e que não era um aventureiro mas sim um homem de indústria positivo, afeito aos mais áridos problemas de organização técnica, que não tinha no teatro ou no cinema nenhum interesse direto de vaidade ou ambição: nem peças escritas, nem amantes para colocar à frente das câmeras,

3. *Folha da Noite*, São Paulo, 7.1.1954. Em fins de 1953, justamente quando Zampari voltava eufórico da Europa com dois prêmios internacionais debaixo do braço (para *O Cangaceiro* e *Sinhá Moça*), o Banco do Estado de São Paulo cancelou o financiamento que mantinha em vida a Cinematográfica Vera Cruz, atolada em dívidas. Graças ao otimismo de Zampari, que irritou muitos, a situação de crise se arrastou até abril, quando a assembléia dos acionistas elegeu uma nova diretoria, destituindo Zampari da presidência de sua empresa.

nem pretensões de dirigir ou representar; e nem mesmo essa vontade, tão humana, de ganhar dinheiro... A lenda parecerá fabulosa ao relatar que nenhum milionário desta terra teve a coragem de aplicar o seu dinheiro, às vezes tão facilmente ganho, numa empresa como o Teatro Brasileiro de Comédia, dando-lhe estabilidade, rigor artístico e um padrão de exigência que faz continuadamente, do lucro, uma despesa, para que esta sirva à elevação do gosto, à intransigência do detalhe, à derrota da improvisação e da anticultura.

Devemos a Franco Zampari a introdução, no Brasil, da mais adiantada e filológica escola de direção do mundo, aquela que saiu da Accademia d'Arte Drammatica de Roma, na qual o texto é sagrado e os valores da palavra e da poesia dominam a esfera cênica; a transformação da cenografia em arquitetura e decoração teatral. Devemos a Zampari a transformação do ator brasileiro, de improvisador genial posto à margem por uma sociedade que não sabia sequer respeitar aqueles que a divertiam, num ser intelectual e socialmente adulto, que fala uma língua sem distorções, que gesticula sem cacoetes circenses, que sabe se aproximar, em absoluta igualdade de condições, dos seus colegas do resto do mundo. Nós lhe devemos *Pega-Fogo*, *Antígone*, *Anjo de Pedra*, *A Dama das Camélias*, *O Mentiroso*, *Ralé*, *Seis Personagens*, *O Cangaceiro* e *Sinhá Moça*. Devemos a ele tudo aquilo que ninguém ousava sonhar, que ninguém saberia planejar e que ninguém tivera a coragem de fazer. Devemos a ele os grandes êxitos internacionais de um teatro, no qual ele nunca deixou inscrever sequer o seu nome num cantinho do programa – e de um cinema, no qual, nunca, as palavras "Franco" e "Zampari" apareceram na ficha de produção de qualquer fita ou *cinta*, como dizem os tradutores de boletins cinematográficos vindos diretamente dos Estados Unidos, onde os redatores ainda pensam que aqui se fala espanhol...

Mas a lenda de Franco Zampari parecerá trágica à posteridade quando esta vier a saber que não bastou o sacrifício, não bastou o aniquilamento da saúde, do sossego e da fortuna: foi preciso o martírio. Foi preciso que não se deixasse um homem meditar em paz sobre os seus erros, sobre a sua desgraça, sobre a incompreensão dos outros, e mesmo sobre a grande consolação que deve ser, em meio a tanta "amargura", a certeza daquilo que realizou: *exegi monumentum aere perennius*... Foi preciso que todo um mundo, no qual ninguém, ou quase, tem autoridade moral suficiente para julgá-lo, se empenhasse também em manchar-lhe a dignidade a humilhá-lo a fim de se livrar do terrível complexo coletivo que a simples existência dos grandes valores humanos provoca, inevitavelmente, nos escravos do dinheiro, da intriga e da vaidade. Não sabemos o que pensam a respeito as normas e os dogmas, os códigos e as legislações: não sabemos, e permitam que digamos aqui, numa coluna de arte que se dedica a outra esfera, que pouco, pouquíssimo nos importa. Pois, na esfera absoluta dos valores, valem certos homens como Agátocles, o siciliano, aos olhos do pensador grego; e cada um desses homens repete o mito fixado nos *Philosophoumena*, de Hipólito Alexandrino: "Aquele que esteve de pé, aquele que está de pé, aquele que estará de pé; aquele que caminhou sobre as águas; aquele cuja força é limite e milagre".

OSWALD, O ANTROPÓFAGO[4]

Em 1953, sétimo ano do meu exílio brasileiro, descobri que Oswald de Andrade, um dos lendários protagonistas do modernismo, morava ao lado de minha casa e do teatro onde então trabalhava. A casa era na Martins Fontes, o teatro na Major Diogo, e nessa rua eu tinha também vivido um tempo, numa casinha que continha somente o meu apartamento de dois quartos e um rumorosíssimo bar. Oswald vivia num terceiro ou quarto andar, numa transversal da Major Diogo, uma subida íngreme da qual me escapa o nome. Desculpem tanta minúcia autobiográfica e topográfica, mas não é pouca coisa ter conhecido um Oswald de Andrade, tampouco ter vivido no velho bairro do Bixiga, em São Paulo, não tão densamente italiano como o Brás, porém, ao mesmo tempo, bastante toscano-calabrês.

Em casa de Oswald cheguei levado por Décio de Almeida Prado e Antonio Candido, ilustres críticos de teatro e literatura, respectivamente. Candido, ademais, é um verdadeiro historiador e soube integrar, no seu discurso amoroso, o fabuloso Oswald com as dimensões objetivas de uma tenaz reconstrução das fontes e do desenvolvimento da literatura brasileira, ou seja, de uma das mais belas e ricas literaturas modernas do Ocidente. (Mas quem diz assim, sou eu: Candido fala sempre por meio da brincadeira, astúcia ou sincera modéstia brasileira, como se fizesse a crônica de uma esquálida, mal afamada, adorada província). Naquela literatura, o *coup de foudre* é a Semana de Arte Moderna de 1922, desencadeada ali, em São Paulo – mistura de raças, culturas e migrações – por um belo grupo de loucos sábios, entre os quais Oswald e o outro Andrade (Mário), que viria a ser o mais coerente teórico do movimento; alguns pintores talentosíssimos e um músico de gênio: Villa-Lobos. De passagem, como convidado de honra, Blaise Cendrars. (O que significou, para ele, a experiência brasileira, sabem-no todos os leitores de *Feuilles de route*). Palestras, recitais, exposições, concertos: um golpe mortal no velho Brasil de casaca, afrancesado à maneira do soneto parnasiano, do neoclassicismo à Anatole France, da penumbra simbolista e das comédias de tese. Desde logo, um tom de escândalo rodeou o modernismo; e Oswald só o fazia ainda mais escan-

4. Apresentação, em italiano da peça *O Rei da Vela*, dir. José Celso Martinez Corrêa com o Grupo Oficina, em Florença, abril 1968. Trad. Alessandra Vannucci.

daloso, com as suas irresistíveis *boutades*, com seu surrealismo antes, comunismo depois e anarquismo por último (mas sempre como pano de fundo). Oswald não deixava o Brasil em paz, pois era por natureza incapaz de deixar em paz a si mesmo. Na cara de Plínio Salgado, profeta do integralismo-fascismo, que sem dúvida preferia a apologia da raça, Oswald escolhia a autocrítica e a sátira: que é um belo modo de ser patriótico. Pois, o extraordinário da revolução modernista foi o seguinte: constituir-se, ao mesmo tempo, numa expansão do Brasil na área da vanguarda européia, ao lado da descoberta do elemento mais visceralmente nacional. Oswald vinha de Paris: da turma de Apollinaire e do Manifesto Futurista. Isso permitia-lhe, tanto a ele como a Mário, dar liberdade de linguagem à pesquisa da especificidade, do "típico" brasileiro. Começando pela língua, que com o *João Miramar* de Oswald (escrito a partir de 1914, publicado em 1924 com data em Portofino, Itália) e o *Macunaíma* de Mário, vem a ser aquilo que o samba de Noel (Rosa) canta: "É brasileiro... já passou de português".

Aqui aparece o tema antropofágico. Oswald reconhece na civilização originária, mítica, dos índios brasileiros, duas características pagãs, pré-cristãs, às quais refere-se para definir um espírito nacional, tão antigo quanto moderno: o matriarcado e a antropofagia ritual. Que até viram estruturas metafísicas e se traduzem em obras poéticas e pictóricas, nas quais, com a ajuda de Freud, tenta-se recolocar à vista a simbologia sexual e animista que vive no fundo da consciência brasileira e da sua (entendida segundo Vico) criatividade, do seu *poiéin*. Como testemunha desse movimento, temos a pintura de Cícero Dias e Tarsila do Amaral, com seus monstros solares, totêmicos, infantis, sexuais: na inocência extrema do traço que os reencontra.

"Homem engenhoso e amigo de uma amabilidade extraordinária", Ungaretti define o velho Oswald. Assim o conheci naquele tempo, quando só faltava um ano para sua morte. Estava ocupado com a sua autobiografia, da qual conseguiu concluir somente o primeiro tomo. No banquete em homenagem aos seus sessenta anos, Oswald, com seu crânio à Stronheim e seu sorriso de garotão, escutou com atenção o orador que o chamava de "sexagenário" e, por fim, levantou-se sério para agradecer, mas reclamando da definição, pois melhor queria ser chamado de "*sex-appeal*-genário". Por amor de precisão, dizia. Também estava comigo, Oswald, no júri do Prêmio Carmen Dolores Barbosa: rebelou-se longamente à idéia de que pudéssemos conceder o prêmio a seu velho inimigo José Lins do Rego, para o romance *Cangaceiros*. De repente, aceitou votar a favor do grande romancista, mas com uma condição: que coubesse a ele pronunciar o discurso oficial na atribuição do prêmio e dar a José Lins o abraço ritual. Tinha, enfim, resolvido fazer as pazes, e queria fazê-las solenemente, surpreendendo o público com um bom trocadilho já pronto para iniciar seu discurso: "Vencido pelo cangaço...".

Pouco antes de morrer, deu-me a *Crise da Filosofia Messiânica*, escangalhada tentativa de sistema filosófico, a qual tinha em muita consideração; assim, na capa do pequeno volume conheci o seu nome inteiro, José Oswald de Souza Andrade. Também, com gesto tímido, me ofereceu os dois livrinhos que continham a sua inteira obra teatral: *O Homem e o Cavalo*, de 1934, ou seja, de sua fase anticatólica e stalinista; e *Teatro*, de 1937, com *A Morta*, daquele mesmo ano, e *O Rei da Vela*, de 1933. À *A Morta* dava grande importância, e ficou estupefato quando percebeu que, para mim, o melhor texto era o mais antigo. Os três trabalhos estavam inéditos no palco. Escrevi um artigo para a *Folha da Noite*[5] que o agradou muito, e prometi-lhe encenar, dia ou outro, ao menos *O Rei da Vela*. Nunca pude cumprir a promessa. Cumprem-na, hoje, esses jovens do Teatro Oficina, de São Paulo, que já conta a sua história corajosa e elevada. É justo o que fazem: porque Oswald ficou como um dos pais da literatura de vanguarda e da literatura engajada, isto é, das duas dimensões em que tentamos, ainda hoje, coordenar o nosso esforço expressivo. As duas inspirações, a da crueldade e a da ironia, nele vinham naturalmente a ser linguagem. No fundo, como foi dito, há um moralista: um moralista revolucionário.

DIÁRIO DE UM CARNAVAL[6]

Nicette Bruno casou-se esta manhã com Paulo Goulart, no civil, e de tarde, no religioso. De manhã, no TINB, éramos poucos: a família, o elenco, os íntimos. De tarde, na Igreja de Santa Cecília, muita gente, roupas luxuosas, o vestido branco de Nicette, as flores, a música... Durante todo o dia fiquei pensando no rapagão desajeitado que me apareceu um dia no escritório, na televisão, e ao qual entreguei, assim, por um ato absurdo de confiança, o papel de Estácio na *Helena* de Machado de Assis. Era Paulo Goulart. Alguns meses depois, Nicette precisava de um galã: e lá vou eu buscar o tal de Paulo Goulart, que nunca havia pisado num palco. O que eu não podia imaginar é que Paulo fosse ficar o galã de Nicette para o resto da vida. Eis-me aqui, padrinho, aliás, acho que vou candidatar-me ao título de padrinho permanente da nova geração de atores brasileiros. Ontem foram Nydia (Licia) e Sérgio (Cardoso), amanhã Monah (Delacy) e Geraldo (Matheus)... Sinto-me velho, com jeito de tio. À noite, partimos para Mairiporã... os noivos estão no céu. Domingo. Meus ouvidos de homem da cidade haviam perdido o hábito do silêncio. Isso que sinto não é silêncio: é zumbido. Abelhas, ondas de mar manso, folhas: tudo

5. O artigo de 1954 na *Folha da Noite* não foi localizado. Neste volume, p. 99, recolhemos o ensaio publicado em 1958 no *Estado de S. Paulo* e no *Correio do Povo*.

6. *Folha da Noite*, São Paulo, 5.3.1954.

interiorizado, tudo transferido para dentro de mim. Cabeça de bêbado. À noite, os cães festejam a lua amarela que surge por entre farrapos de nuvens, depois da chuva de Carnaval.

Segunda. Férias de gente de teatro: sentado num canto do *living*, escrevo minhas adaptações para a TV. No outro canto, Diná decora o papel de Délia de *Conflito*, de Ugo Betti. Lá no fundo, os noivos ensaiam *Ciúme*, de Verneuil, dirigidos por Carla (Civelli).

Terça. Às duas horas da tarde, um carro pára diante da chácara. Quem será? É o (Aldo) Calvo, acompanhado por uma senhora que fala francês. Beleza delicada, porém marcante: fidalga... é Ana Ricarda, a coreógrafa do Marquês de Cuevas. Quer que eu escreva o balé para os festejos do primeiro centenário de nascimento do conde Francisco Matarazzo. Um assunto italiano. Para quando? Dia 9... *Mon Dieu!* Tudo para pensar, tudo para fazer. Aconselho músicas de Vivaldi. Partem. Adormeço com uma ronda de balés na cabeça: Casanova em Veneza, Arlequim, Andrea del Sarto, Lorenzaccio, Shylock... De repente, a idéia nasceu (mas só na manhã seguinte): Buondelmonte e Dianora. Florença do século XV. Botticelli e Ghirlandaio. Volto ao trabalho.

Ah, e o Carnaval? A propósito, houve Carnaval? Houve mesmo?

CADERNO SECRETO I[7]

Os olhos de Pirandello eram pequenos, azuis, claríssimos: dois alfinetes risonhos, de um riso bom. Velhos e indulgentes como o mundo. Límpidos como os de uma criança. Quando não sorriam, eram sérios, porém nunca dramáticos, coléricos ou terríveis. Sérios de lucidez, de atenção, de paciência. Foi Ugo Ojetti quem primeiro comparou Pirandello a um sábio chinês antigo. A calva, a barbicha, as sobrancelhas autorizam a evocação. Desta, porém, surgem outras imagens, outros pensamentos, capazes de mergulhar no fundo da nossa consciência ancestral. Contam que Lao-Tsé nasceu velho. Devia ter, a decrépita criança, aquele equilíbrio, aquela sofrida calma nos olhos. Devia estar fixando, perenemente, um problema: a ruptura da unidade originária, o mistério dessa multiplicidade que é nossa, que é a nossa vida. O mais antigo livro de filosofia da humanidade é desta velha criança. É o *Tao-Te-King*, o *Livro do Caminho e da Virtude*. Começa com estas palavras, que indicam um fato tremendo: "O Caminho foi perdido, e então nasceu o Julgar". O julgamento é o verdadeiro nome da história, o centro dos dramas. Todo drama é ação, fato ético. As mitologias con-

7. *Folha da Noite*, São Paulo, 20.10.1953. Republicado em *A Expressão Dramática*, p. 174.

tam essa história de vários modos: paraíso terrestre, idade do ouro etc. Depois, vem a queda, a fuga, a ruptura, a dispersão do julgamento: o bem e o mal destacados da árvore, irrecuperáveis, sempre presentes. Essa obsessão originária do Conhecimento e da Lei. Nesta matriz, Pirandello procura-se, encontra-se e perde-se eternamente: o seu problema é *trovarsi*. Um problema visível na intensidade azul do seu olhar, lago estreito de luz, fenda reveladora do mundo.

CADERNO SECRETO II[8]

"Sei lá", disse Bragaglia ao contra-regra, "azul, verde, lilás... uma coisa dessas, sei lá". E como o outro insistisse: "Vá-se embora. Não me aborreça". Bragaglia suspirou, recostou-se na poltrona com o rosto pálido e cheio de cicatrizes, o seu velho rosto amarelo de Dom Quixote, com os bigodes à Salvador Dali, iluminado pelo *abat-jour* do escritório e encaixado, numa *foto-montage* instintiva, entre o retrato de Pirandello e os velhos, desbotados cartazes de Ana Christie. Levantei-me, timidamente: "É melhor que eu vá ver; o homem é capaz de pôr em cena, pela décima vez, as cortinas da casa dos Linton". Bragaglia gritou: "Fique aí!". E eu fiquei ali, num canto do grande sofá vermelho. O sofá de Raskolnikov.

Então Bragaglia começou a falar, arrastando as palavras em meio a uma onda sonolenta, pesada, de sotaque romano: "Vocês pensam que são indispensáveis. Que somos indispensáveis. Nada disso. Quando eu tinha a sua idade, menino, escrevia tratados sobre as luzes psicológicas. Hoje o meu chefe-eletricista faz a iluminação de qualquer peça melhor do que eu. O louro, Perrone: ele mesmo. Luzes formidáveis. E psicológicas! E este aqui, o contra-regra, monta qualquer cenário com os trastes do sótão. Realístico, histórico, sintético. Rico, pobre, surrealista. Quer saber de uma coisa? Se hoje, no ensaio geral, eu não aparecer, ninguém dará pela coisa. Vai tudo por si mesmo. A estréia será um sucesso."

Eu sorria. Estava acostumado aos desabafos do mestre. Mas desta vez ele insistia com uma espécie de surda, dura, impiedosa cólera contra si mesmo e contra o mundo: "A direção teatral foi uma invenção de russos e alemães. Gente louca ou teimosa. Nós, os futuristas italianos, inventamos a cenotécnica. Depois, vimos que os atores italianos faziam tudo por conta própria: tradição. No começo, a diversão era encaixar a tradicional *verve* canastrônico-nacional dentro dos efeitos da cenotécnica. Depois, os assistentes e os operários aprenderam a fazer

8. *Folha da Noite*, São Paulo, 21.1.1954. Republicado em *A Expressão Dramática*, p. 182.

os efeitos sozinhos. E então, começou para nós o tempo da moleza. Ou do tédio".

Olhou-me, sorrindo de soslaio, ajeitou o grande chapéu preto bem atrás na cabeça. Teve um arrepio de frio, encolheu-se dentro do sobretudo de camelo e do cachecol de lã amarela. "Sei, sei" murmurou. "Vocês acham que o problema é outro. A direção de atores, eu sei. A análise filológica do texto. Pode ser. Para mim é tarde. Ademais, não acredito. Os atores dirigidos por vocês perdem toda a graça. Não se comunicam com a platéia. Melhor deixá-los soltos. Ator nasceu para gritar, pular, se esbaldar, sem compreender muito aquilo que diz. Quanto ao texto, não há análise que possa dar teatralidade a um texto que não a possua. E se a teatralidade existe, qualquer ponto, qualquer contra-regra sabe descobri-la imediatamente." Levantou-se, dobrou as longas pernas como um professor de esgrima: "Em todo caso, para mim é tarde". Bocejou: "Vamos comer. Sabe de uma coisa, menino? Comer é uma das grandes coisas da vida. Talvez a maior". Encaminhou-se para a saída com uma pilha de livros debaixo do braço.

Na porta, cheirou o ar como se este contivesse um perfume especial, que só ele conhecia. A noite vinha caindo depressa, como uma chuvarada. À medida que nos aproximávamos do restaurante, as luzes da rua iam-se acendendo. Eram luzes azuis: as primeiras luzes da guerra.

CADERNO SECRETO III[9]

Há gestos e inflexões dos grandes atores que exclamam uma espécie de heróica impotência: a fala já não basta, a expressão reclama a música, o canto. Há gestos e acentos dos cantores que, pelo contrário, reclamam a humildade da prosa, a simplicidade expressiva da conversa diária. São os pontos em que as antinomias do próprio conceito de expressão se revelam dramaticamente. A partir desses pontos, uma estética poderia recomeçar o seu discurso para tentar, mais uma vez, o caminho que a leve a ser, concretamente, uma ciência.

CADERNO SECRETO IV[10]

O contra-regra do Teatro das Artes chamava-se Bonamano. Trabalhava com Bragaglia desde sempre. De idade indefinível, era magro, careca, com uma boca rasgada. Dormia no teatro. Certa vez, às quatro da madrugada, Bragaglia quis voltar para o teatro a fim de bus-

9. *Folha da Noite*, São Paulo, 15.6.1953. Republicado em *A Expressão Dramática*, p. 181

10. *Folha da Noite*, São Paulo, 21.10.1953. Republicado em *A Expressão Dramática*, p. 175.

car o original de uma peça que eu ia traduzir. Chegando lá, constatou que havia esquecido as chaves. Tocamos a campainha. Daí a pouco, apareceu Julius César. Digo, o ditador romano em pessoa. De toga branca, capa vermelha e tudo. Únicas notas modernas: os sapatos de tênis e um *flash-light* que o ilustre guerreiro segurava na mão direita. Julius César falou, com uma voz rouca e arrastada de Bonamano: "Entrem, entrem. E desculpem. Não possuo pijamas. Sirvo-me do guarda-roupa daqui. Mas não se preocupem: é só quando faz frio, e tomo muito cuidado para não estragar as roupas". Julius César estava encabulado. E nós pensávamos na vida noturna do teatro, naquele misterioso mundo de sarrafos e cordas onde Bonamano dormia no sofá de Raskolnikov, envolto em panos históricos. Uma noite Romeu, outra noite Ezra Mannon. E os sonhos? Será que a indumentária tem influência sobre os sonhos?

CADERNO SECRETO V[11]

Gordon Craig completou oitenta anos na semana passada. O mundo teatral esqueceu-se da data. Poucos fiéis foram até Saint-Vincent-des-Fleurs, lá nos arredores de Nice, cumprimentar o "velho solitário da montanha". Gordon Craig arrasta, pela Riviera, a sua glória melancólica e abstrata, a sua cabeleira branca, sua bengala, seus chapéus de palha e sua dignidade de velho rei shakespeariano. Lembro-me do "santuário" de Gordon Craig em Santa Margherita Ligure. Respirava-se, lá dentro, um ar estranho, feito de mofo e lirismo, de santidade e loucura. Uma noite, o velho mestre, depois de algumas horas de discussão política e de uísque (e, se Gordon Craig era o "tal" no uísque, era também o mais absurdo dos utopistas na política), quis homenagear-nos – ou melhor, quis homenagear Bragaglia; eu não passava de um "penetra". Foi abrir a sua *boite à rêves* – o teatro dos bonecos construídos em longos anos de vida solitária, por tédio ou por mania, mil vezes abandonados, poucas vezes usados. Luzes coloridas choveram, de repente, sobre um Rei Lear e uma Cordélia feitos de lata, madeira e veludo. E a noite recebeu o dom mágico de uma grande voz de velho, a voz de Gordon Craig, patriarca e profeta, na rouquidão comovida, no solene choro do rei, dignidade e lamento de exilado, angústia de quem se despede da vida comum, da história normal dos homens.

Depois de poucos minutos, Gordon Craig suspendeu o espetáculo. Voltou ao uísque. Ficou horas e horas quase calado, ouvindo as

11. *Última Hora*, São Paulo, s/d.

nossas banalidades. General de um exército de mortos. Ausente para sempre. Imperador do mundo da lua. Naquela mesma noite, Chamberlain embarcava para Munique. Hitler escutava, impassível, os relatórios sobre a caçada aos judeus pelas ruas de Praga. O martírio da Espanha estava consumado. Gordon Craig sonhava com o mundo das Belas e dos Heróis, onde, atrás das grandes colunas gregas, surgiram, bizarramente, as neblinas do norte e os ciprestes das fábulas de Ossian. Melancólico fim de um século de romantismo, de vãos delírios e tempestades em copos d'água, em que um ator genial reduzia-se a emprestar sua voz aos bonecos de um palco solitário, em que um talento filosófico caia na rede furada dos trocadilhos e dos paradoxos, onde o mito da direção teatral e da cenografia já não passava de esquálida saudade: a memória de um diretor que nunca realizou um espetáculo... Boa noite, Gordon Craig. Que algum Deus se apiede de você. Talvez o Deus que Jó chamava, aos gritos, dentro de sua noite: "Oh, Deus dos velhos, Deus dos solitários"...

CADERNO SECRETO VI[12]

Maciço e glorioso debaixo de sua cabeleira monumental, Villa Lobos parece carregar o peso de sua própria história, e quando levanta os braços para desencadear a tempestade da orquestra, parece acusar o cansaço de uma aventura grande demais para um homem só. Está além do tempo, como se o houvessem cristalizado na sua forma definitiva, consagrada pelos retratos, pelas entrevistas e pelas biografias. Sente-se, no seu corpo pesado e em seus gestos solenes, uma impaciência contida, uma obediência dramática ao próprio destino. Queria voar, libertar-se, fazer um gesto de moleque mas não pode mais. Fica ali, dando ordens à orquestra, virando-se para o pianista, como um velho pai que já cumpriu todos os seus deveres e ainda se dedica, por hábito e afeto, aos filhos.

O terceiro grupo das *Bachianas* surge na sala como um milagre de mocidade e invenção, testemunho dos antigos sonhos, das antigas alegrias e mesmo das antigas ingenuidades desse patriarca. E quando as suas grandes mãos evocam, no espaço, a eloqüência lírica de Scriabin, todo o romantismo fundamental de Villa-Lobos vem à tona, e recomeça o milagre cantado por D'Annunzio no *Noturno*: "Esta noite Scriabin dança como um arqueiro do príncipe Igor..."

12. *Folha da Noite*, São Paulo, 20.9.1954. Republicado em *A Expressão Dramática*, p. 181.

CADERNO SECRETO VII[13]

Existe uma paixão das idéias – das idéias como confissão, esclarecimento de nós mesmos. Certo dia, numa cidadezinha da Sicília, o barbeiro, depois de ensaboar minhas faces, perguntou-me se eu era adepto do monismo de Haeckel. O homem tinha olhos brilhantes e levantava a navalha no ar como se fosse a espada de Rinaldo. Devia eu responder que era hegeliano, marxista, ou católico? Em tais casos, meus amigos, deixa-se a coragem para outra vez.

Agli amici brasiliani[14]

Gridate gridate anche voi
Per convincermi che non resto solo
Platani fieri con braccia
D'esatto inverno circondano
Una stazione di globi ardenti
Ho pronunciato il ritornello della ballata come una preghiera
Al ballo degli Assenti
Una vedova spagnola si tolse le calze e gridò
La liberdad es posible
Nessuno rideva di lei erano tutti intenti a meditare
Sul gelo delle maschere
Io grido ma se voi non rispondete il giorno cade
Il giorno è sfatto e via (diventa una poltiglia di miseria)
Come potrei sopportarlo
Io vi chiamo per nome
Paulo José Paulo Edgar Décio Antônio rispondete
Uno per uno sorgete nell'arco di pioggia
Che si schiude sul canale già rosso
E gridate con me.
Oh gridate
Un vivo presentimento ad altezza d'uomo

(Milão, 1962)

13. *Folha da Noite*, São Paulo, 18.10.1954.

14. Folha solta, no fascículo de poemas *Il sole della nascita*. Publicada em *Antologia europea*, Umberto Piersanti e Fabio Doplicher (orgs.). Fano: Quaderni di Stilb, 1991, p. 355. "Aos amigos brasileiros. Gritem gritem vocês também / para me convencer que não fiquei só / Plátanos altivos com seus braços / rodeiam de exato inverno / uma estação de globos ardentes / Eu disse o refrão da canção como uma prece/ no baile dos Ausentes / uma viúva espanhola tirou as meias e gritou / *La liberdad es posible* / Ninguém ria dela todos estavam meditando / sobre o gelo das máscaras. / Eu grito mas se vocês não me respondem o dia morre / se desfaz e acaba o dia (torna-se uma papa de miséria) / Não agüento isso / Chamo vocês pelo nome / Paulo José Paulo Edgar Décio Antônio respondam / apareçam um por um no arco da chuva / que se entreabre no sulco já vermelho/ e gritem comigo / oh gritem / um vivo presságio à altura do homem" (Tradução de AV).

Parte IV

Aparato

Biobibliografia

Ruggero nasceu em Veneza a 21 de fevereiro de 1920. Em 1939, inicia sua colaboração nas revistas produzidas no âmbito do hermetismo florentino[1], destacando-se como *enfant prodige* ou, como ele mesmo ama definir-se, "representante mínimo" daquela geração cujos "maiores" são Carlo Bo, Mario Luzi e Piero Bigongiari. Daquela experiência poética e crítica traz consigo o legado do mútuo controle entre espírito crítico e espírito criador e a dialética de convivência entre o vanguardismo (ser informal) e o classicismo (ser herdeiro de uma tradição) que traça a continuidade entre as estéticas do século a partir da *Nouvelle Revue Française*.

Em 1940, estréia como diretor de teatro em grupos universitários, montando dramaturgos italianos contemporâneos ou estreantes, entre os quais Rosso di San Secondo e Massimo Bontempelli[2]. Em Roma, é assistente de Anton Giulio Bragaglia no Teatro delle Arti. Freqüenta a Faculdade de Letras, sem chegar ao diploma, e o Centro Experimental de Cinematografia. Participa das primeiras realizações neo-realistas e começa a praticar a crítica cinematográfica, sem abandonar a teatral e a literária[3].

1. *Circoli*, *Corrente*; *Prospettive* e *Campo di Marte*, de cuja antologia será autor trinta anos mais tarde: *Campo di Marte trent'anni dopo 1938-1968*, Firenze, Vallecchi, 1968.

2. Monta *Musica di foglie morte*, de Rosso di San Secondo, objeto de duas monografias em anos sucessivos (Roma, Bulzoni, 1976-1977). Em 1942 monta *Minnie la candida*, do estreante Bontempelli, lançando a atriz Anna Proclemer.

3. Publica em *Domenica, Film d'oggi*, as revistas de Carlo Lizzani; introduz e organiza o teatro de Benavente (Torino, Ilte, 1943) e Garcia Lorca (Roma, OET, 1944).

A guerra interrompe todas as atividades de Ruggero, antifascista militante, que passa os nove meses da ocupação nazista de Roma no cárcere de Regina Coeli. Após a libertação, com Vito Pandolfi e Luchino Visconti, organiza a primeira companhia dramática oficial da Itália democrática no Teatro Quirino, em Roma[4]. Em 1945, em Milão, com Orazio Grassi, Giorgio Strehler e Mario Landi, elabora o primeiro estatuto para um teatro municipal estável – o Piccolo Teatro, que verá a luz em 1946. Com os mesmos parceiros, anima o Círculo de Teatro Diogene e funda o Studio di Arte Drammatica, onde leciona ao longo de um ano. No final do ano, leva para o Brasil a primeira companhia italiana viajando para o exterior no pós-guerra, com um elenco de jovens[5].

No Rio de Janeiro, convidado por Sandro Polloni, dirige o Teatro Popular de Arte, montando no Teatro Fênix um repertório de arrojado realismo com a veterana Itália Fausta ao lado da estreante Maria Della Costa[6]. Insere-se com proeminência e autoridade no panorama carioca, onde dirige o fabuloso Procópio, aventurando-se por autores inéditos entre os quais Eduardo e Guilherme Figueiredo[7]. Colabora com Paschoal Carlos Magno orientando os amadores do Teatro do Estudante (TEB) com quem realiza o festival Shakespeare[8]. Com elementos oriundos do TEB entre os quais Sérgio Cardoso, Sérgio Britto, Luiz Linhares e Jaime Barcellos funda o Teatro dos Doze, uma tentativa de teatro estável de arte que definirá como "a mais bela aventura de minha vida". O grupo estréia no Teatro Ginástico com *Arlequim, Servidor de Dois Amos*, primeiro Goldoni brasileiro de Ruggero, conquistando o consenso unânime da crítica. Entretanto não obtendo das instituições públicas o necessário fomento ao projeto, o grupo não sobrevive à temporada. Ruggero inicia sua colaboração a periódicos locais e publica, no primeiro número de *Dionysos* (1949), o ensaio seminal *Goldoni e a commedia dell'arte*.

Em 1949, com Sérgio Cardoso, muda-se para São Paulo, ambos contratados pelo Teatro Brasileiro de Comédia (TBC) onde realizam como diretor e intérprete principal duas comédias lembradas entre os maiores sucessos de público da renovação paulista: *O Mentiroso*, de Goldoni e, no ano seguinte, *Os Filhos de Eduardo*, de Sauvajon, cuja direção Jacobbi assina à quatro mãos, com Cacilda Becker. Logo após, contudo, Ruggero pede demissão por causa do histórico fracasso da primeira tentativa de encenar o teatro épico no Brasil[9]. Lança-se na fremente São Paulo da década de 1950 como professor[10], tradutor

4. Dirige *La guardia del Reno*, de Lilian Hellmann, com Paola Borboni.

5. Diana Torrieri, Mario Pisu, Franco Scandurra, Dina Sassoli. A companhia estréia no Teatro Municipal do Rio de Janeiro com *Vestir os Nus*, de Pirandello.

6. *Tobacco Road*, de Caldwell, e *Terese Raquin*, de Zola, ambos no Teatro Fênix em 1947.

7. *Esses Fantasmas*, de Eduardo de Filippo, autor desconhecido então no Brasil, e *Lady Godiva*, do estreante Guilherme Figueiredo, no Teatro Serrador, em 1948.

8. *Sonho de uma Noite de Verão*, no Teatro Fênix, em 1949. Assistente de direção: Sérgio Britto.

9. Adaptando, em 1950, a peça de John Gay, *A Ronda dos Malandros*, da qual Brecht havia tirado a *Ópera dos Três Vinténs*.

10. Em São Paulo, leciona Interpretação e História do Teatro na EAD (1949-1951), Interpretação e História do Cinema no Centro de Estudos Cinematográficos por ele presidido (1953-1954); participa, dando cursos livres, da atividade do MAM ("Tea-

e diretor de muitas das companhias ativas, embora de forma descontínua, em volta de atrizes, atores ou casais teatrais combativos entre os quais Madalena Nicol[11], Vera Nunes[12], Nicette Bruno e Paulo Goulart[13], Maria Della Costa e Sandro Polloni[14], Sérgio Cardoso e Nydia Licia[15]. Assume sua "profissão de espectador", e não perde um detalhe sequer do movimento teatral paulistano e internacional, redigindo críticas diárias para a *Folha da Noite* (de 1952 a 1956) e a *Última Hora* (de 1952 a 1954).

Com dois projetos cinematográficos abortados pela Vera Cruz[16] após o desentendimento com o TBC, Ruggero em 1952 compromete-se com Mario Audrà e Mario Civelli em uma aventura cinematográfica concorrente: a Cinematográfica Maristela, para a qual dirige dois filmes de marcante sucesso de bilheteria[17]. É convidado a reintegrar o time de realizadores da Vera Cruz, para a qual em 1953 escreve e dirige *A Esquina da Ilusão*. Em 1954, no TBC, remonta os seus espetáculos de sucesso – por sinal, as únicas remontagens da casa – e relança as "segundas-feiras" com o projeto do Teatro de Vanguarda, que abre espaço para atores recém-formados ou ainda não consagrados, trazidos de outras convivências didáticas ou profissionais[18]. Em 1955, preside a fundação do Teatro Paulista do Estudante, animado por Oduvaldo Vianna Filho (Vianninha) e opera em favor da fusão deste grupo com o Teatro de Arena, então dirigido pelo ex-aluno e assistente José Renato[19]. Enquanto isso, entre 1952 e 1957, atua como produtor e diretor de programas teleteatro, em moldes pioneiros, organizando a filmagem televisiva de espetáculos teatrais, bem como experimentando formatos de representação próprios para o meio, com os quais alcança grande repercussão[20]. Também é intensa sua presença como *régisseur*

tro do Século XX", "Pintura e Música de Vanguarda", entre outros, em 1951-1952); orienta o Laboratório de Dramaturgia do Teatro de Arena (1954-1955).

11. *Electra e os Fantasmas*, de O'Neill, e *A Voz Humana*, de Cocteau, no Teatro Royal, em 1951.

12. *O Inglês Maquinista*, de Martins Pena, em 1951, e a remontagem do *Arlequim* no Teatro de Cultura Artística, em 1954.

13. *Madamoiselle ma mère*, de Verneuil; *Brasil Romântico*, de Machado de Assis e J. Manuel de Macedo entre outros, no Teatro de Alumínio e no Teatrinho Íntimo Nicette Bruno (TINB), em 1953-1955.

14. *Mirandolina*, de Goldoni, com cenografia de Gianni Ratto, no Teatro Maria Della Costa em 1955.

15. *Henrique IV*, de Pirandello, entre outros, no Teatro Bela Vista em 1957.

16. *Escravo da Noite*, a biografia de Noel Rosa com Sérgio Cardoso como protagonista, não será realizada apesar do apoio de Alberto Cavalcanti no projeto; *Helena*, de Machado de Assis, será filmada por Jacobbi e Zé Renato no formato da série televisiva pela TV Paulista, em 1952.

17. *Presença de Anita*, adaptado do romance dramático de Mario Donato, e *Suzanna e o Presidente*, uma comédia com roteiro de Gino de Sanctis, ambos estrelados por Vera Nunes.

18. Trabalha com Ítalo Rossi, Sérgio Britto, Ruth de Souza, Beyla Genauer, Eny Autran, Eugênio Kusnet, Xandó Batista, Milton Ribeiro, Josef Guerreiro, Walmor Chagas, Rubens Costa, Felipe Wagner, Armando Pascoal, Guilherme Corrêa, Honório Martins, Lea Camargo, Dinah Mezzomo, Monah Delacy...

19. Para a direção de Zé Renato, nessa fase do Arena, Ruggero realiza uma adaptação contemporânea de *Hamlet*, de Shakespeare, que não chega a estrear.

20. Entre outras, em 1957, a série *Eterno Feminino*, para a TV Paulista e o

em cartazes de ópera, com produções dos Teatros Municipais do Rio de Janeiro, São Paulo e Belo Horizonte que viajaram por toda América Latina[21].

Em 1958, a convite da Universidade do Rio Grande do Sul[22], Ruggero muda-se para Porto Alegre, onde cria e dirige o Instituto de Estudos Teatrais da Faculdade de Filosofia e o Teatro do Sul, com o qual monta sua primeira peça, *Do Outro Lado do Rio*[23]. Inicia a colaboração no Suplemento Literário do *Correio do Povo* (PA) e do *Estado de São Paulo*, publicando ensaios sobre artes cênicas e plásticas, música, dramaturgia e literatura italiana (1958-1964).

Regressando à Itália em 1960, contribui vultosamente para a difusão da literatura brasileira, organizando as primeiras antologias poéticas, traduzindo e introduzindo a obra de Murilo Mendes e Jorge de Lima[24], colaborando com revistas e editoras como especialista de assuntos luso-brasileiros, além de redigir praticamente todos os verbetes lusos das maiores enciclopédias[25] e de publicar a excelente monografia *Teatro in Brasile*[26]. No âmbito teatral, recolocando-se lá de onde tinha partido catorze anos antes, dirige a Scuola di Arte Drammatica do Piccolo Teatro de Milão. Dirige espetáculos premiados[27] e organiza, com Strehler e Grassi, a publicação dos *Quaderni del Piccolo*, cadernos de pesquisa. Amplifica sua vocação dramatúrgica[28], poética[29] e crítica[30]. Multiplica as suas traduções de autores brasileiros, incluindo Augusto

Teleteatro Cacilda Becker, com peças replicadas nas três emissoras associadas: Tupi em São Paulo; Telerio no Rio de Janeiro; Itacolomi em Belo Horizonte.

21. Entre outras, o *Don Giovanni* no Municipal do Rio de Janeiro, em 1956, para as celebrações do bicentenário de Mozart, com Peter Gottlieb, cenário de Santa Rosa; e *Anita Garibaldi*, do catarinense Heinz Geyer, estréia mundial no Municipal de São Paulo, em 1957.

22. Deve-se à UFRGS a publicação de dois dos três volumes brasileiros de ensaios de Jacobbi: *Goethe, Schiller, Gonçalves Dias* (1958) e *O Espectador Apaixonado* (1961). Em Porto Alegre também vem à luz o primeiro livro de poemas, em italiano, *Poemi senza data* (Hipérion, 1955).

23. Monta também *Egmont*, de Goethe; *Dom Juan*, de Guilherme Figueiredo; *Electra*, de Sófocles; *O Corvo*, de Gozzi. Sua outra peça escrita em português, *Ifigênia*, é publicada pela revista *Anhembi* em 1960.

24. Póstuma a monumental tradução da *Invenção de Orfeu*, de Jorge de Lima, Roma, Abete, 1982. Dez mil versos recriados com absoluto respeito a cada invenção estilística e métrica, que teriam ocupado suas noites insones desde 1952 – quase uma vida inteira. Ver, neste volume, a Bibliografia Brasileira.

25. Para a *Grande Enciclopedia D'Agostini*, a *Enciclopedia dello Spettacolo*, o *Dizionario Enciclopedico Utet*, a atualização 1979 da *Enciclopedia Italiana Treccani*.

26. Bologna, Cappelli, 1961. Também redige o capítulo "Teatro portoghese e brasiliano", em AAVV, *Il teatro contemporaneo*, Milão, Lucarini, 1980.

27. *I burosauri*, de Ambrogi, Prêmio S. Vincent para direção.

28. Montadas e publicadas em revistas: *Il porto degli addii* (*Ridotto*, 1967), *Deserto d'amore* (*Ridotto*, 1967), *Il cobra alle caviglie* (*Il Dramma*, 1969), *Edipo senza sfinge* (*Il Dramma*, 1982). A versão italiana de *O Outro Lado do Rio* foi publicada por *Filmcritica*, 1962.

29. Poucas as coletâneas publicadas: *Angra*, Gela, 1973; *Novecento letto&erario*, Roma, Cartia, 1975; *Despedidas*, Pisa, Valenti 1976; *Le immagini del mondo*, Veneza, Rebellato, 1978; *E Dove e Quando e Come*, Veneza, Rebellato, 1980; *Privato minimo*, Roma, Quaderni di Piazza Navona, 1980. Ver, neste volume, a Bibliografia Brasileira.

30. Publica livros de história literária e teatral (entre os quais, *Teatro da ieri a*

Boal (*Rivoluzione alla Sudamericana*, Torino, Einaudi, 1962) e Dias Gomes (*O Pagador de Promessas*, que encena na escadaria da Igreja de San Miniato em Florença). Como membro do conselho diretivo do Instituto do Drama Italiano, viaja por toda a Europa pronunciando palestras e participando de congressos; é colaborador de revistas, periódicos, jornais (*L'Avanti*), rádios e televisão (*Rai*). A partir de 1972, a sua atividade teatral se rarefaz[31], devido ao duplo cargo de professor de Literatura Brasileira na Universidade La Sapienza, de Roma, onde inaugura a cátedra, e de diretor da Academia Nacional de Arte Dramática Silvio D'Amico. Aportando a tumultuada carreira à sua vocação originária – a missão pedagógica – leciona com paixão até 1980, ano em que encerra sua longa viagem sobre a terra.

domani, Firenze, La Nuova Italia, 1972, que recebe o Prêmio IDI para a crítica; *Guida per lo spettatore di teatro*, Messina/Firenze, D'Anna, 1973, e *Le rondini di Spoleto*, Svizzera, Munt Press, 1977), além de inúmeras monografias didáticas (Faulkner, Hemingway, Rimbaud, Íbsen, Campana, entre outros) e introduções à obra de O'Neill, Maeterlinck, Bernard Shaw, Rosso di San Secondo etc. A obra-prima é o póstumo *L'avventura del Novecento*, organizado por Anna Dolfi, Milão, Garzanti, 1984.

31. Salvo o predileto Pirandello no Piazzale Caos, em Agrigento monta em 1978 *O Outro Filho* e *A Sagra do Senhor do Navio*, em 1979 *Lazaro*.

Bibliografia Brasileira de Ruggero Jacobbi

A compilação reúne a produção crítica completa de Jacobbi no Brasil, na forma de artigos, resenhas de teatro e cinema, ensaios e entrevistas publicadas, por meio de jornais e revistas, entre 1948 e 1962; apresentações de peças ou outras contribuições para programas de espetáculos; alguns textos autorais (em prosa e verso) escritos no período brasileiro e publicados em italiano ou inéditos. Os textos de artigos, críticas, notas e resenhas publicados em jornais (I), ensaios e entrevistas publicados em revistas (II), foram localizados no arquivo particular de Mara e Laura Jacobbi, em Roma (Arquivo Jacobbi); posteriormente, foram datados (tanto quanto possível), completados (quando necessário) e associados a eventos contemporâneos (com a finalidade de redigir os resumos), no arquivo da seção "Periódicos" da Biblioteca Nacional (BN) do Rio de Janeiro. Neste caso, como para poucos outros casos no arquivo paulista da *Folha de S. Paulo*, foi possível ampliar a bibliografia brasileira do autor com títulos ou notícias de colaborações para periódicos não localizados no arquivo romano; entre os periódicos brasileiros com os quais Jacobbi colaborou, contudo, alguns não oferecem mais acesso à pesquisa. Para abranger todas as fontes foi, portanto, necessário estruturar a compilação conforme critérios não homogêneos. A seção (I), coligida por ordenação cronológica, apresenta situação de completude variada para cada periódico.

Diário da Noite (Rio de Janeiro, 1948-1949) – coleção presente na BN mas ilegível, por causa do estado precário de conservação: matérias não datadas.

Folha da Noite (São Paulo, 1952-1956, edição vespertina da atual *Folha de S. Paulo*) – coleção BN completa: matérias localizadas e datadas.

Última Hora (São Paulo, 1951-1953) – coleção irresgatável após parcial incineração devida ao seqüestro e fechamento do jornal em 1964: matérias não datadas.

O Estado de S. Paulo (São Paulo, 1954-1962) – coleção BN completa: matérias datadas.

Correio do Povo (Porto Alegre, 1958-1960) – coleção BN completa: matérias localizadas e datadas.

Diversos artigos e ensaios foram selecionados pelo próprio autor para as três coletâneas publicadas na década de 1950, atualmente raríssimas, a saber:

A Expressão Dramática (*ED*). Rio de Janeiro, Instituto Nacional do Livro, 1956.

Artigos de teor ensaístico sobre clássicos da dramaturgia universal (reunindo Sófocles, Goldoni, Íbsen, Schiller e Pirandello), aos quais o autor junta algumas dinâmicas crônicas sobre os grandes protagonistas da cena moderna européia (Molnar, Verneuil, Mauriac, Gaston Baty, Renato Simoni e Paul Claudel, entre outros), bem como lúcidos fragmentos com análises de gênero (balé, pantomima, farsa, melodrama, *musical*, *noir*, teatro de arena). Sob o título de "Mestres do Dilúvio", são apresentados Schéhadé e Beckett. O "Caderno Secreto" fecha o volume com sintéticos lampejos de sua memória teatral de dois mundos.

Goethe, Schiller, Gonçalves Dias (*GSG*). Porto Alegre, Ed. URGS, 1958.

Analisados à luz do encontro entre mito e tragédia na Alemanha romântica e socialista, Goethe e Schiller são devolvidos à modernidade juntamente com o olvidado dramaturgo brasileiro a eles contemporâneo Gonçalves Dias, de cuja redescoberta Jacobbi se fez promotor entre 1953 e 1957.

O Espectador Apaixonado (*EA*). Porto Alegre, Ed. URGS, 1962.

Publicado pela universidade em que Jacobbi fundou a primeira graduação em Artes Cênicas do país, é uma homenagem ao mestre quando este já havia retornado para Itália. Com o fio vermelho do drama, qual idéia crítica no teatro moderno, Jacobbi resgata ousadas relações intertextuais e tece amplos panoramas entre história e cultura. Transita de Goethe a Musset, de O' Neill a Pirandello, de Goldoni a Shakespeare, Betti e Strindberg incluindo autores brasileiros como Oswald de Andrade e Machado de Assis.

Os textos de entrevistas e ensaios publicados em revistas, bem como de prefácios (II), textos teatrais, roteiros e traduções (III), e de contribuições ocasionais para programas de peças (IV), foram localizados nos arquivos brasileiros da Fundação das Artes do Ministério da Educação e Cultura (Funarte, Rio de Janeiro), do Centro Cultural de São Paulo (Idart, São Paulo), do Museu Lasar Segall (São Paulo), da Biblioteca Pernambuco de Oliveira e do Projeto Um Estudo sobre o Cômico, da Universidade do Rio de Janeiro (UNI-RIO), além de que em arquivos particulares como o arquivo de Gianni Ratto, em São Paulo, e do próprio arquivo de Jacobbi, em Roma. Cada seção é organizada por ordem cronológica. Finalmente, a seção poética (V), relacionando somente as coletâneas datadas pelo próprio autor nos anos brasileiros (1946-1950), ou aquelas que contêm prosas ou versos em português, foi recolhida no Arquivo Contemporâneo do Gabinetto G.P. Vieusseux, em Florença, ao qual o imenso acervo de fontes italianas de Jacobbi tem sido doado, sendo em seguida organizado e disponibilizado para consulta.

A datação das fontes brasileiras foi realizada em 1997, sob o patrocínio de uma bolsa de intercâmbio que me foi concedida pelo Ministério do Exterior italiano, por solicitação da professora Anna Dolfi, da Universidade de Florença, e do professor Ezio Raimondi, da Universidade de Bolonha. A produção crítica de Jacobbi, entrelaçada às suas realizações como diretor de teatro, cinema e tevê, foi objeto de minha dissertação de mestrado na UNI-RIO, financiada pela Capes, e defendida no ano de 2000. Sua publicação parcial foi garantida, na Itália, pela concessão do Prêmio Conti para estudos sobre emigração. A presente compilação, redigida conforme critérios o mais possível coerentes com os adotados para a "Bibliografia generale di Ruggero Jacobbi" – listagem informática do catálogo do Gabinetto Vieusseux[1] –, já apareceu em italiano no volume *L'eclettico Jacobbi*, organizado por Anna Dolfi (Roma, Bulzoni, 2003). Não há palavras para agradecer o incansável incentivo ao rigor filológico, a confiança e paciência com que a profª Dolfi procede no papel de capitão da literária arca em que é preciso salvar a memória de Jacobbi. A todos os funcionários dos arquivos públicos consultados devo a gentileza de um atendimento sempre impecável; a Maria de Fátima Assunção, pesquisadora da UNI-RIO, agradeço o imprescindível apoio técnico da digitação e o minucioso suporte na localização das mais árduas datações.

Há muitos anos projetada e anunciada, a publicação de uma antologia de escritos em português de Jacobbi vem despertando tamanho interesse no meio teatral e jornalístico do Brasil que, na expectativa, alguns textos até já apareceram em 2002, na antologia das melhores matérias da *Folha de S. Paulo*, jornal para o qual haviam sido originariamente concebidos e que sempre acalentou o projeto da coletânea, inclusive dedicando-lhe ampla reportagem[2].

Chegando finalmente a organizar a presente coletânea de críticas e ensaios brasileiros de Jacobbi, deparei-me com a árdua tarefa de selecionar os "melhores". Sem querer esgotar a tarefa, acabei adotando um critério de recorte temático bastante subjetivo e, como tal, opinável: apostei no resgate arqueológico das muitas facetas da personalidade de Jacobbi, aparecendo por fragmentos que induzem o leitor à desconstrução e reconstrução do mosaico existencial e histórico. Tal critério, ilustrado no prefácio, por um lado tenta valorizar a peculiaridade *crítica* do olhar de Jacobbi no panorama intelectual que acompanha a "renovação", e por outro lado faz emergir o seu legado *pedagógico* de idéias e memória migrantes na confluência das latitudes. Entretanto, a consciência da mínima representatividade dos textos selecionados, ou até mesmo a saudade de uma impossível publicação completa, me impõem anexar a presente Bibliografia brasileira de Jacobbi como complementação necessária e possivelmente exaustiva: um catálogo de fontes colocadas à disposição para futuras pesqui-

1. Catálogo em CD-Rom, org. por Francesca Polidori, anexo à reimpressão fotostática de Jacobbi, *Le rondini di Spoleto*, Trento, La Finestra, 2001.

2. "Pesquisadora traz à Tona Ruggero Jacobbi", entrevista com AV, por Valmir Santos, *Folha de S. Paulo*, Ilustrada, 3.1.2001. Com depoimentos de Antunes Filho, Zé Renato, Fernando Peixoto, Gerd Bornheim, Zé Celso entre outros. Aproveito aqui para agradecer a *Folha* e todos os amigos e mestres que me incentivaram a manter o projeto à qualquer custo.

sas. Apesar de ser árida a sua consulta, o catálogo pretende atrair a curiosidade do leitor e provocá-lo no que diz respeito à urgência de ulteriores explorações e de resgates mais espetaculares da extraordinária personalidade de Jacobbi.

Legenda:

cri.	crítica de espetáculo
art.	artigo teórico com assunto precípuo
nota	nota de crônica da agenda teatral nacional, italiana e internacional
apres.	apresentação de peça, pessoa, companhia, movimento
trad.	tradução
cia.	companhia teatral
dir.	direção
esp.	espetáculo
PA	Porto Alegre
SP	São Paulo
RJ	Rio de Janeiro
TBC	Teatro Brasileiro de Comédia (São Paulo)
EAD	Escola de Arte Dramática (São Paulo)
TMDC	Teatro Maria Della Costa
(→)	republicado em
(*)	republicado neste volume
(s/d)	não datado

Os arquivos são indicados por extenso. Quando não indexadas pela legenda, as abreviações são indicadas por extenso na primeira citação. Os títulos das obras são indicados, sempre que possível, no original e na versão brasileira consagrada. Quando presente no título da matéria, o título da peça é indicado no resumo com *idem*.

I. ARTIGOS, CRÍTICAS, NOTAS E RESENHAS DE TEATRO E CINEMA

Diário da Noite, Rio de Janeiro, 1948-1949. Seção: Crítica Cinematográfica, sem assinatura (em alguns casos, aparecem as iniciais).

"O Cinema Inglês" (s/d).	(art. sobre o cinema inglês)
"Hollywood e Londres" (s/d).	(art. comparativo)
"*Angela e Satanaz*" (s/d).	(cri. *idem*, de von Stronheim)
"*A Mulher Perdida*" (s/d).	(cri. *La femme éperdue*, de Jean Choux)
"*O Circo*" (s/d).	(cri. *idem*, de Cantinflas, comparado com Chaplin)
"*O Circo*" (s/d).	(cri. ao mesmo filme)
"*E os Anos Passaram*" (s/d).	(cri. *More Wore Tights*, de W. Lang, com Betty Grable)
"*E os Anos Passaram*" (s/d).	(cri. ao mesmo filme)

"*Corpo e Alma*" (s/d).	(cri. *Body and Soul*, de Robert Rossen)
"*Corpo e Alma*" (s/d).	(cri. ao mesmo filme)
"*O'Neill e o Cinema*" (s/d).	(cri. *Mourning Becomes Electra*, de Dudley Nichols)
"*Sempre te Amei*" (s/d).	(cri. *That's My Man*, de Frank Borzage)
"*Sempre te Amei*" (s/d).	(cri. ao mesmo filme)
"*Simbad, o Marujo*" (s/d).	(cri. *Simbad the Sailor*, de Richard Wallace)
"*Serenata às Nuvens*" (s/d).	(cri. *Sérénade aux nuages*, de André Caratte, com Tino Rossi)
"*Pequena Scampolo*" (s/d).	(cri. *Scampolo*, de Nuzio Malasomma, com Amedeo Nazzari)
"*A Dama de Shangai*" (s/d).	(cri. *The Lady from Shangai*, de Orson Welles)
"*Reconciliação*" (s/d).	(cri. *idem*, de Roy Rowland)
"*Reconciliação*" (s/d).	(cri. ao mesmo filme)
"*O Gênio e o Rouxinol*" (s/d).	(cri. *idem*, de Guido Brignone)
"*O Gênio e o Rouxinol*" (s/d).	(cri. ao mesmo filme)
"*O Demônio de Paris*" (s/d).	(cri. *idem*, de Pierre Benoit)
"*O Demônio de Paris*" (s/d).	(cri. ao mesmo filme)
"*Sem Sombra de Suspeita*" (s/d).	(cri. *idem*, de Michael Curtiz)
"*O Homem sem Coração*" (s/d).	(cri. *idem*, de Albert Lewin)

Folha da Noite, São Paulo (SP), 1952-1956. Seção: Crítica Teatral, segundo caderno, enquadrada com destaque /Espetáculo – Ruggero Jacobbi.

1952

OUTUBRO 1952

15.10.1952	"Adeus, Antígone" (cri. *Antígone* de Sófocles-Anouilh, dir. A. Celi, no TBC-SP)
16.10.1952	"Gaston Baty" (apres. de G.B., diretor francês do Cartel). (→*ED*, p. 107)
17.10.1952	"Armando Couto e Nicette Bruno" (cri. ao repertório do Teatro deAlumínio-SP)
20.10.1952	"Um Amor de Bruxa" (cri. *Bell, Book and Candle*, de Van Druten, no Teatro de Alumínio-SP)
21.10.1952	"Renovação do Melodrama" (apres. de Adolphe Appia, cenógrafo suíço). (→*ED*, p. 135)*
22.10.1952	"*Mr. Bo'ble* vem Aí" (apres. de George Schéhadé, *Monsieur Boble*, montado pelos alunos da *EAD*)
23.10.1952	"Os Mestres do Dilúvio" (art. sobre surrealismo e arte: ausência de teatro no movimento). (→*ED*, p. 157)*
24.10.1952	"Poesia e Mensagem do *Mr. Bo'ble*" (cri. ao mesmo texto). (→*ED*, p. 160)
28.10.1952	"Poesia e Mensagem do *Mr. Bo'ble*" (continua cri. ao mesmo esp.)
29.10.1952	"A Atriz Alda Garrido" (apres. de A. G., comparada com casos europeus de grandes atrizes tradicionais)
30.10.1952	"Teatrinhos" (nota sobre experiências amadoras no RJ e SP)

31.10.1952 "Hollywood não Prevalece" (nota sobre a turnê de V. Gassmann e L. Squarzina nos Estados Unidos; sucesso em Londres da atriz italiana Anna Proclemer)

NOVEMBRO 1952

3.11.1952 "Teatro Polonês" (apres. da dramaturgia polonesa). (→*O Estado de S. Paulo*, 15.3.1958, SL n. 73, p. 5)

4.11.1952 "Desânimo" (art. sobre a anunciada "crise do teatro" solicitando o Teatro da Crise)*

5.11.1952 "Teatro Sueco" (apres. do teatro sueco nacional-popular)

6.11.1952 "Camas Gêmeas, Cadáveres e Vigaristas" (art. sobre farsa e comédia americana). (→*ED*, p. 140)*

7.11.1952 "Ainda *Vá com Deus*" (cri. *Vá com Deus*, de Murray e Boretz, dir. Flaminio Bollini, no TBC-SP)*

10.11.1952 "Interpretação" (cri. ao mesmo esp., os intérpretes)

11.12.1952 "Funeral del rey" (*in mortem* de Luis Verneuil). (→*ED*, p. 104)

12.11.1952 "Mauriac e o Teatro" (apres. de F. M., dramaturgo francês). (→*ED*, p. 101)

13.11.1952 "Um Americano em São Paulo" (nota sobre Stanley Applebam, autor de Teatro Brasileiro)

14.11.1952 "Teatro Musicado" (art. sobre produção e arte no teatro de revista)

18.11.1952 "Renato Simoni" (*in mortem*). (→*ED*, p. 109)

19.11.1952 "Inteligentia de Arthur Hopkins" (apres. de A. H., diretor norte-americano)

20.11.1952 "São Paulo: Um Deserto" (nota sobre o movimento da cidade "em crise" por causa da superprodução)

21.11.1952 "Concerto para Cinco Vozes" (art. sobre o encontro imaginário com cinco personagens do mundo teatral)

22.11.1952 "Crítica e Indulgência" (art. sobre o exercício da autoridade crítica como pedagogia do gosto)*

24.11.1952 "A Temporada em Paris" (nota sobre a temporada teatral em Paris, estréia de G. Bernanos)

25.11.1952 "Poesia ou Melodrama?" (art. sobre Sartre e Cocteau). (→*ED*, p. 98)

26.11.1952 "A Hora dos Amadores" (art. sobre o papel dos amadores, alternativa ao vazio ideológico do teatro burguês)*

27.11.1952 "Ainda sobre Amadores" (nota sobre o movimento amador: fundação do Teatro Paulista do Estudante com ex-alunos do Centro de Estudos Cinematográficos e da EAD, sob supervisão de Jacobbi, com o objetivo de dedicar-se ao repertório nacional antigo e novo)

DEZEMBRO 1952

2.12.1952 "Teatro de Poesia" (art. sobre a necessidade da dramaturgia embasada na razão, franqueada de resíduos românticos)*

3.12.1952 "Experiência Escolar" (art. sobre a vocação didática dominante)*

4.12.1952 "Crítica e Indulgência" (art. sobre o exercício da crítica como pedagogia do gosto, continuação do dia 22.11)*

5.12.1952 "*Monsieur Brotonneau*" (cri. *idem*, de De Flers-Caillavet, pela Cia. Jaime Costa)
8.12.1952 "Tradição Nacional" (cri. à temporada da Cia. Teatro de Arte de Pernambuco-TAP)
9.12.1952 "Milagre em Pernambuco" (continuação da cri. a mesma Cia.)
10.12.1952 "G. A. Borgese e o Teatro" (apres. de G. A. B., dramaturgo italiano)
11.12.1952 "*Auto da Fé*" (cri. *idem*, de Tennessee Williams, ato único montado pelos alunos da EAD)
12.12.1952 "*Leonor de Mendonça*" (cri. *idem*, de Gonçalves Dias, montada pelos alunos da EAD)
15.12.1952 "*A Arca*" (cri. *idem*, montada pelos alunos da EAD)
16.12.1952 "O Teatro se Chama Feydeau" (cri. ao texto de Feydeau montado pelos alunos da EAD)
17.12.1952 "*A Calça* de Sternheim" (cri. *Die Hose*, de Sternheim, dir. Evaristo Ribeiro, montada por Cia. amadora)
18.12.1952 "*Quando a Lua Despontar...*" (cri. ao ato único de Tennessee Williams, dir. Armando Pascoal)
22.12.1952 "Resumo de 1952: o Repertório" (cri. coletiva)
23.12.1952 "Resumo de 1952: os Diretores" (cri. coletiva)
24.12.1952 "Resumo de 1952: os Intérpretes" (cri. coletiva)
26.12.1952 "Resumo de 1952: a Cenografia" (cri. coletiva)
29.12.1952 "Carta a Vittorio Gassmann" (nota sobre a primeira temporada em SP do Teatro d'Arte Italiano, dir. L. Squarzina)
30.12.1952 "Votos para 1953"

1953

JANEIRO 1953

5.1.1953 "Êxito Italiano em Paris" (nota sobre a consagração francesa de Ugo Betti, dramaturgo italiano de tom crepuscular)
6.1.1953 "Autores Nacionais" (cri. sobre a nova dramaturgia brasileira)*
8.1.1953 "*Week-end* não Irá a Cena" (cri. *Hay fever*, de Noel Coward, no Teatro de Alumínio)
9.1.1953 *"A Doce Inimiga"* (cri. *L'ennemie*, de Paul Antoine, montada pela Cia. Dulcina de Moraes no Teatro Santana)
12.1.1953 "Três Notas com Dedicatória" (nota sobre a temporada dos teatros SP)
13.1.1953 "Elizabeth da Inglaterra" (cri. *Maria Stuart* de Schiller, dir. Ziembinski, no TBC)
14.1.1953 "Notas de Atualidade" (cri. ao teatro de fantoches)
16.1.1953 "Traduções de Clássicos" (art. sobre a necessidade de atualizar as traduções de clássicos)
22.1.1953 "Dos Declamadores" (art. sobre a poesia como gênero que sobrevive no teatro). (→*ED*, p. 132)*
23.1.1953 "A Grande Notícia" (nota sobre a formação, no RJ, da Cia. Dramática Nacional, financiada pelo Serviço Nacional do Teatro)
27.1.1953 "Notas de Atualidade" (nota sobre a temporada da Broadway)
28.1.1953 "Rosso di San Secondo" (apres. do dramaturgo italiano)

29.1.1953 "A Volta de *Pega-Fogo*" (cri. *Poil de carotte*, de J. Renard, montado pelo TBC, dir. Ziembinski)

30.1.1953 "O Mito de Faust" (art. sobre *Faust*, de Marlowe e de Goethe, comparados). (→*GSG*, p. 11)*

FEVEREIRO 1953

2.2.1953 "*Irene*" (cri. *idem*, de Pedro Bloch, montada pela Cia. Dulcina de Moraes)

3.2.1953 "Uma Triste Experiência" (cri. aos espetáculos de Cia. amadora, dir. Felipe Wagner)

5.2.1953 "O Mito de Faust no Teatro" (continua art. do dia 30.1). (→*GSG*, p. 11)*

6.2.1953 "Os Três Rostos de Faust" (continua o mesmo art.). (→*GSG*, p. 15)*

9.2.1953 "O Mito de Faust na Música" (continua o mesmo art. sobre Wagner, Gounod, Berlioz, Boito, Busoni)

10.2.1953 "Grandes Esperanças" (apres. de jovens diretores brasileiros)

11.2.1953 "Novidades da Itália" (nota sobre a temporada italiana: Gassmann monta Shakespeare, Visconti monta Tchékov)

13.2.1953 "Ainda sobre o Teatro Lírico" (art. sobre o repertório lírico moderno)

18.2.1953 "Lazlo Meitner" (apres. de L. M., cenógrafo húngaro residente no RJ, esquecido pelo mercado teatral)

20.2.1953 "Notas de Atualidade" (nota sobre as novas traduções e montagens de Goldoni no Brasil)

23.2.1953 "Notas de Atualidade" (nota sobre o prêmio Saci, outorgado a Adolfo Celi pela dir. de *Antígone*, de Anouilh)

25.2.1953 "*Lohengrin* em Milão" (nota sobre von Karajan, diretor do Teatro alla Scala; Wagner no gosto das platéias latinas)

27.2.1953 "Pequena História da Comédie Française I" (art. retrospectiva sobre a C. F.)*

MARÇO 1953

2.3.1953 "Pequena História da Comédie Française II" (continuação do mesmo art. de 27.2.1953) *

3.3.1953 "A Nova Peça de Sartre" (cri. *L'ingranaggio*, no Piccolo Teatro de Milão, dir. Strehler)

4.3.1953 "Armand Salacrou" (apres. de A. S., dramaturgo francês)

5.3.1953 "Notas de Atualidade" (cri. *Tieste*, de Sêneca, no Teatro Valle, em Roma, dir. Squarzina, com Gassmann)

6.3.1953 "Atualidade de Pirandello" (art. sobre a dramaturgia de Pirandello e sua cia. com Marta Abba)

9.3.1953 "A Cia. Delmiro Gonçalves" (cri. aos espetáculos de cia. de vanguarda paulista)

10.3.1953 "Notas para Meditação" (nota sobre a crise econômica no Brasil)

11.3.1953 "Teatro de Arena" (nota sobre a inauguração do Teatro de Arena e decadência do palco italiano). (→*ED*, p. 138)*

16.3.1953 "Seis Novas Companhias" (nota sobre a inauguração do Teatrinho Íntimo com seis Cias. experimentais)
18.3.1953 "Notas de Atualidade" (apres. de *Divorçons*, de V. Sardou, no TBC, dir. Ziembinski)
19.3.1953 "*A Falecida Sra. Blake*" (cri. *idem*, montada pela Cia. Jaime Costa)
20.3.1953 "Margarida, Jaime & co." (continuação da cri. ao mesmo esp., os intérpretes)
23.3.1953 "Para Início de Conversa: é Sardou" (apres. de V. Sardou)*
25.3.1953 "Ziembinski Faz das Suas" (cri. ao mesmo esp., a dir.)*
26.3.1953 "*Divórcio para Três*" (cri. ao mesmo esp., o texto)*
27.3.1953 "Cacilda, Maurício & co." (cri. ao mesmo esp., os intérpretes)
31.3.1953 "Apelo ao Sr. Jânio Quadros" (carta ao prefeito de SP, em favor do Teatro Experimental do Negro)*

ABRIL 1953

10.4.1953 "Um Poeta Entra em Cena" (apres. de José Paulo Moreira de Fonseca, poeta religioso). (→*ED*, p. 112)
13.4.1953 "*Esta Noite é Nossa*" (cri. *idem*, de Stafford Dickens, ato único montado pelo Teatro de Arena)
15.4.1953 "Movimento Teatral" (nota sobre a temporada paulista)
23.4.1953 "Introdução a Íbsen" (apres. de Brandt e Peer Gynt). (→*ED*, p. 42)
24.4.1953 "Íbsen e os Símbolos" (apres. de Brandt). (→*ED*, p. 45)
27.4.1953 "Íbsen e a Realidade" (apres. de *Os Espectros*). (→*ED*, p. 48)
30.4.1953 "Íbsen e o Indivíduo" (apres. de *Inimigo do Povo*, *O Pato Selvagem*, *Rosmerholm*, *Dama do Mar*). (→*ED*, p. 51)

MAIO 1953

4.5.1953 "O Último Íbsen" (apres. de *Edda Gabler*, *Pequeno Eyowlf*, *Gabriele Borkmann*). (→*ED*, p. 53)
6.5.1953 "Conclusões sobre Íbsen" (art. sobre o individualismo burguês contra o realismo clássico). (→*ED*, p. 56)
8.5.1953 "*Pancada de Amor*" (cri. *idem*, de Noel Coward)
13.5.1953 "Ainda *Pancadas de Amor*" (continuação da cri. ao mesmo esp.)
18.5.1953 "Notas de Atualidade" (nota sobre as novas produções em SP)
25.5.1953 "Notas de Atualidade" (nota sobre a estréia de Ugo Betti no Brasil)
27.5.1953 "Prelúdio para Ugo Betti" (apres. U. B., dramaturgo italiano)
28.5.1953 "Poesia e Teatro de Ugo Betti" (continua mesma apres.)

JUNHO 1953

1.6.1953 "Betti Conquista o Público" (cri. *Delito na Ilha das Cabras*, de Betti, dir. Rubens Petrilli)
2.6.1953 "Betti Chega à Maturidade" (cri. ao mesmo esp.)
9.6.1953 "Um Caso de Interpretação" (art. sobre o conceito de representação em arquitetura e pintura)
11.6.1953 "Morte de Ugo Betti" (*in mortem*)
12.6.1953 "*Na Terra como no Céu*" (cri. *idem*, de F. Hochwalder, no TBC, dir. Ziembinski)

15.6.1953 "Hochwalder e seus Intérpretes" (cri. ao mesmo esp., intérpretes e dir.)
24.6.1953 "Para Servi-la, Madame" (art. sobre o teatro de *boulevard*)
30.6.1953 "Qualis artifex" (nota sobre o fechamento do Centro de Estudos Cinematográficos de SP)*

JULHO 1953

1.7.1953 "Companhia Dramática Nacional" (carta aberta com proposta de repertório para a Cia. estável pública)
6.7.1953 "Os Meninos" (nota sobre os jovens atores formados pela EAD)
7.7.1953 "*A Morte de Danton*" (apres. *idem*, de Büchner, dir. Jean Vilar)
10.7.1953 "*Uma Mulher em Três Atos*" (cri. *idem*, de Vão Gogo [Millôr Fernandes], no TBC, dir. Celi)
13.7.1953 "Armando Couto e Ludi Veloso" (cri. ao mesmo esp., os intérpretes)
15.7.1953 "O Prêmio Martins Pena" (nota sobre o prêmio para novos dramaturgos nacionais)
16.7.1953 "Notas de Atualidade" (nota sobre a temporada em SP)
20.7.1953 "Notas de Atualidade" (continuação da mesma nota)
21.7.1953 "Notas de Atualidade" (continuação da mesma nota)
22.7.1953 "In memoriam" (apres. de Ruggero Ruggeri, ator italiano).
27.7.1953 "Nicette Bruno Venceu" (cri. *Ingênua até Certo Ponto*, de Hugh Herbert, montada pela Cia. Nicette Bruno)
30.7.1953 "O Prêmio Martins Pena" (nota sobre o êxito do prêmio)
31.7.1953 "Teatro Alemão na Alemanha" (nota sobre o panorama teatral alemão)

AGOSTO 1953

3.8.1953 "Teatro de Arena, n. 2" (cri. *Judas em Sábado de Aleluia*, de Martins Pena, montada pelo Teatro de Arena)
5.8.1953 "Agradecimento" (apres. de Franco Zampari, administrador do TBC)*
6.8.1953 "Teatro Velho e Novo" (art. sobre a tradição e renovação a partir de Pirandello)*
7.8.1953 "Notas de Atualidade" (nota sobre o Festival Nazionale del Teatro di Prosa, em Bolonha, e Piccolo Teatro de Gênova)
11.8.1953 "Notas de Atualidade" (nota sobre os jovens diretores brasileiros)
12.8.1953 "A Temporada em Londres" (nota sobre a produção de Noel Coward e temporada shakespeariana no OldVic)
14.8.1953 "Livros de Teatro" (apres. da edição Garzanti das obras de Plauto, ilustrada por De Chirico)
17.8.1953 "*A Toga Branca*" (cri. *idem*, de Ugo Betti, montada pelo Grupo Teatral Politécnico)
18.8.1953 "*A Toga Branca*" (continuação da cri. ao mesmo esp.)
19.8.1953 "Notas de Atualidade" (nota sobre a turnê do Piccolo Teatro em Veneza)
21.8.1953 "O Caso Proclemer" (apres. de A. P., atriz italiana lançada por Jacobbi)

24.8.1953 "Notas de Atualidade" (nota sobre a temporada no RJ)
25.8.1953 "Panorama Teatral" (nota sobre a publicação das cartas Artaud-Barrault)
27.8.1953 "Notas de Atualidade" (nota sobre as três estréias simultâneas de Pirandello em SP)
28.8.1953 "A Morte é uma Aventura" (apres. de *L'inconnue d'Arras*, de Armand Salacrou)

SETEMBRO 1953

1.9.1953 "A Vida tem Razão" (art. sobre Salacrou: monólogo como confissão pública)
2.9.1953 "Notas de Atualidade" (art. sobre as traduções ilustres)
3.9.1953 "Uma Grande Mentira" (cri. *A Milionária*, de G. B. Shaw, pela Cia. Eva Todor, dir. Willy Kelly)
4.9.1953 "Panorama Teatral" (apres. do Teatro de Vanguarda, com *A Desconhecida de Arras*, de Salacrou, dir. Jacobbi)
8.9.1953 "*O Doente Imaginário*" (art. sobre Molière: farsa e dança macabra como eixos de sua sensibilidade cômica)*
9.9.1953 "O Êxito de Jean Vilar" (nota sobre o VII Festival de Avignon)
11.9.1953 "Claudel, Salacrou, Clavel..." (nota sobre J.-L. Barrault no *Cristophe Colombe*, de Claudel, em Avignon)
14.9.1953 "Notícias de Paris" (apres. de ensaio de Jean Duvignaud sobre Ruggero Ruggeri, *Nouvelle revue dramatique*)
15.9.1953 "Panorama Teatral" (nota sobre a temporada em SP)
17.9.1953 "Duas Estréias"
21.9.1953 "Grandeza de Pirandello" (art. sobre a dramaturgia de Pirandello). (→*ED*, p. 89)
22.9.1953 "*Assim é (se lhes Parece)*" (cri. *Così è se vi pare*, de Pirandello, no TBC, dir. Celi)
24.9.1953 "*A Raposa e as Uvas*" (cri. *A Raposa e as Uvas*, de G. Figueiredo, montada pela Cia. Dramática Nacional)*
25.9.1953 "*Os Ratos*" (cri. *Die Ratten*, de Gerard Hauptmann, montado pela Cia. Lotte Sievers)
28.9.1953 "À Margem de Pirandello" (art. sobre Schopenhauer e sua influência sobre a estética de Pirandello)
30.9.1953 "Notas de Atualidade" (nota sobre a produção de teleteatro pela TV-Tupi de SP)

OUTUBRO 1953

6.10.1953 "*A Falecida*" (cri. *idem*, de Nelson Rodrigues, montada pela Cia. Dramática Nacional)*
7.10.1953 "*Week-end*" (cri. *Hay fever*, de Noel Coward, montada pelo Teatrinho Íntimo, dir. Antunes Filho)*
8.10.1953 "Notas de Atualidade" (nota sobre as produções teatrais alternativas em SP)
9.10.1953 "Uma Grande Estréia" (apres. *Canção Dentro do Pão*, de José Paulo Fonseca, montado pela Cia. Nydia Licia-Sérgio Cardoso)
12.10.1953 "*Canção Dentro do Pão*" (continua cri. ao mesmo esp., o texto)

13.10.1953 "Um Diretor e seus Intérpretes" (continua cri. ao mesmo esp., a dir.)
14.10.1953 "Notas de Atualidade" (cri. *Desire under the elms*, a O'Neill, dir. Martim Gonçalves)
15.10.1953 "*Uma Rua Chamada Pecado*" (cri. *A streetcar named desire*, de Tennessee Williams, dir. Marcos Jourdan)
16.10.1953 "Palavras a Marcos Jourdan" (cri. ao mesmo esp., a dir.)
20.10.1953 "De um Caderno Secreto" (apres. de Pirandello, Sacha Guitry, Betti)
21.10.1953 "Folhas da Memória" (apres. de Ludmilla Pitöeff, Bontempelli e Bonamano, o maquinista de A. G. Bragaglia)
22.10.1953 "Notas de Atualidade" (apres. de *Murder in the cathedral*, de T. S. Eliot, traduzido por Maria de Saudade Cortesão, montada pela Cia. Sérgio Cardoso, com cenários de Portinari)
29.10.1953 "*Manequim*" (apres. de *idem*, de H. Pongetti, próximo cartaz da Cia. Maria Della Costa)

NOVEMBRO 1953

3.11.1953 "Um Prêmio Literário" (nota sobre o Prêmio Dolores Barbosa para novos autores brasileiros)
4.11.1953 "Caderno Secreto" (art. sobre a fronteira entre poesia e lírica: canto como limite expressivo do ator e base para uma nova estética na interpretação)*
5.11.1953 "Confissões de Dois Mestres" (art. sobre Salacrou e Vilar)
6.11.1953 *Deus lhe Pague* (cri. *idem*, de Joracy Camargo, com Procópio Ferreira)*
9.11.1953 "Notas para um Poeta Morto" (*in memoriam* de Raffaele Calzini, dramaturgo italiano)
10.11.1953 "Teatro-escola e Cultura" (nota sobre a EAD: esforço paulista para transformar a bossa e o academicismo em processo cultural orgânico)
11.11.1953 "*Feliz Viagem*" (cri. *The happy journey to Trenton and Camden*, de T. Wilder, montada pela EAD)
12.11.1953 "Dialética da Pantomima" (art. sobre o gênero pantomima, comparada a teatro, cinema, ópera e TV). (→*ED*, p. 146)
20.11.1953 "*Se eu Quisesse...*" (cri. *Si je voulais*, de Paul Geraldy, montada pelo TBC, dir. Ziembinski)
27.11.1953 "O Festival de Veneza" (nota sobre o Festival di Teatro, de Veneza, inaugurado em 1953 por Jean Vilar)

DEZEMBRO 1953

1.12.1953 "Teleteatro Educativo" (nota sobre o projeto de teleteatro apresentado por Jacobbi à TV-Educativa de SP)
3.12.1953 "*O Feitiço da Vila*" (cri. *idem*, revista sobre Noel Rosa, dir. Paulo Soledade)
9.12.1953 "O Segredo de O'Neill" (art. sobre O'Neill como teórico do gênero melodrama trágico)
10.12.1953 "O' Neill" (cri. retrospectiva às montagens de O'Neill pelo diretor A. G. Bragaglia)

14.12.1953 "Exames na EAD" (cri. à apresentação final na EAD)
16.12.1953 "*Paquebot tenacity*" (cri. *idem*, de Jacques Vildrac, montada pela EAD)
17.12.1953 "*Notícia de Paris*" (nota sobre a temporada em Paris: *Cristophe Colombe*, de P. Claudel, dir. J.-L. Barrault)
18.12.1953 "Da Itália" (nota sobre o cinema romano e o teatro milanês)
21.12.1953 "*É Proibido Suicidar-se em Primavera*" (apres. de *idem*, de Alejandro Casona, que Jacobbi vai traduzir)
23.12.1953 "*Improvisos e Noturnos*" (cri. ao Teatro da Meia Noite, revista satírica com textos de Jacobbi, Celi e outros)*
28.12.1953 "*Uma Certa Cabana* e Outros" (nota sobre a temporada em SP, cri. *La petite hutte,* de A. Roussin, no TBC, dir. Celi)
30.12.1953 "O Teatro no Mundo" (apres. da TV francesa: revisitação de clássicos em novos clássicos de direção)

1954

JANEIRO 1954

7.1.1954 "Retrato de um Lutador" (apres. de Franco Zampari, fundador do TBC)*
8.1.1954 "Mestres Brasileiros" (apres. de Roberto Gomes, Paulo Gonçalves, Machado de Assis: dramaturgos românticos montados pelo Teatro Nicette Bruno, dir. Jacobbi)
11.1.1954 "Novidades Editoriais" (apres. de publicação da nova dramaturgia)
13.1.1954 "Festival Roberto Gomes" (apres. de R.G., dramaturgo romântico: sobre memória e cultura)
18.1.1954 "Dramas e Melodramas" (nota sobre *La mandragola* de Maquiavel, dir. Sergio Tofano, e outros cartazes europeus)
19.1.1954 "Notas de Atualidade" (nota sobre a experiência dos atores brasileiros na TV)
20.1.1954 "Notas de Atualidade" (nota sobre a troca: atores de teatro na TV e a TV prestigiando a arte teatral)
21.1.1954 "Caderno Secreto" (apres. de A. G. Bragaglia)*
26.1.1954 "Notícias de Paris" (nota sobre a temporada em Paris)
27.1.1954 "O Caso Betti" (nota sobre o triunfo de Betti na temporada francesa)

FEVEREIRO 1954

1.2.1954 "*Brasil Romântico*" (apres. de manifestações para o IV Centenário de SP, com festival de comédia romântica, dir. Jacobbi)
4.2.1954 "Teatro Alemão" (nota sobre os teatros estáveis na Alemanha, em atividade permanente, comparados com os italianos)
5.2.1954 "Notas de Atualidade" (apres. de Gianni Ratto, novo diretor e cenógrafo do Teatro Popular de Arte; sua presença com Jacobbi, Strehler, Grassi e Landi na fundação e na história do Piccolo Teatro de Milão)
10.2.1954 "*A Herdeira*" (cri. *The american*, de Henry James, montada pela Cia. Bibi Ferreira; paralelo Proust-James)*

11.2.1954 "Panorama Teatral" (nota sobre Jean Vilar e Jean-Luis Barrault: estética popular ou virtuosismo)

18.2.1954 "Dois Visitantes" (apres. de Turi Vasile, ator italiano, colega de Jacobbi no Teatro Universitário de Roma; e de J. P. Moreira de Fonseca, autor de *Dido e Enea*, anunciada para o Teatro de Vanguarda, no TBC)

22.2.1954 "Notas de Atualidade" (apres. de *Amor* vs *Casamento*, de Maxwell Anderson, dir. Carla Civelli)

MARÇO 1954

5.3.1954 "Diário de um Carnaval" (nota sobre os casamentos e as férias de artistas)*

8.2.1954 "Notas de Atualidade" (nota sobre o teleteatro e sua missão pedagógica)

15.3.1954 "*O Imperador Galante*" (cri. *idem*, de G. de Magalhães, montada pela Cia. Dulcina e Odilon para as manifestações do IV Centenário de SP)

16.3.1954 "Uma Encenação Importante" (cri. ao mesmo esp.)

22.3.1954 "*Ingenuidade*" (cri. *idem*, de Van Druten, montada pela Cia. Nicette Bruno)

23.3.1954 "Teatro Alemão" (nota sobre a afirmação de Betti nos países de língua alemã)

24.3.1954 "Panorama Europeu" (nota sobre o sucesso, na Alemanha, de *Sangue Verde*, de Giovannetti, e montagens de Pirandello, dir. Gustav Grindgens)

25.3.1954 "Notícias da Itália" (nota sobre a turnê de *Amleto*, dir. Gassmann-Squarzina)

29.3.1954 "Panorama Internacional" (nota sobre a consagração da nova geração de diretores: Strehler-Kazan)

ABRIL 1954

7.4.1954 "Festival Martins Pena" (nota sobre o festival de dramaturgia, nas manifestações para o IV Centenário de SP)

9.4.1954 "Três Vezes Martins Pena" (apres. de três comédias montadas pela EAD para o Festival)

12.4.1954 "*Os Mortos sem Sepultura*" (cri. *Morts sans sepulture*, de J. P. Sartre, no TBC, dir. Bollini)*

13.4.1954 "Inteligência de Sartre" (cri. ao mesmo esp., o texto)*

20.4.1954 "Conclusões sobre *Os Mortos*" (cri. ao mesmo esp., os intérpretes)*

23.4.1954 "*Conflito sem Paixão*" (cri. *Lotta fino all'alba*, de Ugo Betti, no TINB, dir. Carla Civelli)

26.4.1954 "Madalena: Primeiro Passo" (apres. de nova companhia paulista com Madalena Nicol)

28.4.1954 "*Obrigado pelo Amor de Vocês*" (cri. *idem*, com Rodolfo Meyer)

30.4.1954 "Notas de Atualidade" (nota sobre temporada em SP)

MAIO 1954

5.5.1954 "Introdução à Tragédia de Sófocles" (art. sobre a fortuna crítica neoclássica e romântica de Sófocles)

6.5.1954 "A *Electra* de Sófocles" (cri. *Electra*, de Sófocles, dir. Alberto Cavalcanti)

12.5.1954 "*Um Dia Feliz*" (cri. *idem*, de Emile Mazaud, dir. Ziembinski)

20.5.1954 "*Electra*" (continua cri. ao mesmo esp. do dia 6.5)

24.5.1954 "*Uma Mulher e Três Palhaços*" (cri. à *Voulez-vous jouer avec moi*, de Marchel Achard, no Teatro de Arena)

28.5.1954 "*Le misanthrope*" (cri. *idem*, de Molière, montada pelo Theâtre National Populaire, dir. J.-L. Barrault)*

JUNHO 1954

1.6.1954 "Molière, Gide, Anhouil" (apres. do repertório do Theâtre National Populaire)

2.6.1954 "*Anfitrion*" (cri. *idem,* de Molière, montado pelo Theâtre National Populaire, dir. J.-L. Barrault)*

4.6.1954 "A Inteligência não Basta" (cri. ao mesmo esp.: dir.)*

7.6.1954 "*O Pensamento*" (cri. *Mysl'*, de Andreiév, dir. Carla Civelli)

14.6.1954 "Notas de Atualidade" (apres. da turnê do Piccolo Teatro de Milão em SP)

18.6.1954 "Vem aí o Piccolo Teatro" (entrevista com Paolo Grassi)

22.6.1954 "Introdução ao Piccolo" (apres. da política cultural do Piccolo Teatro)*

24.6.1954 "O Repertório do Piccolo" (apres. do repertório do Piccolo Teatro)*

JULHO 1954

5.7.1954 "O Piccolo Chegou" (apres. da temporada do Piccolo Teatro no Teatro Santana, SP)*

6.7.1954 "Notas de Atualidade" (nota sobre os outros cartazes em SP)

7.7.1954 "*Arlequim, Servidor de Dois Amos*" (cri. *Arlecchino servitor di due padroni*, de Goldoni, dir. Strehler)*

8.7.1954 "*Electra*" (cri. *Elettra*, de J. Giraudoux, dir. Strehler)*

12.7.1954 "Pirandello e Buzzati" (cri. ao repertório italiano do Piccolo, dir. Strehler)

14.7.1954 "De Shakespeare ao Naturalismo" (art. sobre o estilo do Piccolo e dir. Strehler)

16.7.1954 "*Nostra dea*" (cri. *idem*, de Bontempelli, dir. Strehler)

19.7.1954 "Notas de Atualidade" (nota sobre a recepção do Piccolo Teatro em SP)

22.7.1954 "*O Noroeste Soprou*" (cri. *idem*, de E. da R. Miranda, no TBC, dir. Ziembinski)

26.7.1954 "Duas Peças de Clô Prado" (apres. das novas produções de C. P., dramaturga paulista)

28.7.1954 "*A Filha de Iorio*" (apres. *La figlia di Iorio*, de D'Annunzio, dir. Jacobbi, homenagem da comunidade italiana para o IV Centenário de SP)

AGOSTO 1954

2.8.1954 "*Leonor de Mendonça*" (apres. *idem*, de Gonçalves Dias, a ser montada para o IV Centenário de SP)

6.8.1954 "Panorama Teatral" (nota estréia a paralela de *A Filha de Iorio* e *Leonor de Mendonça*)

10.8.1954 "*Leonor de Mendonça*" (cri. *idem*, texto em seu contexto romântico)*

12.8.1954 "A Tragédia e seus Intérpretes" (cri. ao esp. no TBC, dir. Celi)

18.8.1954 "Notas de Atualidade" (nota sobre a turnê da Cia. Benassi no Teatro Municipal, RJ)

20.8.1954 "Panorama Europeu" (nota sobre a temporada nas capitais européias)

23.8.1954 "Elas são Formidáveis" (apres. de papéis femininos nas comédias de Roussin)

31.8.1954 "Notas de Atualidade" (apres. de *A Filha de Iorio*, de D'Annunzio, dir. Jacobbi)

SETEMBRO 1954

3.9.1954 "D'Annunzio e o Teatro" (apres. de *La cittá morta*, *Francesca da Rimini*, *La figlia di Iorio* e *La fiaccola sotto il moggio*)

14.9.1954 "Daqui não Saio" (carta aberta à cidade sobre a função da cultura italiana em SP)

15.9.1954 "Panorama Paulista" (nota sobre o grande público popular de *A Filha de Iorio*: política de preço mínimo)

20.9.1954 "Dois Retratos" (apres. de Theo Lingen, ator de *boulevard* em Berlim; e de Villa-Lobos, músico brasileiro)

21.9.1954 "*O Prazer da Honestidade*" (cri. *Il piacere dell'onestà*, de Pirandello, dir. Carla Civelli)

OUTUBRO 1954

4.10.1954 "*Lampião*" (cri. *idem*, de Rachel de Queiroz, o primeiro texto sobre o Nordeste, no Teatro Municipal, RJ)

7.10.1954 "Festival de Teatro Amador" (SP)

11.10.1954 "Rachel de Queiroz e o Teatro" (continua cri. de 4.10.1954, o texto)

12.10.1954 "Lampião do Livro para o Palco" (cri. ao mesmo esp., dir. Bibi Ferreira)

15.10.1954 "Notas de Atualidade" (apres. da revista italiana *Intervallo*)

18.10.1954 "Pirandello Contra o Pirandellismo" (art. sobre Pirandello e os seus imitadores)

28.10.1954 "Teatro Maria Della Costa" (apres. de Gianni Ratto, dir. do Teatro Maria Della Costa em SP)

29.10.1954 "*A Cartomante*" (cri. *A Cartomante*, de Maria Wanderley Menezes, dir. da autora)

NOVEMBRO 1954

3.11.1954 "O Milagre da Rua Paim" (nota sobre a inauguração do Teatro Maria Della Costa, TMDC, SP)*

4.11.1954 "*O Canto da Cotovia*" (cri. *L'alouette*, de J. Anouilh, no TMDC, dir. Ratto)

8.11.1954 "Notas de Atualidade" (*in mortem* de Oswald de Andrade, poeta e dramaturgo brasileiro)

10.11.1954 "Direção de Gianni Ratto" (continua cri. de 4.11: dir., cenário e figurinos de Gianni Ratto)*

11.11.1954 "*Joana e o Delfim*" (cri. ao mesmo esp.: intérpretes Maria Della Costa e Sérgio Britto)*

12.11.1954 "Conclusões sobre a *Cotovia*" (cri. ao mesmo esp.)

16.11.1954 "*O mais Feliz dos Três*" (cri. *Le plus heureux des trois*, de Labiche, dir. Carla Civelli)

18.11.1954 "*Corrupção no Palácio de Justiça*" (cri. *Corruzione a Palazzo di Giustizia*, de Ugo Betti, montada pelo grupo amador da USP)

23.11.1954 "*Sinhá Moça Chorou*" (cri. *idem*, de Ernani Fornari, dir. Sérgio Cardoso)*

24.11.1954 "*Candida*" (cri. *idem*, de G. B. Shaw, no TBC, dir. Ziembinski)

25.11.1954 "Nydia Licia, Sinhá Flor" (continua cri. de 23.11: a protagonista N. L.)*

26.11.1954 "Retrospecto dos Festivais" (nota sobre os festivais na França)

DEZEMBRO 1954

1.12.1954 "Teatro em Paris" (nota sobre a lei para a proteção dos direitos autorais na França)

2.12.1954 "Panorama Internacional" (nota sobre as temporadas nas capitais do mundo)

3.12.1954 "Pequena Homenagem" (apres. de Alice Pincherle, fonoaudióloga italiana que cuida da voz de atores em SP)

13.12.1954 "Exames na EAD"

14.12.1954 "A Descoberta de um Novo Mundo" (art. sobre as diversas versões do mito de C. Colombo: Claudel, Exbrayat, Morvan Lebesque, Lope de Vega)

17.12.1954 "Experiência de Luís de Lima" (apres. de L. de L., mimo português com formação clássica, em SP)

20.12.1954 "Homenagem a Maria Della Costa" (apres. de M. Della C., no legado da atriz ítalo-paulista Itália Fausta)

23.12.1954 "Teatro de Jorge Andrade" (apres. de J. A., dramaturgo paulista estreante)*

1955

JANEIRO 1955

10.1.1955 "*Assassinato a Domicílio*" (cri. *Dial M for murder*, de Frederic Knott, no TBC, dir. Celi)

12.1.1955 "O TAP em São Paulo" (cri. à temporada do Teatro Amador de Pernambuco)

17.1.1955 "*A Casa de Bernarda Alba*" (cri. *idem*, de Garcia Lorca, montada pelo TAP)

21.1.1955 "Teatro Popular" (apres. do programa do Teatro Maria Della Costa, já Teatro Popular de Arte)*

24.1.1955 "*Esquina Perigosa*" (cri. *Dangerous corner,* de Priestley, montada pelo TAP)

27.1.1955 "Amarga é a Glória" (art. sobre o mundo da ópera na Itália como tradição tipificada). (→*ED*, p. 115)

28.1.1955 "Georges Feydeau" (apres. de G.F., maitre à penser de várias gerações de dramaturgos)

31.1.1955 "*A Pulga atrás da Orelha*" (cri. *La pouce à l'oreille*, de Feydeau, no TMDC, dir. Ratto)

FEVEREIRO 1955

9.2.1955 "*A Rosa dos Ventos*" (cri. *idem*, de Claude Spaak, no Teatro de Arena, dir. José Renato)

10.2.1955 "*Uma Morte sem Importância*" (cri. *Une morte sans importânce*, de Yvain Noé, dir. Graça Mello)

11.2.1955 "*Está Lá Fora um Inspetor*" (cri. *An inspector calls*, de Priestley, no Teatro de Arena)

17.2.1955 "Autores Paulistas" (apres. de novos dramaturgos paulistas)*

28.2.1955 "Gassmann no Brasil" (apres. da turnê de Gassmann: sutil inteligência filológica na tradição do grande ator)

MARÇO 1955

1.3.1955 "Poesia e Glória de Paul Claudel" (*in mortem*). (→*ED*, p. 122)

7.3.1955 "*Santa Marta Fabril S. A.*" (cri. *idem*, de Abílio Pereira de Almeida, no TBC, dir. Celi)*

17.3.1955 "A Nova Tradução de *Hamlet*" (apres. da versão adaptada por Jacobbi para o Teatro de Arena)

24.3.1955 "*Iphigenie auf Tauris*" (cri. *idem*, de Goethe, em alemão, no Teatro de Cultura Artística). (→*GSG*, p. 21)

28.3.1955 "Temporada Alemã" (apres. de Toller, Kaiser, Wedekind, dramaturgos inéditos no Brasil)

ABRIL 1955

4.4.1955 "*Os Três Maridos de Madame*" (cri. *idem*, de Ciro Bassini, dramaturgo ítalo-paulista)

11.4.1955 "Silveira Sampaio" (apres. de *Deu Freud Contra*, de S. S., no TMDC)

12.4.1955 "Silvio D'Amico" (*in mortem*)*

14.4.1955 "*Iphigenie* no TCA" (cri. *Iphigenie auf Tauris*, de Goethe, declamada no Teatro de Cultura Artística)

20.4.1955 "*Deu Freud Contra*" (cri. *idem*, de Silveira Sampaio: o texto)

25.4.1955 "*Rosmersholm*" (cri. *idem,* de Íbsen, montada pela Cia. de estudantes de Direito da USP)

28.4.1955 "Rubem Varga" (apres. de R. V., violonista brasileiro)

29.4.1955 "Pequeno Teatro Popular" (nota sobre o surgimento de novo grupo de ex-alunos da EAD)

MAIO 1955

4.5.1955 "Novidades do Teatro de Arena" (nota sobre a temporada do Teatro de Arena, com Shakespeare e Pirandello)

9.5.1955 "*A Moratória*" (cri. *idem*, de Jorge Andrade, no TMDC, dir. Gianni Ratto)*

19.5.1955 "*S. Excia em 26 Poses*" (cri. *idem*, de Silveira Sampaio)

20.5.1955 "Retoma Fôlego o Teatro do Estudante" (apres. do Teatro Paulista do Estudante, fundado por Jacobbi)

30.5.1955 "Repertório do TNB" (apres. do Teatro Nacional da Bélgica, dir. Maurice Vaneau)

JUNHO 1955

3.6.1955 "*A Rua da Igreja*" (cri. *The cross road*, de Lennox Robinson, no Teatro de Arena, dir. Zé Renato)

6.6.1955 "Os Editores e o Teatro" (nota sobre as publicações de dramaturgia)

7.6.1955 "Notícia" (nota sobre futura montagem de *La locandiera*, de Goldoni, no TMDC, dir. Jacobbi e cenário de Gianni Ratto)

20.6.1955 "Confissões de Strindberg" (apres. da dramaturgia de S.)

21.6.1955 "Notas de Atualidade" (nota sobre a turnê da Cia. Renzo Ricci-Eva Magni)

22.6.1955 "Strindberg e a *Tempestade*" (art. sobre Strindberg, *beau vieillard*, comparado com Prospero da Tempestade)

27.6.1955 "Notas de Atualidade" (nota sobre o Festival Pirandello no Teatro de Arena)

JULHO 1955

1.7.1955 "Panorama Teatral" (apres. de dois clássicos da comédia: *Volpone*, no TBC, *Mirandolina*, no TMDC)

4.7.1955 "*La chausse aux sorcières*" (cri. *The crucible*, de Arthur Miller, montada pelo Teatro Nacional da Bélgica)

7.7.1955 "*Barrabás*" (cri., *idem*, de Ghelderode, montada pelo Teatro Nacional da Bélgica)

11.7.1955 "*Mirandolina*" (apres. de *La locandiera*, de Goldoni, comparada com o Beaumarchais pré-revolucionário de *Marriage de Figaro*)*

18.7.1955 "*O Prazer da Honestidade*" (cri. *Il piacere dell'onestà*, de Pirandello, no Teatro de Arena)

20.7.1955 "*Esperando Godot*" (apres. de *Waiting for Godot*, de Beckett: historicismo contra niilismo).(→*ED*, p. 163)*

21.7.1955 "Conclusões sobre o *Godot*" (cri. ao mesmo esp., montado pela EAD)

25.7.1955 "A Margem de *Porgy and Bess*" (cri. *idem*, de Otto Preminger, músicas de G. Gershwin). (→*ED*, p. 152)

28.7.1955 "*Rei Lear*" (cri. *King Lear*, de Shakespeare, montada pela Compagnia del Teatro Italiano em *tournée* por SP, dir. Franco Henriquez)

29.7.1955 "*Il sangue verde*" (cri. *idem*, de Giovannetti, dir. Franco Henriquez)

AGOSTO 1955

1.8.1955 "*Sei personaggi*, ou seja: o Teatro" (cri. *idem*, de Pirandello, dir. Franco Henriquez)*

2.8.1955 "*Corruzione al palazzo di giustizia*" (cri. *idem*, de Ugo Betti, dir. Gianfranco de Bosio)

3.8.1955 "*Il seduttore, L'ereditiera*" (cri. *idem*, de Diego Fabbri)

17.8.1955 "As Cem Obras Fundamentais" (apres. das cem obras que Jacobbi levaria à Lua)

18.8.1955 "Notas de Atualidade" (apres. de *O Mambembe*, de Arthur Azevedo, no Teatro Municipal do RJ, dir. Sadi Cabral)

22.8.1955 "O Festival de Paris"

SETEMBRO 1955

1.9.1955 "Shakespeare na Rumania" (nota sobre o novo teatro romeno que não renuncia aos clássicos)

6.9.1955 "Estamos Todos Fora da Lei" (nota sobre o caso entre SBAT e Marta Abba, que nega autorização ao Teatro de Arena para adaptação de *Cosí é (se vi pare)*

16.9.1955 "Notas de Atualidade" (nota sobre a ameaça de fechamento do Teatro de Arena pelos advogados de Marta Abba)

21.9.1955 "*Maria Stuart*" (cri. *idem*, de Schiller, no TBC, dir. Ziembinski)

22.9.1955 "Prêmio de Consolação" (auto-cri. *Mirandolina*, julgada por outros críticos como sendo excessiva enquanto política militante)

24.9.1955 "*Maria Stuart* e o Terceiro Homem" (continua cri. de 21.9, a tradução de Manuel Bandeira)

28.9.1955 "*Maria Stuart*: Grande Espetáculo" (cri. ao mesmo esp., dir. e intérpretes)

OUTUBRO 1955

5.10.1955 "Um Ano na Rua Paim" (carta aberta para Gianni Ratto, que faz um ano de Brasil)

6.10.1955 "Festival Schnitzler" (apres. da dramaturgia de S.)

12.10.1955 "Notas de Atualidade" (nota sobre a temporada em SP)

24.10.1955 "O Brasil Possuirá o mais Moderno Teatro do Mundo" (nota sobre o projeto de Aldo Calvo de um espaço para dança e artes contemporâneas no Museu de Arte Moderna, RJ)

26.10.1955 "Uma Exposição para o Teatro" (nota sobre a exposição de cenários e figurinos no Museu de Arte, SP)

31.10.1955 "Ballet-Theatre" (apres. de *Il combattimento di Tancredi e Clorinda*, de Monteverdi, no MASP)

NOVEMBRO 1955

3.11.1955 "Copland e Tchaikóvski" (cri. *Billy the Kid* e *Lago dei cigni*, coreografia E. Loring, com Rossella Hightower, no MASP)

4.11.1955 "O Balé do Museu de Arte" (continuação da cri. ao mesmo esp.)
5.11.1955 "Terceiro Programa do Ballet Theatre" (continuação da cri. à temporada com coreografias de Balanchine)
11.11.1955 "Notícias" (nota sobre a próxima viagem de Jacobbi à Itália)

1956

FEVEREIRO 1956

23.2.1956 "O Piccolo de Milão é um Exemplo para o Mundo" (apres. do repertório realista do Piccolo Teatro)
27.2.1956 "Êxitos e Fracassos entre Roma e Milão" (nota sobre a temporada italiana)
28.2.1956 "Evolução na Ópera e no Teatro Humorístico" (cri. à temporada do Teatro alla Scala, dir. Strehler; o trio cômico Fo-Parenti-Durano e a Cia. Valeri-Caprioli)
29.2.1956 "O Velho na Platéia Chamava-se BB" (nota sobre a conversa com Brecht no Piccolo Teatro)

MARÇO 1956

1.3.1956 "Os Artistas Italianos têm Saudades do Brasil" (apres. de Diana Torrieri e Vittorio Gassmann)
12.3.1956 "Não Teve Sorte o Brasil na *Enciclopédia do Espetáculo*" (nota sobre as vozes brasileiras na *Enciclopedia dello Spettacolo*, recém lançada; anuncia que substituirá o atual redator)
14.3.1956 "Decadência em Tecnicolor" (art. sobre Dino Risi e Antonioni: a burguesia censura o neo-realismo)

Última Hora, São Paulo (SP), 1952-1953. Seção: Crítica Teatral[3].

I. ARTIGOS E NOTAS SOBRE A CULTURA TEATRAL EUROPÉIA

"Coisas da França"	(1951)	(crise da dramaturgia francesa "literária", sucesso do *boulevard*)
"Antonin Artaud"		(sobre A.A., ator cinematográfico e autor)
"Uma Opinião de Corrado Alvaro"	(26.3.1952)	(sobre a renovação do teatro)
"Per la morte di Alberto Savini"		(*in mortem*)
"Notas de Atualidade"		(apres. de Alberto Savinio, dramaturgo italiano)
"Diagrama das Influências"		(tradição e renovação)*
"Chopin, Schubert, Sibelius"		(apres. da música romântica)

3. Datação incompleta devido à inacessibilidade do arquivo do jornal, destruído em 1964. A datação eventual das cópias presentes no arquivo Jacobbi, em Roma, é manuscrita e não verificada.

"Festival Schnitzler"		(→*Folha da Noite*, 6.10.1955)
"Oitenta Anos de Gordon Craig"		(nota sobre o aniversário de G. C.)*

II. ARTIGOS E NOTAS SOBRE O DEBATE TEATRAL PAULISTA

"Um Diretor: Luciano Salce"		(apres. da trajetória de Salce, diretor, no Brasil)
"Resposta a Graça Melo"	(2.5.1952)	(carta aberta para um jovem diretor que não aceita críticas)
"A Carta Aberta de Graça Melo"	(3.5.1952)	(espaço concedido ao interlocutor)
"Estréias e Reprises"		(nota sobre as remontagens: renovação e consolidação do gosto do público)
"Sugestões para o IV Centenário – I"	(1.4.1952)	(apres. de propostas para as celebrações)*
"Sugestões para o IV Centenário – II"	(2.4.1952)	(apres. de propostas para as celebrações)*
"Sugestões para o IV Centenário – III"	(3.4.1952)	(apres. de propostas para as celebrações)*
"Tennessee Williams e o Brasil"		(fortuna de T. W. no Brasil)
"Dinheiro é Dinheiro"	(24.3.1952)	(nota sobre a crise econômica em SP)*
"Tema e Variações"	(31.3.1952)	(art. sobre a perda de memória da tradição e repertório brasileiros)
"Sermãozinho aos Espectadores"		(art. sobre a farsa e o melodrama como eixos de qualquer cultura teatral)
"Heresia em Dó Maior"		(art. sobre a organicidade da cultura popular e inutilidade do "profundismo")*
"Os Provincianos"		(art. sobre o complexo de provincianismo, no Brasil assim como na Itália)
"A Hora do Repertório"		(art. sobre a necessidade de uma escola de formação para autores)*
"Escola para Teatrólogos"		(art. debate a idéia americana de uma escola de *playwriting*)
"Formação do Escritor Teatral"		(art. sobre a proposta de laboratórios de escrita teatral)
"A Tradução de *Antígone*"		(apres. da tradução de Sófocles: fidelidade lírica ao espírito, não à letra)
"Um Clássico na Poesia Dramática"	(23.9.1951)	(apres. de *Dibuk*, de Scholem An-Ski, publicado pela Perspectiva)*

III. CRÍTICAS AOS ESPETÁCULOS EM CARTAZ

"*Inimigos Íntimos* – I e II"	(cri. *Les enemies*, de Barrillet-Gredy, no TBC, dir. Luciano Salce)
"*A Mulher sem Pecado*"	(cri. *idem*, de Nelson Rodrigues)
"*Nossa Cidade*"	(cri. *Our town*, de Thornton Wilder, montada pelo Grupo Teatral Politécnico)
"*O...Magnífico* – I, II, III	(cri. *Le cocu magnifique*, de Crommelynk, dir. Graça Melo)
"*Aconteceu às Cinco e um Quarto*"	(cri. *idem*, de S. Ginez, montada por um novo grupo paulista)
"*Esta Mulher é Minha* – I e II"	(cri. *idem*, de R. Magalhães Jr., com Procópio Ferreira)
"*Diálogo de Surdos* – I e II" (21 e 22.3.1952)	(cri. *idem*, de Clô Prado, no TBC, dir. Flaminio Bollini)
"*Relações Internacionais*"	(cri. *International Relations*, de N. Coward, no TBC, dir. Cacilda Becker)
"*Grã-finos e Massacres*" (25.3.1952)	(cri. ao mesmo esp.)
"*Para Onde a Terra Cresce* – I e II"	(cri. *idem*, de Edgard da Rocha Miranda, no TBC, dir. Celi)*
"*Manequim*"	(cri. *idem*, de Henrique Pongetti, no TMDC)
"*Greve Geral*"	(cri. *idem*, de G. Figueiredo, montada pela Cia. Procópio Ferreira)*
"*À Margem da Vida*"	(cri. *idem*, de O'Neill, ato único montado pela EAD)
"Primeiro Espetáculo de Ballet"	(cri. às coreografias do Grand Ballet du Marquis de Cuevas, com George Skribine e Rossella Hightower)
"Danças Velhas e Novas"	(continua cri. ao mesmo esp.)
"Os Coreógrafos Entram em Cena"	(continua cri. ao mesmo esp.)

IV. CRÍTICAS AOS ESPETÁCULOS DA COMÉDIE FRANÇAISE NAS TURNÊS DE 1952 E 1954

"*Les Fiancés du Havre*"	(cri. *idem*, de Salacrou)
"*Le mariage de Figaro*"	(cri. *idem*, de Beaumarchais)
"*Le bourgeois gentilhomme*"	(cri. *idem*, de Molière)
"*La reine morte*"	(cri. *idem*, de Henry de Montherlant)

O Estado de S. Paulo (SP), 1956-1961. Seção: Suplemento Literário (SL), publicado aos domingos.

1956

20.10.1956 "Mozart e o Drama Musical", in SL, n. 3, p. 6 (→*Correio do Povo*, Literária, 4.7.1959)*

1957

4.1.1957 "Teatro Póstumo de Ugo Betti", in SL-Teatro, n. 18, p. 6

16.2.1957 "Teatro de Gonçalves Dias I. As Fontes do *Patkull*", in SL, n. 19, p. 4 (→*GSG*, p. 6)

23.2.1957 "Teatro de Gonçalves Dias II. *Patkull*", in SL, n. 20, p. 6 (→*GSG*, p. 54)

2.3.1957 "Teatro de Gonçalves Dias III. *Beatriz e Boabdil*", in SL, n. 21, p. 6 (→*GSG*, p. 62)

19.3.1957 "Teatro de Gonçalves Dias IV. O Prólogo de *Leonor*", in SL, n. 22, p. 6 (→*GSG*, p. 73)

16.3.1957 "Teatro de Gonçalves Dias V. *Leonor de Mendonça*", in SL, n. 23, p. 6 (→*GSG*, p. 68)

4.5.1957 "Quasimodo e o Hermetismo", in SL, n. 29, p. 1 (→*Correio do Povo*, Literária, 31.10.1959, com título "Apresentação de Quasimodo")

1.6.1957 "Orio Vergani, Romancista", in SL, n. 33, p. 1

15.6.1957 "Da Expressão Musical", in SL, n. 35, p. 6*

6.7.1957 "O Homem no Labirinto", in SL-Letras Italianas, n. 38, p. 1

3.8.1957 "Destino de Curzio Malaparte", in SL-Letras Italianas, n. 42, p. 1

7.9.1957 "Umberto Saba, Expressão e Presença", in SL-Letras Italianas, n. 47, p. 1

14.9.1957 "*Estetica italiana contemporanea* de Ildebrando Martelli", (cri.) in SL, n. 48, p. 2 (→*Correio do Povo*, Literária, 14.6.1958)

21.9.1957 "Significação da Tragédia", in SL-Teatro, n. 49, p. 7

5.10.1957 "O Escândalo da Esperança", in SL, n. 51, p. 1

12.10.1957 "A Cenografia do Teatro Lírico", in SL, n. 52, p. 5 (→*EA*, p. 73 "Cenários na Bienal")

9.11.1957 "Um Poeta, Sinisgalli", in SL-Letras Italianas, n. 53, p. 1

7.12.1957 "De um Novo Naturalismo", in SL-Letras Italianas, n. 59, p. 1

21.12.1957 "Atualidade de Goldoni", in SL-Teatro, n. 61, p. 5 (→*EA*, p. 41)

28.12.1957 "Provérbios de Musset", in SL, n. 62, p. 6 (→*EA*, p. 12 "Teatro de Musset")

1958

4.1.1958 "Realismo de Carlo Bernari", in SL-Letras Italianas, n. 63, p. 6

11.1.1958 "Rosso de San Secondo", in SL-Letras Italianas, n. 64, p. 5

1.2.1958 "Os Retratos de Emilio Cecchi", in SL, n. 67, p. 1

22.2.1958 "O Último O'Neill", in SL, n. 70, p. 5 (→*EA*, p. 25, "Os Dramas Póstumos de O'Neill")

1.3.1958 "Um Poeta da Aventura", in SL, n. 71, p. 1

15.3.1958 "Teatro Polonês", in SL-Teatro, n. 73, p. 5

29.3.1958 "*Charlot* de Philippe Soupault", in SL, n. 75, p. 3 (→*Correio do Povo*, Literária, 17.1.1959 com título "Uma História de Carlitos")
12.4.1958 "Gabriele d'Annunzio, Além da Morte", in SL-Letras Italianas, n. 76, p. 1
10.4.1958 "O'Neill Póstumo", in SL-Teatro, n. 77, p. 5 (→*EA*, p. 31)
10.5.1958 "A Consciência e o Estilo de Anna Banti", in SL, n. 80, p. 1
24.5.1958 "Um Caso Clínico", in SL, n. 82, p. 6
31.5.1958 "*Minima moralia* de Adorno", (cri.) in SL, n. 83, p. 1
7.6.1958 "Ficção e Prosa d'Arte", in SL, n. 84, p. 1
5.7.1958 "Um Contista, Tofanelli", in SL, n. 88, p. 1
2.8.1958 "Papini, Morte sem Transfiguração", in SL, n. 92, p. 1
6.9.1958 "Entre Tchékov e Kafka", in SL, n. 97, p. 1
4.10.1958 "Hermetismo e Historicismo" (su Bo, Macrì, Bigongiari) in SL, n. 101, p. 1
1.11.1958 "O Autor Italiano e os Fantasmas" (sobre a censura da DC aos novos dramaturgos italianos), in SL, n. 105, p. 1
6.12.1958 "Teatro de Oswald de Andrade", in SL, n. 112, p. 1 (→*EA*, p. 61)*

1959

3.1.1959 "Crise de uma Geração", in SL, n. 114, p. 1
17.1.1959 "Do Ator e do Realismo", in SL, n. 116, p. 5 (→*Correio do Povo*, Literária, 27.6.1959)
31.1.1959 "Íbsen Atual", in SL, n. 118, p. 5
7.2.1959 "América, Primeiro Amor" (art. sobre romance neo-realista e emigração), in SL, n. 119, p. 1
14.3.1959 "Moravia na URSS", in SL, n. 124, p. 1
4.4.1959 "Os Oitenta Anos de Bontempelli", in SL, n. 126, p. 1
2.5.1959 "Situação de Diego Fabbri", in SL, n. 130, p. 1
4.7.1959 "Giuseppe Patroni Griffi", in SL, n. 138, p. 1
25.7.1959 "*Clima*" (conto), in SL, n. 141, p. 3
1.8.1958 "Memória de Arturo Onofri", in SL, n. 142, p. 1
5.9.1959 "O Diário de Vittorini", in SL, n. 147, p. 1
26.9.1959 "A Margem de Strindberg", in SL, n. 150, p. 6
3.10.1959 "A Volta de Romano Bilenchi", in SL, n. 151, p. 1
7.11.1959 "Quasimodo em Dois Tempos", in SL, n. 156, p. 1
5.12.1959 "Romagnola e a Dramaturgia", in SL, n. 160, p. 1
24.12.1959 "Sobre um Texto de Brecht" (com foto de Brecht), in SL, n. 163, p. 5*

1960

9.1.1960 "Altos e Baixos de Bartolini", in SL, n. 164, p. 1
6.2.1960 "Sibilla Aleramo", in SL, n. 168, p. 1
20.2.1960 "Uma Electra Italiana", in SL-Letras Italianas, n.170, p. 5
5.3.1960 "A Poesia de Eugenio Montale", in SL, n. 172, p. 1
26.3.1960 "Maeterlinck Póstumo", in SL, n. 175, p. 5
2.4.1960 "P. A. Quarentorri-Gambini", in SL, n. 176, p. 1
7.5.1960 "A Nova Poesia" (sobre Roversi, Pagliarani, Pennati, Volponi, Fortini), in SL, n. 180, p. 1

21.5.1960	"Sobre um Texto de Shakespeare (*Noite de Reis*)", in SL, n. 182, p. 5
4.6.1960	"Importância de Pasolini", in SL, n. 184, p. 1
18.6.1960	"Sobre um Texto de Eurípides (*Helena*)", in SL, n. 186, p. 5*
2.7.1960	"Milhares de Quilômetros" (apres. de De Sanctis), in SL, n. 188, p. 1
6.8.1960	"Descoberta do Tempo", in SL, n. 193, p. 1
10.9.1960	"Obra Prima ou Quase" (apres. de Pratolini), in SL, n. 198, p. 1
8.10.1960	"*Lo scialo*, de Pratolini", in SL, n. 202, p. 1
19.11.1960	"Realismo 'Crepuscular' ", in SL, n. 208, p. 1
10.12.1960	"A Poesia de Mario Luzi", in SL-Letras Italianas, n. 211, p. 1

1961

7.1.1961	"Moravia Menor", in SL-Letras Italianas, n. 215, p. 1
25.2.1961	"A Tradição Trágica", in SL-Letras Italianas, n. 222, p. 1
4.4.1961	"Eduardo, o Napolitano", in SL-Teatro, n. 219, p. 5
8.4.1961	"A Estética Racionalista" (cri. a *Critica del gusto*, de G. della Volpe), in SL, n. 227, p. 1
13.5.1961	"A Prosa dos Poetas", in SL, n. 231, p. 1
3.6.1961	"A Lição de Gianni Stuparich", in SL-Letras Italianas, n. 234, p. 1
5.8.1961	"A Escola de Milão" (sobre os poetas "novíssimos"), in SL, n. 242, p. 1
2.9.1961	"O Romancista La Capria", in SL, n. 246, p. 1
21.10.1961	"Os Resíduos do *Gattopardo*", in SL, n. 253, p. 1
2.12.1961	"A Religião de Pasolini", in SL, n. 259, p. 1

1962

1.9.1962	"Réquiem para um Grande Poeta" (Lorenzo Calogero), in SL-Letras Italianas, n. 295, p. 1
6.10.1962	"Um Romance de Resistência", in SL, n. 300, p. 1
1.12.1962	"O Fim do Neo-realismo" (apres. de Bevilacqua, Vigevani, Berti), in SL, n. 307, p. 1

Correio do Povo, Porto Alegre (RS), 1958-1962. Seção Literária, publicada aos sábados.

1958

7.6.1958	"Walter Scott no Teatro"
14.6.1958	"A Estética Italiana" (cri. ao livro Ildebrando Martelli)
21.6.1958	"Primórdios do Teatro Russo" (moralismo de Fonvízin, sensibilidade de Griboiedov)
28.6.1958	"De Ruvo e o Realismo Crítico" (resposta para um leitor)
5.7.1968	"Macedo, Machado e o Teatro"
12.7.1968	"O Teatro de Schiller, I" (→*GSG*, p. 26)
19.7.1958	"O Teatro de Schiller, II" (→*GSG* até a p. 38)
26.7.1958	"*Longa Jornada*, de O'Neill"

9.8.1958	"Dois Estudos Românticos" (*Werther* de Massenet e o teatro de Musset)
16.8.1958	"Temporada Italiana em São Paulo" (turnê do Teatro Stabile de Gênova)
23.8.1958	"Uma História da Ópera" (cri. ao livro de René Leibowitz) (→*EA*, p. 67)
30.8.1958	"*Look homeward, Angel*" (cri. ao esp. do Thêatre des Arts)
6.9.1958	"Fragmento da Noite de Salzburg" (um conto)
13.9.1959	"Teatro Japonês" (cri. ao livro de Léo Mancino)
20.9.1958	"Da Expressão como Destino" (art. sobre Pirandello poeta) (→*EA*, p. 45)
27.9.1958	"*Deus lhe Pague – O Canto da Cotovia – Come back little Sheba*", Notas de um Espectador.
11.10.1958	"O Teatro de Machado de Assis" (→*EA*, p. 51)*
18.10.1958	"A Poesia de Edgar Braga"
25.10.1958	"De Amor Também se Morre" (cri.) (→*EA*, p. 19 com título "Tessa")
8.11.1958	"*Rei Lear* (→*EA*, p. 84) – *Gata em Teto de Zinco Quente*", Notas de um Espectador.
15.11.1958	"Rosso di San Secondo"
22.11.1958	"*A Rainha Morta – Feliz Viagem*", Notas de um Espectador.
29.11.1958	"Teatro Velho e Novo – Betti e a Responsabilidade", Variações sobre o Drama (→*EA*, p. 88)
6.12.1958	"*O Nome das Coisas* (→*EA*, p. 86) – Os *Velhos*", Variações sobre o Drama (→*EA*, p. 100)
13.12.1958	"A Temporada do Teatro alla Scala"
20.12.1958	"Esquema de uma Dialética", Variações sobre o Drama (→*EA*, p. 81)*
	"Confissões de Strindberg" (→EA, p. 93)
27.12.1958	"Crise do Teatro Italiano"

1959

3.1.1959	"Valores de Strindberg", Variações sobre o Drama (→*EA*, p. 97)
	"Cenografia e Memória" (→EA, p. 91)
10.1.1959	"Presença de Íbsen" (→*Estado de S. Paulo*, SL, 31.1.1959 com título "Íbsen Atual")
17.1.1959	"Uma História de Carlitos" (*Charlot* de P. Soupalt, fundador renegado do surrealismo)
24.1.1959	"Fantasia de Robert Desnos"
31.1.1959	"Pintura e Cenografia – I"
7.2.1959	"Pintura e Cenografia – II" (apres. Gino Severini, poeta e pintor italiano)
14.2.1959	"*Lulu*, de Alban Berg"*
21.2.1959	"*Helena* (412 a.c.)", Teatro Universal*
28.2.1959	"*Noite de Reis* (1664)", Teatro Universal
7.3.1959	"*A Chama Oculta*", Teatro Universal
11.4.1959	"*O Poder das Trevas* (1886)", Teatro Universal*
18.4.1959	"*O Incêndio* (1907)", Teatro Universal
25.4.1959	"*A Escola do Escândalo* (1777)", Teatro Universal*

1.5.1959 "*O Passarinho Verde* (1764)", Teatro Universal
16.5.1959 "*Ekaterina Ivanova* (1912)", Teatro Universal*
6.6.1959 "Teatro de Diego Fabbri, I"
13.6.1959 "Teatro de Diego Fabbri, II"
27.6.1959 "Do Ator e do Realismo"*
4.7.1959 "Mozart e o Drama Musical" (art. sobre *Idomeneo* e *Don Giovanni*)*
11.7.1959 "Mozart e Stravínski"
29.8.1959 "José Paulo Moreira de Fonseca I", Evolução de uma Poesia
12.9.1959 "José Paulo Moreira de Fonseca II-III", Evolução de uma Poesia
19.9.1959 "José Paulo Moreira de Fonseca IV", Evolução de uma Poesia
26.9.1959 "José Paulo Moreira de Fonseca V", Evolução de uma Poesia
3.10.1959 "José Paulo Moreira de Fonseca VI", Evolução de uma Poesia
10.10.1959 "José Paulo Moreira de Fonseca VII", Evolução de uma Poesia
17.10.1959 "Van Gogh", A Quinta Bienal de São Paulo
24.10.1959 "Portinari e os Expressionistas"*, A Quinta Bienal de São Paulo
31.10.1959 "Apresentação de Quasimodo" (com tradução: "Anoitecer no Vale", tirada da antologia *Ed è subito sera*)
7.11.1959 "Pintura Cosmopolita"*, A Quinta Bienal de São Paulo
21.11.1959 "A Consciência Submersa"*, A Quinta Bienal de São Paulo
12.12.1959 "Aspectos da Pintura Mundial", A Quinta Bienal de São Paulo
19.12. 1959 "Pintores Brasileiros"*, A Quinta Bienal de São Paulo
24.12.1959 "Sobre um Texto de Brecht"*, Teatro Universal

1960

16.1.1960 "As Artes do Teatro", A Quinta Bienal de São Paulo
13.2.1960 "Função Educativa e Popular do Teatro" (art. sobre a palestra para professoras de escolas municipais)
(s/d) "Balzac e Jean Vilar" (cri. *Le faiseur*, de Balzac, montada pelo Thêatre National Populaire, dir. Jean Vilar)

Folha da Manhã, São Paulo (SP), março 1956. Seção: Crítica da Arte

4.3.1956 "Cinqüenta Anos de Arte Italiana Julgados pelos Homens de Hoje", A VII Quadrienal de Roma
11.3.1956 "Não é tão Grande a Distância entre Realistas e Abstracionistas", A VII Quadrienal de Roma
(s/d) "O Teatro Italiano, Hoje – I, II e III"

Diário de Notícias, Porto Alegre (RS), abril 1958

20.4.1958 "Introdução à Poética do Espetáculo" (aula inaugural do Instituto de Estudos Teatrais da Universidade do Rio Grande do Sul, Porto Alegre) Republicada in F. Peixoto, *Um Teatro Fora do Eixo*, pp. 355-362.

II. ENSAIOS EM REVISTA, PREFÁCIOS E ENTREVISTAS

"A Comédie Française Descobriu o Segredo da Eternidade". Especial para a *Revista da Semana*, n. 20, 15.5.1948, p. 38.
"Maurice Chevalier Conta as suas Memórias". Especial para a *Revista da Semana*, n. 21, 22.5.1948, p. 57.
"Conseqüências de um Perigoso Casamento Intelectual. A Luta Doméstica entre Nelson Rodrigues e Susana Flag". Especial para a *Revista da Semana* (1948).
"Goldoni e a *commedia dell'arte*", in *Dionysos*, n. 1, RJ, janeiro 1949 (→*ED*, p. 17)*.
"Apêndice sobre as Máscaras" (→*ED*, p. 37)*.
"Cinco Perguntas a Bertolt Brecht", in *Teatro Brasileiro*, n. 7, maio/junho 1956*.
"Nota Sentimental sobre *Woizeck*", in *Teatro Brasileiro*, n. 3, janeiro 1956.
"Quando as Paredes Falam", in *Teatro Brasileiro*, n. 8, julho/agosto 1956.
"A Direção: Texto e Espetáculo", in *Revista de Estudos Teatrais*, SP, n. 1, abril 1958, (s/p).
"Teoria Geral do Teatro, I", in *Revista de Estudos Teatrais*, SP, n. 3, setembro 1958, pp. 2-8.
"Teoria Geral do Teatro, II", in *Revista de Estudos Teatrais*, SP, n. 4/5, dezembro 1958, pp. 4-12.
Prefácio, in An-Ski, S., *Dibuk*. Trad. J. Guinsburg. São Paulo, Perspectiva, 1952.
Prefácio, in Martins Pena, *Obra Completa*. São Paulo, Serviço Nacional de Teatro, 1965.
"A Companhia dos 12 e o Teatro: *Hamlet e Arlequim, Servidor de Dois Amos*", in *Comoedia*, Rio de Janeiro, n. 8, maio 1949, pp. 26-28.
"Ruggero Jacobbi, Diretor da *Estrada do Tabaco*", in *Jornal do Brasil*, RJ, 12.6.1948.
"Entrevista a Quatro Vozes", in *Correio da Manhã*, Rio de Janeiro, 9.10.1948.
"Cinco Minutos com Ruggero Jacobbi", in *Correio da Manhã*, Rio de Janeiro, 13.10.1948.
"Entrevista a Paschoal Carlos Magno", in *Correio da Manhã*, Rio de Janeiro, 9.3.1949.
"Entrevista Radiofônica a Olavo de Barros", in *Correio da Manhã*, Rio de Janeiro, 13.3.1949.
"Conversa com Ruggero Jacobbi, Diretor do *Sonho de uma Noite de Verão*", in *Correio da Manhã*, Rio de Janeiro, 21.5.1949.
"A Première de Hoje no Ginástico: *Tragédia em Nova York*, pelo Teatro dos Doze", in *Correio da Manhã*, Rio de Janeiro, 13.5.1949.
"Entrevista com Ruggero Jacobbi", in *Radar*, São Paulo, 30.6.1950 a 6.7.1950.
"Entrevista com o Diretor Ruggero Jacobbi", in *Correio Paulistano*, São Paulo, 25.5.1952.
"Ruggero Jacobbi Refuta as Críticas que lhe Foram Feitas", in *Correio Paulistano*, São Paulo, 25.5.1952.
'Um Intelectual nos Bastidores", in *Visão*, São Paulo, 4.3.1955.
"Entrevista a Lineu Dias", in *O Diário de Belo Horizonte*, Belo Horizonte, 3.8.1957.
"O Diretor do *Sonho*", in *Dionysos*, Rio de Janeiro, n. 23, setembro 1978 (número dedicado ao Teatro do Estudante)

"A Escola de Arte Dramática", in *Dionysos*, Rio de Janeiro, n. 29, 1989 (número dedicado a EAD).
"Ruggero Jacobbi", in *Aventura do Teatro Paulista*. Série televisiva de entrevistas concedidas a Júlio Lerner, TV Cultura, Canal 2, SP, set.-out., 1981.
"Ruggero Jacobbi, entrevista com Júlio Lerner, Roma, 10.3.1981", in Fernandes, N. e Vargas, M. T., *Cacilda Becker, uma Atriz*. São Paulo, Perspectiva, 1984.

Artigos, ensaios e entrevistas consultáveis no Arquivo Jacobbi em Roma, mas que não foi possível localizar:

"Lei Mal Feita, Apenas" (nota assinada contra a Lei 3x2, que obriga a representação da dramaturgia nacional).
"Crônicas de Pobres Amantes" (apres. de Vasco Pratolini).
"Strindberg e o Naturalismo".
"Jouvet, Barsacq, Baty e seus Autores"*.
"A Morte de Eisenstein". Especial para *A Cena.*
"O Documentário". Especial para *O Jornal.*
"Ruggero Jacobbi e o Teatro Brasileiro", entrevista com Edison Niquette.
"Se fosse para Dirigir mais um Grupo Teatral não Teria Vindo", entrevista com Claudio Heemann, in *A Hora*, Porto Alegre.
"Lungo viaggio dentro al teatro", texto de palestra, datilografado, em it. e port., com anotações autógrafas, assinado Rio de Janeiro, 26 julho 1948, 22 pp. Arquivo Vieusseux, Florença. (→ "Direção: Texto e Espetáculo", in *Revista de Estudos Teatrais*, São Paulo, n. 1, abril 1958).

Coletâneas e ensaios sobre o teatro brasileiro organizados pelo autor:

A Expressão Dramática. Rio de Janeiro, Instituto Nacional do Livro, 1956.
Goethe, Schiller, Gonçalves Dias. Porto Alegre, Edições da URGS, 1958.
O Espectador Apaixonado. Porto Alegre, Edições da URGS, 1961.
Teatro in Brasile. Bologna, Cappelli, 1961.

Jacobbi compilou todos os verbetes de âmbito literário e teatral português e brasileiro para a *Grande Enciclopedia D'Agostini*, a *Enciclopedia dello Spettacolo*, o *Dizionario Enciclopedico Utet*, a revisão de 1979 da *Enciclopedia Italiana Treccani*, além de colaborar com mais de duzentas matérias sobre obras das literaturas brasileira e portuguesa em *Paese sera*, *Panorama, Tuttolibri*.

III. ROTEIROS E TRADUÇÕES

Concerto a Quatro Mãos, de Guido Cantini; trad. Ruggero Jacobbi e R. Magalhães Jr. 1948, 25 pp. Centro de Documentação Funarte (Fundação de Artes do Ministério Educação e Cultura), Rio de Janeiro.

Arlequim, Servidor de Dois Amos, de Carlo Goldoni; trad. Carla Civelli e Ruggero Jacobbi, 1949, 96 pp. Centro de Documentação Funarte, Rio de Janeiro.

A Ronda dos Malandros, de John Gay; trad. Carla Civelli e Maurício Barroso; adaptação Ruggero Jacobbi em 2 atos, 1 prólogo, 1 epílogo, 1950, 67 pp. Com anotações autógrafas. Centro de Documentação Funarte, Rio de Janeiro.

Escravo da Noite, de Ruggero Jacobbi; argumento David Nasser, 1951, (Projeto para a Vera Cruz, não realizado, sobre a vida de Noel Rosa). 42 pp. e 2 anexos com dados de produção (personagens, ambientação, músicas com tradução italiana à margem, autógrafa). Arquivo Jacobbi, Roma.

Helena, de Machado de Assis; adaptação Ruggero Jacobbi e José Renato para a TV Paulista. (1952). (146) p. Com sequências numeradas e indicações autógrafas de direção. Arquivo Jacobbi, Roma

Mirandolina, de Carlo Goldoni; trad. Ruggero Jacobbi. (1955; a partir da versão de Itália Fausta). 87 pp. Banco de peças da Biblioteca Pernambuco de Oliveira, Universidade do Rio de Janeiro.

Mirandolina, de Carlo Goldoni; trad. de Itália Fausta, dir. Ruggero Jacobbi. Ed. Brasiliense, (s/d). 88 pp., org. por Edoardo Bizzarri, com prefácio, cronologia das obras e seleção crítica (pp. V-XVII). Não coincide com a versão anterior. Projeto "Um estudo sobre o cômico", Centro de Letras e Artes, Universidade do Rio de Janeiro.

A Ilha dos Papagaios ou seja Bonaventura Prisioneiro dos Antropófagos, de STO (Sergio Tofano), trad. Ruggero Jacobbi. (1956). 40 pp. Com anotações autógrafas do diretor (Gianni Ratto). Arquivo Ratto, São Paulo.

O Sedutor, de Diego Fabbri; trad. Ruggero Jacobbi e Luis Giovannini. (1956; dir. Eugenio Kusnet) Não foi localizado.

A Rainha e os Rebeldes, de Ugo Betti; trad. Ruggero Jacobbi (1957; dir. Maurice Vaneau). Não foi localizado.

Proibido Suicidar-se na Primavera, de Alejandro Casona; trad. Nair Lacerda; adaptação Ruggero Jacobbi (19.1.1957, para Cia. Nicette Bruno no teleteatro "Teatro de Comédia Imperatriz das Sedas" da TV Paulista). 41 pp. Com anotações autógrafas, cortes, distribuição. Centro de Documentação Funarte, Rio de Janeiro.

Hamlet, de William Shakespeare; trad. e adaptação em 3 atos e 9 episódios de Ruggero Jacobbi (São Paulo 10.3.1958, para o Teatro de Arena). 90 pp. Com anotações autógrafas do diretor (José Renato). Arquivo Jacobbi, Roma.

Vestir os Nus, de Luigi Pirandello; trad. Ruggero Jacobbi (1958; dir. Alberto d'Aversa). 98 p., Ed. Brasiliense, 1966, com prefácio de Sábato Magaldi (pp. I-IX). Centro de Documentação Funarte, Rio de Janeiro.

O Corvo, de Carlo Gozzi; trad. e adaptação em 3 atos e 13 episódios de Ruggero Jacobbi (1958). 47 pp. Com anotações autógrafas de distribuição e correições. Projeto "Um Estudo sobre o Cômico", Centro de Letras e Artes, Universidade do Rio de Janeiro.

Quando se Morre de Amor, de Giuseppe Patroni Griffi; trad. Ruggero Jacobbi (1959, dir. Alberto d'Aversa). Não foi localizado.

O Outro Lado do Rio, de Ruggero Jacobbi. (1959, para sua própria dir. com o Teatro do Sul). 26 pp. Com anotações autógrafas de dir., Arquivo Jacobbi,

Roma. Versão italiana *L'altra riva del fiume* in "Filmcritica", n. 119, abril de 1962.

Ifigênia, de Ruggero Jacobbi, in *Anhembi*, n. 117-120, São Paulo, ago./set./nov. 1960, pp. 34-44.

Samba da quattro soldi, de Ruggero Jacobbi e Corrado Sofia. (27.7.1960), Fundo Jacobbi, Arquivo Contemporâneo do Gabinetto G. P. Vieusseux, Florença.

Jacobbi é o primeiro tradutor italiano da dramaturgia brasileira: para publicação, *Revolução na América do Sul* de Augusto Boal (*Rivoluzione alla Sudamericana*. Torino: Einaudi, 1962); e para montagem, sob sua direção, *A Raposa e as Uvas*, de Guilherme Figueiredo (*La volpe e l'uva*), *O Pagador de Promessas*, de Dias Gomes (*La parola data*), *LSD* e *O Contrato Azul,* de Pedro Bloch (*Racconti di Copacabana*). Os cinco textos foram recentemente publicados, com título de *Brasile in scena* (org. Luciana Stegagno Picchio e Alessandra Vannucci), Roma, Bulzoni, 2005.

IV. PROGRAMAS

Tobacco road, de Erskine Caldwell; dir. Ruggero Jacobbi. (1948). 4 pp. Estréia no Teatro Fênix, Rio de Janeiro, 25.5.1948. 2ª cópia (1949). 8 pp. Estréia no Teatro Municipal, São Paulo, 19.2.1949. Arquivo Idart do Centro Cultural de São Paulo, São Paulo.

Tereza Raquin, de Émile Zolá; dir. Ruggero Jacobbi. (1948). 4 pp. Estréia no Teatro Fênix, Rio de Janeiro, julho 1948. 2ª cópia, estréia no Teatro Municipal, São Paulo, 9.4.1948. Arquivo Idart, São Paulo.

Lady Godiva, de Guilherme Figueiredo; dir. Ruggero Jacobbi. (1948). 14 pp. Estréia no Teatro Serrador, Rio de Janeiro, 13.10.1948. Centro de Documentação Funarte, Rio de Janeiro.

Ele, de Alfred Savoir; dir. Ruggero Jacobbi. (1949). 28 pp. Apres. de Jacobbi, "O Senhor Savoir" pp. 15, 16, 21, 23, 25. Estréia no TBC, São Paulo, 10.10.1949. Arquivo Idart, São Paulo.

O Mentiroso, de Carlo Goldoni; dir. Ruggero Jacobbi. (1949). 80 pp. Apres. de Jacobbi, "Reflexões sobre *O Mentiroso*", pp. 18, 19, 23, 33, 35, 37, 39. Estréia no TBC-SP, 23.11.1949. 2ª cópia (1952) para remontagem com novo elenco. Estréia no TBC, São Paulo, 30.4.1952. Arquivo Idart, São Paulo*.

Os Filhos de Eduardo, de Marc-Gilbert Sauvajon; dir. Ruggero Jacobbi e Cacilda Becker (1950). 36 pp. Estréia no TBC, São Paulo, 14.3.1950. 2ª cópia (1955) para remontagem, com novo elenco e apres. de Jacobbi, "*Os Filhos de Eduardo*", pp. 4-8. Estréia no TBC, São Paulo, 12.12.1955. Arquivo Idart, São Paulo.

A Ronda dos Malandros, de John Gay; dir. Ruggero Jacobbi. (1950). 40 pp. Apres. de Jacobbi, "I'm sorry, Mr. Gay", pp. 18, 19, 26. Estréia no TBC, São Paulo, 17.5.1950. Arquivo Idart, São Paulo*.

Lady Godiva, de Guilherme Figueiredo. *A Voz Humana*, de Jean Cocteau; dir. Ruggero Jacobbi. (1950). 20 pp. Estréia no Teatro Royal, São Paulo, setembro 1950. Arquivo Idart, São Paulo.

Arlequim, Servidor de Dois Amos, de Carlo Goldoni; dir. Ruggero Jacobbi. (1951). 4 pp. Estréia no Teatro Municipal, São Paulo, 17.8.1951. Museu Lasar Segall, São Paulo.

Treze à Mesa, de Marc-Gilbert Sauvajon; dir. Ruggero Jacobbi. (1954). 30 pp. Apres. Jacobbi, "*Treze à Mesa*. Uma Invenção Espantosa", pp. 15, 18, 26. Estréia no TBC, São Paulo, 26.7.1953. Arquivo Idart, São Paulo.

A Desconhecida de Arras, de Armand Salacrou; dir. Ruggero Jacobbi. (1953). 28 pp. Apres. Jacobbi, "Armand Salacrou". Estréia no TBC, São Paulo, 1.8.1953. Arquivo Idart, São Paulo.

A Filha de Iorio, de Gabriele D'Annunzio; dir. Ruggero Jacobbi. (1954). 20 pp. Estréia no Teatro Cultura Artística, São Paulo, 4.9.1954. Arquivo Idart, São Paulo e Museu Lasar Segall, São Paulo.

Brasil Romântico: *Lição de Botânica*, de Machado de Assis. *O Primo da Califórnia*, de Manoel J. Macedo; dir. Ruggero Jacobbi. (1956). 20 pp. Apres. Jacobbi, "Introdução a Brasil Romântico". Estréia no Teatrinho Íntimo Nicette Bruno, São Paulo, 1953. Arquivo Idart, São Paulo*.

Ilha dos Papagaios, de Sto; dir. Gianni Ratto, trad. e adaptação Jacobbi. (1955). 6 pp. Estréia no Teatro Maria Della Costa, São Paulo, dezembro 1955. Arquivo Idart, São Paulo.

Mirandolina, de Carlo Goldoni; dir. Ruggero Jacobbi. (1955) 22 pp. Apres. Jacobbi, "Bom dia, Mirandolina". Estréia no Teatro Maria Della Costa, São Paulo, julho 1955. Arquivo Idart, São Paulo*.

A Dama das Camélias, de Hermilo Borba Filho (a partir de A. Dumas); dir. Ruggero Jacobbi. (1956). 8 pp. Estréia no Teatro Cultura Artística, São Paulo, 20.6.1956. Arquivo Idart, São Paulo e Museu Lasar Segall, São Paulo.

Henrique IV, de Pirandello; dir. Ruggero Jacobbi. (1957). 32 pp. Apres. Jacobbi, "Estátua de Sangue", pp. 12-13. Estréia no Teatro Bela Vista, São Paulo, julho 1957. Arquivo Idart, São Paulo, e Arquivo Jacobbi, Roma.

Andrea Chenier, ópera de Umberto Giordano; *régisseur* Ruggero Jacobbi (1957). 40 pp. Estréia no Cine Teatro Brasil, Belo Horizonte, 20.8.1957. Arquivo Jacobbi, Roma.

V. PROSAS E POEMAS[4]

a) Contos e romances

Maestro in Brasile (conto), in *Fanfulla*, São Paulo (escrito em 1959).

Ragazzo del Braz (conto), 3.5-1.6.1960, periódico não localizado (escrito em 1952).

4. Todos os documentos no Fundo Jacobbi do Arquivo Contemporâneo do Gabinetto G. P. Vieusseux, em Florença. Nossa listagem segue os critérios estabelecidos pelos organizadores do Fundo.

L'aiuto regista (conto), periódico não localizado (escrito entre 1950-1960) (→*Corriere di Sicilia*, 14.8.1966).
Eusebio Bius (conto), datilografado (escrito entre 1950-1960), 14 pp.
La mulatta (conto), periódico não localizado (escrito em 1949) (→*Corriere di Sicilia*, 31.6.1966).
Manuel s'incantò a guardare... (conto incompleto), datilografado (escrito entre 1950-1960), 5 pp.
Fui Bater à Porta de Iris... (fragmentos de romance), datilografado (escrito entre 1950-1960), 23 pp.
Quando qualcuno pronuncia la parola Copacabana... (conto incompleto), datilografado com anotações autógrafas (escrito entre 1950 e 1960), 23 pp.
Le notti di Copacabana (romance), datilografado (escrito entre 1957-1967), 122 pp. O epílogo "Il brasiliano a Parigi" in *Il Caffè*, dezembro 1963, 6, pp. 81-86.
Un giorno a Copacabana (conto), datilografado com anotações autógrafas (escrito entre 1950-1960), 20 pp. Em outra cópia o conto aparece com o título *Il tempo degli assassini*. Na listagem geral, aparece como parte de projeto de romance sobre a experiência brasileira, com o título *Il tempo degli assassini,* capítulos: I. Un giorno a Copacabana; II. I giardini di São Paulo; III. I ragazzi di Porto Alegre; IV. Il brasiliano a Parigi.
Figure, *Il bar* (dois contos) datilografado (escrito entre 1950-1960), 14 pp. Ambientados em São Paulo.
Le notti di São Paulo (fragmento do mesmo romance), datilografado com anotações autógrafas (escrito entre 1950-1960) e seguido por ampla listagem de personagens, entre os quais aparece "io" (eu).
"*Diario di Copacabana*" (prosa poética), in *Arte e Poesia*, n. 1, jan.-fev. 1969, pp. 12-20 (→com título "Diario brasiliano" in Anna Dolfi, *Journal intime e letteratura moderna*. Roma, Bulzoni, 1989, pp. 339-350).*

b) Poemas e coletâneas poéticas

Poemi senza data. Porto Alegre, Hiperion, 1955.
Angra. Gela, 1973.
Novecento letto&erario. Roma, Cartia, 1975.
Despedidas. Pisa, Valenti, 1976.
Le immagini del mondo. Venezia, Rebellato, 1978.
E Dove e Quando e Come. Venezia, Rebellato, 1980.
Privato minimo. Roma, Quaderni di Piazza Navona, 1980.
Exilado em Copacabana, datilografado (entre 1946-1954), 22 pp., in *Habitat*, São Paulo, n. 12, abril 1954.
La pietà misteriosa, datilografado (entre 1936-1966), 170 pp. Publicada, entre outras, *Stanze di Copacabana* in Ruggero Jacobbi-Oreste Macrí, *Lettere 1941-1981*, org. Anna Dolfi, Roma, Bulzoni, 1993, pp. 99-156.
Il sole della nascita, datilografado (entre 1945-1964), 182 pp. Publicada, entre outras, *Agli amici brasiliani*, in Umberto Piersanti e Fabio Doplicher (org.) *Antologia europea*. Fano, Quaderni di Stilb, 1991, p. 355.*
La grazia e lo sgomento, datilografado (entre 1939-1970), 185 pp. Publicadas, entre outras, *Momento in Copacabana*, in *L'Albero*, n. 49, 1972, p. 213; *Ritratto segreto*, *Disco*, *Corcovado*, *La notte tropicale*, *Ipanema*,

Piazza Mauà, in *Hystrio*, n. 4, 1988, pp. 48-51; *Ode a Lazar Segall*, in *Stilb*, n. 3/4, 1981, p. 93.

Poemi senza data, datilografado com anotações autógrafas (entre 1950-1966), 109 pp. Versão ampliada para cinco seções da publicada em 1955, contendo somente os poemas do *Libro primo*. Publicadas *Il tunnel di Copacabana, Ballata del re negro, Elegia del grattacielo Martins, Pausa nel carnevale, Su un passo del nonetto di Villa- Lobos, Eppure*, in *Stilb*, n. 7, 1982, pp. 109-110.

Poemi dell'assente, datilografado com anotações autógrafas (entre 1940-1970), 59 pp. Com um poema em português, *O Bêbado* e nota: "per completare i *Poemi senza data*, ossia la liquidazione dell'ermetismo".

Evocação da Noite, datilografado com anotações autógrafas (entre 1957-1960), 14 pp.

Autos, datilografado (entre 1938-1961), 168 pp. Publicada, entre outras, *Elegia di Porto Alegre*, in *L'Albero*, n. 49, 1972, pp. 220-221.

Coletânea com capítulos do *Libro chiuso*, *Gli addii*, *Canto illimitato*, *Rua das Almas*, datilografados com anotações autógrafas (entre 1938-1966), 81 pp.

Coletânea com capítulos do *Libro primo. Versi del dopoguerra* (1946-1949); *Libro secondo. Canti brasiliani* (1947-1951); *Libro terzo. Odi italiane* (1951); *Libro quarto. Poemi europei* (1952); *Libro quinto. Poemi ad alta voce* (1952-1953), datiloscritas, com prefácio do autor datado 1959 (entre 1943-1953), 111 pp.

segno desolato, datilografado (entre 1939-1970), 17 pp.

La domenica del vento, datilografado (entre 1939-1970), 44 pp.

Sonetti e poemi, datilografado (entre 1941-1966), 4 pp., in *L'albero*, 1972, n. 49.

Dal Brasile, datilografado (entre 1950-1955), 8 pp., in *Stilb*, jan.-fev. 1982, n. 7.

Aroldo in Lusitania, datilografado (Porto, entre 1962-1969), 137 pp. Publicada *Assunzione di Fernando Pessoa*, in *Persona* (Ed. Centro Estudos Pessoanos), 1985, n. 6.

c) Traduções de poesia brasileira

Coletânea *Lirici brasiliani dal modernismo ad oggi*. Milão, Silva, 1960 (org., prefácio e trad.).

Murilo Mendes, *Poesie*. Milão, Nuova Accademia, 1961 (trad. e prefácio).

Murilo Mendes, *Le metamorfosi*. Firenze, Lerici, 1964 (trad. e prefácio).

Murilo Mendes, *Poesia libertà*, Milão, Accademia-Sansoni, 1971 (trad. e prefácio).

Coletânea *Poesia brasiliana del 900*. Ravenna, Longo, 1973 (org., trad. e prefácio).

Jorge de Lima, *L'invenzione di Orfeo*. Roma, Abete, 1982 (trad. e prefácio).

Índice Onomástico

C

D

TEATRO NA PERSPECTIVA

O Sentido e a Máscara
Gerd A. Bornheim (D008)
A Tragédia Grega
Albin Lesky (D032)
Maiakóvski e o Teatro de Vanguarda
Angelo M. Ripellino (D042)
O Teatro e sua Realidade
Bernard Dort (D127)
Semiologia do Teatro
J. Guinsburg, J. T. Coelho Netto e Reni C. Cardoso (orgs.) (D138)
Teatro Moderno
Anatol Rosenfeld (D153)
O Teatro Ontem e Hoje
Célia Berrettini (D166)
Oficina: Do Teatro ao Te-Ato
Armando Sérgio da Silva (D175)
O Mito e o Herói no Moderno Teatro Brasileiro
Anatol Rosenfeld (D179)
Natureza e Sentido da Improvisação Teatral
Sandra Chacra (D183)
Jogos Teatrais
Ingrid D. Koudela (D189)
Stanislávski e o Teatro de Arte de Moscou
J. Guinsburg (D192)
O Teatro Épico
Anatol Rosenfeld (D193)
Exercício Findo
Décio de Almeida Prado (D199)
O Teatro Brasileiro Moderno
Décio de Almeida Prado (D211)
Qorpo-Santo: Surrealismo ou Absurdo?
Eudinyr Fraga (D212)
Performance como Linguagem
Renato Cohen (D219)
Grupo Macunaíma: Carnavalização e Mito
David George (D230)
Bunraku: Um Teatro de Bonecos
Sakae M. Giroux e Tae Suzuki (D241)
No Reino da Desigualdade
Maria Lúcia de Souza B. Pupo (D244)
A Arte do Ator
Richard Boleslavski (D246)
Um Vôo Brechtiano
Ingrid D. Koudela (D248)
Prismas do Teatro
Anatol Rosenfeld (D256)
Teatro de Anchieta a Alencar
Décio de Almeida Prado (D261)

A Cena em Sombras
Leda Maria Martins (D267)
Texto e Jogo
Ingrid D. Koudela (D271)
O Drama Romântico Brasileiro
Décio de Almeida Prado (D273)
Para Trás e Para Frente
David Ball (D278)
Brecht na Pós-Modernidade
Ingrid Dormien Koudela (D281)
O Teatro É Necessário?
Denis Guénoun (D298)
O Teatro do Corpo Manifesto: Teatro Físico
Lúcia Romano (E301)
O Melodrama
Jean-Marie Thomasseau (E303)
João Caetano
Décio de Almeida Prado (E011)
Mestres do Teatro I
John Gassner (E036)
Mestres do Teatro II
John Gassner (E048)
Artaud e o Teatro
Alain Virmaux (E058)
Improvisação para o Teatro
Viola Spolin (E062)
Jogo, Teatro & Pensamento
Richard Courtney (E076)
Teatro: Leste & Oeste
Leonard C. Pronko (E080)
Uma Atriz: Cacilda Becker
Nanci Fernandes e Maria T. Vargas (orgs.) (E086)
TBC: Crônica de um Sonho
Alberto Guzik (E090)
Os Processos Criativos de Robert Wilson
Luiz Roberto Galizia (E091)
Nelson Rodrigues: Dramaturgia e Encenações
Sábato Magaldi (E098)
José de Alencar e o Teatro
João Roberto Faria (E100)
Sobre o Trabalho do Ator
Mauro Meiches e Silvia Fernandes (E103)
Arthur de Azevedo: A Palavra e o Riso
Antonio Martins (E107)
O Texto no Teatro
Sábato Magaldi (E111)
Teatro da Militância
Silvana Garcia (E113)
Brecht: Um Jogo de Aprendizagem
Ingrid D. Koudela (E117)
O Ator no Século XX
Odette Aslan (E119)
Zeami: Cena e Pensamento Nô
Sakae M. Giroux (E122)
Um Teatro da Mulher
Elza Cunha de Vincenzo (E127)
Concerto Barroco às Óperas do Judeu
Francisco Maciel Silveira (E131)
Os Teatros Bunraku e Kabuki: Uma Visada Barroca
Darci Kusano (E133)
O Teatro Realista no Brasil: 1855-1865
João Roberto Faria (E136)
Antunes Filho e a Dimensão Utópica
Sebastião Milaré (E140)
O Truque e a Alma
Angelo Maria Ripellino (E145)
A Procura da Lucidez em Artaud
Vera Lúcia Felício (E148)
Memória e Invenção: Gerald Thomas em Cena
Sílvia Fernandes (E149)
O Inspetor Geral *de Gógol/Meyerhold*
Arlete Cavaliere (E151)
O Teatro de Heiner Müller
Ruth Cerqueira de Oliveira Röhl (E152)
Falando de Shakespeare
Barbara Heliodora (E155)
Moderna Dramaturgia Brasileira
Sábato Magaldi (E159)
Work in Progress na Cena Contemporânea
Renato Cohen (E162)
Stanislávski, Meierhold e Cia
J. Guinsburg (E170)
Apresentação do Teatro Brasileiro Moderno
Décio de Almeida Prado (E172)
Da Cena em Cena
J. Guinsburg (E175)
O Ator Compositor
Matteo Bonfitto (E177)
Ruggero Jacobbi
Berenice Raulino (E182)
Papel do Corpo no Corpo do Ator
Sônia Machado Azevedo (E184)

O Teatro em Progresso
Décio de Almeida Prado (E185)
Édipo em Tebas
Bernard Knox (E186)
Depois do Espetáculo
Sábato Magaldi (E192)
Em Busca da Brasilidade
Claudia Braga (E194)
A Análise dos Espetáculos
Patrice Pavis (E196)
As Máscaras Mutáveis do Buda Dourado
Mark Olsen (E207)
Do Grotesco e do Sublime
Victor Hugo (EL05)
O Cenário no Avesso
Sábato Magaldi (EL10)
A Linguagem de Beckett
Célia Berrettini (EL23)
Idéia do Teatro
José Ortega y Gasset (EL25)
O Romance Experimental e o Naturalismo no Teatro
Emile Zola (EL35)
Duas Farsas: O Embrião do Teatro de Molière
Célia Berrettini (EL36)
Marta, A Árvore e o Relógio
Jorge Andrade (T001)
O Dibuk
Sch. An-Ski (T005)
Leone de'Sommi: Um Judeu no Teatro da Renascença Italiana
J. Guinsburg (org.) (T008)
Urgência e Ruptura
Consuelo de Castro (T010)
Pirandello do Teatro no Teatro
J. Guinsburg (org.) (T011)
Canetti: O Teatro Terrível
Elias Canetti (T014)
Idéias Teatrais: O Século XIX no Brasil
João Roberto Faria (T015)
Heiner Müller: O Espanto no Teatro
Ingrid Dormien Koudela (Org.) (T016)
Büchner: Na Pena e na Cena
J. Guinsburg e Ingrid Dormien Koudela (Orgs.) (T017)
Três Tragédias Gregas
Guilherme de Almeida e Trajano Vieira (S022)
Édipo Rei de Sófocles
Trajano Vieira (S031)
As Bacantes de Eurípides
Trajano Vieira (S036)
Teatro e Sociedade: Shakespeare
Guy Boquet (K015)
Eleonora Duse: Vida e Obra
Giovanni Pontiero (PERS)
Linguagem e Vida
Antonin Artaud (PERS)
Ninguém se Livra de seus Fantasmas
Nydia Licia (PERS)
O Cotidiano de uma Lenda
Cristiane Layher Takeda (PERS)
História Mundial do Teatro
Margot Berthold (LSC)
O Jogo Teatral no Livro do Diretor
Viola Spolin (LSC)
Dicionário de Teatro
Patrice Pavis (LSC)
Jogos Teatrais: O Fichário de Viola Spolin
Viola Spolin (LSC)
Zé
Fernando Marques (LSC)